[제4판]

자원봉사실천가가 풀어쓴

자원봉사론

이병순 · 김효정 · 민승화 · 배미희 · 서찬수 · 오효근 · 조석영

KNOWLEDGE COMMUNITY 공동체

머/리/말

21세기가 시작되었을 때 사람들은 많은 변화와 함께 새로운 사회가 열리기를 기원하였다. 그 가운데 미래학자들은 현대사회의 문제들을 해결하기 위해서 인류가 추구해야 할 중요한 가치는 인간성 회복과 환경보호라고 말하였다. 이는 개인의 삶이 남에게 해를 끼치지 않고 오히려 도움을 주고 사회 구성원들의 마음이 깨끗하고 그 청정함이 세상에 전파되어 갈 때 사회는 정의로워지고 향기로운 내음을 가지게 될 것이라는 의미로 이해된다.

'향기로운 사회'는 누구나 건강과 행복, 평화로움을 누릴 수 있는 사회이며, 자연과 더불어 여유롭고 안정적인 생활을 할 수 있는 사회이다. 이러한 세상을 만드는 데 핵심적인 방안으로 캐나다의 미래학자 루빈 넬슨(Rubin Nelson)은 새로운 삶의 방식, 즉 자원봉사적 삶의 필요성을 강조하였다. 자원봉사활동은 사회 구성원으로서 민주시민으로서 자신에게 내재되어 있는 정신적 · 물질적 자원을 자발적 동기로 인류의 가치를 실현시키는 역할이다. 자원봉사자들이 자발적 참여로 사회의 발전과 복지에 기여하는 것이다. 이러한 자원봉사활동은 '향기로운 사회'를 만드는 데 필수요건이다.

자원봉사는 함께 나눌수록 커지는 활동이지만, 아쉽게도 많은 사람들은 자원봉사가 자신과는 먼 거리에 있는 것으로 생각하는 사람들이 많은 것이 현실이다. 이 책은 자원봉사에 대하여 공부할 학생들에게 현실적으로 접근될 수 있는 자원봉사 교재가 되기를 바라며 집필하였다. 사회복지교육은 대인서비스이며 전문자격을 필요로 하는 전문인 양성을 목표로 하기 때문에 교육현장의 지식과 실무현장의 경험이 끊임없이 교환되는 상호작용을 통하여 이루어져야 한다. 실무의 경험이 없는 자원봉사 교육은 생명력을 잃어버린 교육이 되고 배우는 학생들에게 구체적이고 정확한 지식과 기술을 가르쳐 주지 못하는 결과를 가져올 것이기 때문이다.

저자들은 자신의 경험을 담은 생동감 있는 교과서를 만들고자 마음을 모았고 부족하나마 집필을 하게 되었다. 자원봉사활동 현장에서 인연을 맺은 사람들로 짧게는 10년 길게는 20여 년을 자원봉사자 또는 관리자로서 교육현장과 실천현장에서 경험한 것을 전달하려고 노력한 자원봉사의 미래를 함께 고민해 온 동행자들이다.

이 책은 모두 10장으로 구성되었다. 1장은 자원봉사에 대한 기본적 이해를 위한 내용을 담았다. 2장은 외국의 자원봉사의 역사와 현황을 연구하며 우리나라에 주는 시사점을 찾아내고자 하였다. 3장에서는 자원봉사자의 동기에 대한 연구와 자원봉사자들의 역할과 자세에 대한 이해를 돕기 위한 내용을 담았다. 4, 5, 6장에서는 학생들이 사회복지기관, 자원봉사센터 등에서 사회복지사나 자원봉사관리자로서 활동할 때 필요한 관리기법을 전달하고자 저자들이 현장에서 경험한 내용을 심도 있게 다루었다. 7장에서는 지역사회 내의 자원봉사활동을 체계적으로 통합관리하여 지역사회문제를 보다 효율적이고 효과적으로 해결하는 전문기관인 자원봉사센터에 관한 내용을 다루었다. 8장에서는 대학생의 자원봉사에 대한 이해를 돕고 자원봉사활동에 참여하고자 할 때 필요한 정보를 제공하였다. 9장과 10장에서는 대상별, 주체별 자원봉사활동 영역의 기본적 이해와 프로그램 등에 관한 내용을 담았다.

저자들은 자원봉사계의 학문과 현장 발전에 기여하는 차별화된 전문서적으로 발간하기 위해 다함께 노력하였으나 미흡한 부분이 많아 부끄럽기도 하지만 자원봉사현장에서 나눔을 실천하는 자원봉사자와, 관리자들에게 감사의 마음과 함께 희망을 전하고 싶었다. 이 책의 부족한 점은 앞으로 계속 보완하며 이 책이 우리나라 자원봉사를 실천하는 모든 사람들에게 유용한 교재가 되도록 노력할 것을 약속 드린다.

끝으로 이 책을 만드는 데 많은 도움을 준 김 진 박사, 박영애 박사와 정병수 국장님, 박은아 국장님께 고마움을 전하며 이 책을 출판할 수 있도록 배려해 주신 공동체 김동훈 사장님과 직원 여러분께도 감사드린다.

2025년 2월

저자 일동

차 / 례

CHAPTER 04

자원봉사활동 관리방법 _ 79

CHAPTER 05

자원봉사활동 육성개발 _ 107

CHAPTER 06

자원봉사활동 유지관리 _ 123

CHAPTER 07

자원봉사센터 _ 149

CHAPTER 08

대학교육과 자원봉사 _ 171

CHAPTER 09

대상별 자원봉사활동 _ 197

CHAPTER 10

주체별 자원봉사활동 _ 311

01 자원봉사의 이해

CHAPTER

제1절 자원봉사의 개념

제2절 자원봉사의 필요성

제3절 자원봉사의 특성

제4절 자원봉사의 철학

제5절 자원봉사의 목적

제6절 자원봉사활동 관련 이론

CHAPTER 01 자원봉사의 이해

교육목표

- 자원봉사의 개념을 올바르게 이해한다.
- 자원봉사의 특성과 철학에 대한 이해를 통해 긍정적인 자원봉사마인드를 갖춘다.
- 자원봉사의 목적에 대한 학습을 통해 올바른 방향정립을 도모한다.

제1절 자원봉사의 개념

1. 자원봉사의 일반적 개념

인간은 사회적 속성을 가지고 있다. 서로 교류하고, 무언가를 성취하여 인정을 받고, 타인에 대한 사회적 책임을 지고, 새로운 경험을 해보고자 하는 자원봉사에 대한 본능적 욕구를 가지고 있다. 즉, 자원봉사활동은 인간 공동의 행복을 지향하는 데 필수불가결한 요건으로 민주주의 철학을 기본으로 하여 개인, 집단, 지역사회의 문제를 해결하고 예방하기 위한 노력이며 그에 상응하는 대가(보수, 지위, 명예)를 바라지 않고, 자발적으로 협력 또는 직접 참여하는 복지활동이다.

자원봉사의 어원은 자발적인 의지(will)와 욕망(desire)을 나타내는 라틴어의 자유의지(voluntas)에서 기원한 것으로 프랑스어로는 '기쁨의 정신', 영어의 명사로는 '지원자'란 의미를 가지고 있으며, 일본에서는 '자발적인 의지에 바탕을 두고 타인이나 사회에 공헌하는 행위'를 뜻한다.

'자원봉사'라는 용어는 1930년 세계 사회사업가대회에서 처음으로 사용되었으며, 그 대상과 영역 및 목적 등에 따라 약간의 차이를 가지고 있으나, 현재는 자원봉사자(volunteer), 자원봉사활동(volunteerism)의 의미로 사용되고 있다.

자원봉사와 관련된 용어 중 가장 보편적으로 쓰이고 있는 'Voluntarism'의 의미는 자원봉사활동에 참여하는 데 있어서 가장 중시되는 자주성과 자발성, 주체성을 강조하는 기본이념이다.

자원봉사활동에 대해 과거에는 인간애를 기본으로 한 무조건적인 태도 또는 베푸는 행동으로서의 의미가 강했지만, 현대에 이르러서는 자선 또는 구호중심의 전통적 자원봉사 대신 산업화로 인한 각종 사회문제를 해결하기 위한 적극적 의미의 자원봉사 필요성이 강조되고 있다.

우리나라에서 '자원봉사'는 '봉사'라는 말 때문에 '자선한다' 혹은 '구제한다'는 뜻으로 인식되며 가진 자가 일방적으로 베푸는 소극적이며 좁은 뜻으로 인식되고 있다. 그러나 자원봉사활동은 단순히 '봉사'라는 의미에 담긴 '주는 자와 받는 자'의 관계에서 벗어나 더 넓은 의미를 내포하고 있다. 즉, 일방적이고 일시적인 자혜심이나 감상주의적 동정심이 아니라, 한 인간으로서 다른 사람과 더불어 행하는 '만남과 나눔'의 활동이라고 할 수 있다.

〈표 1-1〉 자원봉사 관련 용어

구 분	내 용
Voluntarism	민간 영역, 비영리단체의 복지기관, 재단, 종교단체에서 자발적으로 행해지고 있는 활동으로 정부기관은 포함되지 않음. 소정의 유급직원들을 활용하여 사업을 전개하고 있음. 자원복지라고 부르기도 함
Volunteerism	자신의 의지나 선택 또는 권유에 의해 자발적으로 무보수로 순수하게 자원봉사활동에 참여하는 것으로 비영리조직, 법원, 교도소, 도서관 및 정부프로그램도 포함. 자원봉사정신, 자원봉사철학, 자원봉사주의라고 부르기도 함
Voluntary Action	자신의 의지나 선택에 의한(out of one's own will and choice) 행위를 말하지만, 자발적으로 참여한 모든 활동을 자원봉사활동이라고 할 수는 없음

Voluntary Agency (민간기관)	어떤 욕구나 문제를 인식한 개인들에 의해 설립되고 사적 재정으로 조직체를 형성한 것을 말함. 단, 국가의 보조금이나 공공기금을 지원받아 설립 · 위탁되었다면 민간기관이라고 할 수 있음
Volunteer Association (자원봉사자협회)	자원봉사자들에 의해서 발전되고 자원봉사자로 구성된 회원집단(membership group) 조직체에 의해서 유급직원이 채용될 수 있지만 자원봉사자 스스로 조직체의 중심을 형성함
Private Sector (사적 영역)	정부 또는 공공 영역(Public sector)에 대립되는 개념으로서 voluntary agencies, volunteer association, 그리고 business로 구성됨. 사적 영역은 다시 비영리부분(voluntary sector)과 영리부분(private sector)으로 구분됨. 최근 비영리부분에만 적용하는 용어로 제3의 영역(the third sector)과 독립 영역(the independent sector)이라는 용어로 사용됨
Philanthropy (박애)	일반적으로 금전이나 물건을 자애적인 태도에서 주는 것으로 개인적 자비심의 표현임
Community Service (사회봉사활동)	지역사회의 욕구에 부합하는 활동들을 포함하며, 강제성이 한층 강조될 경우 선호함. 단, 법원의 명령에 따라 교도소에서 수형 대신에 사회봉사활동에 참여하여 형을 감형 받는 활동으로 엄격한 의미에서 자원봉사라고 할 수 없음
Citizenship (시민권)	민주주의의 기능에서 시민으로의 참여를 의미함. 항상 자발적인 것이지만 엄격한 의미에서 모두 자원봉사 행위는 아님
Amateur or Nonprofessional (아마추어 또는 비전문가)	무보수라는 측면에서는 자원봉사와 유사하지만 기술이 없거나 낮다는 측면의 개념 적용은 자원봉사와 같은 의미라 할 수 없음

출처 : 류기형 외(2018); 김범수 외(2021).

2. 자원봉사의 전문적 개념

미국의 사회사업백과사전 개정판에서는 자원봉사란 "욕구가 인식되어졌을 때 어떤 구체적인 이득을 생각하지 않고 사회적 책임이라는 태도로 행동을 선택하는 것이며, 이것은 자선이나 대가를 기대하거나 어쩔 수 없이 행하는 것을 초월하는 의미"라고 명시하고 있다(반재정, 2005).

스미스(Smith)는 자원봉사 행동이란 ① 직접적인 보상(급료, 경제적 이익)에 대한 기대, ② 관습, 물리적인 힘의 강제, ③ 신체 · 생리적인 욕구(need)의 강압에 의해서라기보다는 다른 이유, 즉 동기들에 의해 수행되는 인간적인 행동이라 하였다. 즉, 자원봉사는 보상, 강제, 강압보다는 기본적으로 정신적 이득을 지향하면서 이루어지는 인간적 행동이다.

영국의 자원봉사센터는 자원봉사활동을 “자신이나 직접적인 가족이 아닌 다른 사람을 위해 직접적인 보상 없이, 그리고 국가나 기관에 의해 요구되는 것이 아닌 자유로운 선택에 의해 수행되는 활동”이라고 정의하며 무보수성과 자발성을 강조하고 있다(반재정, 2005).

일본 오사카자원봉사협의회에서는 자원봉사자를 “자진해서 사회문제의 해결을 위해 활동을 지원하는 사람”이라고 광범위하게 규정하고 있으며, 무보수성보다는 자발성을 강조하고 있다. 일본 현대복지사전에서는 자원봉사활동을 “자유로운 의지에 의한 자발성에 기반을 둔 실천행위 그 자체이고, 복지사회를 만들어 가기 위해 적극적으로 노력하는 의도적이고 계획적인 일상활동”으로 정의하고 있다.

한국사회복지협의회에서는 자원봉사활동을 “사회문제의 예방 및 해결 또는 국가의 공익사업을 수행하고 있는 공 · 사조직에 자발적으로 참여하여 반대급부를 받지 않고 인간존중의 정신과 민주주의 원칙에 입각해 필요한 서비스를 제공하여 이타심의 실현과 자기실현을 성취하고자 하는 활동”이라고 하고 있다.

김영호(1997)는 현재 우리 사회에서 존재하는 봉사활동의 의미는 4가지로 활용되고 있다고 보았다. ① 봉사 또는 서비스의 의미로 신앙의 입장에서 스스로 봉사에 임하는 일의 의미, ② 타인에게 친절행위로 서비스를 제공하는 의미이며, 인간 상호 간의 이해관계를 전제로 한 서비스의 의미, ③ 유교 봉건윤리 속에서 사용되는 공경하는 의미에서의 봉사활동, ④ 시간적 · 경제적 여유가 있는 사람들이 생활이 어려운 사람들에게 무료로 봉사하는 의미이다.

그러나 지금 현재 자원봉사의 개념은 ‘특수한 사람이 특수한 사람에게 베푼다’고 생각하는 일방적인 봉사개념으로 국한되고 있는데, 바람직한 의미로서의 자원복지(自願福祉)가 필요하다. 여기에서 자원복지란 인간성을 회복하고 가정의 기능을 회복하고 보완하며, 지역사회를 회복하고 개발하기 위하여 귀중한 한 사람 한 사람의 마음을 엮어 가는 활동이며, 민주복지시민의 능력을 몸에 익혀 가는 평생 복지교육 · 훈련이며, 인간 상호 간의 공동복지를 실현하기 위하여 언제나, 어디서나, 누구나 자발적으로 참여하는 화애(和愛)의 복지활동이다.

이상의 내용들을 정리하면 자원봉사활동이란 우리 사회를 구성하는 모든 구성원들이 보다 인간답고 행복하며 건강하게 살도록 하기 위한 모든 자발적인 활동이고, 모든 사람들이 추구하는 사회발전과 인간의 행복을 실현하고 인간다운 생활을 할 권리를 충족시키기 위한 사람들의 노력이다.

따라서 자원봉사활동은 일상생활을 하는 모든 사람에게 필요한 생활환경 및 기반을 구축하는 일이며, 모든 사회 구성원들이 서로 도우며 살아가는 통합화를 위한 가장 핵심적인 활동이라고 할 수 있다.

제2절 자원봉사의 필요성

지역사회복지서비스의 공급에 있어서 자원봉사활동의 필요성을 살펴보면 다음과 같다.

1. 대인적인 복지욕구의 증대

현대사회 속에서 가족의 기능은 점차 약해져 가고 있는 반면 초고령사회로의 진입과 함께 노인의 증가, 보호가 필요한 장애인의 증가 등은 사회적 과제가 되고 있다. 이러한 대인적 욕구 충족에 있어서 자원봉사활동이 큰 역할을 할 것으로 사회적으로 기대하게 되었다.

2. 공적 서비스의 한계

지역사회복지는 기본적으로 공적, 제도적 서비스의 일환으로서 지역주민의 생활안정을 정책목표로 삼아 시행되고 있는데, 지역사회복지의 수요가 날로 증대되어 감에 따라 공적, 제도적 대응이 한계에 다다르게 되었다.

외국의 예를 보면 인구의 고령화에 따라 복지수요가 증대되어 이들의 경제

생활 보장이나 복지대책에 대한 국민들의 요구가 증가하게 되면서 복지행정, 재정상의 문제가 발생하게 되었다. 따라서 자조의 원칙, 수익자부담의 원칙 등이 강조되었고, 사회보장 및 사회복지의 한계성 문제가 정치적 과제로 등장하게 되었다.

자원봉사활동은 이러한 공적, 제도적 서비스의 한계(사회보장, 사회복지서비스의 행정적, 재정적 한계)를 극복하고 이를 완화시키기 위한 대응책으로서 복지인력자원의 충원과 복지재정문제의 해결에 기여하고 있다.

3. 새로운 복지관(福祉觀)의 대두

지역복지 또는 장애인복지에서 통합화, 정상화의 새로운 복지관으로 인하여 기본적인 인권문제를 일상적인 생활상의 가치나 인식의 문제로 받아들이려고 하는 시민운동이 전개되었다. 따라서 지역사회의 통합화나 복지대상자의 정상적인 사회생활에의 복귀를 위한 노력들이 새로운 지역사회복지활동의 이념으로 대두됨에 따라 자원봉사활동에 대한 인식이 높아지고 자원봉사활동의 이념과 사상이 널리 보급되게 되었다. 통합화라는 것은 신체적인 장애를 가진 사람들과 그렇지 않은 사람들을 분리시키지 않고 같은 지역 안에서 함께 공부하고, 함께 일하고, 함께 생활할 수 있도록 하는 것이다. 정상화는 장애가 있거나 복지를 필요로 하는 사람들이 지역사회 안에서 시민으로서 정상적인 생활을 할 수 있도록 도와주는 이념이나 활동을 말한다. 이들의 인권을 존중하는 복지활동에서 자원봉사활동의 역할은 크다고 할 수 있다.

4. 지역사회에 대한 관심 증가

급속한 산업화로 인하여 원천적인 생활의 장인 가정과 지역사회가 해체되면서 여러 가지 사회문제가 대두되기에 이르렀고 이에 대응하기 위해서 지역에 살고 있는 모든 주민들이 책임의식과 공동체의식을 가지고 지역사회의 문제해결에 적극적으로 앞장서야 한다는 인식이 새롭게 대두되었다. 내가 살고 있는 지역사회 내의 문제에 대한 의식을 갖고 지역사회 내 자원을 동원하여 지역사회의 문제를 해결하고자 하는 것이다. 이때 지역주민들의 참여에 의한 자원봉사활동을 통하여 지역사회복지 발전에 기여하고 있다.

5. 시설의 사회화

사회복지시설의 사회화는 다양한 인적·물적자원과 기능을 가능한 범위 내에서 지역사회 주민들이 활용할 수 있도록 하는 기회를 마련함과 동시에 시설을 이용하는 주민과 자원봉사자들이 지역사회를 향한 프로그램을 개발할 수 있도록 하여 지역사회와의 교류를 확대시켜 나가는 것을 말한다. 또한 근린 지역사회의 복지욕구를 충족시키기 위하여 시설의 물적·인적자원 및 정보를 제공하여 지역사회가 처해 있는 상황을 주민들이 쉽게 이해하고 공감할 수 있도록 돕는 사회복지시설과 지역사회의 상호작용 과정이다.

시설의 사회화를 추진하는 주체는 시설을 이용하는 자와 그들의 가족, 시설관계자, 인근 지역주민(자원봉사자), 지방 정부이다. 이러한 관점에서 볼 때 시설을 사회화할 수 있는 주요한 요소 중의 하나가 자원봉사자의 효율적인 활용이다.

6. 시설보호의 질적 향상

시설보호에 있어서 다양한 사회적 요구의 증대는 시설직원의 처우 개선, 시설 운영비 지급의 합리화, 시설운영제도의 개선, 시설환경 개선 등으로 연결되는데, 이들을 제도적 서비스로 대응하는 데는 한계가 있으므로 자원봉사자들의 활동이 요구된다. 특히 지방정부는 재정의 부족과 전문 인력의 부족으로 생활시설의 개선에 선뜻 나서지 못하고 있다.

따라서 시설의 부족한 역할을 지역주민들의 자발적인 자원봉사활동으로 충족시킬 수밖에 없다. 또한 시설보호대상자들에게는 물질적인 충족 못지않게 인간적인 정, 마음의 나눔에서 오는 정신적인 충족감도 필요하다. 이들의 정신적인 욕구를 충족시켜 주는 데 있어서도 자원봉사자들의 역할이 기여하는 바가 크다고 할 수 있다.

7. 커뮤니티의 형성

사회복지대상자들을 포함한 모든 사람들의 생활의 기반이 되는 커뮤니티를 그곳에 사는 사람들이 스스로 보다 살기 좋게 만들어 가도록 유도하며 방법을 제시하는 것도 자원봉사자들의 역할이다.

커뮤니티 형성은 지역주민의 사회참여를 통한 지방자치의 활성화와도 깊은 관련이 있다. 이때 자원봉사자들은 요구자, 대변자, 제언자, 창조자의 역할을 수행하게 된다.

8. 인간성의 회복

자원봉사활동이 사람들의 인간성을 회복시켜 주는 데 커다란 역할을 하고 있는 것에 대한 인식과 평가가 높아지고 있다. 자원봉사활동을 통하여 사람들은 인간의 존엄성을 다시금 인식하게 되고 인내하는 것, 다른 사람들을 위하여 배려하는 것 등이 중요하다는 것을 깨닫게 되어 스스로에 대해 반성하거나 자신을 발견할 수 있는 계기를 마련해 준다.

또한 사회복지나 지방자치의 현실을 알게 되거나 지역사회가 현재 처해 있는 입장을 이해하게 되어 지역의 주인으로서의 주체적인 역량을 키워 나갈 수 있다. 그러한 의미에서 자원봉사활동은 학교교육이나 사회교육의 측면에서도 인간성의 형성에 많은 도움을 줄 수 있다.

제3절 자원봉사의 특성

자원봉사활동은 사회복지의 이념이나 철학과 같은 맥락에서 이해되어질 수 있으며, 자원봉사활동의 특성은 11가지로 나누어 볼 수 있다.

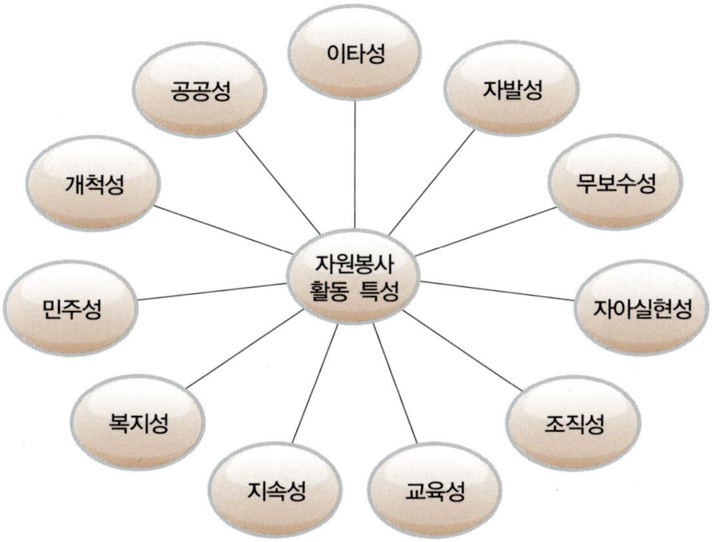

[그림 1-1] 자원봉사활동의 11가지 특성

1. 이타성

인간에게는 누구나 남을 돕고 싶어 하는 정신이 있는데 이를 이타성 또는 이타주의(altruism)라고 한다. 어려운 환경에 처해 있는 사람들을 도와야겠다는 생각은 누구나 가지고 있다. 자원봉사의 동기나 과정, 결과에 있어 자원봉사자 자신의 이익이나 명예를 먼저 생각하지 않고 도움의 대상자를 먼저 생각하는 행동을 말한다(김범수 외, 2003).

그러나 이를 행동으로 옮기기는 쉽지 않다. 이타성이 중요하다고는 하지만 자원봉사자에게 절대적인 이타성을 바라는 것은 무리가 있다. 따라서 자원봉사활동을 시작한 초기에는 이타성이 없이 시작했다 하더라도 활동을 지속적으로 해나가면서 자연스럽게 이웃을 사랑하고 도움을 주고자 하는 마음이 생길 수 있도록 유도하는 노력이 필요하다. 즉, 타인의 어려움에 동참하는 사람이 증가할 수 있도록 사회적 분위기를 조성하고 상부상조하는 정신을 함양하고, 자원봉사문화를 정착시키는 것이 매우 중요하다.

2. 자발성

자발성(free will)이란 자신의 판단 아래 스스로 보고, 듣고, 생각하고, 판단해서 실천에 옮기는 활동을 말한다. 자유의지를 강조하는 것으로 타인의 강요나 억압에 의해서 이루어지는 것이 아니라 타인을 스스로 돕고자 하는 이타성을 포함하는 이념이다.

자원봉사활동의 특성 중 자발성은 가장 중요한 요소 중 하나이다. 선진국의 자원봉사활동 참여율이 높은 이유는 사회문제 해결에 자발적으로 참여하는 사람들의 비율이 높기 때문이다. 자원봉사활동에 참여하는 비율을 증가시키기 위해서는 자발적인 동기부여를 통해 그들을 교육 · 훈련하여 자원봉사활동에 참여하도록 하여야 한다.

특히 현대사회에서는 시민 각자가 사회의 일원으로서 이웃의 불행, 공동체의 위기나 사회문제를 외면하지 않고 문제해결을 위하여 자주적으로 스스로 행동하는 결단이 요구된다(김혜선, 2004).

자원봉사활동을 활성화하기 위해 우선적으로 고려되어야 할 점은 자원봉사의 자발적인 동기를 조직화하여 자원봉사활동으로 연결해 나가는 방법이다. 자기 자신이 보고, 생각해서 자신이 결정하고 스스로 행하는 것, 즉 다른 사람의 강제나 명령에 의해 행하는 것이 아니라 사람들의 고민이나 사회문제를 자신의 문제로 받아들여 개개인의 자유로운 의사와 주체성에 의해 활동해 가는 것이 중요하다. 자원봉사활동에서 자발성은 가장 중요한 전제조건이다. 자원봉사자라는 용어의 어원을 살펴보면, 라틴어 'Volo(의지가 있다)'라는 용어로 거슬러 올라간다.

여기서 파생하여 'Voluntas(자유의지)'가 되고 여기에 사람을 나타내는 -er을 붙여 "Volunteer"가 되었다. 여기에서도 "의지가 있다 = 자발성"의 의미를 나타낸다.

3. 무보수성

자원봉사는 우리 사회의 어두운 곳을 밝게 하거나 공익을 증진시키기 위한 것으로 자신의 활동에 대한 보수나 이익을 얻는 것을 목적으로 하지 않는다. 무보수성이란 무상을 말하며, 엄격히 말하면 자원봉사활동을 하면서 발생하는 여러 소요경비를 스스로 책임지는 것을 의미한다.

그러나 최근에는 자원봉사활동의 지속성을 위하여 식사비나 교통비에 해당하는 최소한의 활동비를 지급받으며 활동하는 실비자원봉사제도도 도입되고 있다. 즉, 무급을 원칙으로 하되 다양한 계층의 사람들이 참여할 수 있도록 여러 가지 지원방법이 모색되고 있다. 그러므로 실비자원봉사는 실비를 지급한다 해도 봉사의 대가로 지불하는 것이 아니라 봉사활동에 소요되는 비용을 기관 측에서 제공한다는 의미로 보아 무급성의 원칙을 훼손하지 않는 것으로 해석된다.

이처럼 자원봉사활동은 어떠한 대가도 바라지 않는 활동이다. 자발성과 공공성을 충족시켰다고 해도 금전적, 명예적 대가 등을 목적으로 한다면 자원봉사활동으로 볼 수 없다.

4. 자아실현성

자신에 대한 가능성과 잠재능력을 발견하고 만족감, 성취감을 가지게 될 뿐 아니라 새로운 사람들과의 관계 형성을 통해 인격적 성장과 더불어 자신을 사회적 존재로 자각하는 경험을 가지게 된다. 자원봉사자와 수혜자와의 관계가 일방적이고 수직적인 관계가 아닌 수평적이고 대등한 관계임을 인식해야 한다.

자원봉사활동에 참여하면서 자원봉사자가 얻게 되는 가장 중요한 것 중 하나가 자아실현성과 자기충족감이다. 이는 어려운 이웃을 도우려는 동기에서 자원봉사에 참여하면서 새로운 경험, 성취감, 보람, 만족감, 폭넓은 인간관계 등의 심리사회적 보상과 사회적 인정을 얻게 되고, 새로운 가치추구를 하게 되며, 자신의 삶에 대하여 수용하고 감사하게 되면서 자기만족감과 자기긍정을 경험하게 되기 때문이다.

5. 조직성

현대사회의 복잡하고 다양한 사회문제에 대응하기 위해서는 산발적이거나 비조직적으로 행해지는 활동을 조직화, 체계화시켜 나가는 것이 필요하다. 조직화란 자원봉사집단의 효율성과 지속성을 증진시키기 위한 계획, 재정, 인사, 통제 등의 절차를 의미한다.

따라서 자원봉사가 보다 교육적이고 체계적이며 효율적이기 위해서는 자원봉사를 관리하고 운영하는 조직이 필요하고 이러한 조직을 중심으로 활동하는 것이 필요하다(안은영, 2002). 따뜻한 마음만 가지고 개인적인 활동을 하기보다는 조직적인 환경에서의 활동을 통해서 지역사회 내에 통합되는 보람도 얻을 수 있을 것이다.

6. 교육성

자원봉사활동에의 참가를 통해서 다양한 체험학습의 효과를 얻을 수 있다. 사회복지에 대한 관심과 이해를 갖게 하는 복지교육, 그리고 민주시민으로서 바람직한 역할과 자세를 배우는 시민교육의 기능을 수행하며 지역사회문제와 대인관계 기술, 새로운 정보 및 기술 등도 습득하게 된다.

한국사회복지협의회 및 대부분의 사회복지기관에서는 자원봉사활동을 하려면 일정한 교육을 이수하도록 사전교육을 제공하는 등 교육성을 강조하고 있다. 봉사활동 전에 공식적인 교육을 받음으로써 봉사의 대상과 특성, 봉사활동 지침과 윤리, 봉사자의 태도를 학습하고 봉사활동 과정에서의 시행착오를 최소화하고 편견 없이 수용하는 자세로 도움이 필요한 대상에게 적절한 도움을 줄 수 있기 때문이다. 이러한 사전교육은 봉사활동 체험 과정을 통해서 재인식되어 봉사활동의 책임완수를 높일 수 있게 한다. 그러므로 자원봉사활동은 타인에게 도움이 되는 것도 중요하지만, 자원봉사활동에 대한 준비 · 교육 · 참여의 과정을 통해서 학습과 태도변화가 이루어지는 교육적 요소도 매우 중요함을 알 수 있다.

7. 지속성

사회복지의 한 부분인 지속성은 자원봉사활동이 일회성이나 충동적 이벤트로 끝나서는 안 됨을 의미한다. 자원봉사는 단순히 도움을 주는 활동이 아니라 도움을 매개로 하여 변화를 도모하는 활동이다. 그리고 혼자서 할 수 있는 개인활동이 아니라 대상자, 자원봉사자, 조정자 등 여러 사람들이 함께 수행하는 체계적 활동이다. 따라서 자원봉사는 근본적으로 절차와 과정이 중요한 활동이며, 계획된 일련의 과정을 통해 변화를 꾀하는 것이다. 자원봉사의 지속성은 단순한 참여와 지역사회의 일원으로서의 체계적인 자원봉사활동을 구분할 수 있는 중요한 잣대가 될 수 있는 특성이 있다.

자원봉사활동은 인간의 공동 복지 구현을 위한 자발적인 협동의 형태로 현대 시민사회를 구성하고 지지하는 필수요소이며, 복잡하고 다양한 사회문제를 예방하고 해결하기 위한 방안 중 하나라고 할 수 있다. 이로 인해 각 개인은 자신을 사회 구성원의 일원으로 자각하고, 봉사 경험 이후 인격성장과 잠재능력의 실현 기회를 가지게 되어 자신의 삶을 보다 다채롭고 성숙하게 만들 수 있다(안은영, 2002).

이와 같은 자원봉사의 의의를 강조하기 위해서는 위에서 언급한 각 특성들을 잘 살리는 노력이 필요하다. 즉, 자발적으로 자원봉사에 참여할 수 있도록 각 기관이나 단체는 사전에 치밀한 기획단계를 거친다. 또한 다양한 홍보방법을 이용한 연결 통로를 마련해야 하며, 사전교육을 실시하여 기관과 지역사회에 대한 바른 이해를 가지고 공공의 차원에서 자원봉사활동의 의미를 부여해야 연대성이 증가된다. 또한 자원봉사활동의 지속성 향상을 위하여 공식적 · 비공식적인 형태의 보상을 실시하는 등 체계적인 관리 과정을 수립하여야 할 것이다.

8. 복지성

자원봉사는 개인의 자아실현뿐 아니라 지역주민이나 욕구를 지닌 사람들의 복지향상과 관련되어야 한다. 욕구는 사람에 따라 그리고 지역사회에 따라 각기 다른 특성을 가지고 있으며 이를 충족시키는 형태 및 방법 또한 다를 수 있다. 따라서 자원봉사활동을 하기에 앞서 대상자 및 대상지역의 욕구에 대한 정확한 분석 및 평가가 이루어져야 하며 이를 근거로 하여 적절한 자원봉사활동으로 이어졌을 때 복지성을 이룬 것으로 여겨질 수 있다. 자원봉사활동을 통해 궁극적으로는 대상자의 삶의 질을 향상시키고자 하며 이를 위한 노력과 활동들이 효과성, 효율성을 지녔을 때 대상자의 복지에 긍정적 영향을 미친 것으로 판단할 수 있다.

9. 민주성

민주성은 자원봉사활동의 자발적인 참여를 통한 활동이므로 민주주의 철학과 관련이 깊다. 봉사를 하는 입장에서도 자발적으로 참여를 해야 하고, 자원봉사 업무를 부여하는 기관 입장에서도 개인의 성향, 장점, 약점 등을 충분히 파악한 후 수집된 자료에 근거하여 업무를 배정해야 할 것이다. 봉사에 뜻은 있으나 기관의 특성(종교 등)과 맞지 않는 경우에는 이에 맞추도록 강요할 것이 아니라 봉사활동을 지속해 나가는 과정에서 서서히 기관의 색깔을 이해할 수 있도록 도와야 할 것이다.

또한 자원봉사자의 약점을 크게 볼 것이 아니라 오히려 강점을 살려서 봉사활동을 더 잘 할 수 있도록 지원해야 하며, 봉사자에 대한 차별이 있어서는 안 된다.

10. 개척성

자원봉사활동은 개별성, 창조성, 실험적인 노력 등을 발휘해 공적 사회복지사업의 한계를 보완한다. 지역사회의 문제 발견을 통해 이들의 욕구에 빠르게 대응할 뿐 아니라 개별적으로 다루어져 왔던 문제를 사회문제화하고 적극적이고 다양한 대응방안들을 제시하는 사회개발적인 기능을 한다.

자원봉사를 통해 자신의 한계를 극복하고 도전하는 정신을 배울 수 있다. 이는 정부나 공공기관의 서비스가 형식성, 획일성, 무사안일주의에 치우치기 쉬운 반면 자원봉사는 개별성, 창조성, 실험적인 능력 등을 발휘한다는 점에서 공적 사회복지의 한계를 보완한다고 할 수 있다(오효근, 2006).

11. 공공성

자원봉사는 자신의 이익이나 일시적 감정으로서가 아니라 이웃과 더불어 행복한 삶을 살기 위하여 책임감을 가지고 공동체의 구성원이나 어려움에 처한 사람들의 복지향상을 목표로 활동하는 것을 의미한다. 개인의 사적인 이익이나 특정 단체의 이익을 위하여 서비스를 제공하는 것이 아니라 지역사회 복지수준의 향상에 기여해야 함을 뜻한다. 공공성이란 사람이 사람으로서 더욱 행복해질 수 있도록 각자가 가지고 있는 가능성을 이끌어 내며 다른 사람과 공존하면서 행복을 창조하는 활동으로서의 성격을 의미한다(안은영, 2002).

자원봉사는 특정 개인, 단체의 이익이나 정당, 종교 등을 초월하여 모든 사람들을 위해서 행해지는 공공성에 바탕을 둔다. 삼성사회봉사단에서 제작한 비디오에서는 이를 '사회연대성'으로 표현했다. 자원봉사활동은 자신의 이익이나 일시적인 감정으로서가 아니라 이웃과 더불어 복된 삶을 살기 위하여 책임감을 가지고 공동체의 구성원이나 고난에 처한 한 사람, 한 사람의 복지 향상을 목표로 활동하는 것을 뜻한다. 예를 들어, 어떤 사람이 강요에 의해서가 아니라 스스로 판단하고 선택하여 볼링이나 화초 가꾸기를 했다고 하면 이것은 자발적으로 이뤄진 활동이지만 자원봉사활동이 아니다. 복지성 또는 공공성 · 연대성은 다른 사람과 공존하면서 행복을 창조하는 활동으로서의 성격을 강조한다.

제4절 자원봉사의 철학

인류의 역사를 통해서 볼 때 헌신과 봉사, 자선, 상부상조 등의 철학적 · 종교적 · 도덕적 개념들이 자원봉사 동기의 중요한 기반이 되고 있다. 이들 동기에서 이루어진 자발적 행위는 시공을 초월하여 윤리적 원칙으로 진행되어 왔다. 이러한 자원봉사활동을 구성하는 철학적 기초 및 이념적 요인은 다음과 같다.

1. 상호부조 정신

상호부조(mutual aid)는 인간에게 있어 가장 오래되고 보편적인 이웃 간의 비공식적인 보살핌과 유사한 사람들끼리 서로 도우며 공동체문제를 해결하고 복지를 향상시키는 활동이다.

상부상조는 '우리'라는 공동체의식이나 연대의식의 바탕에서 이루어지며, 우리나라의 건국이념인 홍익인간의 사상에서 그 근원을 찾을 수 있다.

상호부조 정신은 이기적 동기가 지배적으로 혈연관계에 제한되거나, 지역적으로 제한적으로 작용하는 폐쇄성이 있을 수 있다는 단점을 가질 수 있다.

2. 종교적 윤리

기독교에서는 자선(charity), 유교에서는 인(仁), 불교에서는 자비사상을 말한다. 자선이란 교회에서 신성시되는 '자비롭게 베푸는 행위'로서 배고픈 자, 병약자, 고통 받는 자의 당면한 욕구에 대하여 무엇인가를 제공해 주는 행위이다.

종교적 윤리는 성서의 '선한 사마리아인(the good samaritan)'의 행위와 연관 지을 수 있는 일종의 비이기적이고 직접적인 도움의 행위로서 새로운 공동체적 삶으로서의 구현을 의미한다.

3. 박애정신

박애정신(philanthropy) 또는 박애사업은 비종교적 동기, 즉 19세기에 개화된 인도주의(humanitarianism)적인 도덕과 윤리에 기초하여 생활 빈곤자를 원조하는 민간적 활동이라고 정의할 수 있다.

박애는 인간이 가질 수 있는 가장 넓은 의미의 공통감정으로, 인간이 겪고 있는 모든 현실에서의 차별, 즉 인종 · 종교 · 신분 · 풍습 · 이해관계 등의 차별을 초월하고 인간 존엄성을 기초로 하여 근심 · 불행 · 괴로움 등을 같이 나누려는 마음을 가지고 자원봉사를 하는 것을 말한다.

4. 민주주의 철학

자원봉사의 철학은 개인으로서 인간존중사상과 사회적 책임이라는 2대 지주로 이루어진 철학을 바탕으로 한다.

자원봉사의 주체는 국민이고, 방법은 전 국민이 직접적 · 간접적으로 협력 또는 자발적으로 참가하는 것이며, 전 국민의 공동복지 또는 복지사회구현을 위한 자발적인 활동이다.

민주주의의 철학은 '같이 있다', '더불어 산다', 즉 '내가 누구와 더불어'의 '이웃'을 인식하는 데에서 출발한다. 이러한 인식은 공동체의식의 구현을 위해 자발성을 강조한다. 이 자발성은 민주주의와 자원봉사를 연결짓는 고리로서의 역할을 하게 된다.

5. 시민참여 정신

자원봉사정신의 근원은 대개 두 가지로, 하나는 유대 기독교적 전통, 다른 하나는 희랍시대의 민주주의 철학으로 구분하는 것이 보통이다. 그 차이점은 무엇보다도 전자가 봉사 대상을 특정한 자원봉사 대상자(client)들에 한정하는 데 비하여 후자는 대상을 크게 보아 대중 전체로 확대했다는 것이다. 사실상 시민

참여는 민주적인 생활방법 그 자체이므로 진정한 민주사회의 생존 및 발전은 시민의식에 기반을 둔 자원봉사에 의해 이루어질 수 있는 것이다.

시민참여에서 오는 사회의 이익과 이런 행동의 결과에서 오는 개인적인 만족감을 직접 경험하면서 사회참여에 대한 사명감을 가지게 되므로 시민참여는 민주적인 생활방법 자체이다. 진정한 민주사회의 생존 및 발전은 시민의식에 기반을 둔 사회봉사에 의해 이루어질 수 있다.

6. 자발적 참여주의

자발적 참여주의는 자유의지 또는 선택에 의해 어떤 행위를 하는 것을 말하며, 지성이 아닌 의지를 존재의 근본원리 또는 실체라고 보는 관점이다.

자발적 참여주의(voluntarism) 정신은 말 그대로 자유의사 또는 선택에 의해 어떤 행위를 하는 것을 말한다. 이는 자원봉사활동의 주축이 되는 것으로 'Voluntarism'은 의지를 뜻하는 라틴어 'Voluntas'에 어원상 기원을 두고 있어서 이는 자원봉사가 철학적으로는 인간의 의지가 지식이나 이성보다 우선한다는 사상에 기초하고 있음을 보여준다.

제5절 자원봉사의 목적

자원봉사활동을 성공적으로 하기 위해서는 자원봉사를 시작하기 전에 자원봉사의 목적을 세우고 그 목적을 이루기 위한 활동을 해야 한다.

1. 자원봉사자는 대상자가 스스로 생활할 수 있도록 돕는 것에 목적을 두어야 한다.

자원봉사의 중요한 목적 중 하나인 자립은 대상자가 자원봉사의 도움을 받아 자립의 역량이 강화될 수 있도록 하는 것이다. 이것은 자원봉사의 궁극적인 목적에 해당되는 것으로 항상 자원봉사자의 도움을 받아야만 생활할 수 있는 것이 아니라 자원봉사자의 서비스가 대상자에게 자립을 키워 주어 스스로도 생활이 가능하도록 하는 데 있다.

2. 자원봉사자는 대상자의 올바른 성장에 도움을 줄 수 있도록 교육에 목적을 두어야 한다.

교육은 아동, 청소년, 장애인 등에게 지식과 기술 습득, 인성교육 등을 통해 바르게 성장할 수 있도록 도움을 주는 것이며, 적절한 발달단계에 맞춰 건강하고 올바른 사회생활을 할 수 있도록 하여 개인, 가정, 지역사회, 국가에서의 역할과 기능을 할 수 있도록 지원하는 것을 말한다.

3. 자원봉사자는 대상자가 정신적 · 심리적 · 인간적 욕구가 만족된 인간화에 목적을 두어야 한다.

우리 모두는 인간으로서 존중받고 인정받아야 한다. 이는 생리적 욕구 충족뿐만 아니라 인격적 욕구라 할 수 있는 정신적 · 심리적 · 인간적 욕구가 더불어 만족되어야 함을 말한다. 따라서 자원봉사자는 인간다운 생활, 존중, 사랑을 받고 타인과 함께 성장하며 인정받으면서 생활할 수 있는 환경을 조성하고 인격적 성장에 필요한 좋은 환경을 만들어 모든 서비스 대상자들에게 인간으로서 존중받도록 하는 것이 자원봉사의 목적이다.

4. 자원봉사자는 대상자가 올바른 사회생활을 할 수 있도록 돕는 사회화에 목적을 두어야 한다.

인간은 태어나면서 사회화의 과정을 경험하게 된다. 사회화 과정은 가정을 비롯하여 유희집단, 친구집단, 학교생활 등에서 인간관계를 통하여 이루어진다. 이러한 사회화 과정에서 인간관계에 미숙한 사람은 누군가의 적절한 도움을 받지 못하게 되어 정서적 부적응과 가출, 비행 등에 빠지기 쉽다. 따라서 자원봉사자는 원만한 대인관계를 가지고 건전한 사회인으로 성장할 수 있도록 돕는 것이 중요하다.

5. 자원봉사자는 대상자가 건강하게 생활하고 사회활동을 할 수 있도록 돕는 치료자가 될 수 있어야 한다.

자원봉사자는 전문가와 함께 대상자들이 부적절한 환경과 사회화 과정에서 겪게 되는 문제점들을 바로잡아 원만한 대인관계를 가질 수 있도록 도와야 한다.

이는 자원봉사 대상자들이 겪게 되는 신체적, 심리 · 정서적 문제를 극복할 수 있도록 돕는 치료자로서의 자세를 말한다. 특히 가정의 경제적 어려움과 불안정한 분위기, 부모의 이혼, 별거 등의 여러 가지 사유로 인한 어려움과 장애로 인한 어려움을 자원봉사활동을 통해 건강하게 생활할 수 있도록 하는 치료의 목적을 가져야 한다.

6. 자원봉사활동을 통해서 사회문제를 예방할 수 있어야 한다.

자원봉사활동을 통해 지역사회, 아동, 청소년, 장애인, 노인 등에게서 나타날 수 있는 문제를 사전에 예방하는 것이 자원봉사활동의 목적 중 하나이다. 예를 들면, 성폭력 예방활동, 환경지킴이 활동, 약물남용 예방 캠페인 등을 통해 사회문제가 발생하기 전에 사전에 예방하여야 한다.

7. 자원봉사활동을 통해서 매개자의 역할을 하는 데 목적을 두어야 한다.

도움을 필요로 하는 개인, 집단, 지역사회의 문제를 사회적으로 이슈화하고, 사회적 자원과 도움을 필요로 하는 사람들을 이어주는 역할을 의미하며, 문제를 해결하기 위해 지역사회의 지지를 유발하고 촉진하는 매개자로서의 역할을 말한다.

8. 자원봉사활동을 통해서 변화자의 역할을 하는 데 목적을 두어야 한다.

사회가 올바른 방향으로 변화하게 하고, 사회적 약자가 필요한 사회서비스를 받을 수 있도록 하기 위해 사회의 구조적 · 제도적 변화 및 개혁에 힘을 쏟는 것이 자원봉사의 목적이다. 스스로의 능력이 부족하거나 장애로 인해 어려움을 겪는 자원봉사 대상자도 사회에 통합될 수 있도록 이들에게 필요한 사회적 변화를 위한 다양한 활동을 해야 할 것이다.

제6절 자원봉사활동 관련 이론

자원봉사활동 관련 이론들은 다양하다. 자원봉사의 동기와 관련된 이론들은 인간이 행동을 하게 하고, 방향을 제시하는 이론들이다. 또는 행동을 계속하게 하거나 하지 않도록 하는 인간 내부에 존재하는 욕구중심의 이론들이다. 우선 본능이론으로서 이타주의와 이기주의, 욕구이론 관점에서 매슬로우(Maslow)의 욕구이론, 맥클리랜드(McCelland)의 성취동기이론이 있다. 또한 허즈버그(Herzberg)의 동기위생이론, 헥커만과 올드햄(Hackerman & Oldham)의 직무특성이론, 인지론적 이론으로서 브롬(Vroom)의 기대이론이 있다. 그리고 최근에 자원봉사 동기와 관련해서 자원봉사자의 동기 이해나 조직관리에 그 실효성이 뛰어난 클레이와 스나이더(Clary & Snyder)의 기능주의적 동기이론 등이 있다. 이 중 몇 가지 이론을 살펴보면 다음과 같다.

1. 성취동기이론

맥클리랜드(McCelland)는 사람들이 인생경험을 통하여 다양한 욕구들을 발전시킨다는 가정하에 개인의 욕구를 성취욕구, 친교욕구, 권력욕구로 분류하였다. 성취동기이론은 욕구가 학습된다는 것이 가장 핵심적인 이론이다. 자원봉사관리에 있어서 시사점은 다음과 같다. 첫째, 자원봉사자들의 교육훈련을 통하여 동기수준을 높일 수 있다. 둘째, 자원봉사자의 관리에 있어서 자원봉사자의 지배적인 동기의 유형과 수준을 이해하는 것이 조직성과에 기여한다는 것이다(류기형 외, 2018 : 128-129).

2. 직무특성이론

헥커만과 올드햄(Hackerman & Oldham)의 직무특성이론은 직무의 특성을 변화시켜 직무수행자의 성장욕구 수준에 맞춰야 하는 것이 매우 핵심적인 관리 전략이 된다는 이론이다.

직무특성이론의 시사점은 다음과 같다. 첫째, 이론적 관점에서 자원봉사관리 시스템을 진단할 수 있도록 하게 한다. 둘째, 관리자는 직무의 의미에서 자원봉사활동에 대한 만족도를 측정할 수 있고 또 관리할 수 있다는 장점이 있다. 즉, 인과관계 중심의 사회복지조직에서 자주 발생하는 구성원 간의 정서적 문제를 일 중심으로 접근할 수 있다는 이점이 있다.

3. 기대이론

브롬(Vroom)의 기대이론은 사람은 자신이 한 행동이 결과적으로 자신들에게 가치 있는 뭔가를 가져올 수 있다는 신념하에서만 동기부여가 된다는 이론이다. 이러한 기대감, 도구성, 유의성이 기대이론의 핵심개념이다. 브롬은 기대이론의 핵심개념이 체계적으로 통합되어 발휘하게 되는 동기를 힘(force)이라고 명명하였다.

브룸(Vroom)의 기대이론에서 말하는 다음과 같은 점들을 고려하여 자원봉사자들의 동기를 유발할 수 있도록 해야 할 것이다.

첫째, 개인이 스스로 바라는 수준까지 성장할 능력을 가지고 있다고 지각할 수 있도록 한다(높은 기대).

둘째, 자신의 행동이 예상한 결과와 보상을 가져오리라는 것을 믿도록 한다(높은 수단성).

셋째, 그러한 결과는 자신에게 긍정적인 가치를 가지고 있다고 생각하도록 한다(높은 유인가).

4. 기능주의적 동기 이론

자원봉사활동에 대한 기능주의 접근은 사람들의 단일적 참여행동 속에서 서로 다른 행동동기가 그 근저에 존재한다고 본다. 즉, 행동함으로써 자신에게 기능으로 작용할 수 있는 개인적 혜택을 추구한다는 것이다. 이는 개인의 태도변화 요소로서 내적인 심리적 변수들에 초점을 두고 있다. 그리고 개인의 태도변화를 형성하기 위해 연구자와 실천가들의 개인적 태도를 관찰하기에 앞서 개인적 기능 측면을 확인하는 능력, 특정 목표가 충족할 수 있는 기능의 유형에 대해 이해하는 능력, 개인의 기능적인 욕구와 목표의 호소에 부합할 수 있는 메시지의 유형을 이해하는 능력이 필요하다고 강조한다(Phillips, 2002). 이 이론에서 제시하는 자원봉사가 주는 기능의 유형과 정의는 다음과 같다.

〈표 1-2〉 자원봉사 기능 조사도구 : Volunteer Functions Inventory

기능 유형	정 의	기 타
가치기능 (value)	타인들을 위한 이타적이고 인도주의적인 가치들을 표현하는 기회의 자원봉사활동	이타주의와 연결
경력기능 (career)	경력 관련 이익을 얻을 수 있는 기회의 자원봉사활동	고용의 디딤돌 기능
이해기능 (understanding)	새로운 학습경험을 허용하고 실천되지 않은 지식, 기술, 그리고 능력을 실천할 수 있는 기회의 자원봉사활동	지식추구와 연결
상승기능 (enhancement)	자아성장과 개발 그리고 자아의 긍정적인 투쟁을 수반하는 기회의 자원봉사활동	자긍심, 자존감, 자기증진감에 기여
보호기능 (protective)	다른 사람들보다 더 많은 행운을 가진 것과 관련된 죄의식 감소를 촉진하고 자신의 개인적인 문제에 파고들 수 있는 기회의 자원봉사활동	에고-방어기능과 연결
사회기능 (social)	다른 사람들과의 관계에 관한 동기인데 친구들과 함께하거나 중요한 사람들에 의해 선호되는 활동에 참여하는 기회의 자원봉사활동	사회조정기능과 연결

출처 : 류기형 외(2010).

이러한 기능주의적 동기이론의 시사점은 다음과 같다. 첫째, 자원봉사자들이 만족할 수 있는 동기에 따라 자원봉사자의 과업을 유형화할 수 있다. 즉, 면밀한 자원봉사 동기에 대한 사정을 가능하게 해준다. 둘째, 다양한 동기의 기능적 측면들을 고려하여 신규 자원봉사자의 모집에 활용할 수 있게 해준다. 셋째, 자원봉사활동 과업을 선택할 때 자원봉사자들에게 보다 많은 재량권을 줄 수 있다. 넷째, 심리적 기능에 초점을 두었기 때문에 개인의 특성, 이를 테면 성별, 연령, 직업, 생활방식 등에 따라 다르게 나타나는 동기의 변화에 민감하게 대응할 수 있다. 다섯째, 최근 미국을 비롯한 외국에서 기능주의적 동기이론에 근거하여 자원봉사에 대한 조사들이 증가하는 추세에서 볼 때, 국제 간 자원봉사자의 특성을 비교할 수 있게 해준다.

02 자원봉사의 역사와 현황

CHAPTER

CHAPTER 02

자원봉사의 역사와 현황

교육목표

- 미국, 일본 자원봉사의 역사와 현황 이해
- 우리나라 자원봉사의 역사와 현황 이해

제1절 외국의 자원봉사

1. 미국의 자원봉사 현황

1) 자원봉사의 역사

미국은 자원봉사의 선진국으로 불릴 만큼 자원봉사활동의 제도와 의식이 발달되어 있는 나라이다.

미국은 다민족으로 구성된 이질적인 사회문화를 가진 국가이다. 하지만 이를 극복하는 중요한 역할을 하는 것이 자원봉사활동과 자원봉사의 정신이다. 자원봉사야말로 강력한 국가가 되는 원동력이다. 미국만큼 자원봉사를 생활화하고 삶의 기준으로 삼는 나라는 많지 않다.

이러한 미국의 자원봉사활동이 활성화된 것은 두 가지 이유가 있는데, 첫째는 사회통합이다. 다민족으로 구성된 이질적인 문화를 하나로 통합하기 위해 자원봉사활동의 역할이 필요하였다. 따라서 국가가 사회통합을 이루기 위해 적극적으로 국가 차원의 자원봉사활동이 펼쳐지게 되었다.

둘째는 종교의 정신이다. 미국은 기독교 정신을 기반으로 한 나라이다. 모든 종교가 그러하듯이 자원봉사의 정신과 종교의 정신은 인간을 사랑하는 데에서 출발한다. 이러한 기독교를 기반으로 하는 국민의 의식 속에서 자원봉사활동이 자연스럽게 나오게 되었다. 즉, 사회통합과 기독교의 정신이 자원봉사가 국가와 국민의 생활에서 자연스럽게 나타날 수 있는 배경이 된 것이다.

미국의 경우에는 17세기 초부터 이민자들의 자립을 돕기 위해 서로 돕기 시작한 상부상조의 정신에서 봉사활동을 시작하였다. 미국에 있어서 자원봉사는 대부분 기독교 정신에 바탕을 두고 있으며 부유층이나 중산층의 사람들이 가난한 사람들을 자선의 형식으로 돕는 것이 주를 이루었다. 그러나 사회문제의 확대와 함께 자선활동이 활기를 띠게 되고, 사회복지시설 및 조직이 다양하고 복잡해짐에 따라 봉사활동도 주는 자와 받는 자가 명확했던 초기의 특징을 벗어나 서로 돕는 상부상조의 개념으로 발전하였다. 또한 단순한 개인적 차원의 봉사에서 단체적, 조직적 봉사체계가 이루어지며 활동이 조직화되는 단계로 넘어가게 되었다. YMCA, YWCA, 평화봉사단(Peacecorps), 적십자사 등이 대표적 기관들이다(한양대학교출판부, 1995).

오늘날 미국은 아주 조직적이고 전국적인 규모로 자원봉사활동을 활발히 전개하고 있다. 미국이 이처럼 전국적으로 자원봉사활동이 활발하게 된 것은 제2차 세계대전과 연관이 있다. 당시 1천백만 명 이상의 자원봉사자들이 청소년, 부녀자, 노인, 장애인을 위해 복지활동을 했는데 이 활동을 조성한 단체가 바로 지금의 공동모금(The United Way)의 전신이었다(이팔환 · 백남덕, 2001).

미국의 자원봉사활동은 크게 정부지원과 민간주관으로 나뉜다. 연방정부의 지원을 받는 것의 대표적인 것으로 평화봉사단이 있다. 이것은 해외의 오지 · 벽지 · 미개발된 지역의 사회개발을 위해 미국의 청년들을 동원하여 봉사하도록 하는 것이다.

또한 미국 내의 빈곤퇴치, 인간봉사 및 지역개발을 위한 VISTA(Volunteer In Service To America)는 미국 인디언지역, 대도시의 빈민가, 산악지대 등 미개발 지역에서 활동하고 있다. 이 외에도 은퇴한 노인들을 중심으로 아동을 돕거나 지역사회의 자원봉사활동을 하도록 하는 양부모사업 및 은퇴노인 자원봉사사업도 있다(류기형 외, 2009).

민간단체의 자원봉사도 활발하다. 노조는 퇴직한 조합원들을 동원하여 퇴직을 앞둔 조합원들을 대상으로 퇴직 후의 생활에 대해 선도하거나 노동자들의 전과자 선도 및 알코올중독자 재활사업을 벌이기도 한다. 일반기업의 역할도 크다. 사회사업을 위한 유급휴가제도를 실시하여 사원들로 하여금 연 1개월간 청소년 상담, 소수민족훈련, 마약중독 및 알코올중독자 재활, 전과자 선도 등의 자원봉사를 하도록 하고 있다.

자원봉사활동은 순수 사회복지기관에서도 행해지고 있다. 복지서비스를 필요로 하는 미국인들이 증가하자 복지기관들은 자연히 자원봉사자들을 구하기 시작했다. 이 자원봉사자들을 훈련하고 자격을 부여해서 전문사업에 종사하도록 했다. 연방정부는 자원봉사활동을 전국적으로 지원하기 위해 자원봉사 조정관을 임명하고 있으며 노동부는 자원봉사자들에게 그들의 전문직 수준에 따라 직위를 부여하고 있다. 자원봉사자들이 무보수로 활동하고 있지만 유급전문직과 동일하게 각종 기관들과 계약을 맺고 활동하도록 행정적 체계를 이루어놓은 것이다(한양대학교출판부, 1995).

2) 자원봉사활동의 현황

(1) 추진체계의 현황

미국의 자원봉사 대표적 기관으로는 자원봉사기관, 촛불재단과 지역의 자원봉사센터, 기업 등이 있다. 중앙에는 촛불재단이 있어 중심적인 자원봉사기관의 역할을 하고 있으며 지방의 자원봉사센터를 지원하고 있다. 이 두 기관의 관계는 수직적인 상하 관계가 아닌 상호 독립적이며 협력적인 관계를 유지하고 있다. 지방의 자원봉사센터는 촛불재단의 가입단체일 수도 있고 비가입단체일 수도 있다.

지역자원봉사센터를 지원하는 중앙조직적인 촛불재단은 1990년 5월 부시 대통령의 선거공약으로 설립된 것으로, 회장을 대통령이 직접 임명하고 국회에서 독립적인 예산편성을 받는 전국 규모의 민간기구이다.

촛불재단은 25년간의 폭넓은 경험, 400여 지역회원, 56개 기업자원봉사협의회(Corporate Volunteer Council)와 그 회원 1,200명을 가진 전국자원봉사센터(National Volunteer Center)를 합병해서 조직되었기 때문에 창립 초부터 탄탄한 지역 구성체를 가지고 있다. 그 내부 조직은 청소년 대표, 정부기관, 기업, 교육계, 종교계, 민간단체 등 각계 대표들로 구성되어 정책과 전략을 수립하는 이사회가 있고, 이사회에는 운영위원회, 보상위원회, 상담위원회 등 8개의 위원회가 조직되어 있다. 그 밑에는 대통령이 직접 임명하는 회장과 부회장이 있으며 2개의 국(행정국, 개발국), 3개의 부서(지역사회동원, 리더십과 생산개발과, 의사소통과)로 조직되어 있다.

전국자원봉사센터협의회(National Council of Volunteer Centers)는 독립적인 운영체제를 갖춘 자원봉사센터들이 회원으로 가입하는 곳으로 현재 400여 회원센터가 가입되어 있으며 촛불재단의 자원봉사센터를 위한 프로그램 개발에 자문을 주고 있다.

자원봉사센터는 지방에 따라 다양한 이름으로 불리고 있지만 기능은 유사하다. 이들은 대부분이 촛불재단에 회원으로 가입해 지원을 받고 있으나 공동모금회(United Way)가 자원봉사 사무실을 빌려 주거나 직접 운영하는 곳도 300여 개에 이른다. 지역자원봉사센터의 구조를 살펴보면 지역사회 보건 · 복지협의회의 부설기구형, 공동모금의 지부형, 독립기관형, 자치단체나 민간단체부설기관형으로 나누어 볼 수 있다.

1980년대 이후 미국의 자원봉사 역사상 획기적인 계기가 된 것은 기업의 자원봉사 참여이다. IBM, GM, 코카콜라, 월트디즈니, 맥도날드 등의 미국 굴지의 회사들이 자원봉사활동에 참여하고 있다. 특히 촛불재단은 기업의 자원봉사활동을 지원하기 위해 기업자원봉사협의회(Corporate Volunteer Council)를 만들어 자원봉사에 대한 교육훈련 등의 지원과 공동 프로젝트 등을 행하고 있다(The Conference Board, 1993). 1993년 기준 700개의 협의회가 전국에 있으며 이것은 기업의 사원에게 지역사회의 자원과 욕구를 배울 수 있는 포럼을 제공하고, 자원봉사 프로그램을 지원하고, 교육 · 훈련하는 기관이다.

(2) 자원봉사활동의 현황

미국의 자원봉사활동은 자원봉사활동법에 의해 실행되고 있으며 특히 새로운 대통령이 선출될 때마다 새로운 형태로 발전되어 왔음을 볼 때 자원봉사활동을 공공정책으로 다루고 있어 자원봉사활동에 대한 정부의 강력한 의지를 엿볼 수 있다. 민간의 자발적인 활동과 움직임을 통제하거나 압력을 가하는 것이 아니라 자원봉사활동이 민간에 의해 적극적으로 발전될 수 있도록 지원, 육성하고 있다. 정부가 자원봉사활동을 육성하기 위해 만든 기구의 변천을 살펴보면 〈표 2-1〉과 같다(류기형 외, 2021).

〈표 2-1〉 미국 정부의 자원봉사활동 지원내용

연 도	활 동 내 용	비 고
1961년	평화봉사단(Peace Corp) 창설	케네디 대통령
1964년	VISTA(Volunteer In Service to America) 창설	존슨 대통령
1969년	전국자원봉사활동프로그램법(National Program for Voluntary act) 제정	
1971년	ACTION 창설	닉슨 대통령
1979년	VOLUNTEER 창설	
1990년	Point of Light Foundation 설립	부시 대통령
1990년	전국 및 지역사회봉사법(National and Community Service Act) 제정	
1993년	국립자원봉사활동협력기구 창설	클린턴 대통령
2002년	미국자유봉사단(USA Freedoom Corps) 창설	부시 대통령
2009년	미국케네디봉사법(Edward M. Kennedy Serve America Act) 제정	오바마 대통령

현재 미국 정부 내에 자원봉사활동의 전담기구는 국립자원봉사협력기구(Corporation for National Service)이다. 이것은 1993년에 클린턴 행정부가 전국봉사지원법(National Service Trust Act)을 새로이 제정하고 이 법에 의해 생긴 지역사회서비스를 위한 국가자문위원회(National Commission on National and Community Service)와 1971년에 창설된 ACTION을 통합하여 새롭게 창설한 기구이다. 정부는 이러한 국립자원봉사협력기구(CNS)를 위해 별도의 전담기구를 두고 예산지원 및 운영 전반을 관장하고 있으며 이 기구는 정치적으로 다양한 견해를 반영할 수 있는 이사회와 경영팀에 의해 운영된다. 15명으로 구성된 이사진은 대통령의 임명을 받고 5년 동안 재임하며 회장 또한 대통령이 임명하도록 규정되어 있다.

연방정부가 전국의 자원봉사활동에 관한 지원을 적극적으로 추진하고 있는 것과 병행하여 주정부에서는 독립된 주자원봉사국(staff office of volunteerism)이나 주지사 관할하의 기구(governor's officer on volunteerism) 등을 설치하여 자원봉사단체들을 서로 연결해 주고, 기업의 후원을 장려하는 등 보조적인 역할을 한다.

주 차원의 자원봉사 사무소는 일반적으로 주의 한 부서나 주지사에 의해 실시되는 조정단체로 주 차원의 자원봉사 프로젝트의 활동에 대한 지지메커니즘으로 이바지한다(Ellis, 1989). 주 자원봉사 사무소는 주정부 내 현존 자원봉사 프로그램을 장려하고 조정하며 사무소와 프로그램 개발 · 계획을 부차적으로 지원했으며 민간 자원봉사 조직뿐만 아니라 연방 자원봉사활동을 지원하고 용이하게 했다. 1989년 기준 32개 주가 자원봉사 사무소를 가지고 있고, 7개 주는 자원봉사기관의 대표자나 책임자와 관계를 가지고 있다.

또한 지방에는 자원봉사사무국의회(Assembly of State Officers Volunteerism)와 주지사협의회(National Governor Association)가 운영되고 있다. 미국의 각 시 정부는 자원봉사에 관한 다양한 입장을 취하고 있으며 지역에 따라 여러 형태의 자원봉사 지원 모델이 있다. 그러나 시에서 자원봉사센터를 직접 운영하고 있는 뉴욕 시를 제외하고 대부분의 시 정부에서는 지역사회의 자원봉사활동에 간접적으로 개입하고 있다. 많은 경우 시 정부의 각 부처에서 자원봉사자를 활용하여 시민들을 위한 사업을 운영하고 있으며, 시 정부 관리들은 자원봉사 옹호자로서 자원봉사 캠페인을 벌이고, 기업이나 각계 단체들 간의 교류를 주선하며, 자원봉사자를 표창하는 역할을 하고 있다(이번송 외, 1996).

2. 일본의 자원봉사 현황

1) 자원봉사의 역사

일본의 자원봉사활동이 활성화된 시기는 전후복구사업과 더불어 혼란한 사회를 바로 잡고자 자발적인 지역활동이 일어난 1940년대이다. 이는 패전 후 부상자의 원호와 보호를 필두로 하여 1947년 공동모금, BBB 운동이 시작되었고 그 후 Workcamp 활동, 학생인보관운동이 시작되었다. 인보관활동의 대표적인 것으로 1949년 태풍의 피해로 동경대학을 중심으로 인보사업운동이 전개되기도 하였다.

1950년대에는 1951년 사회복지사업이 공포되고, 사회복지협의회가 발족하면서 자원봉사가 발전하게 된 계기가 되었다.

1960년대는 자원봉사활동이 급속하게 확장되었다. 사회복지협의회가 선의은행(Good Will Bank)을 설치하고 이곳에서 돈, 물자, 또는 재능을 기부받고 그러한 자원들을 필요로 하는 기관이나 개인에게 분배하는 일을 하여 자원봉사를 촉진시키는 데 기여한 때도 이 시기였다. 1968년 전국선의은행연락협의회가 발족되면서 자원봉사에 대한 일대 전환기를 맞게 되었다. 그것은 이제까지 사회발전은 정부가 주도해야 하며 시민의 책임이 아니라는 사고를 벗어나 지역사회의 향상을 위해서는 자신들이 제공할 수 있는 것은 제공해야 한다는 지역사회에 대한 관심으로의 전환이었다. 전국사회복지협의회는 자원봉사의 올바른 육성에 도움이 되고자 볼런티어연수위원회를 발족시키기도 하였다.

1970년대에는 번영 속의 빈곤에 대한 문제가 제기되었고 경제성장우선에 관한 반성의 소리가 높았으며 노후문제가 관심사가 되었다. 행정부와 시민 간의 상호보완적 관계 속에서만 시민의 건전한 삶과 환경이 보장된다는 원칙 아래 지방정부의 자금지원으로 민간에 의해 운영되는 자원봉사센터가 설치되었다. 전국사회복지협의회에 중앙자원봉사활동진흥센터가 신설되었고 지역별로 자원봉사센터가 운영되었다. 이 밖에도 전국 3,271개 사회복지협의회 지부가 자원봉사센터로서의 기능을 수행하였다(한양대학교출판부, 1995).

일본에서는 500만 명의 자원봉사자들이 다양한 분야에서 활동하고 있다. 또한 자원봉사자가 행정당국에 의해 임명되어 공공부조 · 아동복지 · 공중보건 · 형집행 유예자의 보호 및 청소년업무 등 특수 분야에서 활동하고 있는데, 이처럼 행정당국에 의해 지명되어 특정 분야에서 활동하는 민생위원제도는 서구와는 다른 일본 자원봉사의 특이한 현상이다. 일본의 자원봉사는 기관주도적인 것에서 점차 지역사회중심의 자원봉사로 변하고 있으며, 1970년 이전까지 대부분의 자원봉사활동자들은 대학생이었으나 그 이후에는 10대에서 노인층에 이르는 모든 연령층에서 자원봉사자를 찾아볼 수 있게 되었다. 그뿐만 아니라 시민단체 그리고 기업들도 여가시간에는 자원봉사에 참여하도록 권장하고 있다(이팔환 · 백남덕, 2001).

1973년부터는 중앙이나 지방자치단체의 보조에 의해 사회복지협의회를 중심으로 중앙에 '전국자원봉사활동진흥센터', 道 · 都 · 府 · 縣(도, 광역시) 및 지정도시에서 '자원봉사센터'를 설립하는 등 자원봉사활동 추진체계가 정비되기 시작했고 1977년부터는 전국자원봉사활동진흥센터에 후생성이 보조금을 지급하기 시작했다. 1980년부터는 일본형 복지사회의 구상에 입각해 서비스의 책임을 큰 정부에서 지역사회로 전가시키면서 지역주민, 단체 등을 대상으로 복지활동으로의 참가를 유도하고 더 나아가 전 지역 주민이 참여하게 함으로써 지속적이고 자주적인 전개가 가능하도록 기반 정비를 통합적으로 행하려는 노력이 있었다. 이에 후생성(厚生省), 문부성(文部省) 등 정부조직에서 자원봉사활동이 적극 추진되었는데 후생성에서는 그런 자원봉사활동의 진흥을 위해 그 활동의 기반이 될 조직 정비를 목적으로 한 복지자원봉사 마을만들기 사업(볼런토피아사업)을 실시함과 함께 학생의 자원봉사활동 보급사업 협력교(복지협력교)에 대한 조성 조치를 강구하였다(全國社會福祉協議會 · 全國自願活動振興센터, 1995).

1990년대에는 1995년 고베 대지진을 계기로 자원봉사에 대한 관심과 참여가 높아졌다. 137만 명의 자원봉사자가 참여하였으며 자원봉사의 원년으로 불릴 만큼 자원봉사에 대한 관심이 높아졌다. 또한 자원봉사활동에 기업의 참여가 활성화되었다. 후지 제록스는 일본 최초로 사원의 자원봉사자 휴가제도인 '사회봉사 휴가제도'를 시작했으며, 같은 해 4월에는 경제 단체연합이 1년간의 경상수익의 1%를 기부한다는 '1% 클럽'을 만들어 기업 및 경영자의 참여를 유도했으며 또한 사회공헌이라고 하는 부서를 두고 유급직원이 배치되고 있다. 이와 더불어 노동조합이 사회공헌에 적극적으로 참여하는 조합활동으로 변해가고 있다(興圄寬, 1994). 또한 이 시기에는 '자원봉사 정보의 IT'를 들 수 있다. 1994년 오사카자원봉사협회가 '자원봉사 시민 활동 정보넷', 1995년에는 NHK가 'NHK 자원봉사 넷'이라 하는 자원봉사 검색 시스템을 통해 자원봉사센터에 직접 가지 않고도 자원봉사 정보를 얻고 자원봉사활동에 참여할 수 있도록 하였다(中村寿美子, 2005).

1997년에는 비영리활동촉진법(NPO법)이 제정되어 자원봉사 관련 단체가 증가하는 계기가 되었다.

2) 자원봉사활동의 현황

일본은 패전 후의 혼란을 수습하기 위해 자원봉사활동을 시작한 후발 국가이지만 일본형 복지사회의 구상에 입각해 자원봉사활동이 지역복지를 중심으로 해서 활발히 진행되고 있다.

일본의 자원봉사활동은 사회복지협의회에서 운영하고 있는 자원봉사센터, 민간단체에서 운영하고 있는 각종 자원봉사협회, 다양한 자원봉사기관, 기업 등이 있다. 자원봉사센터의 설치, 운영 주체는 크게 공공기관, 사회복지협의회, 민간육성기관, 시설단체 등의 네 가지로 분류될 수가 있는데, 그중에서도 사회복지협의회를 중심으로 한 자원봉사센터가 다수를 차지하고 있다.

사회복지협의회 산하의 자원봉사센터 조직은 중앙에 전국자원봉사센터가 있고 지방에 자원봉사센터가 있다(全國社會福祉協議會 · 全國自願活動振興센터, 1994). 현재 자원봉사센터는 道 · 都 · 俯 · 縣(도 · 광역시) 지정도시 사회복지협의회에 59곳, 市 · 區 · 町 · 村(시 · 군 · 구) 사회복지협의회에 2,272곳이 운영되고 있다(표 2-2 참조).

전국자원봉사활동센터는 전국사회복지협의회(일본 사회복지협의회의 중앙본부) 내에 자원봉사활동을 담당하는 부서로서 존재하고 있는데 이곳에서는 자원봉사자를 모집, 훈련시키지는 않고 전국적으로 자원봉사자를 육성, 활용하는 단체들과 상호 협조하여 자원봉사자 육성에 관한 중앙기구로서의 역할을 수행하고 있다(東京自願奉仕센터, 1994). 즉, 전국자원봉사활동진흥센터는 협력사업과 네트워크 및 조정기능을 주 역할로 하고 중앙과 지방지부와는 필요한 정보교환과 교재, 유인물 발간 등의 횡적인 관계에 의해 상호 협조토록 한다.

사회복지협의회에서 운영하는 센터 이외에도 다양한 추진기관이 있는데 그중에는 자원봉사협회라는 조직이 있다. 1965년에 발족한 오사카자원봉사협회를 비롯하여 전국에 약 50개의 자원봉사협회 관계 단체가 존재하고 있다. 재정과 행정 의존 면에 있어서 자립성을 가지며 민간성을 견지하고 있으며 활동 영역이 복지에 한정되지 않고 다양하다.

이 외에도 가장 활발하게 활동을 전개하고 있는 것은 기업이다. 특히 동경자원봉사센터의 조사에 따르면 175개 기업(29.1%)이 현재 자원봉사활동을 추진하고 있으며, 62개 기업(10.3%)이 앞으로 검토 중이라고 밝히고 있어(東京自願奉仕센터, 1992), 앞으로 기업의 자원봉사활동은 더욱 활발할 것으로 예상된다.

〈표 2-2〉 자원봉사센터 현황

구 분	道·都·府·縣·지정도시	市·區·町·村
센터 설치	59	2,272(총사협 3,376)
활동추진위원회 설치	11(평균 22.2 단체)	168
운영위원회 설치	48	911
자원봉사그룹연락협의회	23(평균 53.1 단체)	1,234
자원봉사센터 담당직원	58개소(227명) 전임 33개소(100명) 겸임 44개소(127명)	1,422곳(2,464명)
자원봉사 조정자 배치	상근전임 9개소 11인 상근겸임 3개소 7인 비상근겸임 10개소 21.5인 비상근겸임 3개소 3인 유급협력원 6개소 9인 무급협력원 3개소 28인	107곳(1,679명) 상근직원 사회복지협의회 수 716(840명) 비상근직원 〃 312(390명) 유급협력원 〃 68(180명) 무급협력원 〃 43(267명)
전용공간	전용공간 : 41 독립건물 : 4개소	100m² 이상 : 124명 100m² 미만 : 990명 센터업무만 : 1,152명

출처 : 류기형 외(2005).

자원봉사센터에 담당직원을 배치하고 있는 곳(전임직원과 겸임직원 포함)은 〈표 2-2〉에서와 같이 道·都·府·縣(도·광역시) 및 지정도시가 58개소의 227명이고, 市·區·町·村에 1,422곳의 2,464명이다. 또한 자원봉사 조정자(상근, 비상근, 무급협력원, 유급협력원 포함)는 道·都·府·縣(도·광역시) 및 지정도시 자원봉사센터에 477명이 배치되어 있고 市·區·町·村(시·군·구) 자원봉사센터에는 1,679명이 배치되어 있다. 일본의 경우 많은 市·區·町·村(시·군·구) 사회복지협의회에서 자원봉사 담당직원을 배치하고 있지만(68.3%) 상근의 전임 자원봉사 조정자의 배치는 극히 낮다.

제2절 우리나라의 자원봉사 현황

1. 자원봉사의 역사

1) 전통적 의미의 자원봉사활동

우리나라의 자원봉사 기원은 문헌상에서는 삼한시대에서 찾아볼 수 있는데 이미 삼한시대 이전부터 자원봉사활동의 의미가 존재하였다.

상부상조를 목적으로 하는 계(契)조직은 삼한시대에 성행했는데, 이는 순수한 주민협동체 조직으로서 취미나 그 밖의 생활의 공통된 분야에서 이해관계를 같이 해왔다. 신라시대에는 계(契) 이외에도 두레라고 하는 촌락단위로 조직된 농촌사회의 상호협력·감찰을 목적으로 하는 주민협동체가 있었으며 농촌에서 노동력을 교환하는 품앗이 등이 오래 전부터 우리 사회의 전통적 민간 활동으로 자리잡아 왔다. 지역주민들의 덕화(德化), 교화(敎化)를 목적으로 하고 자치적 협동조직인 향약(鄕約) 등도 전통적인 자원봉사활동이라고 볼 수 있다. 또한 빈민구제 사업으로 진대법(賑貸法)과 고려의 의창·제위보, 조선의 상평창·사창 등 국가 차원에서의 활동도 찾아볼 수 있다. 하지만 이 시기의 자원봉사활동은 서로 품을 팔아 상호부조하는 경제적 보상의 측면을 강하게 지니고 있다는 점에서 현대적 의미의 자원봉사와는 차이가 있다.

2) 현대적 의미의 자원봉사활동

(1) 1900~1940년

현대적 의미의 자원봉사활동이 시작된 시기는 근대화가 시작될 무렵으로서 기독교적인 사상과 개화사상을 받아 교회, 일반 사회단체, 여성단체들을 통하여 시작되었다. 특히 지역중심으로 활동을 펼친 사회복지관에 의해 자원봉사활동의 조직화 및 전문화가 이루어져 본격적인 활동이 시작되었다. 그 예가 1903년 YMCA가 주축이 되어 발족된 4H클럽이다. 이 클럽은 5~6년 정도 활동하다가 그 명맥이 끊어졌으나 한국전쟁 이후 농촌운동의 전개와 더불어 농촌청소년 지도사업으로 채택되어 전국적인 운동으로 확대되었다. 또한 1921년 우리나라 최초의 복지관인 태화기독교사회관에서 여성계몽 및 교육, 아동보건사업이 전개되면서부터이다.

1934년 기독교 조선감리회는 평양애린원을 설립하여 지역사회를 중심으로 한 빈민과 직장여성, 아동의 복지를 위한 사업을 실시하였다. 대한적십자사가 1947년 인도주의와 자원봉사를 기본정신으로 발족시킨 적십자부녀봉사대에는 1,400여 개가 넘는 조직에 3만 명 이상의 자원봉사자들이 다양한 자원봉사활동을 전개하였다.

(2) 1950~1980년대

1950년에서 1980년까지의 자원봉사활동을 살펴보면 방학을 이용하여 대학생이 중심이 되어 문맹퇴치를 위한 야학, 농촌 일손 돕기, 질병교육 등의 활동을 전개해 왔으며, 그 외에도 각종 사회단체나 기관에서의 자원봉사활동도 함께 시행되었다. 특히 유니세프 한국위원회는 유엔 산하 기구들 중 어린이의 복지증진을 위해 창설되어 어린이를 위한 각종 사업과 기금모집 등을 실시해 왔다.

이 시기에는 적십자운동이 활성화되었고, 사회복지 입법부문에서 생활보호법, 아동복리법 등이 제정되었다. 1978년 한국사회복지협의회 부설 자원봉사안내소는 자원봉사 인력은행의 기능을 수행하기 위하여 최초로 개설된 기관으로서 이 기관에서 운영하는 '도움의 전화'를 통하여 전국의 사회복지시설 및 단체를 안내하여 적절한 도움을 받게 하고 자원봉사자를 모집, 훈련하여 사회복지시설 및 단체에 배치하려는 목적으로 출발하였다.

1980년에는 보다 조직적으로 자원봉사활동이 시작되었는데, 이는 1985년 올림픽 조직위원회에 의하여 자원봉사단이 구성됨으로써 자원봉사활동이 조직적으로 활동하게 되었다. 1986년 아시안게임과 1988년 올림픽에서의 자원봉사자 활용은 전국적으로 자원봉사를 인식시키고 확산시키는 데 크게 기여하였으며, 국가적으로 자원봉사에 관심을 가지게 되었다. 이는 1990년대에 자원봉사활동이 활성화되는 데 영향을 미쳤다.

(3) 1990년대 이후

민간 차원에서의 자원봉사활동이 1990년대 들어와서 국가 차원의 자원봉사활동으로 발전하게 되었다. 이는 민 · 관이 함께 자원봉사활동에 참여하게 됨으로써 우리나라 자원봉사활동이 괄목할 만한 발전을 하게 되었다.

1994년 한국자원봉사단체협의회가 설립되어 자원봉사 관련 단체와 일반 자원봉사단체들이 연계하여 자원봉사활동을 활성화하는 계기가 되었으며 1995년 교육부에서 실시한 5 · 31 교육개혁 조치와 함께 중 · 고교생들을 자원봉사활동에 참여시킴으로써 학생들의 자원봉사활동이 봉사학습으로 발전하는 계기가 되었다. 대학에서도 자원봉사에 대해 깊은 관심을 가지게 되어 강남대학교가 최초로 1979년 2학기부터 사회사업학과 내에 전공 선택과목으로 자원봉사를 채택한 것을 시작으로 1995년부터는 보다 많은 대학이 교양과목 형식으로 개설하여 강의하기 시작하였다. 또한 1996년에는 대학 총학장들이 중심이 된 한국대학사회봉사협의회가 창립되어 그동안 각 대학별로 산발적으로 활동하던 자원봉사활동이 조직적으로 활성화되는 계기가 되었으며 대학의 자원봉사활동이 봉사학습으로 발전하는 계기가 되어 2001년 현재 154개교 대학(전문대 포함)이 자원봉사활동을 학점으로 운영하게 되었다.

1994년 중앙일보사에 의한 자원봉사 캠페인은 대중매체의 적극적 참여로 자원봉사활동의 저변 확대에 크게 공헌하였으며 자원봉사활동의 필요성에 대한 공감대가 확대되면서 대기업들에서도 신입사원 채용과 직원연수의 경우에 자원봉사 실적을 반영하였다. 실제로 삼성그룹의 사회봉사단, 제일은행의 자원봉사대 등이 창설되었다.

특히 국가 차원의 자원봉사활동을 통합하여 관리하는 행정체계 구축이 필요하다고 판단하여 1995년부터 내무부 사회진흥과에서 자원봉사활동 관련 업무를 총괄 관리하도록 하였으며 1996년부터 전국 자치단체당 자원봉사센터 1개소 설치를 목표로 추진되어 2004년 248개소로 100% 설치하였다. 이것은 민간주도의 자원봉사활동을 민 · 관이 함께 자원봉사활동을 하게 되는 의미를 가지게 되며 정부정책도 자원봉사활동 영역의 확대와 활성화 방향으로 나아가겠다는 의지를 나타낸 것으로 보인다. 특히 자원봉사자와 단체들은 2002년 월드컵과 부산 아시안게임 등 국가적으로 중요한 국제대회를 성공적으로 개최하는 데 기여하였을 뿐 아니라 2002년 태풍 '루사', 2007년 '태안 기름띠 제거' 등 각종 재해복구 활동에도 많은 활약을 보여 국민화합의 큰 틀을 다지는 데 중요한 역할을 수행하고 있다(오효근, 2007).

또한 2002년 11월에는 IAVE 세계자원봉사대회 조직위원회 주최로 제17차 세계자원봉사대회를 우리나라에서 개최하여 전 세계 자원봉사단체의 화합과 교류의 장을 마련하였고, 2008년 4월에는 한국자원봉사협의회 이강현 사무총장이 세계자원봉사협의회 회장으로 취임하여 우리나라 자원봉사활동을 전 세계에 알림으로써 국가위상을 제고하는 데 기여하였다.

특히 2006년 2월 5일 시행한 자원봉사활동 기본법의 제정을 통해 자원봉사활동이 법적으로 지원과 보상을 받을 수 있게 되었다. 이 법에서는 자원봉사진흥을 위하여 민 · 관이 협력하여 모든 국민이 자원봉사활동에 참여할 수 있도록 하였는데 국무총리를 위원장으로 자원봉사진흥위원회를 두어 자원봉사의 계획과 심의를 하도록 하였고, 학교 · 직장 등에서의 자원봉사활동을 장려하고 포상할 수 있도록 하였으며 자원봉사자를 보호하기 위하여 자원봉사자에게 보험의 혜택을 두었으며 자원봉사단체를 지원하도록 하고 국가기관 및 지방자치단체는 자원봉사센터를 설치 및 운영할 수 있도록 하였다(오효근, 2006).

2. 자원봉사활동의 현황

1) 자원봉사활동 지원을 위한 관련 법체계

우리나라는 자원봉사활동을 진흥하고 활성화시키기 위해 2005년 8월 자원봉사활동 기본법을 제정하였으며, 2006년 2월 5일부터 시행되었다. 본 법은 자원봉사활동이 사회 각 분야에 널리 확대되고 있으나, 이에 대한 국가적 차원에서의 체계적인 지원이 미흡한 실정에서 자원봉사에 관한 기본적인 사항을 정하여 자원봉사활동에 대한 참여를 높이고 행복한 공동체를 건설하는 데 기여하기 위하여 제정하였으며, 법 제정 후 2020년 10월 기준 일곱 번의 개정이 있었으나 정책의 변경이 아니라 법 용어와 그 소속기관의 직제 등에 관한 개정이었다.

자원봉사활동 기본법은 총 20조로 구성되어 있으며, 주요 내용은 ① 자원봉사활동의 진흥을 위한 국가 등의 책무(법 제4조), ② 자원봉사진흥위원회의 설치(법 제8조), ③ 자원봉사자의 보호(법 제14조) ④ 한국자원봉사협의회의 설립(법 제17조), ⑤ 자원봉사센터 설치 · 운영(법 제19조)에 관한 사항이다. 그렇지만 자원봉사활동 기본법은 지위가 확보되지 못하고 있는 실정이며, 자원봉사진흥을 위한 국가 차원에서의 단일화된 체계가 아닌 여러 부처에서 중복적인 지원을 하고 있는 실정이다.

자원봉사활동 기본법을 포함한 자원봉사활동 관련 법령을 살펴보면, 여성가족 관련 법령으로서 건강가정 기본법이 있으며, 사회복지 관련 법령은 사회복지사업법, 노인복지법, 사회보장기본법, 대한노인회 지원에 관한 법률 등이다. 또한 청소년활동 관련 법령으로 청소년활동진흥법, 재해구호 관련 법령으로 재난 및 안전관리기본법, 재해구호법, 대한적십자사 조직법, 모금 관련 법령으로 기부금품으로 모집 및 사용에 관한 법률, 해외봉사 관련 법령으로 한국국제협력단법 등이 있다.

이들 관련 법령 중 자원봉사활동 관리지원과 관련된 주요 내용을 비교해 보면 〈표 2-3〉과 같으며, 각 법령이 제정되고 운영되면서 발생하는 주요 문제점을 지적해 보면 다음과 같다(천정웅 외, 2020).

첫째, 자원봉사활동 기본법과 타 법령과의 관계가 불명확하며, 기본법으로서의 법적인 지위를 가지지 못한다.

둘째, 법령마다 자원봉사 관련 용어가 다르다. 자원봉사활동을 행하는 자를 통칭하여 '자원봉사자'로 공통적으로 지칭하고 있으나, 노인복지법은 '지역봉사지도원', 건강가정기본법은 '가정봉사원'과 같은 유사명칭을 사용함으로써 혼돈을 주고 있다.

셋째, 부처별로 자원봉사센터가 중복적으로 설치되고, 지원기준도 상이하다. 아래 표에서도 나타나듯이 자원봉사활동 기본법을 근거로 자원봉사자의 활동지원 관리를 위하여 전국 시 · 군 · 구 지역에 자원봉사센터를 설치 · 운영하고 있다. 그렇지만 사회복지 자원봉사활동을 하는 자원봉사자를 위한 관리는 한국사회복지협의회에서 지원(사회복지사업법), 청소년 자원봉사활동 관리는 시 · 도단위 청소년활동진흥센터(청소년활동진흥법), 대한노인회 소속 자원봉사활동 관리는 지도단위 노인자원봉사센터(대한노인회 지원에 관한법률)를 설치 · 운영하고 있다. 따라서 자원봉사활동 기본법이 명목상의 법령이 아닌 자원봉사 관련 법령의 기본법으로서 지위확보를 위한 노력이 수반되어야 한다.

〈표 2-3〉 자원봉사활동 관리지원과 관련된 법과 주요 내용

구 분 (주무부처)	법	주요 내용	용 어
기본법 (행정자치부)	자원봉사 활동 기본법	• 자원봉사활동 진흥정책 방향 수립 • 자원봉사활동진흥위원회(국무총리소속) 설치 • 자원봉사활동 진흥에 관한 국가기본계획 수립의무(매 5년) • 자원봉사포상 • 자원봉사자의 날(12월 5일), 주간 설정 • 자원봉사활동관리(교육훈련 위탁근거) • 자원봉사자 보호를 위한 보험가입 • 한국자원봉사협의호 기구 운영 • 자원봉사센터의 설치운영	자원봉사활동 자원봉사자 자원봉사단체 자원봉사센터
여성가족 (여성가족부)	건강가정 기본법	• 가족단위의 시민적 역할(자원봉사참여) 노력 • 건강가정 관련 자원봉사활동사업 육성 장려 • 가정방문 가정봉사원 지원	가족단위 자원봉사활동 가정봉사원 지원

사회복지 (보건복지부)	사회복지 사업법	• 사회복지 자원봉사활동의 지원 · 육성 • 자원봉사활동의 진흥업무는 한국사회복지협의회 위탁	사회복지자원 봉사활동
	노인복지법	• 지역봉사지도원 위촉 및 활동지원(자원봉사활동)	지역봉사지도원
	사회보장 기본법	• 사회보장 행정에 필요한 자원봉사 인력활용, 민간 자원 봉사활성화 사업지원	
	대한노인회 지원에 관한 법률	• 사회봉사 촉진을 도모, 노인자원봉사활동의 증진	노인자원봉사
청소년활동 (여성가족부)	청소년활동 진흥법	• 한국청소년활동진흥원 설치(청소년 자원봉사활동 활성화 사업) • 지방청소년활동진흥센터 설치(지역 청소년 자원봉사활동 활성화) • 청소년문화활동 진흥(봉사활동단체 진흥) • 청소년자원봉사활성화 기반조성	청소년자원봉사 청소년 활동진흥원
재해구호 (행정자치부)	재난 및 안전관리 기본법	• 재난참여 자원봉사자 관리 • 자원봉사자의 치료 및 보상 • 재난참여 자원봉사자 임무부여	자원봉사자
	재해구호법	• 재해구호 참여 자원봉사자 교육 및 급식(재해구호 기금사용) • 전국재해구호협회(자원봉사자 및 자원봉사 단체 관리 운영지원)	재해구호 자원봉사자
	대한적십자 조직법	• 대한적십자사 사업내용(자원봉사사업)	적십자봉사단
모금 (행정자치부)	기부금품의 모집 및 사용에 관한 법률	• 기부금품의 모집 등록(자원봉사사업)	
해외봉사 (외교통상부)	한국국제 협력단법	• 해외봉사단의 파견	해외봉사단

출처 : 최유미(2015), p. 64.

2) 자원봉사활동 관리체계

자원봉사활동이 원활하게 이루어지기 위해서는 자원봉사자들을 활용하는 수요 측면도 필요하지만 공급 측면에서 자원봉사활동을 원하는 사람들을 육성하고 추진하는 체계적인 노력이 필수적이다. 체계적이고 조직적인 활동은 잠재적 자원봉사자의 참여를 증진시킬 뿐 아니라 효과적이고 효율적인 자원봉사활동이 될 수 있도록 한다.

우리나라의 자원봉사활동 관리체계는 〈표 2-3〉에서 보는 바와 같이, 정부의 5개 부처, 즉 행정안전부, 보건복지부, 여성가족부, 교육부에서 서로 다른 법령을 근거로 자원봉사센터 등을 설치 · 운영하고 있다.

국무총리 산하의 자원봉사진흥위원회는 자원봉사활동 기본법과 시행령에 근거해 자원봉사의 국가 기본계획을 심의하는 역할을 수행한다. 자원봉사진흥위원회는 진흥위원회와 실무위원회로 구성되며, 5년마다 자원봉사활동의 진흥에 관한 국가 기본계획을 심의한다. 진흥위원회는 민간위원이 과반수가 되도록 함으로써 민·관 협력체계를 구축하기 위함으로 국무총리, 주요 정부부처의 장, 민간위원 등 30인 이내로 구성한다. 실무위원회는 행정자치부 제2차관, 주요 정부부처의 국장, 민간위원 등 25인 이내로 구성하여 자원봉사진흥위원회의 심의사항에 대한 실무적 검토를 수행한다.

행정안전부는 자원봉사활동 기본법에 근거해 자원봉사 국가 기본계획을 수립하고 자원봉사제도의 개선과 운영, 자원봉사센터 활성화 지원을 주요 업무로 한다. 지방차지단체의 주민자치과에서 자원봉사 지원업무를 담당한다.

1996년부터 전국에 시·도 및 시·군·구 자원봉사센터가 설치·운영되기 시작하여 2018년 246개로 전국 시·군·구에 설치되었다. 센터 운영의 재원은 국비, 지방비, 민간기금으로 구성된다.

보건복지부의 사회복지사업법 제9조에 규정하고 있으며 사회복지 자원봉사활동의 지원, 육성에 대해 언급하고 있다.

사회복지사업 시행령에는 사회복지 자원봉사활동의 지원·육성을 한국사회복지협의회에 위탁하도록 규정하고 있다. 사회복지정보센터는 1994년에 설립되어 현재 17개 센터가 설치·운영되고 있으며, 체계적이고 효율적인 자원봉사를 위한 정보 관리체계의 구축 및 전문성 향상을 도모하고 자원봉사 단체와의 교류협력과 자원봉사활동의 홍보 및 교육체계화에 이바지할 목적으로 한국사회복지협의회 부설로 만들어졌다. 특히 사회복지정보센터는 사회복지활동 인증관리 DB시스템(vms.or.kr)을 구축하여 시설·기관과 연계하여 자원봉사활동 및 실적 인증을 관리하고 있다.

여성가족부는 청소년활동진흥법에 근거하여 청소년 자원봉사활동지원 및 터전관리, 해외청소년봉사단 파견, 청소년봉사단 육성 등을 지원하고 관리한다.

교육과학기술부는 지침에 의거하여 학생자원봉사활동 정보안내센터와 한국대학사회봉사협의회 등 자원봉사 관련 조직을 지원하고 있다.

학생자원봉사활동 정보안내센터는 전국 지역 교육청에서 초 · 중 · 고등학생의 자원봉사활동 정보안내를 하고 있다.

한국대학사회봉사협의회는 1996년 설립되어 전국 198개교 회원교의 자원봉사활동 프로그램 공모 및 개발, 대학생 해외봉사단 파견, 자원봉사 연구개발 및 교과목 개발 등 대학 자원봉사활동을 지원하고 있다.

이처럼 여러 부처에서 산발적인 지원을 함으로써 여러 가지 문제점이 발생하고 있다. 문제의 핵심은 궁극적으로 부처 간 업무협조 및 연계시스템 구축의 미비로 볼 수 있다. 이를 통해 부처 간 자원봉사자에 대한 지원기준이 상이한 결과를 낳고 있으며, 부처별 유사한 사업을 중복적으로 시행함으로써 예산낭비 등의 문제를 초래하고 있다. 또한 통합전산관리시스템이 없어 자원봉사자의 중복적 등록, 관리업무가 비효율적이고 비생산적이며, 관리업무 자체도 표준화되어 있지 않다. 이에 대한 대안으로 2014년부터 자원봉사통합전산망인 '나눔포털(1365 자원봉사포털)시스템'을 구축하여 부처별 자원봉사자 및 자원봉사활동 실적만 연계하여 운영하고 있는 실정이다.

현재 우리나라 자원봉사활동 관리 실태는 전산관리시스템, 모집배치, 교육훈련, 전문 인력 영역으로 나누어 실행하고 있다. 관리 실태는 자원봉사 전산관리시스템의 실태를 제외하고 나머지 영역은 주무부처인 행정안전부에서 전국 특별, 광역시, 도 · 시 · 군 · 구 단위로 설치한 246개 자원봉사센터의 현황을 기준으로 운영되고 있다.

자원봉사관리를 위한 전산관리시스템은 부처별, 지방자치단체별로 서로 다른 전산관리시스템으로 사용하고 있었으나 2014년부터는 행정안전부 '나눔포털(1365 자원봉사포털)', 보건복지부 '사회복지자원봉사관리(VMS)', '청소년활동지능원(dovol 넷)'을 운영하여 자원봉사활동의 정보제공 및 기록 등을 시행하고 있다. 따라서 자원봉사자의 중복 등록 및 중복관리의 문제점을 해결하기 위해서는 시스템을 통합 · 연계운영하여 업무중복의 비효율성의 문제를 해결해야 한다. 또한 자원봉사자의 배치 및 자원봉사자의 교육, 수요처 발굴 등 사회 관계망을 구축하여 체계적인 수요처 발굴과 교육 등이 절실히 요구된다.

전국 자원봉사센터 운영관리에도 위탁, 법인, 직영, 혼합 등 운영주체에 따른 기준으로 각 센터의 업무 규정, 예산, 기능 등에 따른 기준이 명확하지 못하다. 직영일 경우 민간인 협력과 자원봉사 모집 배치에 관한 구체적인 사항 등이 주무관청을 거쳐야 하는 불편한 점 등이 있으며, 위탁과 법인의 경우 또한 운영주체에 따른 규정이 명확하지 못하기 때문에 중복되는 점과 업무의 한계점이 있다.

〈표 2-4〉 자원봉사 관련 부처

구 분	행정안전부	보건복지부	여성가족부	교육부
관련 법령	• 자원봉사활동 기본법 • 지방자치단체 조례	• 사회복지사업법 제9조	• 청소년활동진흥법	• 지침
지원 기관	• 자원봉사센터 • 한국중앙자원봉사센터 • 한국자원봉사협의회	• 사회복지봉사활동 인증센터 • 한국사회복지협의회	• 지방청소년활동진흥센터 • 한국청소년활동진흥원	• 청소년 자원봉사활동 정보서비스 • 한국대학사회봉사협의회
주요 업무	• 자원봉사정책 개발 • 자원봉사센터 지원 • 자원봉사관리자 교육 • 자원봉사자의 날 행사 • 자원봉사상해보험 가입 지원 • 자원봉사 및 수여처관리 • 나눔포털(1365 봉사시스템) 운영	• 인증센터 지정육성 • 관리자 육성 및 훈련 • 상해보험가입 • 사회복지자원봉사 대회	• 청소년자원봉사활동 지원 및 터전관리 • 해외청소년봉사단 파견 • 청소년봉사단 육성 • 프로그램 공모사업	• 학생봉사정보안내 • 프로그램보급개발 • 자원봉사담당교사 연수 • 학생자원봉사 교육 및 지도
설치 수	246개	17개	17개	181개
운영 형태	• 직영, 혼합, 위탁, 법인	• 사회복지협의회 부설	• 직영	• 학교부설
재원	• 행정안전부 지방자치단체	• 보건복지부 지방자치단체	• 청소년육성기금	

출처 : 행정안전부(2017) 재구성.

3) 관리 인력

자원봉사자의 관리는 자원봉사 활성화의 관건이다. 자원봉사자의 활용이 제대로 된 효과를 거두기 위해서는 자원봉사활동의 전문적이고 체계적인 관리는 필수이며 특히 이들을 직접 모집, 교육훈련, 배치, 지도감독, 평가, 인정 및 승인하는 자원봉사관리자의 배치가 무엇보다도 중요하다고 하겠다.

대표적인 자원봉사 관리조직인 전국 시 · 군 · 구 자원봉사센터는 2019년 246개 시 · 군 · 구에 설치 완료되어 운영되고 있다.

〈표 2-5〉 전국자원봉사센터 현황(2018. 6)

지 역	센터명
중앙 (1개)	중앙센터
서울 (26개)	서울특별시 · 종로구 · 서울중구 · 용산구 · 성동구 · 광진구 · 동대문구 · 중랑구 · 성북구 · 강북구 · 도봉구 · 노원구 · 은평구 · 서대문구 · 마포구 · 양천구 · 강서구 · 구로구 · 금천구 · 영등포구 · 동작구 · 관악구 · 서초구 · 강남구 · 송파구 · 강동구
부산 (17개)	부산광역시 · 부산중구 · 부산서구 · 부산동구 · 영도구 · 부산진구 · 동래구 · 부산남구 · 부산북구 · 해운대구 · 사하구 · 금정구 · 강서구 · 연제구 · 수영구 · 사상구 · 기장군
대구 (9개)	대구광역시 · 대구중구 · 대구동구 · 대구서구 · 대구남구 · 대구북구 · 수성구 · 달서구 · 달성군
인천 (11개)	인천광역시 · 인청중구 · 인천동구 · 인천남구 · 인천연수구 · 인천남동구 · 인천부평구 · 인천계양구 · 인천서구 · 인천강화군 · 인천옹진군
광주 (6개)	광주광역시 · 광주동구 · 광주서구 · 광주남구 · 광주북구 · 광주광산구
대전 (6개)	대전광역시 · 대전동구 · 대전중구 · 대전서구 · 유성구 · 대덕구
울산 (6개)	울산광역시 · 울산중구 · 울산남구 · 울산동구 · 울산북구 · 울산군
경기 (32개)	경기도 · 수원시 · 성남시 · 고양시 · 부천시 · 용인시 · 안산시 · 안양시 · 남양주시 · 의정부시 · 평택시 · 시흥시 · 화성시 · 광명시 · 파주시 · 군포시 · 광주시 · 김포시 · 이천시 · 구리시 · 양주시 · 안정시 · 포천시 · 오산시 · 하남시 · 의왕시 · 여주시 · 동두천시 · 양평군 · 과천시 · 가평군 · 연천군
강원 (19개)	강원도 · 춘천시 · 원주시 · 강릉시 · 동해시 · 태백시 · 속초시 · 삼척시 · 홍천군 · 횡성군 · 영월군 · 평창군 · 정선군 · 철원군 · 화천군 · 양구군 · 인제군 · 고성군 · 양양군

충북 (12개)	충청북도 · 청주시 · 충주시 · 제천시 · 보은군 · 옥천군 · 영동군 · 중평군 · 진천군 · 괴산군 · 음성군 · 단양군
충남 (17개)	충청남도 · 천안시 · 공주시 · 보령시 · 아산시 · 서산시 · 논산시 · 계룡시 · 금산군 · 세종특별자치시 · 부여군 · 서천군 · 청양군 · 홍성군 · 예산군 · 태안군 · 당진시
전북 (15개)	전라북도 · 전주시 · 군산시 · 익산시 · 정읍시 · 남원시 · 김제시 · 완주군 · 진안군 · 무주군 · 장수군 · 임실군 · 순창군 · 고창군 · 부안군
전남 (23개)	전라남도 · 목포시 · 여수시 · 순천시 · 나주시 · 광양시 · 담약군 · 곡성군 · 구례군 · 고흥군 · 보성군 · 화순군 · 장흥군 · 강진군 · 해남군 · 영암군 · 무안군 · 함평군 · 영광군 · 장성군 · 완도군 · 진도군 · 신안군
경북 (24개)	경상북도 · 포항시 · 경주시 · 김천시 · 안동시 · 구미시 · 영주시 · 영천시 · 상주시 · 문경시 · 경산시 · 군위군 · 의성군 · 청송군 · 영양군 · 영덕군 · 청도군 · 고령군 · 성주군 · 칠곡군 · 예천군 · 봉화군 · 울진군 · 울릉군
경남 (19개)	경상남도 · 창원시 · 창원시마산 · 창원시진해 · 진주시 · 통영시 · 사천시 · 김해시 · 밀양시 · 거제시 · 양신시 · 의령군 · 함안군 · 창녕군 · 고성군 · 남해군 · 하동군 · 산청군 · 함양군 · 거창군 · 합천군
제주 (3개)	제주특별시 · 제주시 · 서귀포시

4) 자원봉사활동의 현황

행정안전부 연도별 자원봉사 등록 현황을 살펴보면 2007년 3,279,911명으로 남자 1,433,642명, 여자 1,846,269명이 등록하였다. 매년 증가하여 2019년에는 13,794,152명으로 천만 명이 넘는 인원이 증가하여 크게 늘어난 것을 볼 수 있다. 성별로 살펴보면 남성은 5,946,764명의 43%, 여성은 7,847,388명의 57%로 남성 자원봉사자보다 여성 자원봉사자 수가 더 많음을 알 수 있다.

〈표 2-6〉 연도별 자원봉사자 등록 현황 단위 : 명

연 도	계	남	여
2007	3,279,911	1,433,642	1,846,269
2008	4,306,624	1,800,160	2,506,464
2009	5,363,435	2,290,367	3,073,068
2010	6,315,032	2,705,420	3,609,603
2011	7,085,162	3,034,133	4,051,029

2012	8,216,176	3,529,773	4,686,403
2013	9,533,241	4,112,118	5,421,123
2014	10,295,144	4,429,316	5,864,828
2015	11,383,726	4,904,720	6,479,006
2016	11,024,321	4,737,584	6,286,737
2017	12,016,482	5,172,872	6,843,556
2018	12,831,501	5,525,397	7,306,104
2019	13,794,152	5,946,764(43%)	7,847,388(57%)

출처 : 행정안전부 · 한국중앙자원봉사센터(2020).

연령별 자원봉사 현황은 10대 미만 71,755명(1%), 10대 3,260,579명(24%), 20대 4,247,965명(31%), 30대 1,270,961명(9%), 40대 1,821,445명(13%), 50대 1,586,105명(11%), 60대 943,432명(7%), 70대 591,910명(4%)으로 20대 31%, 10대 24%, 40대 13%, 50대 11%의 순으로 나타났다.

〈표 2-7〉 연령별 자원봉사 현황

단위 : 명, %

연 령	10대 미만	10대	20대	30대
인원	71,755(1%)	3,260,579(24%)	4,247,965(31%)	1,270,961(9%)
연령	40대	50대	60대	70대
인원	1,821,445(13%)	1,586,105(11%)	943,432(7%)	591,910(4%)

출처 : 행정안전부 · 한국중앙자원봉사센터(2020).

03 자원봉사자의 역할과 자세

CHAPTER

CHAPTER 03

자원봉사자의 역할과 자세

교육목표

- 자원봉사자의 자원봉사활동 참여동기의 이해
- 자원봉사자의 권리와 책임의 이해
- 자원봉사자의 역할과 자세의 이해

제1절 자원봉사자의 동기

동기는 개인의 행동 결정에 매우 중요한 기능을 하며 개인의 욕구에서 발생한다. 동기(motivation)란 단어는 라틴어인 "movere"(움직인다)에서 유래하였으며 욕구를 충족시키기 위해 움직인다는 의미를 내포하고 있다. 욕구를 충족시키기 위해 목표지향적 행동으로의 전환을 가능하게 하며 개인의 행동을 자극한다는 의미이다(한덕웅, 1990; 류기형 외, 2004 재인용). 자원봉사활동이라는 구체적인 행동도 자원봉사자의 동기에 의해 실천으로 연결된다고 본다. 그러나 자원봉사활동에 참여하는 동기는 매우 다양하며 자원봉사활동의 진행 중에도 새로운 동기가 부여될 수 있다. 이처럼 동기는 항상 변화하는 역동성을 지니고 있다고 할 수 있다. 따라서 자원봉사자의 동기는 자원봉사활동의 시작과 지속에 영향을 미치는 중요한 요인이다.

자원봉사활동에 참여하는 동기에 관한 연구 결과는 자원봉사자의 욕구 파악과 이를 관리하는 기관에서의 관리라는 측면에서 매우 중요하다. 참여동기에 관한 선행 연구들에서는 종교적 신념이나 이타주의적 성향이 자원봉사활동의 주된 동기로 나타났다. 그러나 최근에는 단지 보람된 일을 하기 위해서 또는 종교적 신념에서 출발한다는 동기 이외에 다양한 동기가 있는 것으로 나타난다. 자원봉사 자체는 이타적인 활동이지만 자원봉사자의 동기는 자신의 발전을 위한 자기중심적일 수 있다는 것이다. 즉, 자원봉사활동을 추상적인 개념보다는 '보상'과 '비용'이라는 구체적인 개념을 근거로 동기화하여 봉사에 참여하려는 자원봉사자들이 증가하고 있음을 의미한다(이금룡, 1999). '사회적 책임'과 '종교적 동기'에서 출발한 이타주의에서 자신을 위한 '경험 추구적 동기'가 증가하는 것으로 나타나고 있다(전주시 자원봉사 종합센터, 2000).

자원봉사활동에 참여하는 동기를 크게 목적 지향적 동기, 수단 지향적 동기, 종교 지향적 동기의 세 가지로 구분할 수 있다(이금룡, 1999). 첫째, 목적 지향적 동기는 자원봉사활동에 참여하는 자체가 목적인 경우로 자원봉사활동 그 자체에서 봉사의 본질적인 의미를 추구하며 실천하는 경우이다. 따라서 이러한 동기로 활동에 참여하는 경우 봉사에 대한 보람, 가치 추구, 재미 추구 등의 목적을 기대하는 것이다. 보람된 일을 하고 싶다는 욕구를 충족시키기 위한 동기로 참여할 때, 나보다 어려운 사람을 돕고 누군가에게 도움을 주고자 하는 순수한 참여동기가 이에 속한다. 가치 추구형은 자원봉사자 자신의 가치관과 자원봉사활동이 가지고 있는 활동의 가치가 부합되는 경우로 사회적으로 가치 있는 일에 참여하고자 하는 동기가 있을 때 참여가 가능하다. 재미 추구형은 자원봉사활동 프로그램에 참여함으로써 자신도 즐거울 수 있는지가 참여 여부의 기준이다. 여가시간을 활용하여 자원봉사를 하거나 자원봉사활동이 즐거워서 참여하는 봉사가 이에 속한다.

둘째, 수단 지향적 동기는 자원봉사활동이 자신의 다른 목적을 달성하기 위한 수단을 제공하기 때문에 참여한다. 자아실현 추구, 사회적 보상 추구, 물질적 보상 추구 등을 들 수 있다. 자원봉사활동을 통해 자기계발을 할 수 있고 이는 자아실현을 추구하는 기회이며 자원봉사활동은 이러한 목적의 수단으로써 기능을 하는 것이다. 사회적 보상 추구는 자원봉사활동에서 인맥을 쌓을 수 있고 봉사 경력 등을 사회적 보상으로 기대할 수 있는 경우이다. 또한 물질적 보상 추구는 자원봉사활동을 통해 활동비를 받거나 세금을 줄일 수 있는 경우로서 경제적 보상의 혜택이 자원봉사활동에 참여하는 동기가 된다.

셋째, 종교적 동기는 종교적 신념이나 가르침이 자원봉사활동의 참여동기가 되는 경우이다. 자원봉사활동을 통해서 얻을 수 있는 목적 지향적 동기나 수단 지향적 동기와는 다른 관점에서 출발한다고 볼 수 있다.

이러한 자원봉사 참여의 동기를 노인 자원봉사자들을 대상으로 조사한 연구에서 가치 추구를 위하여 자원봉사에 참여한다는 비율이 가장 높게 나타났다. 이어서 자아실현 추구, 재미 추구 순으로 참여동기가 높게 나타났다(이병순, 2005). 이는 자원봉사 참여동기가 연령과도 무관하게 가치지향적으로 변화하고 있음을 보여주고 있다. 과거의 자원봉사에서 강조해 온 박애주의에서 사회의 일익을 담당하는 가치 있는 일이 자원봉사활동이라는 인식으로 변화하고 있음을 확연히 보여주고 있다 하겠다.

이와 같은 변화를 근거로 자원봉사센터에서는 자원봉사자들의 흥미와 관심, 기대를 고려하여 자원봉사활동에 참여할 수 있는 기회를 제공하여야 한다. 자원봉사 프로그램이 단순한 노력 봉사 수준에서 자원봉사자들의 경력과 지식을 활용할 수 있는 전문적인 프로그램으로 발전되어야 한다. 자원봉사자들 또한 자원봉사에 참여하기 전 자신의 참여동기를 정확히 인지하고 자원봉사활동에 참여할 때 보람과 가치와 재미를 추구할 수 있으며 자원봉사활동을 지속적으로 실천할 수 있을 것이다.

제2절 자원봉사자의 권리와 책임

오늘날 사회복지의 주된 공급자는 국가이다. 그러나 국가가 역할 수행을 다 할 수 없는 부분을 기업과 가정이 담당하고 있으며 각 국가의 복지 수준에 따라 국민의 수혜 정도에 차이가 클 것이다. 그러나 복지 수준이 높은 사회라고 하더라도 국가와 기업, 가정이 문제를 해결할 수 없는 부분이 있기 마련이다. 이 부분의 문제가 자원봉사의 영역으로 인식되어 왔으며 자원봉사활동이 국가 복지 제도의 일익을 자연스럽게 담당해 왔다.

자원봉사활동이 제3영역으로서의 역할을 수행하는 데 있어 주된 담당자는 자원봉사자이다. 이들이 자원봉사활동을 실천함에 있어 자신의 권리와 책임에 대한 이해가 선행되어야 자원봉사자로서의 위치와 역할에 대한 인식을 올바르게 할 수 있으며 자원봉사활동의 성과에 있어서도 효율적이면서도 책임감 있는 역할 수행을 이룩할 수 있다.

1. 자원봉사자의 권리

자원봉사자는 자원봉사활동의 참여자로서의 권리에 대한 이해가 선행되어야 그 권리에 대해 요구를 할 수 있다. 역할수행자로서, 인간으로서 존중되어져야 하기 때문이다. 자원봉사자의 권리는 자신감을 가지고 활동할 수 있도록 지지하는 역할을 한다. 그러나 이러한 권리 요구는 자원봉사자, 자원봉사 대상자, 자원봉사활동기관에 도움이 될 때만 권리로서 존재한다.

자원봉사자들의 권리는 학자들에 따라 다양하게 구분된다. 자원봉사자로서 인정받을 권리, 비밀보장의 권리, 지지받을 권리, 훈련받을 권리, 개인적인 성장에 대한 권리, 개인적인 만족에 대한 권리, 말할 기회의 권리, 동역자로서 처우 받고 싶은 권리 등으로 제시되기도 한다(현외성, 2006). 이는 자원봉사자로서 의미 있고 만족하며 도전해 볼 가치가 있는 활동을 할 권리가 있음을 말하고 있다. 또한 자신의 봉사에 대한 노력이 자원봉사활동기관의 사명에 대하여 목적을 가지고 공헌하고 있다고 스스로 생각할 권리가 있으며, 나아가 자신이 기관에서 동등한 파트너로 존중받을 권리가 있음을 역설하고 있다.

특히 자원봉사활동기관과의 관계에서 자원봉사자들은 사회발전을 위하여 활동하는 사람들이므로 기관 직원의 협력자로서 대우를 받을 권리가 있다. 자원봉사자들은 자원봉사활동의 효율성과 성취감을 제고하기 위해서 적합한 업무에 배치받을 권리가 있으며, 자신이 자원봉사활동을 하고 있는 기관과 수행할 봉사

업무에 대하여 알 권리를 가지고 있다. 또한 자원봉사활동 업무와 관련하여 교육과 훈련을 받을 권리가 있으며, 자원봉사활동을 통해 다양한 경험을 할 수 있는 기회를 가질 권리를 가진다. 무엇보다도 자신이 수행한 자원봉사활동에 대한 정당한 인정을 받을 권리가 있다. 자원봉사자들은 이러한 권리가 자신들에게 있음을 알아야 하며, 자원봉사활동기관 역시 자원봉사자들의 권리에 대해 숙지시키는 동시에 자원봉사자의 권리에 상응하는 실천을 하여야 한다(삼성사회봉사단, 1996).

또한 자원봉사자들은 자원봉사활동의 평가 차원에서도 주장할 권리가 있다. 자원봉사활동에 대한 정확한 시간을 인정받을 권리가 있으며, 자원봉사활동에 대한 인센티브 및 포상을 받을 권리, 제도적 지원으로 상해보험, 경력 증명서, 활동 실비를 제공받을 권리가 있다. 또한 교육 내용 및 교육 프로그램에 대한 요구, 자원봉사활동 전반에 대한 평가와 제안에 대한 추적(follow up), 간담회 및 평가회의 요구, 공개 혹은 투명운영의 요구(활동관리대장, 소식지 공개 등), 수혜만족도 조사결과의 요구 등이 자원봉사자가 요구할 수 있는 권리로 제시되기도 한다(구혜영, 2008). 자원봉사활동에 대한 환류(feed back)와 평가를 받고 제안할 권리가 있음을 나타내고 있다. 그러나 이러한 권리는 국가적 제도의 뒷받침이 있을 때 가능하다.

이와 같은 자원봉사자의 권리는 자원봉사자들이 어떤 위치에서 어떠한 공헌을 하고 있는지 구체적으로 알 수 있도록 해야 한다. 이는 자원봉사활동의 성공과 실패를 가늠하는 중요한 요소가 될 뿐만 아니라 자원봉사자의 자기계발로 연결되어 역량을 강화시키는 요인이 된다.

2. 자원봉사자의 책임

자원봉사자는 권리를 가지는 동시에 자원봉사자로서 이행해야 할 책임 또한 가지게 된다. 맥그리거(McGregor, 1982)는 자원봉사의 책임을 ① 정직해야 할 책임, ② 신뢰받을 책임, ③ 비밀을 지켜야 할 책임, ④ 수용적이며 비심판적이어야 할 책임, ⑤ 충고가 위험하다는 것을 알아야 할 책임, ⑥ 잘 경청해 주는 사람이 되어야 할 책임, ⑦ 슬픔을 이해해야 할 책임 등으로 규정하였다(권중돈 외, 2008 재인용). 이러한 규정은 자원봉사자는 자원봉사활동을 정직하고 열정적이며 헌신적으로 해야 할 책임과 주어진 자신의 활동 업무에 최선을 다할 책임이 있음을 강조하고 있다.

자원봉사자는 상대방을 존중하며 열린 마음으로 경청하고, 기관이나 자원봉사 대상자와의 약속을 준수하며 이를 지킬 수 없을 때에는 기관이나 자원봉사 대상자에게 미리 알려주어 신뢰받는 자원봉사자가 되어야 한다. 특히 자원봉사자로서 기관이나 자원봉사 대상자에 관한 비밀을 지켜야 하는 것이 기본적인 준수 사항임을 인식해야 한다.

사례 자원봉사자를 이끄는 힘, 권리와 책임

필자의 자녀들과 조카가 대학생 시절(1998년) 송파구 자원봉사센터에서 실시하는 저소득 및 한부모가정의 아이들을 대상으로 하는 '여름, 겨울 학교'의 선생님으로 참여하였다. 그 당시 자원봉사활동 내용을 살펴보면 위에서 언급한 자원봉사자의 권리와 책임이 잘 지켜졌음을 알 수 있다. 자원봉사센터에서는 대학생 자원봉사자들에게 자신의 업무와 관련하여 오리엔테이션을 실시하였고(교육 · 훈련받을 권리) 자원봉사자들의 전공인 음악, 체육, 영어, 의예 등 다양한 전공을 살려 수업을 진행하도록 배려하였다(적합한 업무에 배치받을 권리). 교실 수업 외에도 문화재 탐방, 수영 등 다양한 경험을 하였고(자원봉사활동을 통해 다양한 경험을 할 수 있는 기회를 가질 권리), 자원봉사활동이 끝나면 관리자와 간담회 및 평가회의를 하며 자원봉사활동 전반에 대한 평가와 제안 등 피드백이 이루어졌다(말할 기회와 욕구의 권리). 그리고 자원봉사활동에 대한 시간 인정으로 포상을 받고 자원봉사활동 경력 증명 등 제도적 지원을 받았다.

반면에 자원봉사자들은 그들의 책임을 준수하기 위해 우선 봉사기간 중 시간을 엄수하였다(신뢰받을 책임). 자원봉사 대상자들의 이야기를 귀담아들어 주며 좋은 관계를 유지하고(잘 경청해 주는 책임), 자원봉사 대상자들에게 신상에 관한 질문을 하지 않았으며, 외부에도 노출시키지 않았다(기관과 자원봉사 대상자에 대한 비밀을 지켜야 하는 책임).

이와 같이 자원봉사자의 권리와 책임을 준수하여 의미 있는 자원봉사활동을 실천할 수 있었다고 생각한다. 필자의 자녀 또한 봉사할 수 있는 기회가 주어진 것에 대해 감사하였고, 봉사 경험을 통해 많은 것을 깨달을 수 있었다고 스스로 평가하였다.

제3절 자원봉사자의 역할

최근 자원봉사자들의 활동 영역은 자원봉사 대상자에게 직접 서비스를 제공하는 것은 물론 전문적 활동에 이르기까지 더욱 확대되고 있다. 따라서 자원봉사자의 역할도 다양하게 요구된다. 자원봉사자의 역할을 간단하게 규정하기는 쉽지 않으나 크게 개인적 역할과 사회적 역할로 나누어 설명할 수 있다(김영호 외, 2006; 이강현, 2000).

1. 개인적 역할

1) 서비스 제공의 역할

문제를 가진 사람들에게 상담, 개별지도 및 집단지도, 일상생활의 문제를 해결해 주거나 편의를 제공하는 일, 즉 도움을 필요로 하는 개인이나 집단과 직접 대면해서 관계를 맺고 서비스를 제공하는 역할을 한다.

2) 동반자의 역할

사회복지시설, 기관 및 사회단체 등에서 간단한 우편업무를 처리하고 서류분류, 정리, 접수 등 행정의 업무를 지원함으로써 유급직원의 동반자 역할을 담당한다.

3) 간접 지원 역할

섭외, 홍보활동, 모금활동 등 기관의 운영과 발전을 위한 다양한 행사를 지원한다.

4) 정책결정 및 자문 역할

경영이나 행정 분야에 경험이 많은 자원봉사자는 정책결정을 위한 위원회 또는 자문위원회의 성원으로 기관의 발전과 운영에 이바지하며, 지역사회 내의 다른 사람들과 기관 사이에서 갈등을 완화시키는 역할을 수행한다.

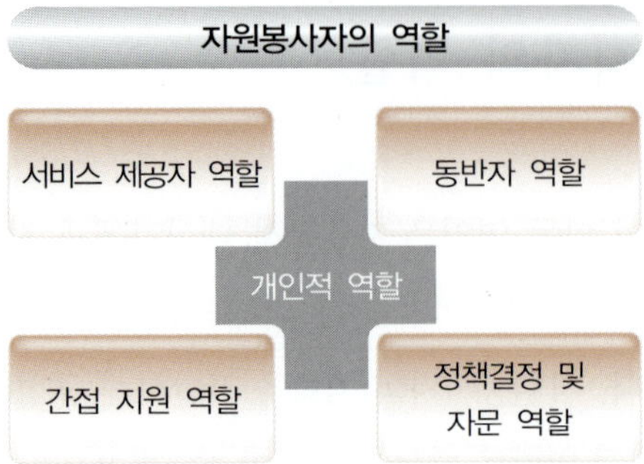

[그림 3-1] 자원봉사자의 개인적 역할

2. 사회적 역할

1) 문제 예방 및 치료자의 역할

사회문제를 예방하고 통제하며 치료하는 사회복지기관의 방침을 결정하거나 직접 서비스를 제공하는 활동에 참여한다.

2) 대변자 및 매개자로서의 역할

도움이 필요한 개인, 집단, 지역사회의 문제를 알리는 대변자로서의 역할과 자원봉사 대상자, 사회복지기관, 지역사회 간의 도움을 중재하는 매개자의 역할을 한다.

3) 변화 및 개혁자로서의 역할

바람직한 사회변화를 위해 필요한 사회적 서비스를 지원하며, 인간존중 정신이 구현되는 사회를 위해 제도적 · 구조적 개혁을 주장하고 변화시키는 역할을 한다.

4) 파수꾼 역할

사회의 정화와 정의로운 사회 실현을 위해 환경오염, 부정부패 등을 감시하며 고발하는 파수꾼의 역할을 한다.

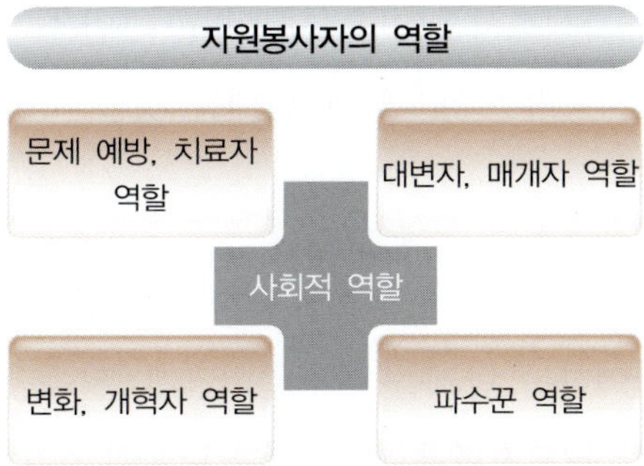

[그림 3-2] 자원봉사자의 사회적 역할

사회가 시대의 흐름 속에서 변화하듯이 자원봉사활동의 의미 또한 변화되고 있다. 과거에는 애타주의(愛他主義)와 자선의식(慈善意識) 등 일방적인 봉사개념이 주가 되었으나 오늘날은 자신을 포함한 사회 구성원의 욕구를 충족시키고 삶의 질을 향상시키며 공동체의 발전을 위해 참여하는 시민운동 참여자로서의 역할에 중점을 두고 있다.

따라서 자원봉사자들은 자신의 역할이 단순한 노력봉사, 단순업무, 보조업무에서 벗어나 자신의 경험과 기술이 활용되기를 원하고 있다. 자신의 확대된 역할이 프로그램을 통해 실천됨으로써 사회발전에 기여하고 자아실현의 보람을 찾고자 하는 것이다(이병순, 2005). 이처럼 자원봉사자의 개인적 · 사회적 역할이 다양하기 때문에 자원봉사자의 역할을 단순하게 규정하기보다는 본인의 특성과 활동기관 또는 자원봉사 대상자의 특성에 맞게 부여하는 것이 바람직하다.

제4절 자원봉사자의 자세

자원봉사자의 자세는 자원봉사자로서 역할을 효과적으로 수행하기 위하여 기본적으로 알아야 할 사항이다. 자원봉사정신에 입각한 친절, 겸손, 존중, 이타주의, 정직, 헌신 등의 덕목이다. 자신의 욕구와 기대를 접어두고 타인을 위해 자원봉사활동에 임하는 자세로서 타인을 사랑하고 타인을 위해 노력하며 이기적인 자세를 넘어 타인지향적인 태도를 나타내는 것을 의미한다.

1. 자원봉사활동 단계별 자세

자원봉사활동에 참여하는 단계를 사전준비단계, 활동단계, 종결단계로 구분하여 단계별 자원봉사자가 지녀야 할 자세를 다음과 같이 제시할 수 있다(권중돈 외, 2008).

1) 사전준비단계

자원봉사활동은 자원봉사 대상자를 위하는(for) 일방적인 활동이라기보다 자원봉사자와 대상자가 함께(with) 나누는 활동이다. 사전준비단계란 자원봉사활동을 시작하기 전에 자원봉사활동에 대한 이해, 자원봉사 참여 프로그램 등 자원봉사활동에 필요한 준비를 수행하는 단계로, 이때 가져야 하는 자원봉사자의 자세는 다음과 같다.

① 자원봉사의 개념, 특성, 활동 내용, 활동 방법, 역할과 자세 등 자원봉사 관련 기본 교육을 받는다.
② 자신이 자원봉사를 하는 목적을 확인하고 봉사정신을 숙지한다.
③ 자원봉사활동 프로그램을 선택하고 주어지는 역할에 따라 활동계획을 수립한다.
④ 자원봉사활동을 시작하기 전에 자원봉사활동현장을 견학하고 현황을 이해하는 과정이 필요함을 인식한다.
⑤ 자원봉사 대상자의 특성과 욕구에 대한 사전 정보를 파악하여 자원봉사활동을 성급하게 진행하지 않도록 한다.

2) 활동단계

자원봉사활동 단계에서 자원봉사자는 기본자세를 갖추고, 자원봉사 대상자와 친밀한 관계를 유지하며 성실히 자원봉사활동을 수행하여야 한다. 활동단계 중 시작단계에서 지녀야 할 자세는 다음과 같다.

① 단정한 복장과 겸손한 태도로 임한다.
② 자원봉사 대상자와 친밀한 관계를 유지하기 위해 노력한다.
③ 자원봉사 대상자에 대하여 사전에 획득한 정보를 재확인하며 대상자에 대해 이해한다.
④ 자원봉사 대상자에게 자원봉사자가 할 수 있는 일과 할 수 없는 일을 알려준다.

자원봉사활동을 전개하는 단계에서는 다음과 같은 자세가 필요하다.

① 본인이 할 수 있는 것부터 시작한다.
② 약속은 꼭 지켜야 하며 사정이 있을 때는 사전에 반드시 연락을 한다.
③ 자원봉사활동일지(자원봉사활동 내용, 방법, 앞으로의 계획 등)를 작성하여 관리자에게 수시로 보고하고 기록을 남긴다.
④ 자원봉사 대상자와 금전거래를 하여서는 안 된다.
⑤ 동료 자원봉사자와 좋은 관계를 유지한다.

자원봉사 대상자와 친밀한 관계를 형성하기 위한 자세는 다음과 같다.

① 사소한 이야기라도 자원봉사 대상자의 말을 경청해야 한다.
② 자원봉사 대상자의 눈높이에 맞추어 이야기를 풀어 간다.
③ 서로 공감할 수 있는 화제를 선택하고 지나친 농담이나 반말을 삼가고 존칭을 사용한다.
④ 자원봉사 대상자의 사적인 비밀을 철저히 보장하고 본인이 없는 곳에서 흉을 보지 않는다.
⑤ 자원봉사 대상자의 성격에 결함이 있더라도 이를 한꺼번에 변화시키려 하지 말고 격려와 칭찬으로 서서히 변화하도록 노력한다.

3) 종결단계

일회로 마치는 자원봉사활동에서 이 단계는 종결(termination)단계가 되고, 지속적으로 이루어지는 자원봉사활동에서는 매회 활동의 종료(closing)단계에 해당된다. 종결 또는 종료단계에서 자원봉사자는 다음과 같은 자세로 임해야 한다.

① 자원봉사 당일의 자원봉사활동 과정을 재점검하며 문제점이 무엇이며 개선방법은 무엇인지 자신을 돌아보는 시간을 가진다.

② 자원봉사활동 평가회의에 참석하여 자신의 활동을 보고하고 평가와 지도를 받는다.

③ 다음 자원봉사활동을 위해 사전에 준비해야 할 사항을 파악한다.

④ 자원봉사 대상자와 기관의 만족도를 높일 수 있는 지식과 기술을 습득하기 위하여 노력한다.

자원봉사활동 단계에 따라 가져야 할 자세를 구체적으로 살펴보았다. 다음으로 누구나 건강하고 행복하며 자원봉사활동이 활성화되는 사회를 만들기 위한 자원봉사자들이 갖추어야 할 자세를 종합하여 '향기로운 자원봉사자 10계명'으로 명명하여 소개한다(이병순, 2009).

〈향기로운 자원봉사자 10계명〉

1. 원칙을 존중하는 실천을 행한다.
   기관과 조직의 규칙 준수, 책임감, 약속 이행, 비밀 엄수 등을 행한다.
2. 자신에 대한 이해와 성찰을 지속적으로 한다.
   자신의 자원을 발굴(resource finding), 개발(developing), 공유(sharing)하여 전문성을 제고한다.
3. 비전을 가지고 가치 있는 삶을 실천한다.
   세상의 변화는 희망을 가지고 꿈꾸는 사람의 몫이다. 자신의 가치를 높여야 한다.

4. '사회적 효'를 실천한다.
   사회적 효는 자원봉사활동을 통해 불우이웃, 노인, 장애인 등을 도움으로써 실천할 수 있다. '효'를 행함으로써 자신과 사회를 건강하게 만든다.
5. 상대방의 입장을 역지사지(易地思之)로 생각한다.
   자원봉사자의 자세는 자신을 낮추고 겸손하게 주변을 돌아보는 생활태도이다.
6. 긍정적인 인간관계를 실천한다.
   갈등은 사람과의 관계에서 비롯된다. 인간관계의 중요성을 인식한다.
7. 나의 발전과 동료의 발전을 함께한다.
   동료의 발전을 지지할 때 나에게도 같은 지지가 되돌아온다.
8. 줄 수 있는 능력이 있을 때 대가 없이 준다.
   먼저 베풀 때 더 큰 기쁨이 찾아온다.
9. 생활 속에서 좋은 습관을 기른다.
   항상 미소 지으며, 친절한 인사, 경청하기, 칭찬하기 등 좋은 습관을 실천한다.
10. 자원봉사하는 삶에 자긍심을 가진다.
    자원봉사활동은 자신의 변화와 함께 지역사회를 변화시킨다.

자원봉사자가 이와 같은 자세로 자원봉사활동을 실천할 때 바람직한 방향으로 자원봉사활동을 주도해 갈 수 있다. 여기에 더 첨가할 조건으로 자원봉사자의 부지런함과 지혜로움을 들 수 있다. 부지런함은 성실을 뜻하며 지혜로움은 처신에 공정함을 기할 수 있기 때문에 이 두 가지 조건을 갖추고 있는 자원봉사자는 자원봉사활동을 성공적으로 실천할 수 있다. 이에 추가할 조건으로 지역주민으로부터 듣는 걸언(乞言)을 들 수 있다. 걸언을 통하여 교훈과 나아갈 방향에 대하여 가르침을 얻을 수 있기 때문이다. 지역주민들에게 의논하고 부탁하고 감사하는 걸언을 청해야 한다. 지역주민보다 지역사회의 문제 및 해결방법에 대한 답을 더 잘 알고 있는 후원자는 없기 때문이다. 걸언을 통해 자원봉사활동의 방향을 확실하게 정할 수 있으며 부지런함과 지혜로움으로 자원봉사활동의 효용성을 높일 수 있다.

사례 향기로운 자원봉사자 10계명 실천사례

조직은 리더 혼자의 힘으로 이끌어 가는 것이 아니고 조직원 모두가 한마음이 되어 움직일 때 발전한다. 10여 년 전 필자가 한 봉사단체에서 초대 회장을 맡게 되었을 때 회원들의 임기 연장 요청에도 불구하고 1년씩 돌아가며 회장을 맡을 것을 제의하여 원칙으로 삼고 지금까지 실시하고 있다.

우리 사회의 관행 중 조직에서 단체장들의 임기가 제대로 지켜지지 않고 연장되는 경우가 많다. 이는 다양한 능력이 발휘되는 기회를 제한하는 것이며, 원활한 의사소통에 걸림돌이 되는 요인이다. 모든 구성원은 리더의 자질이 있고 한 사람의 머리에서 나오는 아이디어는 한계가 있다. 한 사람의 리더가 장기 집권하면 조직의 발전과 구성원의 고른 성장을 기대하기 어렵다. 또한 회장직을 돌아가면서 맡을 때 회장의 어려움을 회원들도 느껴봄으로써 더 협조하고 함께 고민할 수 있는 관계를 형성하게 된다고 믿기 때문이었다. 따라서 처음에 리더로 선출되어 일을 하더라도 정해진 임기 이상 연장시켜서는 안 되며 임기가 끝나면 반드시 회장직을 다른 사람에게 넘겨야 한다는 것을 원칙으로 세웠다.

10년 후 새 회장이 된 사람은 필자가 회장직을 맡았을 때 총무직을 맡았던 자원봉사자였다. 이번에는 필자가 총무직을 맡겠다고 자원하였다. 새로운 리더를 돕는 파트너십은 모든 구성원들에게 자극을 줄 것이며 협조하는 관계에 대해 생각할 기회가 될 것이다. 새해마다 바뀌는 회장, 쉬운 것 같지만 원칙을 지키려는 마음이 부족하면 이러한 조직 운영은 실천되기 어려웠을 것이다. 이러한 원칙을 실천하는 가운데 우리 단체는 10년이 지난 지금 회원들 간에 변함없이 화목하며 자긍심을 가지고 봉사함으로써 타 단체의 모범이 되는 단체로 자리매김하고 있다.

사례 성공적 자원봉사활동사례(쓰레기 A/S 아줌마 이야기)

10여 년의 선진국들의 생활을 경험하면서 가장 부러웠던 것은 선진국일수록 깨끗한 자연환경을 유지하고 있다는 것이었다. 물론 그 비결은 국민 한 사람 한 사람의 투철한 자연보호의식과 질서의식에서 비롯된 것이었다. 또 한 가지 빼놓을 수 없는 것은 대가를 바라지 않는 자원봉사자들의 활발한 활동이었다. 그들의 생활을 보고 느끼면서 나는 귀국하면 우리 동네, 우리 아파트만이라도 자원봉사활동을 활성화해서 선진국에 뒤지지 않는 깨끗한 환경을 만들어 보겠다고 결심하였다.

그러나 우리나라가 쓰레기 종량제를 처음 실시하던 해 고국에 돌아온 나는 지역사회에 대한 관찰을 통해 규격에 맞지 않는 봉투를 사용하는 것은 물론, 쓰레기에서 나오는 침출

수로 각종 벌레와 쥐들, 우유팩 수거함에 버려진 담배꽁초 등을 보면서 주민들의 공동생활에 무심함을 발견하였다.

쓰레기 문제를 분석한 결과 각 동 앞에 비치된 쓰레기 컨테이너와 분리수거함의 관리가 잘되지 않고 있음을 알게 되었고 쓰레기 문제만큼은 꼭 해결해야겠다는 사명감을 가지게 되었다. 해결방법으로 깨끗하고 아름다운 아파트를 가꾸어 나가기 위한 목적으로 "깨끗한 지역환경 만들기 주민참여 프로그램"을 실시하기로 하였다.

먼저 환경지킴이 어머니회를 조직하고 쓰레기 관리를 위한 몇 개의 규정도 정하였다. '정해진 요일, 시간에 쓰레기 배출하기' 규정을 주민들에게 알리고 주민의 동의를 받았다. 실천방법으로 쓰레기 배출일 새벽시간마다 쓰레기장에 나가 주민들과 대화를 나누며 주민의 의견을 수렴하며 개선해 나갔다. 시행 3개월 후 주민들이 배출하던 쓰레기의 30%가 감량되었고 재활용품 판매수익을 가지고 15년간 지하 단칸방에 살던 지역주민을 지하에서 벗어나게 하였다. 또한 아파트 자체 환경미화대회를 개최하여 각 동 공용부분의 적치물 제거 및 청소를 실시하여 주민의 단합과 환경의식을 일깨웠다.

날로 깨끗해져 가는 주변 환경을 보며 보람과 긍지를 느꼈고 자원봉사자들의 모습이 주민들의 마음을 움직였던지 '깨끗한 지역환경 만들기 주민참여운동'에 주민 모두가 봉사하겠다고 자원하여 주민당번제로 환경봉사가 이루어졌다. 환경운동이 자율적으로 진행되기

까지 모든 것이 순탄하게 진행되지만은 않았지만 필요성을 알리고 먼저 실천하는 활동을 통해서 주민들은 점차적으로 변화되었다. 이 사례는 좋은 사례로 '서울시 모범아파트'로 포상을 받았고 필자는 "쓰레기 A/S 아줌마"로 불리게 되었다.

위의 사례에서 성공적 자원봉사활동을 위해 자원봉사자들은 솔선수범하여 쓰레기 배출일 새벽시간에 부지런히 봉사하였고, 후원자인 주민의 의견을 수렴하며, 지역사회문제를 관찰하고 분석하며 해결방법을 판단하는 지혜를 가지고 실천하였음을 알 수 있다.

쉬어가는 글 인간사랑 그리고 나눔

나눔의 미학의 가치는 무엇일까? 물질을 나누고, 노력을 나누고, 나아가 마음을 나눌 때 진정성에서 우러나오는 기쁨이라 할 수 있다. 나눔은 물질적인 나눔뿐만이 아니라 일의 나눔, 다정한 눈빛, 따뜻한 말, 배려하는 마음 등 우주만물과 삼라만상 모든 것의 나눔을 포함한다. 나에게 주어진 시간과 심신의 노력으로 샘물처럼 줄어들지 않는 사랑을 전함으로써 타인에게 자신감을 찾아줄 때 나눔으로 인한 희망이 공유된다.

나눔은 행복의 기본조건이다. 작은 행복들은 삶 속에 숨어 있다. 나눔이 실천될 때 사는 기쁨이 우러난다. 사람들은 물질적인 행복보다는 마음의 행복이 더 가치가 있다는 것을 깨우치면서도 정작 이를 실천하여 행복을 느끼고자 하는 사람이 우리 사회에는 아직 많지가 않다. 가치를 존중하고 건강한 '향기로운 사회'는 사회 구성원 모두가 나눔을 실천하고 그 가치를 인식할 때 이루어질 것이다. 너와 내가 함께 잘 살자는 생각은 건전한 시민정신으로 승화될 수 있지만, 나 자신만 잘 살면 된다는 생각은 천민정신(賤民情神)으로 전락할 것이다.

타인이 나를 위해 존재하는 것이 아니라 내가 다른 사람을 위해 존재한다는 사랑과 봉사의 정신으로 재무장할 때이다. 자원봉사자가 있는 곳이 나눔의 현장이다. 자원봉사활동이 생활이며 문화로 인식될 때 건전한 시민사회로 발전된다. 대가를 바라지 않고 나누고 봉사하는 그 자체를 가치 있다고 생각할 때 자원봉사가 생활화될 수 있을 것이다. 진정성에서 우러나오는 기쁨이 마음의 평화로 보상될 수 있다. 나아가 나눔 속에 피어나는 향기로운 세상도 만들 수 있을 것이다(이 글은 학점은행센터 2007. 겨울호에 게재된 필자의 글임).

04 자원봉사활동 관리방법

CHAPTER

CHAPTER 04

자원봉사활동 관리방법

교육목표

- 자원봉사 관리의 개념과 필요성 습득
- 자원봉사 관리과정에 대한 이해
- 자원봉사관리자의 역할 습득

제1절 자원봉사 관리의 개념과 중요성

1. 자원봉사 관리의 개념

자원봉사활동이 아무리 가치 있고 중요한 일이라도 그 목적을 효과적으로 달성하기 위해서는 반드시 전문가에 의한 관리(management)가 필요하다. 자원봉사 관리의 의미를 잘 나타내는 우리 말 속담이 '구슬이 서 말이어도 꿰어야 보배'라는 말이다. 즉, 자원봉사자는 하나하나가 보석이지만 이것을 제대로 잘 엮어 주어야만 진정으로 그 빛을 발할 수 있다는 뜻이다.

자원봉사 관리라는 용어는 'management', 'coordinate, administration' 등의 의미를 내포하고 있는데 주로 'management(관리)'와 'coordinate(조정)'라는 용어가 가장 널리 쓰이고 있다. 이 두 개념을 합쳐서 관리조정이라는 용어를 쓰기도 한다. 최근에는 자원봉사 관리라는 용어가 관리감독과 통제의 느낌을 주며 자원봉사의 본질인 자발적이고 능동적인 특성을 살리지 못하고 자원봉사자를 수동적인 객체로 보이게 한다는 지적이 있다. 원래 관리(management, administration)라는 단어 자체가 경영과 행정에서 쓰이는 용어에서 비롯되었기에 그러하다. 그러나 자원봉사 관리가 가지는 본래적인 의미와 가치를 되살리고 통상적으로 가장 많이 쓰이고 있다는 점에서 이 장에서는 자원봉사 관리라는 용어를 사용하기로 한다.

자원봉사활동을 관리한다는 의미는 무엇인가? 자원봉사 관리에 대해 (사)볼런티어21(문창인, 2005 재인용)은 "자원봉사자들의 욕구와 자원봉사활동의 원조를 받는 측의 필요를 연결시켜 효과적인 자원봉사활동이 이루어질 수 있도록 그에 알맞은 절차와 방법을 연구하는 활동"이라고 하였으며, 조휘일(2002)은 '관리(management)는 결과에 대한 책임감을 가지고 어떤 활동을 계획, 조직, 조정, 지시, 통제 그리고 지도감독 하는 것'이라고 정의하였다.

자원봉사활동이 이루어지기 위해서는 자원봉사자가 가진 특성과 욕구, 서비스 이용자와 기관의 욕구가 맞아야 한다. 예를 들면, 주말에 가족과 함께 자원봉사활동을 하고 싶은 초등학생 자녀를 둔 자원봉사 희망자는 주말에 서비스를 제공받고 싶은 대상자 혹은 기관이 있어야 하며, 초등학생이 함께할 수 있는 일감과 연결되어야만 자원봉사활동이 이루어질 수 있다. 자원봉사활동에 대한 수요와 공급의 적정선을 찾아내고 연계시켜 현실화시키는 것이 자원봉사 관리의 핵심적인 활동이라고 할 수 있다.

이를 위해서 효과적인 자원봉사활동계획, 생산적이고 창조적인 자원봉사 업무설계, 적절한 자원봉사자 모집, 홍보, 교육, 동기부여, 평가 등의 전문적인 관리기술이 요구되는 것이다. [그림 4-1]에서 보는 바와 같이 자원봉사자의 욕구(A), 서비스 이용자의 욕구(B), 서비스 제공기관의 욕구(C)의 공통지점인 부분(D)을 찾아내고, 새롭게 창조하고, 크게 만들어 주는 것이 자원봉사활동 관리이다.

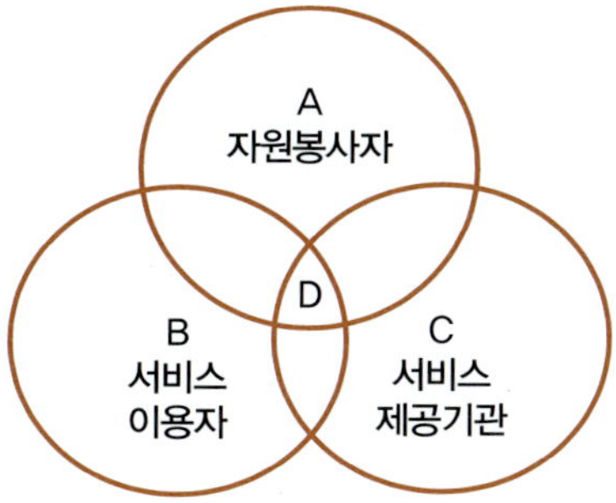

[그림 4-1] 자원봉사활동 관리

출처 : 볼런티어21. 자원봉사관리자 아카데미 교육교재.

2. 자원봉사 관리의 중요성

우리나라 자원봉사 등록인원은 2023년 말 기준 행정안전부 통계에 따르면 인구 5,132만 명 중 1,343만 명(30.1%)이며 등록인원 중 자원봉사활동 실제 참여인원은 208만 명(13.5%)으로 연간 누적인원은 1,703만 명으로 자원봉사활동 영역과 참여 계층도 다양화되고 있다. 그러나 정작 자원봉사 참여 희망자들의 욕구와 사회의 필요를 적절하게 조정하고, 연결하며, 지속시키는 관리체계는 이에 미치지 못하여 여러 가지 문제점을 나타내고 있다. 자원봉사의 역사가 비교적 짧은 우리나라에서는 자원봉사활동의 이론적 체계가 미숙한 상황에 있었으며, 실천에 있어서도 토착화되지 못한 상황에서 여러 가지 문제가 발생되는 것은 당연한 일이었다. 자원봉사의 오랜 역사와 철학을 가지고 있는 서구에서도 자원봉사 프로그램의 당면 과제는 증가하는 자원봉사자 인력의 요구에 대응하여 과거에 지녀왔던 자원봉사에 대한 막연하고 환상적인 이미지를 탈피하여 자원봉사에 대한 현실에 맞는 새로운 이념, 새로운 관리 및 운영방안을 모색하는 것이라 할 수 있다.

자원봉사 관리는 좁은 의미로는 자원봉사활동을 하는 주체인 자원봉사자에 대한 관리와 자원봉사 프로그램 관리로 볼 수 있으며, 보다 넓은 의미로는 자원봉사의 가치를 실현하고 지역공동체를 만들어가는 자원봉사의 철학, 가치, 목적에 대한 관리, 자원봉사 정책과 지침에 대한 관리, 자원봉사 정보, 자원봉사 위험 등에 대한 관리까지 포함한다.

자원봉사자가 보람과 긍지를 가지며 활동을 유지할 수 있도록 하고, 자원봉사 프로그램을 성공적으로 이끄는 결정적인 것이 관리의 문제이다. 따라서 자원봉사 프로그램의 관리가 점차 전문화되고 있으며, 이를 담당하는 자원봉사관리자의 역할이 전문직의 성격을 띠게 되었다. 또한 자원봉사 관리는 자원봉사를 하나의 행위에 그치는 것이 아니라 바람직한 변화를 일으키는 초석이 되고, 자원봉사 관리가 효과적으로 이루어진다면 자원봉사자는 보람을 가지고 일할 수 있으며 자원봉사 대상자에게 더욱 질 좋은 서비스를 제공할 수 있다.

자원봉사활동 관리의 목적은 자원봉사자의 지속적이고 효과적인 활동을 촉진하고 그들의 성장을 도우며, 지역사회의 욕구 충족과 발전에 기여하려는 기관의 목적과 사명을 효과적으로 달성하기 위함이다. 또한 자원봉사자(A), 지역사회 및 서비스 이용자(B), 그리고 서비스 제공기관(C)의 이익이 서로 만나는 부분(D)을 가능한 한 크게 키움으로써 지역사회 및 서비스 이용자에게 최대의 혜택을 제공하는 동시에 자원봉사자에게도 만족과 보람을, 그리고 기관에게는 존재 가치와 지속성을 유지할 수 있도록 하는 것이다(볼런티어21, 관리자교육 교재).

사례 **어느 자원봉사자의 고백**

"15년 동안 자원봉사하면서 봉사시간 같은 것은 하나도 생각 안 하고 그저 열심히 봉사만 했는데, 어느 날 보니까 여기저기서 봉사시간을 적립해야 한다고 하고 상을 받고 하는 걸 보니 지금까지 헛일을 했나 싶고 억울한 생각마저 든다. 이제부터라도 꼬박꼬박 봉사시간을 적립하고 나중에 돌려받아야겠다는 생각이 든다."

자원봉사자를 자원봉사자답게 하는 것은 무엇인가? 자원봉사활동의 가치를 빛나게 하는 것은 무엇인가?(박미혜, 2009) 위의 사례는 자원봉사활동에 대한 사회적인 인정의 방법을 접근함에 있어 과도하게 물질적인 접근을 한 결과이다. 함께 나누는 행복의 기쁨을 통해 자신을 실현하는 자원봉사활동 본래의 문화적인 가치를 지켜나갈 수 있도록 하는 것이 자원봉사활동 관리의 중요한 역할이다.

즉, 자원봉사 관리는 단지 기술적인 영역만이 아니라 자원봉사자를 자원봉사자답게, 자원봉사활동이 자원봉사가 지닌 본래의 가치를 발휘할 수 있도록 하는 일이다.

3. 자원봉사 관리 패러다임의 변화

자원봉사활동이 시대적, 역사적 흐름과 동떨어진 것이 아닌 만큼 자원봉사 관리의 내용 역시 사회적 환경의 변화에 맞게 변화되어야 함이 요구되고 있다. 최근 자원봉사 관리의 패러다임을 관리(management)에서 참여(engagement)의 새로운 패러다임으로 변화시켜야 한다는 주장이 그것이다. 지역주민의 주체적, 자발적 역량이 높아지고 적극적인 참여를 통한 지역문제 해결이 중요시되는 사회환경적 변화와 행위주체자들의 욕구 변화를 수용하는 자원봉사 관리의 새로운 접근과 내용은 다음과 같다.

〈표 4-1〉 새로운 패러다임

자원봉사 관리(Management)	→	자원봉사 참여(Engagement)
자원봉사자 모집 (Recruitment)	→	자원봉사자 양성과 네트워킹 (Cultivation and Networking)
활동처 배치 (Placement)	→	협의와 조정 (Negotiation and Agreement)
슈퍼비전 (Supervision)	→	지원과 협조 (Support)
활동성과 평가 (Performance Review)	→	활동결과 측정 (Performance Measurement)
활동 인정 (Recognition)	→	감사와 승인 (Acknowledgment)
자원봉사자 유지 (Retention)	→	지속가능한 자원봉사활동 (Substantiality)

출처 : Jill Friedman(2009). Boomer Volunteer Engagement Collaborate Today, Thrive Tomorrow. Fixler, 천 희 재인용.

지금까지 자원봉사 관리를 실시해 오고 있는 기관이나 단체는 위에서 제시한 새로운 패러다임의 차원을 이미 실천하고 있을 수도 있다. 그러나 무엇을 보다 더 강조하고 중요시하는지에 대한 방향성을 제시해 주고 있다는 점에서 새로운 패러다임은 큰 시사점을 주고 있다. 자원봉사자를 관리(management)한다는 생각에서 벗어나 적극적으로 자원봉사자들이 참여(engagement)할 수 있는 방향으로 자원봉사관리자들이 발상의 전환을 모색해야 한다. 자원봉사활동의 계획, 실행, 평가의 모든 과정에 자원봉사자를 참여시킴으로써 자원봉사자들에게 기관의 사명감을 함께 나누도록 하여 활동의 시작단계에서 마무리까지, 그리고 다음 활동의 기획, 프로그램 구상에 이르는 전 과정에 자원봉사자들이 직접적이고 능동적으로 참여할 수 있는 방향으로 패러다임의 변화를 이루어내야 한다.

제2절 자원봉사 관리과정

1. 자원봉사 관리과정

자원봉사 관리과정에 대한 일치된 논의는 아직 없으나 이와 관련한 몇 가지 견해를 제시하면 다음과 같다.

스완슨(Swanson)은 ① 자원봉사의 조직, ② 모집과 홍보, ③ 면접과 배치, ④ 자원봉사자에 대한 오리엔테이션, ⑤ 자원봉사자의 유지 및 보존, ⑥ 업무기록, ⑦ 예산조정 및 후원, ⑧ 자원봉사 프로그램의 평가 등으로 구분하고 있다.

던(Dunn)은 『미국사회사업백과사전』에서 ① 프로그램의 기획과 사전 평가, ② 업무설계와 자원봉사자 모집, ③ 자원봉사자의 선택과 배치, ④ 자원봉사자 유지 등으로 구분하고 있다.

볼런티어21은 ① 기관조직의 비전 수립, ② 기관조직의 자원봉사 관리체계 수, ③ 자원봉사 프로그램 개발, ④ 자원봉사 업무개발, ⑤ 자원봉사자 모집, ⑥ 면접과 배치, ⑦ 오리엔테이션 및 교육훈련, ⑧ 감독, ⑨ 동기부여 및 인정, ⑩ 평가로 구분하고 있다.

자원봉사활동 관리업무는 순차적으로 발생하는 일련의 과정이며, 그 결과는 피드백되어 각 관리 영역의 업무를 다시 시작하게 된다. 그러나 일련의 단계별 업무들이 동시다발적으로 진행되기도 한다. 자원봉사활동 관리체계를 그림으로 보면 다음과 같다. 관리방침과 조직 · 행정 관리는 모든 관리업무의 기반이 되는 것이며, 단체 및 수요처의 개발과 관리, 홍보와 진흥은 늘 이루어지는 일이므로 상단과 하단에 배치하였다.

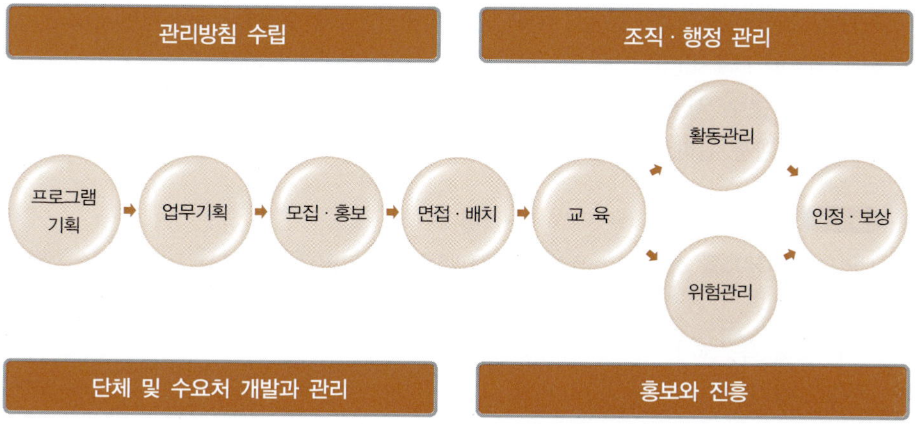

[그림 4-2] 자원봉사활동 관리체계도

출처 : 김현옥 외(2008) 재구성.

자원봉사 관리의 과정은 효과적인 자원봉사활동을 위한 기획, 업무설계, 자원봉사자의 모집, 자원봉사활동의 목적에 필요한 자원봉사자의 교육 및 훈련, 대상자에게 적절한 서비스가 제공될 수 있도록 홍보, 교육 및 훈련된 자원봉사자를 적재적소에 선발 · 배치하고, 자원봉사자에 대한 동기유발을 위한 인정 · 보상, 그리고 이러한 과정을 통하여 제공된 자원봉사활동의 평가 등의 모든 과정을 의미한다.

2. 자원봉사활동 관리의 표준 영역

자원봉사활동 관리의 질적인 수준을 높이고 자원봉사관리자들의 관리 역량을 강화하기 위해 영미권 국가에서는 2000년대에 이르러 국가적 차원의 표준화 작업을 해왔으며, 우리나라에서도 실제 자원봉사활동 현장의 현실과 욕구수준이 반영된 활용 가능한 자원봉사활동 관리 표준 지침에 대한 필요성이 제기되어 왔다. 행정안전부에서 발간한 자원봉사활동 관리 표준 매뉴얼(2008년)에서는 관리업무의 표준 영역을 13가지로 제시하고 있으며 그 내용과 기본 방향은 다음과 같다.

표준 1 **운영전략 및 관리방침의 수립**

자원봉사센터의 효과적인 운영을 위해 전략과 관리방침을 수립하여 문서화한다. 또한 센터 내외부의 관계자들이 이를 공유하고, 지속적으로 갱신해야 한다.

- 센터의 비전과 사명 수립
- 자원봉사활동 관리 세부 실행방침 수립

표준 2 **자원봉사 프로그램 개발 및 운영**

지역사회의 문제를 해결하기 위해서 목적과 목표가 분명한 자원봉사 프로그램을 개발하고 보급한다.

- 지역사회 욕구조사
- 프로그램 기획
- 프로그램 실행
- 프로그램 평가

표준 3 **자원봉사자 업무기획**

자원봉사자들을 필요로 하는 업무들을 세분화하여 계획하고, 이에 따른 업무설명서를 마련해야 한다.

- 자원봉사자 필요 업무 조사
- 업무설명서 작성

표준 4 **자원봉사자 모집**

자원봉사 업무에 가장 적합한 자원봉사자를 표적화하고, 모집 · 홍보 전략을 통해 모집한다.

- 모집 대상 결정
- 모집 메시지 및 홍보 수단 결정
- 모집 활동 실행 및 평가

표준 5 **자원봉사자 면접과 배치**

자원봉사자들의 욕구와 자질을 파악하기 위해 면접을 실시하고, 자원봉사자 및 수요처의 욕구에 따라 적재적소에 자원봉사자를 배치하여야 한다.

- 자원봉사활동 신청서 작성 및 추가 질문

- 자원봉사활동에 대한 설명 및 안내
- 수요처 연계

표준 6 자원봉사 교육

자원봉사자 및 관리자가 역할과 업무를 효과적으로 수행할 수 있도록 이들의 욕구, 활동 내용 및 시기 등을 고려하여 교육 대상자에게 적합한 교육 과정을 개발하여 실행한다.

- 교육 계획 수립
- 교육 대상자 모집
- 교육 실행
- 평가

표준 7 자원봉사활동 관리감독

계획된 자원봉사활동의 목표를 달성하기 위하여 지속적으로 필요한 정보와 피드백을 제공해야 한다.

- 관리감독 체계 수립 및 실행
- 모니터링, 상담 및 조정
- 문제 및 갈등 해결

표준 8 자원봉사단체 및 수요처 개발과 관리

지역주민의 조직화된 자원봉사활동을 촉진하고, 지속적으로 원활히 운영되며 목표 달성을 할 수 있도록 자원봉사단체를 조직화하고 육성한다.

- 단체 조직화
- 단체 등록 및 관리
- 단체 구성 및 운영을 위한 지침 제공

지역사회의 자원봉사 수요를 확대하고, 시민들에게 새로운 활동기회를 제공하기 위하여 자원봉사 수요처를 개발하고 관리한다.

- 수요처 현장 방문 및 점검
- 수요처 등록
- 수요 요청 접수
- 자원봉사자 배치
- 수요처 관리자 교육 및 정보교류

표준 9 자원봉사 위험관리

자원봉사활동 환경의 위험요인을 파악하여 사전에 예방하고 위험이 발생하면 체계적인 해결방안을 수립하여 신속한 해결을 통해 문제를 최소화한다.

- 위험관리체계 수립
- 상해보험 가입 및 관리
- 활동계층별 위험관리와 평가

표준 10 자원봉사 인정과 보상

자원봉사활동에 대하여 가치를 부여하고 감사를 표시하기 위하여 자원봉사자의 활동에 대한 기여 및 성과에 대해 적절한 인정과 보상을 제공해야 한다.

- 기대 욕구 파악
- 인정 · 보상 기준 마련
- 인정 · 보상 실행

표준 11 자원봉사 홍보와 진흥

자원봉사의 가치와 활동기회를 널리 알리기 위해 센터 운영 및 사업의 전 영역과 유기적으로 결합된 홍보 전략을 수립하고 이를 수행한다.

- 캠페인 및 행사 개최
- 언론홍보(publicity)

표준 12 재난재해 관리

재난재해의 사전예방과 신속한 복구를 위하여 민간 및 공공 영역의 공조관계를 갖추어 재난재해 대처체계를 구축하여야 한다.

- 재난재해 발생 시 기관단체별 역할 분담
- 재난재해 대비 자원봉사단 구성 및 교육

표준 13 행정 관리

자원봉사센터의 전략과 사업목표를 달성하기 위하여 운영에 필요한 전반적인 관리 사항을 운영 · 점검하고 평가한다.

- 인사 관리
- 재정 관리
- 위원회 관리

3. 자원봉사활동 관리 실무

자원봉사활동 표준 영역에 따라 각 자원봉사센터 현장에서 적용되고 있는 자원봉사활동 관리 실무사례를 중심으로 살펴보면 다음과 같다.

1) 계획수립

자원봉사센터의 목표나 지역사회에서 필요로 하는 사항을 분명히 하고 그 목표 달성을 위한 필요한 계획을 구체화하는 과정으로 구성된다.

- 계획목표 설정
- 현 실태에 대한 현황
- 문제점 및 개선방안
- 추진계획
- 단위별 세부 추진계획
- 추진 일정
- 기타 사항

2) 업무설계

자원봉사자가 하게 될 업무를 세부적으로 계획하고 봉사활동을 설명하기 위한 기본 자료로서 자원봉사자에게 이해를 높이고 자원봉사 대상자에게는 질 높은 서비스를 제공하는 내용들이 포함된다.

- 자원봉사활동 목표
- 자원봉사활동 기간 및 장소
- 자원봉사활동 내용
- 자원봉사자의 참가자격
- 자원봉사자 준비사항, 교육, 혜택 등

자원봉사 업무설계(예시)

치매예방하는 활기찬 노후 봉사활동

- 주요 목표 : 활동이 부족하고 무기력해지기 쉬운 환경에 있는 어르신들에게 노래와 춤, 간단한 스트레칭으로 서로 함께 가벼운 운동과 즐거운 마음을 가지도록 함으로써 치매를 예방하고 노후생활의 편안함과 즐거움을 가지도록 하는 데 있음
- 활동기간 : 연중 월 1회 (셋째 주 화요일) 2시간
- 활동장소 : 노인주간보호센터 또는 지역 경로당
- 활동내용
  - 춤과 노래 공연활동
  - 다함께 박수치며 노래 부르기
  - 간단한 스트레칭으로 몸 풀기
- 참가자격
  - 국악, 한국무용, 마술, 하모니카, 우쿨렐레, 기타 등 연주 가능자
  - 자원봉사센터 내 행복나눔봉사단 회원
  - 6개월 이상 정기활동 가능자
- 준비사항 및 교육
  - 활동장소는 사전에 자원봉사센터와 협의 선정
  - 공연봉사 활동 전 사전 연습
  - 활동장소 도착 시간 준수
  - 봉사활동 수요처 관리자로부터 사전 주의사항 숙지
  - 깨끗한 환경 및 위생관리를 위한 개인 방역수칙 준수
- 혜택
  - 자원봉사자 조끼 제공
  - 상해보험 가입
  - 자원봉사센터 기준 봉사실적 달성 시 자원봉사자증 발급
  - 우수자원봉사자 표창 및 언론홍보, 국내외 해외견학 참여
  - 자원봉사자 행사 초청

3) 자원봉사자 모집

자원봉사 프로그램과 연계하여 자원봉사 교육 또는 활동 현장에 참여할 대상자를 모집하는 것으로 모집 목표와 진행 계획이 명확해야 한다.

- 활동 분야 및 기간, 참가자격, 모집 인원, 활동 지원 등 상세정보 제공
- 1365 자원봉사포털, 센터 홈페이지

- 신문 또는 TV 등 언론매체
- 현수막 또는 팸플릿, 소식지

4) 자원봉사자 면접

자원봉사자가 활동을 시작하기 전 자원봉사관리자와 만나 서로 정보를 교환하는 과정이다. 면접을 통해 기대했던 바가 서로 잘 맞고 일치되는지를 확인하여 최종 결정을 짓게 되며 수요처 기관 또는 현장에 배치되었을 때 다시 한번 더 이루어진다. 면접 시에는 자원봉사자에 대한 세심한 배려가 필요하다.

- 여유 있고 편안한 면접 환경 조성
- 자원봉사센터와 수요기관, 활동 현장에 대한 정보 제공
- 면접자의 성명, 성별, 연령, 연락처, 자격, 활동가능 기간 등 기록 관리
- 향후 적절한 배치를 적성별 분류 관리

5) 자원봉사자 배치

면접을 통해서 파악된 자원봉사자의 개인 특성에 맞추어 수요처 또는 현장에 연결하는 것으로 자원봉사자가 본격적인 봉사활동을 하게 된다.

- 자원봉사자 수요기관 사전 파악
- 공문 등을 통한 공식적인 경로를 통한 배치
- 공문에는 활동내용, 활동인원, 활동기간, 준비사항, 지원사항 여부 확인
- 개별배치보다는 2~3인 배치로 연대감을 높여 지속적 활동 유도
- 이미 배치되어 활동 중인 자원봉사자와 공감대가 형성되도록 지원

6) 자원봉사자 교육

자원봉사자가 자원봉사의 의미와 가치를 이해하게 함으로써 봉사활동 참여동기를 제공받거나 재충전을 받는 계기가 되기도 한다. 또한 교육을 통하여 각자의 적성과 능력에 맞는 활동 대상과 분야를 탐색하도록 하며 실제 봉사활동 현

장에서 필요한 정보와 기술의 습득으로 바람직한 자원봉사자로서 성장해 나가는 데 매우 중요한 역할을 하기도 한다. 자원봉사자 교육 과정은 다음과 같이 구분할 수 있다.

(1) 오리엔테이션

자원봉사활동 참여자에게 교육 교재나 시청각 자료 등을 이용하여 새로운 자원봉사 환경에 쉽게 적응할 수 있도록 하는 교육방법이다.

- 자원봉사기관의 사명과 역사, 현황, 사업 활동 내용
- 자원봉사기관과 자원봉사자와의 관계
- 자원봉사활동 분야 및 대상
- 수요기관에 대한 정보
- 자원봉사활동 시 복장이나 자세, 시간 약속, 유의사항
- 자원봉사활동 기록이나 편의 지원 사항

(2) 기본교육

자원봉사활동 초기 참여자나 활동자 중 보다 더 체계적인 봉사활동에 참여하고자 하는 대상에게 실시된다. 이는 자원봉사자에게 구체적이고 현실적인 활동 계획을 수립하는 데 도움이 될 수 있도록 한다.

- 자원봉사란 무엇인가
- 자원봉사 개념과 특성, 원칙, 필요성
- 자원봉사자의 역할과 자세
- 자원봉사활동의 대상과 분야
- 자원봉사활동 프로그램
- 자원봉사활동 시 유의사항
- 자원봉사센터의 기능

(3) 전문교육

전문교육은 자원봉사자의 잠재력 개발과 자기성장, 봉사활동 분야의 전문성을 더 높이기 위한 교육이다.

- 자원봉사활동에 따른 인간관계와 리더십
- 자원봉사 전문활동 분야별 커리큘럼
- 자원봉사 전문봉사 활동기술 및 역량 강화
- 자원봉사 전문활동 프로그램 및 사례 공유

(4) 재교육

현재 활동 중인 자원봉사자들을 대상으로 실시한다. 재교육 과정은 자원봉사자들에게 소속감을 더욱 가지게 되고 새로운 동기부여를 촉진시켜 더욱 지속가능한 봉사활동이 될 수 있도록 하는 교육이다.

- 소그룹 형태로 교육
- 자원봉사자의 의욕 강화로 지속적인 동기부여 및 확인
- 자원봉사 환경변화에 대한 새로운 정보 제공
- 활동사례에 대한 토의와 발표 및 견학 등 참여 훈련
- 팀원 간 의사소통방법, 자체활동 평가방법 등

(5) 프로그램 개발

자원봉사자가 참여하는 활동체계를 만들기 위한 것으로 구체적 사업에 대한 목적과 목표가 분명하게 제시되어야 하며 이를 효과적으로 달성될 수 있도록 기획 · 실행 · 평가하는 것을 말한다.

■ 기획단계

- 기관의 사명과 비전이 일치하는가?
- 프로그램의 목적과 목표는 제시되었는가?
- 지역사회의 변화나 문제가 담겨있는가?

- 자원봉사자 대상과 기간은 제시되었는가?
- 자원봉사활동 인원과 내용, 혜택은 무엇인가?
- 관계기관, 단체, 수요처 등과의 지원 · 협조사항은 무엇인가?
- 지역사회 내 다른 기관 및 단체들의 프로그램과 중복은 파악되었는가?

■ 실행단계

- 사전현장 답사의 문제점은 없는가?
- 자원봉사자 인원 및 배치 여부를 확인하였는가?
- 물품 및 도구 등 봉사활동에 따른 지원은 잘 이루어지고 있는가?
- 안전사고에 대비한 비상조치는 확보되었는가?
- 추진계획 일정에 따라 진행되고 있는가?
- 봉사활동 전 과정에 대한 모니터링은 실시되고 있는가?

■ 평가단계

- 평가자는 지정되어 있는가?
- 평가 대상과 기준, 방법은 정해져 있는가?
- 프로그램에 대한 장단점과 개선사항 등이 포함되어 있는가?
- 평가결과는 향후 반영될 수 있는가?

7) 자원봉사 인정과 보상

자원봉사 인정과 보상은 자원봉사활동에 대한 가치와 감사를 표현하는 방법으로 자원봉사자에게 동기와 보람을 가지도록 하는 수단으로 유용하게 활용될 수 있다. 자원봉사 인정과 보상은 다음과 같이 제공될 수 있으며 각 자원봉사센터의 여건에 따라 달리 정할 수 있다.

■ 자원봉사 인정

- 자원봉사자 신분증(명함) 발급

- 자원봉사활동복, 배지 등 지급
- 1365 자원봉사를 통한 봉사활동시간 관리
- 기관발행 자원봉사활동확인서 발급
- 학생 자원봉사 교육 지도자로 학교 파견

■ 자원봉사 보상

- 자원봉사활동에 필요한 재료비, 교통비, 급식비 등 실비지원
- 표창 및 감사장 수여
- 언론매체 홍보
- 채용 및 평가 시 가산점 부여
- 자원봉사 보수 · 전문 · 포럼 참가 지원
- 국내외 자원봉사 행사 및 우수 기관 견학 지원
- 상해보험 가입 및 보상지원

4. 자원봉사활동 관리방침

자원봉사활동 관리방침(volunteering policy)은 자원봉사자를 참여시키는 기관의 비전과 사명을 명시하고 자원봉사 관리에 대한 규정 및 접근방법을 뜻한다. 자원봉사자를 참여시키는 목적, 이루려는 목표, 자원봉사자의 권리와 의무, 직원과의 관계 등 자원봉사활동을 관리함에 있어서 지켜야 할 원칙을 말한다.

1) 자원봉사 관리방침에 포함되어야 할 내용

- 센터의 자원봉사 관련 사명선언문
- 자원봉사를 통한 자원봉사자와 센터, 수혜자, 지역사회에 발생할 수 있는 변화와 혜택
- 자원봉사 참여 목적, 자원봉사 활용 이유
- 센터의 자원봉사 관련 기본원칙 등

- 자원봉사자 및 자원봉사단체의 정의 : 자원봉사 및 자원봉사단체에 대한 개념과 역할, 센터와의 관계
- 자원봉사관리자 및 유급직원의 역할과 책임
- 센터의 책임 : 교육의 제공, 직무설계의 의무 등
- 자원봉사자의 책임 : 센터의 관리정책 준수 등
- 동등한 기회의 원칙 : 계층, 성별, 연령 등에 의한 차별 금지
- 자원봉사자에 대한 오리엔테이션과 적절한 교육훈련 기회 제공
- 자원봉사 관리 비용(교육, 관리, 인정과 보상 등)
- 자원봉사 보험을 포함한 위기관리 방안
- 자원봉사 관리 과정 : 출석요구, 장기결석처리, 결석 시 통보절차, 사임절차, 종결절차 등
- 자원봉사 인정과 보상(자원봉사자에 대한 혜택)
- 자원봉사자의 활동 영역 구분(해당 또는 해당하지 않는 영역)
- 자원봉사자의 의견 수렴 및 피드백 제공
- 문제발생 시 해결방법 및 절차 등

2) 사례 : 호주 자원봉사 운영전략 모델

자원봉사자를 참여시키는 기관을 위한 운영전략 모델

자원봉사자의 경험을 함양하고 법령과 보호 의무를 따르기 위해 ________________(기관의 이름)은 다음의 의무를 이행할 것이다.

- 자원봉사자 차별 금지 및 공평한 기회보장법령에 따라 면접하고 배치한다.
- 자원봉사자에게 오리엔테이션과 훈련을 제공한다.
- 자원봉사 업무를 규정하고 명확한 업무설명서를 개발한다.
- 자원봉사자에게 건강하고 안전한 활동장소를 제공한다.
- 자원봉사자를 위한 적절하고 적합한 보험 가입을 제공한다.
- 유급과 무급 역할을 구분한다.
- 자원봉사자에게 종전에 유급직원이 했거나, 유급직으로 분류되었던 역할에 배치하지 않는다.
- 자원봉사자는 유급직원의 업무를 보충하되 훼손되지 않도록 보장한다.

- 자원봉사자가 근로분쟁 혹은 유급직원의 공석기간 동안 부가적인 업무 수행을 요구받지 않도록 보장한다.
- 자원봉사자를 위해 적절한 수준의 지원과 관리를 행한다.
- 자원봉사자에 관련된 정책 자료를 자원봉사자에게 제공한다.
- 자원봉사자에게 이의제기 및 징계 정책과 절차에 대한 정보를 제공한다.
- 자원봉사자에게 직업개발의 기회를 제공한다.
- 자원봉사자가 기관을 위해 지불한 비용을 보상한다.
- 자원봉사자의 권리를 인정한다.
- 자원봉사자를 소중한 팀 일원으로 대우하고 기관 의사결정에 참여하도록 조언한다.
- 자원봉사자의 기여도에 대해 인정한다.

제3절 자원봉사관리자의 역할

1. 자원봉사관리자의 정의

자원봉사 관리는 자원봉사자들이 조직에 효과적으로 활동하여 좋은 결과를 낳도록 통합시키는 실천과 연구에 관한 하나의 전문직업이다(미국자원봉사관리사협회; 조휘일 외, 2009 재인용). 자원봉사 관리가 효과적으로 이루어지기 위해 일하는 전문직종을 자원봉사관리자(volunteer administrator)라고 하며, 감독자(director) 혹은 조정자(coordinator)라고도 한다.

1990년대 이후 본격적으로 우리나라에 자원봉사활동 참여인구가 증가하고 있는 가운데 자원봉사활동을 체계적으로 관리하고 효율적인 운영을 하기 위한 전문적인 기술과 관리체계가 더욱 절실히 요구되고 있다. 또한 자원봉사 프로그램의 성과를 제고하기 위해서는 고도의 동기관리와 조직관리기술이 필요하며 이러한 역량을 갖춘 자원봉사관리자의 필요성이 높아지고 있는 추세이다.

자원봉사관리자는 자원봉사 관리업무를 맡은 담당자로서 자원봉사센터의 자원봉사관리자가 있고, 사회복지시설이나 기관, NGO의 자원봉사 담당자도 포함되며, 자원봉사 리더까지 포함하는 용어로 폭넓게 사용되고 있다. 이와 같이 광의적인 자원봉사관리자는 "조직의 목표를 달성하기 위해 자원봉사자들과 함께 그리고 그들을 통해서 일하는 사람"이며, "훌륭한 자원봉사관리자는 인적자원의 조정자(an enabler of human resources)"이다(Wilson, 1976; 류기형 외, 2006).

2. 자원봉사관리자의 역할

영국의 자원봉사관리자 훈련 및 자격관리 책임기관인 자원봉사국가훈련원(VSNTO : Voluntary Sector National Training Organization)의 자원봉사 관리 기준틀에 관한 2002년 연구용역보고서에서 연구팀은 "자원봉사관리자는 자원봉사자들이 조직의 목적달성에 최대한 공헌할 수 있게 하고, 그들이 관련 기술과 관심 분야를 개발할 기회를 제공한다."고 하였다. VSNTO 연구팀은 이러한 목적을 달성하기 위해 필요한 자원봉사관리자의 핵심기능 여섯 가지를 개발하였는데, 내용은 아래와 같다(김현옥, 2004).

- 자원봉사활동 지원 전략과 정책 개발
- 자원봉사활동 진흥
- 자원봉사자 모집과 그들의 관심 분야 및 관련 기술을 개발 지원
- 조직의 목적이 달성되도록 자원봉사자들의 활동 관리
- 자원봉사자와 활동의 공헌을 평가
- 자원봉사활동의 지원

일슬리와 니에미(Ilsley & Niemi)는 자원봉사관리자의 역할을 다음 네 가지로 제시하였다.

① 행정부분의 역할 : 프로그램 기획자, 회계담당자, 홍보담당자, 연결자, 모집자 및 관리자 등

② 훈련 · 교육부분의 역할 : 학습자, 교육과정 촉진자, 교육자, 미디어 전문가 등

③ 상담부분의 역할 : 진단자, 상담자 및 배치후원자 등

④ 연구평가 부분의 역할 : 관찰자, 기록보관자 및 평가자 등

박태영(2006)은 자원봉사관리자의 역할을 [그림 4-3]과 같이 제시하였다.

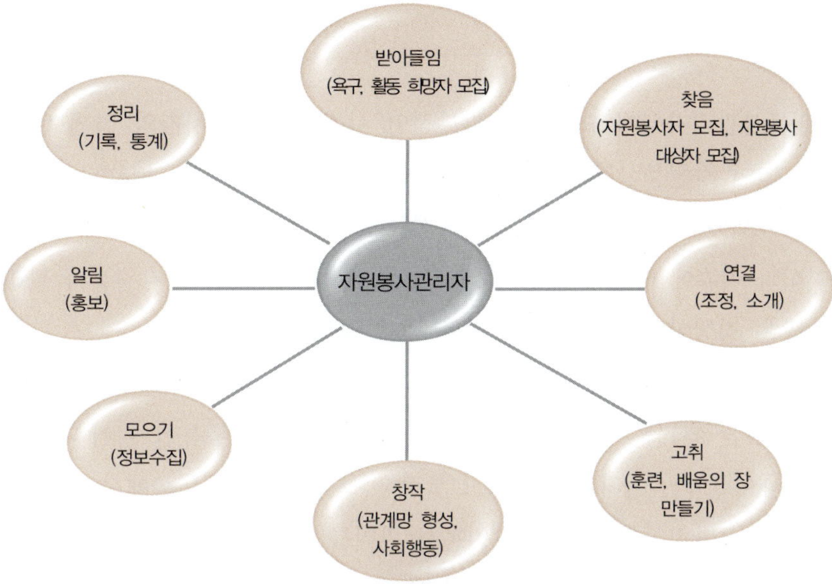

[그림 4-3] 자원봉사관리자의 역할

① 전화접수, 면접, 가정방문 등의 받아들임(욕구, 활동 희망자의 접수 등)

② 조정자의 의욕, 아이디어, 인내심 등의 찾음(자원봉사자 모집, 자원봉사 대상자 파악)

③ 자원봉사활동을 요청하는 사람과 자원봉사를 희망하는 사람을 연결(조정, 소개)

④ 필요한 훈련이나 강의, 교육, 연구모임과 같은 고취(훈련, 배움의 장 만들기)

⑤ 새로운 자원봉사자 팀 만들기, 새로운 프로그램 만들기, 새로운 제도나 서비스 창출을 위한 사회행동 등의 창작(관계망 형성, 사회행동)

⑥ 매일 전화, 면접, 가정방문의 기록, 수급조정건수의 통계처리, 연간사업보고서 작성 등의 정리(기록, 통계)

⑦ 지역사회주민에 대한 홍보, 자원봉사 대상자에 대한 홍보 등의 알림(홍보)

⑧ 공적 사회복지제도의 내용, 사회복지시설, 기관, 자원봉사단체와 활동상황, 각종 장비, 비품, 설비 파악, 자원봉사 관련 프로그램 수집 등의 모으기(정보수집)

자원봉사관리자에게 요구되는 기본적인 사항은 자원봉사자와 함께 일해 본 경험이 있어 자원봉사자를 충분히 이해하는 것이다. 그리고 충분한 시간과 유쾌한 의사소통 기술, 대인관계 경험, 팀원으로 일한 경험, 정부와 지역사회에 대한 인식과 이슈에 대한 민감성, 효과적으로 조직하는 기술과 자원봉사 관리 훈련을 받은 경험이나 자원봉사 관리를 해본 경험이 중요하다.

자원봉사 관리는 매우 다양하고 복잡한 과정이며 자원봉사관리자는 인간에 대한 이해와 철학을 바탕으로 전문적인 지식과 기술을 활용한 여러 가지 역할들을 해내야 한다. 이러한 세심하고 복잡한 특성과 함께 무(無)에서 유(有)를 창조해 나가는 과정이기도 하여 자원봉사 관리를 예술이라고까지 표현할 정도이다. 자원봉사관리자의 자질과 능력에 따라 자원봉사활동의 성패와 자원봉사자의 성장이 달려 있다고 해도 과언이 아니다. 그러나 아직까지 자원봉사 관리 수준과 체계가 기관마다 상이하고 표준화된 자원봉사관리자에 대한 자격기준이 마련되어 있지 않아 자원봉사 실천현장에서는 관리 인력이 턱없이 부족한 실정이다. 따라서 효과적인 자원봉사 관리를 위해 전문적인 역량을 지닌 자원봉사관리자의 양성이 시급하다.

관리자가 무엇을 강조하는지에 따라 자원봉사자의 성장을 촉진할 수도 있고 그렇지 못할 수도 있다. 행사성, 전시성, 동원성, 대규모성 사업을 지양하고 작지만 구성원들이 서로 상호작용하며 성장할 수 있는 소그룹으로 스스로 기획하여 자원봉사활동을 할 수 있는 기회를 제공하고, 구성원 모두가 리더가 될 수 있는 구조를 만들어야 한다. 자원봉사의 참된 가치를 실현하는 자원봉사 리더로서 자신과 주위 사람들을 긍정적으로 변화시키고 나아가 지역사회의 문제해결에 주도적으로 참여하는 시민으로 성장할 수 있도록 자원봉사관리자가 해야 할 역할을 다음과 같이 제시하였다(박미혜, 2009).

- 자원봉사자의 존재감을 드높여라.
- 자원봉사자의 가치를 높여라.
- 의미 있는 일을 창조하라.
- 스스로 매우 중요하고 가치 있으며 유용한 존재라는 역할을 인식하도록 하라.

TIP **자원봉사자의 성장과 자원봉사관리자의 역할**

성숙한 자원봉사 문화를 만들어가기 위해서는 자원봉사자의 참여를 확대하는 일도 필요하겠지만 자원봉사자가 자원봉사 리더로 성장할 수 있도록 하는 것이 필요하다. 자원봉사자는 처음에는 단순 참여자에서 점차 경험과 교육을 통해 스스로 자원봉사 리더로 성장할 수 있는 잠재력을 가지고 있으며, 이러한 여건과 환경을 조성해 주고 지원해 주는 역할을 관리자가 해야 한다. 한 사람이 성장하고 발전하기 위해서는 많은 노력과 시간이 필요하다. 자원봉사자의 성장은 곧 자원봉사활동의 질적 성장을 낳고 자원봉사활동의 질적 성장은 자원봉사 문화 전체의 성숙한 발전을 이루어낼 것이다. 눈에 보이는 실적과 행정관리 중심의 대상으로만 자원봉사자를 바라보고 수단화하고 있지는 않은지 자원봉사관리자 스스로 점검해 볼 필요가 있다.

3. 자원봉사관리자의 전문성과 윤리

1) 자원봉사관리자의 전문성 제고

자원봉사관리자가 전문적인 역할과 기능을 담당하고 있음에도 불구하고 우리나라에서는 아직까지 전문직업인으로서 자리 잡고 있지 못한 것이 현실이다. 미국은 이미 1960년부터 자원봉사관리자들의 모임이 생겼고 영국과 호주, 일본은 1990년부터 관리자 모임이 설립되어 자원봉사활동을 촉진하고 있다. 관리전문가들의 모임이라고 해서 초기부터 자격증 교부만을 상정하고 모인 것은 아니며, 그들은 자원봉사 관리 현장의 이슈와 자신들의 전문성 향상을 위한 토론의 장을 지속적으로 마련해 오는 가운데 자연스럽게 전문화의 방식과 내용에 대한 합의를 만들어가고 모색해 가는 과정을 거치고 있다(김현옥, 2004). 우리나라도 최근 자원봉사관리자의 전문성을 강화할 필요성과 사회적 요구가 높아짐에 따라 자원봉사관리자 자격기준과 양성과정에 대한 연구가 이루어지고 있으며(볼런티어21, 2004, 2005; 한국자원봉사협의회, 2003), 자원봉사관리자들의 연대를 위한 모임(한국자원봉사관리협회, 2004)이 설립되기도 하였다.

자원봉사 관리업무의 전문화를 위해서는 실무지향적이고, 체계적인 자원봉사관리자 교육을 통해 전문성 있는 자원봉사관리자를 양성하여 업무의 효과와 효율성을 높일 뿐 아니라, 전문가로서의 윤리를 제대로 세우고 이 업무의 직업전문화를 위한 사회적 이미지를 제고할 필요가 있다.

2) 자원봉사관리자의 윤리

자원봉사관리자의 윤리는 한국자원봉사협의회, 한국중앙자원봉사센터, 한국자원봉사센터협회 및 자원봉사관계자와 함께 오랫동안 협의를 거쳐 2015년 제정하고 2018년 개정한 자원봉사관리자 윤리강령으로 그 내용은 다음과 같다.

(1) 시민성

자원봉사관리자는 더 많은 시민들이 자원봉사활동의 기회를 충분히 누리도록 안내함으로써 스스로 사회적 문제와 욕구 해결에 기여하는 시민임을 인식한다.

(2) 성장과 변화

자원봉사관리자는 지식과 기술을 갖춘 전문가로서 모든 이해관계자와 함께 상호 성장하고 변화함으로써 시민사회 발전에 이바지한다.

(3) 자율과 공평

자원봉사관리자는 자원봉사의 정책과 실천현장에서 자율성을 최우선 가치로 두며 자원봉사가 지닌 공공성에 걸맞은 책임성을 가질 수 있도록 공평한 자원봉사 환경을 제공한다.

(4) 개방과 연대

자원봉사관리자는 다양한 주체 및 영역과 연결될 수 있는 열린 자세를 가지고, 정부 · 기업 · 시민사회의 다양한 주체와 영역 간의 적극적인 협력을 이끌어낸다.

한편 자원봉사관리자 윤리와 관련된 해외 사례 중 2010년 제정된 미국자원봉사관리사협회(AVA)의 자원봉사관리자 윤리적 핵심가치는 다음과 같다.

(1) 자원봉사 철학

자원봉사관리자는 자원봉사 프로그램을 개발함에 있어서 다른 사람과 함께 일하는 것을 기반으로 자원봉사자가 자원봉사에 대한 일관된 철학을 개발하도록 윤리적 책임을 진다.

(2) 인간의 존엄성

자원봉사관리자는 관계된 모든 사람들의 인간 존엄성을 증진시키는 자원봉사 프로그램 개발에 윤리적 책임을 진다.

(3) 상호 호혜성

자원봉사관리자는 어떤 자원봉사활동에서도 관련된 모든 사람들의 고유한 상호 이익에 대한 이해와 그 실현을 증진시키는 윤리적 책임을 진다.

(4) 자주성

자원봉사관리자는 영향을 받는 당사자가 의사결정 과정에의 참여를 증진시키는 윤리적 책임을 진다.

(5) 사적 비밀(사생활)

자원봉사관리자는 개인의 사적 비밀(사생활)과 내밀하게 받은 정보를 존중하고 지켜줄 윤리적 책임을 진다.

(6) 직원과의 관계

자원봉사관리자는 모든 직업적 전문가들과 기타 유급직원들의 업무를 확대 강화하는 자원봉사 프로그램 개발의 책임을 진다.

(7) 사회적 책임

자원봉사관리자는 사회 분위기, 즉 인간의 욕구가 충족되고 인간의 가치가 증진되는 그러한 분위기 창출의 윤리적 책임을 진다.

(8) 직업 전문가로서의 책임

자원봉사관리자는 자원봉사자들에게 직업 전문가로서의 신용을 얻는 데 윤리적 책임을 진다.

TIP 근묵자흑(近墨者黑)

먹을 가까이 하다 보면 자신도 모르게 검어진다는 뜻으로, 사람도 주위 환경에 따라 변할 수 있다는 것을 비유한 말이다. 훌륭한 스승을 만나면 스승의 행실을 보고 배움으로써 자연스럽게 스승을 닮게 되고, 나쁜 무리와 어울리면 보고 듣는 것이 언제나 그릇된 것뿐이어서 자신도 모르게 그릇된 방향으로 나아가게 된다는 것을 일깨운 고사성어이다. 중국 서진(西晉) 때의 문신 · 학자인 부현(傅玄)의 「태자소부잠(太子少傅箴)」에 나온다.

나눔을 실천하는 자원봉사자를 교육하고 관리하는 자원봉사관리자는 관리자 스스로 나눌 줄 아는 사람이어야 한다. 나 자신이 나눌 줄 모르고 나눔의 가치를 알지 못하면서 어찌 자원봉사자들의 마음을 헤아릴 수 있을까. 존경받는 자원봉사관리자는 자원봉사자들에게 그 자체가 나눔의 모범이 되며 서로 인간적인 신뢰를 쌓아갈 수 있다. 나눔을 통해 사람과 사람 간의 신뢰가 쌓이는 세상이 자원봉사자들이 만들어가는 아름다운 공동체일 것이다.

05 자원봉사활동 육성개발

CHAPTER

CHAPTER 05

자원봉사활동 육성개발

교육목표

- 자원봉사활동 프로그램 흐름의 이해
- 자원봉사활동 과정별 세부 내용의 이해
- 자원봉사활동 프로그램 실천력 강화

자원봉사활동 프로그램은 자원봉사활동 목표를 이루기 위해 활동처 및 대상의 문제를 인식하고 그것을 변화시키기 위한 계획을 설정하며, 목적 및 목표 달성을 위한 실천내용을 조직화하여 실천, 평가하는 일련의 과정을 말한다.

	봉사 대상자 욕구사정	서비스 대상 선정	목적 및 목표 설정	활동내용 및 실천	프로그램 평가
모집 ⟾	⟾ 면접 ⟾	⟾ 배치 ⟾	⟾ OT, 교육 ⟾	⟾ 실행 ⟾	⟾ 평가

[그림 5-1] 자원봉사활동 프로그램 기획 일련의 과정

자원봉사자는 무보수의 유능한 인재이다. 자원봉사자가 이 사회를 위해 선행하려는 마음을 유지할 수 있도록 하는 것은 자원봉사관리자 및 봉사활동처의 다양한 노력과 점검이 수반되어야 가능한 일이다.

자원봉사활동의 의미는 초기 타인에게 베푸는 의미, 무조건 도와주는 의미에서 돌봄, 함께 나누는 의미로 변화해 나가다가 최근에는 지역사회문제와 욕구를 함께 해결해 나가는 의미로 변화하고 있다.

변화해 가는 자원봉사활동의 의미를 함께 이해하여 프로그램 기획 전체 과정에 이 사회에서 공존하는 사람들이 필요로 하는 프로그램을 만들어가는 것은 무엇보다 중요하다. 이 장에서는 자원봉사활동 프로그램 기획 과정 중 프로그램 실행 과정인 모집, 배치, 교육, 평가에 대해 알아보도록 한다.

서울시 송파구 삼전종합사회복지관 자원봉사자 관리과정
(2018, www.samjeon.or.kr 인용)

• 관리과정

자원봉사활동 모집 분야 확인 ➡ 홈페이지 신청 ➡ 자원봉사활동 모집 분야 재확인 ➡ 자원봉사자 오리엔테이션 및 기초 교육 ⬇ 자원봉사활동 ⬅ 보수 교육 ⬅ 활동 평가 ⬅ 사후관리 (봉사활동확인서 발급)

• 자원봉사 모집 분야

복지관 행사
삼전나눔바자회, 삼전어울림축제, 나들이(어르신, 아동)

학습봉사
초등학교 저학년, 고학년
저소득 청소년 멘토링

장애아동 · 청소년 지원
장애아동 주간보호 시설 프로그램 보조,
장애 · 비장애 청소년 교류활동

재능봉사
각종 공예(손뜨개, 프랑스자수, 냅킨아트 등), 스마트폰, 요리, 공연, 꽃꽂이 등

생활편의지원
경로식당 봉사, 밑반찬 배달, 주거환경개선, 이미용, 의료봉사 등

사회복지 전문봉사
장애아동 개별역량 강화 프로그램, ISP, 학교사회복지, 인권교육봉사단(또랑단)

제1절 자원봉사자 모집기술

자원봉사자 모집이란 지역사회의 문제를 효과적으로 해결하기 위하여 잠재되어 있는 유용한 인적자원을 끌어내는 활동이다. 이는 지역사회에 참여, 기여하고자 하는 자원봉사와 도움을 필요로 하는 수요처(수요자)와 만나는 과정이다(한국중앙자원봉사센터, 2012).

자원봉사자 모집기술은 자원봉사자를 모집하기 전에 자원봉사활동 분야 및 수요처에 대한 정보, 관련한 표적집단을 구체적으로 정한 후 수요처와 활동자 양측의 정보를 고려하여 모집하는 것이 중요하다. 가장 효과적인 모집은 적합한 자원봉사자를 충분하게 모집하여 자원봉사인력을 확보하는 것이다.

1. 자원봉사자 모집 유형

자원봉사자 모집은 자원봉사자 개인이나 집단이 가지고 있는 욕구와 활동 기관, 조직이 원하는 욕구를 확인하여 연계하기 전의 과정이다. 자원봉사자나 자원봉사를 하고자 하는 사람들은 자원봉사를 할 만한 곳이 마땅하지 않다고 하고, 자원봉사 수요처에서는 늘 자원봉사자가 부족하다고 한다.

어떤 자원봉사자를 모집할 것인지에 대해 봉사활동처와 관련한 표적집단을 구체적으로 설정하고 봉사활동 내용과 자원봉사자 자질의 적합성을 고려하여 모집하는 것이 중요하다.

자원봉사자와 자원봉사활동처 간의 만족스럽고 효과적인 모집 방법으로는 일반적으로 다음의 네 가지 유형을 제시하고 있다(최경덕 외, 2008 재인용).

〈표 5-1〉 자원봉사의 효과적인 모집 방법

모집 유형	내 용	모집 방법
다수모집	• 단기간 동안 단순한 일에 많은 자원봉사자를 찾고자 할 때 특히 효과적임	• 홍보물 : 모집 포스터, 리플릿, 기념품, 현수막 등 • 대중매체 : 케이블 텔레비전, 언론홍보 등 • 인터넷 : 팝업, 배너 등 • 지역단체와의 직접 접촉
표적모집	• 표적집단은 특별한 기술을 가진 자원봉사자를 모집할 때 효과적이며, 어떤 심리적인 특징을 가진 자원봉사자를 모집할 때도 용이함	• 대중매체 : 케이블 텔레비전, 언론홍보 등 • 관련 단체와의 직접 접촉
동심원 모집	• 어떤 기관과 관련을 맺고 있는 사람들을 시작으로 밖으로 확산하여 자원봉사자를 모집해 나가는 방법	• 자원봉사자나 지역사회 관련 지도자를 통한 회원 독려, 참여
연계성 모집	• 특정 성향의 그룹으로 이루어진 체계에 대한 모집 방법	• 특정 단체와 직접 접촉

2. 자원봉사자 모집 방법

자원봉사자 모집은 활동처에 따라, 모집 대상자에 따라 그 특성을 이해하고 다양한 방법 가운데 효과적인 방법을 선택하는 것이 중요하다. 다양한 매체 가운데 주요 사용자가 어느 대상인지 파악하여 자원봉사자가 사용빈도가 높은 매체를 활용하여 봉사자를 모집한다면 효과적이고 효율적인 접근이 가능하다. 또한 모집을 원활하게 하기 위해서는 활동명, 활동의 구체적인 업무와 모집 대상, 요청인원, 활동시간이 명확하게 제시되어야 하며, 자원봉사자에게 어떤 혜택(슈퍼비전, 보상 등)이 제공되는지가 제시되어야 한다.

〈표 5-2〉 자원봉사자 모집 방법

모집 방법	매 체	내 용
대중매체	인터넷, 텔레비전, 라디오, 신문 등	• 영향력이 크기 때문에 많은 봉사자 모집에 용이 • 개별 특성 파악이 어렵기 때문에 부적합한 봉사자들이 모집될 수 있음
정기간행물	소식지, 저널지, 내부 신문 등	• 정해진 독자층에게 전달되는 편이기 때문에 적합한 모집자를 모집하는 데 용이

우편	우편발송	• 설정된 집단이나 무작위 집단을 임의 결정하기 용이하며, 결정에 따라 우편물로 전달
모집 캠페인	이벤트 행사, 모집 홍보	• 이벤트나 지역사회 행사와 함께 캠페인을 진행
지도자와의 접촉	개별 방문 접촉	• 지역사회 지도자 개별 접촉을 통한 지도자 회원들의 참여 독려 가능
일대일 모집	개별 접촉	• 현재 자원봉사자와 관련 있는 잠재적 봉사자와의 개별 접촉

또한 자원봉사활동자의 활동 주기나 패턴을 이해하여 모집 방법을 활용하면 더욱 효과적일 수 있다. 학령기 청소년, 대학생의 경우 학년말보다는 학기초의 홍보가 효과적일 수 있고, 방학 직전에 홍보하면 일정 기간, 하루 종일 상주가 가능한 봉사자를 확보할 때 유리하다. 주부봉사자의 경우는 국경일, 명절 등 가족과 함께 보내야 하는 기간을 피해서 모집해야 하며, 가족봉사단의 경우는 주말과 같이 온 가족이 시간을 맞출 수 있는 시간을 계획해야 한다.

〈표 5-3〉 자원봉사활동자 특성에 따른 모집 방법

활동자	모집 방법	내 용
아동 및 청소년	대중매체, 지도자와의 접촉	• 대중매체 접촉 빈도가 높은 연령층의 특성을 고려하여 인터넷 홈페이지, 아동 청소년용 케이블TV 등을 통한 홍보 • 학교장, 자원봉사 담당교사 등과 직접 접촉하여 협의, 홍보
성인	대중매체, 우편 정기간행물	• 텔레비전, 신문, 우편물 등을 통한 홍보 • 성인이 속한 회사, 동호회 등을 통한 홍보
전문가 집단	지도자 접촉, 개별 접촉	• 전문가가 소속된 전문가 집단 장을 통한 접촉 • 직접 방문을 통한 1:1 접촉

3. 자원봉사자 모집 과정

자원봉사자 모집 과정은 모집 목표를 가지고 일련의 진행 과정에 충분한 평가 및 조정단계를 거침으로써 성공적인 자원봉사자 배치가 될 수 있도록 진행되는 중요한 과정이다. 한 명의 자원봉사자를 모집하는 일은 자원봉사자 한 개인뿐만 아니라 자원봉사 수요처와의 소중한 시작점이다.

〈표 5-4〉 자원봉사자 모집 과정

단 계	내 용
1단계 모집 목표 정하기	• 모집 전 업무설명서 등 자원봉사 업무에 대한 구체적인 계획을 확인, 점검하여 모집 목표를 수립한다. • 어떤 업무에서 일할 어떤 사람을 언제까지 몇 명 모집하기 원하는가?
2단계 모집 대상 정하기	• 누가 이 일을 하고 싶을까? • 어디에서 그들을 찾을 수 있을까? • 실제 접근 가능성이 있는 집단(표적집답)을 정하고 활용 가능 자원을 찾아본다.
3단계 홍보 방법 정하기	• 어떻게 그들과 연락할 수 있을까? • 어떻게 하면 쉽게 연결되고 또 설득력 있게 전달할 수 있을까?
4단계 홍보자료 작성하기	• 어떤 동기가 이 활동에 참여하도록 이끌까? • 모집하고자 하는 대상에게 적합한 스토리텔링 방법은?
5단계 모집활동 진행하기	• 어디서, 어떻게 홍보할 것인가? • 온라인과 오프라인 어떻게 접근할 것인가?
6단계 평가 및 조정	• 모집 과정에 따른 모집 상황이 원활한지 등 모집 과정 중 모집활동 전반에 대한 점검을 통해 모집 계획을 조정한다.

출처 : 한국중앙자원봉사센터(2012).

제2절 자원봉사자 배치기술

모집된 자원봉사자의 동기, 목표, 흥미, 경험 등을 고려하여 적재적소에 배치하는 기술은 매우 중요하다. 잘 이루어진 배치는 정확히 자원봉사자의 동기나 능력을 파악함과 동시에 봉사 대상이나 업무에 관한 자원봉사 업무력과 실천력이 적절하게 조화를 이룰 수 있어야 한다.

자원봉사활동을 앞두고 직무조건에 대한 정보, 서비스 대상자에 대한 정보를 제공하고 충분한 이해와 협의 과정을 두는 것은 자원봉사활동자가 활동을 유지하는 데 중요한 요인이 된다. 활동관리자는 활동처에 대한 다양하고 자세한 정보를 바탕으로 모집된 봉사자를 효과적으로 배치하여야 한다. 또한 자원봉사자가 배치된 활동처에 동의할 수 있도록 별도의 "교육과정"이 있기는 하지만, 활동처에 대한 오리엔테이션 과정을 수반하여야 한다.

자원봉사 배치 시 자원봉사관리자가 자원봉사자와 함께 파악해야 할 몇 가지를 정리하면 다음과 같다(조휘일 외, 2009).

① 자원봉사자의 역할을 명확히 한다.

② 봉사활동 일정(날짜 및 시간)을 정한다.

③ 기관의 위치 안내도를 제시한다.

④ 자신의 관리자 및 보고체계를 이해시킨다.

⑤ 봉사 대상자에 대한 사전 이해를 충분히 한다.

홍보를 통해 모집된 자원봉사자와 자원봉사신청서를 작성하면서 자세히 알아가는 과정이 일반적이다. 자원봉사관리자는 자원봉사자가 편안한 마음으로 두 번째 회기 봉사활동이 유지되고, 추후에 계획된 만큼 유지될 수 있도록 적합한 업무를 부여하여야 한다.

봉사자가 참여하고자 하는 활동이 있는지, 참여경험이 있는 봉사활동이 있는지, 혼자하고 싶은지, 단체에 소속되기를 원하는지 등 다방면의 상호작용을 통하여 자원봉사자를 이해하고 배치하는 과정이 매우 중요하다.

자원봉사자 배치의 기술에 대해 몇 가지를 정리하면 다음과 같다(한국중앙자원봉사센터, 2012).

① 자원봉사자 배치는 면담을 통해 이루어지며, 가능한 한 자원봉사관리자와 해당부서 담당자와의 1:1 상담을 통해 충분한 의견을 교환한 다음 이루어지는 것을 원칙으로 한다.

② 자원봉사자의 자원봉사활동에 대한 기대와 목표, 참여동기에 따라 가능한 한 가장 적합한 자원봉사활동처 및 업무를 소개하도록 노력한다.

③ 기술과 재능, 잠재력을 소유한 자원봉사자가 자신이 희망하는 업무를 찾을 수 없을 때 면담자는 무리하게 배치하려고 하기보다는 오히려 다른 기관이나 단체에 의뢰하는 것이 바람직하다.

④ 배치 시 1명보다는 2명 이상 짝을 지어 배치하는 것이 참여자들의 연대감

을 높일 수 있으며, 이를 통해 보다 오랜 기간 동안 활동을 지속시킬 수 있다. 물론 혼자서 하는 업무를 원하는 자원봉사의 경우에는 그 욕구를 최대한 존중한다.

⑤ 신규 자원봉사자를 배치할 때는 가능하면 기존에 배치되어 활동하고 있는 자원봉사자와 함께하는 자리를 만들어 활동에 대한 다양한 정보를 얻을 수 있도록 한다. 이것은 또한 기존 봉사자들과의 공감대를 형성할 수 있는 기회가 되기도 한다.

제3절 자원봉사자 교육기술

1. 자원봉사교육의 유형

1) 자원봉사자를 위한 교육

(1) 오리엔테이션 및 사전교육

자원봉사 업무를 시작하기 전에 활동기관의 다양한 문화, 운영 목적, 주요 이용 대상자 및 활동 프로그램에 대한 이해를 가지는 기본 교육과정이다.

오리엔테이션은 기관의 설립연혁, 기관 및 조직의 비전, 주요 프로그램에 대한 세부적인 설명, 주요 서비스 이용 대상자에 대한 이해가 가능해야 한다. 또한 자원봉사 참여 프로그램에 따라 지역사회에 대한 이해 역시 포함된다면 큰 도움이 된다.

기관에 대한 전반적인 이해가 이뤄졌다면 자원봉사자의 활동 장소에 대한 자세한 설명으로 활동이 편안하고 안정적으로 이뤄질 수 있도록 해야 한다. 자원봉사관리자에 대한 소개 및 모임 장소, 활동 장소, 편의시설에 대한 설명과 자원봉사활동 시 기록, 평가 등의 절차를 소개, 제공해야 한다.

이러한 일련의 과정은 자원봉사자에게 해당 기관과 자원봉사 대상자에 대해 조직의 일원으로서의 소속감을 주는 중요한 요소이다.

• 자원봉사 교육 프로그램 소개

서울시 서초구자원봉사센터 청소년 자원봉사 기본교육 프로그램(www.seochov.or.kr)

단계	사업 내용
도입	1. 수업 준비 및 인사 2. 아이스브레이킹
전개	1. 자원봉사의 의미 및 목적 2. 자원봉사의 특징 3. 청소년 자원봉사의 특징 4. 자원봉사의 활동 영역 알아보기 5. 자원봉사자의 올바른 자세 6. 자원봉사활동 방법(센터 소개 및 1365 포털 안내)
마무리	1. 요약 및 마무리 2. 느낌 나누기

(2) 직무교육

자원봉사활동 업무에 대한 상세한 이해를 위한 교육으로 수행할 업무에 대한 지식, 기술을 습득하게 하는 과정의 교육이다.

자원봉사자는 업무와 관련한 기술과 해당 업무에 필요한 교육을 반드시 이수하여야 한다. 직무교육은 봉사 대상자에 대한 이해와 프로그램에 따른 지식, 기술을 확인하는 과정이 주요 내용이다. 직무교육 시에는 현장에서 활동 중인 관리자의 현장감 있는 교육과 앞선 경험이 있는 자원봉사자의 교육이 도움이 된다.

영유아, 청소년, 장애우, 어르신 등의 대상자 이해를 통하여 상호작용의 원활함과 동시에 위급상황 발생 시에 대처방법 등을 도모할 수 있다.

(3) 재교육

활동 중인 자원봉사자를 대상으로 현재 실행하는 봉사자의 역할을 강화하고 전문성을 향상하도록 지원하는 교육과정이다. 현재 진행 중인 봉사활동에 동기를 부여하여 활동을 유지, 강화하는 것이 주요 목적이다.

현재 맡고 있는 자원봉사 프로그램에 대한 사례발표 등 현재 봉사활동에 대한 점검 및 교육을 실시함으로써 현재 참여하고 있는 봉사자 간의 교육효과 및 대상자의 이해를 높이는 기회를 가질 수 있다. 또한 타 기관의 봉사활동 견학의 기회를 가짐으로써 새로운 시야를 가지고 전문성을 향상시킴과 동시에 소속기관에 대한 소속감 및 봉사자로서의 초심을 강화할 수 있다.

2) 자원봉사활동처 및 지도 관리자 교육

현재 활동 중인 자원봉사자, 활동을 준비하는 자원봉사자에게 효과적이고 효율적인 활동이 가능하게 하기 위해서는 자원봉사관리자의 역량이 강화되어야 한다. 관리자의 지도력, 전문성은 자원봉사활동을 유지하도록 하는 데 중요한 역할을 하므로 정기적인 관리자 보수교육을 통하여 역량 강화에 주력하여야 한다.

자원봉사자는 담당 관리자의 슈퍼비전을 통해 봉사활동을 유지하는 힘을 얻을 수 있기 때문에 자원봉사관리자의 유능함을 갖추려는 노력은 봉사자 관리 차원에서도 중요한 요인이 된다.

제4절 자원봉사자 평가기술

자원봉사평가는 자원봉사자 개별평가와 자원봉사 프로그램 평가를 통해 진행된다. 자원봉사자 개인의 평가를 통하여 개인의 업무수행 능력 향상이나 참여 만족도를 알아보고 활동의 지속이나 재배치에 대한 내용을 파악할 수 있다. 또한 자원봉사 프로그램 평가를 통하여 진행된 자원봉사 프로그램의 효과성이나 효율성을 알아보고 인적 · 물적 지원의 조정, 프로그램의 지속 여부 등을 파악한다.

1. 자원봉사자 개별평가

자원봉사자 개인의 업무 수행과 성과에 대한 전반적인 평가를 실시한다. 자원봉사자 개별평가 내용에는 다음과 같은 내용들이 포함될 수 있다. 실무자의 태도, 결정 구조에 대한 참여 정도, 서비스 대상자의 태도, 직무에 대한 자신감 및 수행가능성, 충분한 오리엔테이션 제공 여부, 직무수행을 위한 충분한 교육훈련의 제공 여부, 실제 직무와 직무설계서와의 일치 여부, 직무가 흥미 있고 보람 있고 도전을 유발할 수 있었는지에 대한 여부, 피드백 여부, 새로운 직무가 있을 수 있다면 어떤 것인지, 새로운 자원봉사자 모집 방안, 가장 좋았던 경험과 가장 나빴던 경험, 프로그램에 대한 종합평가점수, 봉사활동 중 개선할 점이나 기타 제안 및 코멘트 등이다(조휘일 외, 2009).

무엇보다 자원봉사자가 활동을 유지할 수 있도록 지원하고 현재 자원봉사 업무로 인해 소진되거나 지치지 않도록 격려하는 차원에서 자원봉사자 개별평가는 중요하다.

자원봉사자 활동 만족도 조사(sample)

• 자원봉사활동에 대해 각각 평가해 주십시오.

문 항	매우 불만족	대체로 불만족	그저 그렇다	대체로 만족	매우 만족
1) 자원봉사활동 내용					
2) 자원봉사활동 진행 방법					
3) 자원봉사활동 진행자의 지도					
4) 자원봉사활동 장소					
5) 자원봉사활동 참여집단 인원의 적절성					
6) 자원봉사활동 참여시간의 적절성					

※ 불만족의 문항의 내용을 기재하여 주시면 참고하겠습니다.

• 자원봉사활동에 참여한 경험에 관한 평가입니다.

문 항		매우 불만족	대체로 불만족	그저 그렇다	대체로 만족	매우 만족
1) 관계	자원봉사자 간의 관계에 대한 만족 정도					
	자원봉사 대상자와의 관계에 대한 만족 정도					
	자원봉사기관에 대한 만족 정도					
2) 유지	앞으로 자원봉사활동을 유지할 의지 정도					

※ 불만족의 문항의 내용을 기재하여 주시면 참고하겠습니다.

____

• 일반적인 질문입니다.

– 선생님의 연령은 어떻게 되십니까?
① 20~29세 ② 30~39세 ③ 40~49세
④ 50~59세 ⑤ 60세 이상

– 성별은 어떻게 되십니까?
① 남 자 ② 여 자

– 추후 자원봉사 시 지원되었으면 하는 내용이 있으시면 적어 주세요.

____

– 명언 한 마디, "자원봉사란 ㅇㅇㅇ이다"를 작성하셔서 꼭 남겨 주세요.
자원봉사란 ______________________________

자원봉사활동에 참여해 주셔서 감사합니다.

2. 자원봉사 프로그램 평가

자원봉사 프로그램의 사전 목적 및 목표 달성 여부를 평가한다. 또한 목적, 목표를 달성하기 위해 진행된 프로그램의 내용의 적절성, 예산 집행의 효율성 등을 평가한다. 프로그램 평가는 과정에 대한 평가와 결과(효과성)에 대한 평가를 통해서 전반적인 평가를 실시한다. 자원봉사자가 참여한 프로그램 평가를 통하여 프로그램의 강점과 약점을 파악하고 장점을 유지하고 단점을 개선해 가는 것이 중요하다.

• 자원봉사 프로그램 과정 평가 소개

서울시 송파구 삼전종합사회복지관 자원봉사 프로그램 과정 평가(2009년)

진행 과업	공정표		평가 방법
	수행 시기	목표량	
대학생 사회봉사	1~12월	5명×4회 = 20건	– 활동일지 – 성적표
청소년 자원봉사학교	8월	20명×4회기 = 80건	– 출석부 – 평가서
교 육	1~12월	30명×12개월 = 360건	– 교육회의록
	3, 6, 9월	20명×3개월 = 60건	
간담회	1~12월	30명×12개월 = 360건	– 간담회의록
	6, 9, 12월	20명×3개월 = 60건	
자원봉사 나들이	10월	50명×1회 = 50건	– 계획서, 평가서 – 설문지
자원봉사자의 밤	11월	100명×1회 = 100건	– 계획서, 평가서 – 설문지
대학생 전문봉사단	4~12월	10명×2회×8개월 = 160건	– 활동일지

• 자원봉사 프로그램 결과(효과) 평가 소개

서울시 송파구 삼전종합사회복지관 자원봉사 프로그램 결과(효과) 평가(2009년)

평 가	목표 1	목표 2	목표 3
평가지표	– 대학생 사회봉사 – 청소년 자원봉사학교	– 교육 및 간담회 강화 – 자원봉사 나들이 – 자원봉사자의 밤 진행	– 대학생 전문봉사단 발굴 – 대학생 전문봉사단 관리
측정도구	– 만족도 조사 – 자원봉사활동일지	– 자원봉사 간담회 실적현황 – 자원봉사활동일지 – 만족도 조사	– 대학생 전문봉사단
평가 방법	– 만족도 70% 이상	– 전년대비 실적 10% 향상 – 만족도 70% 이상	– 대학생 전문봉사단 활동 여부

06 자원봉사활동 유지관리

CHAPTER

제1절 자원봉사 관리의 개념

제2절 동기부여 기술

제3절 인정과 보상 기술

제4절 갈등관리 기술

제5절 자원봉사자 관리의 어려움

CHAPTER 06

자원봉사활동 유지관리

교육목표

- 자원봉사자를 관리하는 데 있어서 필요한 다양한 기술을 학습함으로써 자원봉사자의 활동 지속, 긍정적인 효과를 창출한다.
- 자원봉사자의 어려움, 갈등상황을 이해하고 이에 적절한 조정방안을 학습한다.

제1절 자원봉사 관리의 개념

최근 자원봉사자 및 자원봉사활동 패러다임의 변화에 따라 자원봉사가 사회복지 분야뿐 아니라 환경, 인권, 문화, 안전 등의 다양한 분야로 확대되고 있다. 이는 적극적인 시민권 행사의 방법 중 하나로 혹은 공익적이고 상호호혜적인 활동을 통하여 공동체의 변화를 모색하는 등 공동체의 구성원으로서 책임 있는 행동을 자원봉사활동을 통하여 수행하려는 모습으로 해석할 수 있다. 따라서 자원봉사활동을 보다 체계적이고 효율적으로 관리하는 일이 점차 중요해지고 있는 상황이다.

자원봉사활동 기본법은 자원봉사활동 범위, 자원봉사자의 보호 및 포상, 자원봉사활동의 관리, 자원봉사자의 날 및 자원봉사주간, 자원봉사단체에 대한 지원, 자원봉사센터의 설치 및 운영 등 자원봉사활동의 기본적인 사항을 규정하고 있으며, 자원봉사활동의 진흥 등에 관하여 다른 법률에 특별한 규정이 있는 경우를 제외하고는 이 법이 정하는 바에 따른다고 명시하고 있고 이를 기반으로 자원봉사 활성화를 위해 노력하고 있다.

1. 면접기술의 기본 자세

자원봉사관리자와 자원봉사 지원자 간에는 공동의 목표를 가진 인격적인 만남으로서 라포(rapport)를 형성하여야 한다. 면접은 자원봉사관리자와 지원자가 대등한 입장에서 공동의 목표를 위하여 인격적으로 대화하는 만남이며, 바람직한 자원봉사관리자의 태도는 자원봉사 지원자를 긍정적으로 자극할 수 있고, 반대로 지원자의 자발적인 자세가 자원봉사관리자를 격려하고 고무시킬 수도 있다(이성록, 2007).

자원봉사 지원자 면접에는 전문성이 필요하다. 냉정하고 객관적으로 상대의 목적이나 신념, 그리고 그가 가지고 있는 가능성을 정확하게 파악해서 그의 역할을 판단하는 과정이며 그의 욕구를 충족시킬 수 있는 기회를 제공하고 성취할 수 있도록 돕는 과정이기 때문이다. 자원봉사관리자는 코디네이터로서, 어드바이저로서 자원봉사자를 지원하는 관리조정자(manager)인 것이다.

자원봉사관리자가 자원봉사자의 욕구와 필요를 올바르게 파악하고 실제로 충족시킬 수 있는 기회를 분명히 제공하고자 할 때 직무배치를 전제로 한 실질적인 대화가 시작된다. 그리고 가능성과 성취감을 연결시켜 줄 수 있는 기회가 마련된다. 면접기술에 있어서 가장 결정적인 두 가지 요소는 적절한 질문을 할 수 있는 능력과 진지하고 정확하게 들을 수 있는 경청기술이다.

면접에서 중요하게 다루는 것은 기관마다 약간씩 차이가 있지만 대체로 클라이언트에 대한 자원봉사자의 인식교정이다. 이는 자원봉사자들이 클라이언트에게 미치게 될 부정적인 영향을 우려하기 때문이며, 자원봉사자가 긍정적인 사고방식을 가질 수 있도록 하기 위함이다.

자원봉사자가 오면 기관에 대해 설명해 주고 그 설명 중에 저희가 가장 중요시하는 것은 자원봉사자들의 인식 부분입니다. 자원봉사자들은 (클라이언트가) 불쌍해서 오신 분들이 굉장히 많아요. 특히 어머님들 같은 경우는요. 입에서 입으로 전달되다 보니까 교육을 함에도 불구하고 왔다 가신 분들은 '불쌍하구나' 하시죠. 실상 우리 기관에서 생활하는 친구들은 (물론 어떤 측면에서 바라보는가에 따라 불쌍하다 안하다 판단이 되는지 잘 모르겠지만) 너무나 재밌고 행복하게 살고 있거든요. 지체장애가 굉장히 심한 친구들은 정신적으로는 거의 비장애에 가까운 친구들이 많아요. 갑자기 자원봉사자가 와서 자기 신체적인 부분만 보고 울면 혼란스러워해요. '내가 그렇게 비참한가' 이런 생각을 가지게 되죠. 그런데 거기에서 끝나면 다행인데 저녁에 막 잠을 못 잔다든지 본인 스스로 아파하거든요. 이분들이 여기에서 잘못된 인식을 가지고 나가시면 저희 시설뿐만 아니라 다른 모든 사회복지시설에 대한 인식이 잘못되는 거죠. 그래서 인식 개선 문제에 대해서는 굉장히 민감하게 교육을 시키죠.

-A 장애인시설 사회복지사-

우선 그 자원봉사자의 사고가 긍정적인가 부정적인가가 굉장히 중요하거든요. 부정적인 사고를 가지고 있는 사람이 자원봉사를 하겠다고 하면 저희는 안 받아요. 그냥 돌려보내요. 끝까지 자기 고집을 부리는 할아버지가 한 분 계셨어요. 자원봉사를 하겠다고 오셨는데 정신장애인들은 아무도 도울 필요가 없다는 거예요. 자기한테 맡겨주면 '야단도 치고, 교육도 시켜서 바꿔놓겠다.' 막 '자원봉사 시간을 달라' 그러시는데 그런 분에게 자원봉사를 줄 수가 없죠. 거의 싸울 분위기까지 갔는데 겨우 풀어서 할아버지가 그냥 돌아가셨어요.

-B 시설의 자원봉사관리자-

책임감을 심어 주는 것이죠. 어느 기관에 속해 있는 봉사자라는 책임감이 필요한 것 같아요. 일회성 행사 같은 경우 잠깐 왔다 가면 되지만 지속적인 봉사활동으로 이루어져야 하는 경우는 책임감 없이는 봉사활동이 지속되기 어렵다고 보거든요. 그래서 책임감을 심어 주려고 노력하죠. 시간약속이나 자원봉사활동이긴 하지만 봉사자의 활동에 따라 프로그램이 좌우되고 클라이언트도 변화되고 하는 부분이 많잖아요. 쉽게 와서 단순히 노력봉사를 한다기보다는 본인이 얼마나 중요한 일을 하고 있는지를 인식하게 해 주는 게 정말 중요한 것 같아요.

-C 기관의 자원봉사관리자-

기관에서 원하는 것도 있지만 그분이(봉사자가) 무엇을 원하시는지를 파악하는 거죠. 처음에는 자원봉사활동에 대해 큰 꿈을 안고 오시거든요. 이것도 하고 싶고, 저것도 하고 싶고 한데 처음부터 그 큰 꿈이 한 번으로 끝나면 모르는데 저희는 지속적인 활동을 이어가야 하기 때문에 일 년이면 일 년, 이 년이면 이 년 이렇게요. 그래서 저희는 그분이 가장 잘할 수 있는 분야를 찾아드리려고 노력하죠.

-D 기관의 자원봉사관리자-

2. 질문하기

면접은 직접적인 정보를 얻는 것뿐만 아니라 평가에 도달하기 위한 사정적인 것이 될 수도 있으며 변화를 가져오기 위한 관리가 될 수도 있다. 그리고 도움을 주는 것이 주목적이 될 수 있다.

자원봉사자 면접에 있어서 무엇보다 중요한 것은 자원봉사자의 목표와 자원봉사자를 육성하고 지원하는 관리조정자의 목표를 일치시키는 과정이다. 자원봉사자와 관리조정자가 추구하는 공동의 목표인 공동체 건설을 위하여 잘 설계된 질문표를 완성할 수 있다면 그것을 통하여 자원봉사자와 인격적 관계로서 진정한 만남을 이룰 수 있고 목표를 향하여 함께 헌신할 것을 약속할 수 있는 것이다. 그리고 이러한 과정을 통해 자원봉사자에 대한 올바른 이해를 하고 자원봉사자의 능력을 발휘할 수 있는 직무에 배치할 수 있는 바람직한 결과를 얻을 수 있다.

자원봉사자에게 질문을 할 때에는 '예', '아니요'라는 대답이 나오는 폐쇄형 질문보다는 자원봉사자가 충분히 자신의 생각을 표현할 수 있도록 기회를 주는 개방형 질문이 필요하다. 보다 중요한 것은 자원봉사관리자의 질문이 자원봉사자에게 도움을 주려는 마음이 반영되어야 하며 면접 분위기가 우호적이어야 한다. 민감하고 긴장되어 있는 자원봉사자에게 면접을 하는 관리조정자의 태도, 음성, 어조, 눈빛 등의 비언어적 의사소통표현 또한 중요하게 영향을 미치는 요인들이다.

그리고 면접 과정의 질문내용과 방식은 반드시 미리 준비되어야 한다. 관리조정자에게 있어서 면접은 반복되는 과업이지만 새로운 지원자에게 적절하도록 질문내용과 방식을 조절해야 한다. 그러나 많은 자원봉사기관 · 조직을 조사해 보았을 때, 실제로 질문의 종류는 신상카드를 채워 넣기 위한 기계적인 것이고 질문방식은 미리 준비된 것이 아닌 즉흥적인 것이었다.

3. 경청하기

1) 상대방에게 관심을 집중한다.

상대방의 말을 잘 듣는 것은 대화의 효율성을 높일 뿐만 아니라 관계를 증진시키는 데 필수적인 요소가 된다. 적극적으로 관심을 집중하는 것 자체가 상대방을 배려한다는 메시지이기 때문이다.

2) 비언어적인 메시지를 잘 해석한다.

의사소통이란 언어적 의사소통만을 의미하는 것이 아니다. 상대방의 얼굴과 몸의 움직임 등의 비언어적 의사소통 역시 언어적 의사소통만큼 중요하다. 특히 언어적, 비언어적 메시지가 일치하지 않을 때는 대부분 비언어적 메시지가 진실을 말하기도 한다.

3) 상대방을 인정한다.

이는 무조건 상대방이 옳다고 동의해야 한다는 것을 의미하지는 않는다. 즉, 상대방이 겪은 경험이나 생각을 인정하여 상대방으로 하여금 이해와 수용의 감정이입을 느끼게 하는 것이다.

4) 피드백(feed back)을 한다.

듣는 것은 수동적인 행동이 아니다. 효과적인 듣기란 적절한 피드백이 필요하다. “알아요!”, “그래요, 그랬군요”, “그거 재미있는데요”와 같은 맞장구는 대화에 도움을 준다.

5) 충고는 자제한다.

상대방의 경험을 바꾸려고 하거나 자신의 생각에 동의하도록 설득하거나 충고하는 것은 자제하도록 한다. 충고가 꼭 필요하다고 생각하면 먼저 상대방의 경험을 인정하고 존중한 이후에 진심을 다해 조언하는 것이 바람직하다. 대상자가 충고를 받아들일 수 있는 상황이 되었을 때의 충고는 도움이 되지만 라포가 충분히 형성되지 않은 상태에서의 충고는 관계의 단절을 가져올 수 있으므로 충고, 조언 등은 제한적으로 사용하도록 한다.

제2절 동기부여 기술

자원봉사의 동기를 검토하는 이유는 다음과 같은 기본적 가정을 가지고 있다(조휘일, 1996). 첫째, 자원봉사자들이 실제적으로 자원봉사활동에 참여하는 것은 그들이 자원봉사활동을 통해 충족될 수 있는 욕구를 가졌기 때문이다. 둘째, 만약 자원봉사자들이 활동을 통하여 그들이 가진 욕구(주관적)를 충족시킨다면 그들은 만족감 또는 보상을 받았다는 감정을 가지게 될 것이다. 셋째, 만약에 한 자원봉사자가 나름대로 만족감 또는 보상의 감정을 가지게 되면 그는 자신에게 배정된 업무에 계속 머무르게 될 것이다. 넷째, 개인들의 욕구가 실제 업무의 상황에 잘 부합된 자원봉사자는 잘 부합되지 못한 자원봉사자처럼 자원봉사활동을 중간에 그만두는 일은 없을 것이다.

이러한 자원봉사 동기의 유용성 때문에 그 연구가 다양하게 이루어져 오고 있다. 여기에서는 자원봉사의 동기를 검토하는 의미와 그 유형, 파악 방법 등을 중심으로 살펴보고자 한다.

1. 동기의 검토 의의

자원봉사의 활성화를 위해서는 자원봉사의 동기에 대한 다각적인 검토가 필요하다(조휘일, 1996).

첫째, 자원봉사자 개인의 입장에서 볼 때에는 자원봉사의 동기 및 욕구를 확인

함으로써 자원봉사에 대한 합리적인 태도를 확립할 수 있도록 도와줄 수 있다.

둘째, 사회복지단체 · 기관 · 시설의 입장에서는 과학적인 동기 및 욕구에 대한 지식을 바탕으로 효과적인 모집, 오리엔테이션, 업무배치, 지도감독 및 운영체계를 확립하는 데 도움을 줄 수 있다.

셋째, 사회복지 증진을 위해 주도적인 노력을 해야 할 전문사회복지 입장에서 볼 때는 도움행위를 통하여 사회적 행동의 본질을 규명할 수 있다는 학문적 의의와 이를 개발, 활용하는 데 도움이 된다는 실천적 의의를 가진다.

넷째, 사회 내의 인간관계와 사회 구성원이 누리는 삶의 질에 영향을 주는 제반 조치에 관한 과정이라는 사회복지정책의 차원에서 볼 때는 자원봉사자의 동기 확인은 사회복지정책의 수립에 중요한 요소가 될 수 있다.

다섯째, 전통적인 가족주의, 자본주의, 이기주의, 개인주의가 팽배해 가는 사회 분위기에서 국민의 위화감을 해결하고, 국민의 연대의식 및 공동체의식을 육성할 수 있는 자원봉사의 동기를 확인하는 것은 중요한 과제라고 할 수 있다.

2. 동기유형

자원봉사의 동기는 크게 이타주의적 동기와 이기주의적 동기로 구분한다. 혹은 타인지향적 동기와 자기지향적 동기로 표현되기도 한다. 사실 자원봉사의 동기는 이타적인 극점과 이기적인 극점 사이의 어느 한 점에 위치하게 되며, 이 양자는 혼합적인 성격을 띠고 있다. 여기서는 동기의 특성을 중심으로 살펴보고자 한다.

첫째는 종교적 동기로 종교적 특성에 따라 다르지만 이웃사랑의 차원으로 혹은 자비의 실천으로 이타적 성격이 강하다. 간혹 전도, 포교의 성격을 가지기도 하지만 이는 종교의 사회봉사 부분과 연결된 동기로 볼 수 있다.

둘째는 인도주의적 동기로 박애정신이나 자발적 참여정신에 기인하여 자원봉사에 참여하게 되는 것으로서 클라이언트와 자원봉사자는 대등 · 평등한 관계를 유지하려는 경향이 있다.

셋째는 상부상조적 동기로 계(契), 품앗이, 길드 등 주고받는 차원으로 접근하므로 이기적 성격이 강하다고 볼 수 있으나 클라이언트와 자원봉사자는 대등한 관계를 유지할 수 있는 장점도 있다. 초기의 자원봉사는 대체로 상호부조적 동기로 출발하는 경향이 있다.

넷째는 자기 성장적 동기로 자신의 기술을 연마하기 위한 수단으로 경험을 쌓기 위한 기회를 가지기 위해 혹은 보다 폭넓은 인간관계를 쌓기 위해 자원봉사를 하는 경우가 있다.

다섯째는 직업적 동기로 아무런 경험이 없는 사람보다 자원봉사 경험이 있는 사람이 직업적 역량이 우월하다는 인간자원론에 근거하여 직업을 구하기 위한 수단으로 혹은 직업과 관련된 업무의 경험을 쌓기 위하여 자원봉사에 참여하는 경우가 있다.

여섯째는 죄의식의 해소로 선의를 행함으로써 악업의 소멸을 꾀하는 이기적 성격이 강하다. 비도덕적 수단으로 재산을 축적했거나 비인간적 · 반사회적 행위로 인한 죄의식의 경감 수단이 되는 경향이 있다.

일곱째는 다양한 압력으로 자원봉사 권유자와의 관계상 거절할 수 없어서, 어떤 지위에 있거나 어떤 단체에 소속되어 있기 때문에 혹은 매스컴이나 정치적 압력 등 다양한 압력으로 인하여 자신은 원하지 않지만 어쩔 수 없이 자원봉사에 참여하게 되는 경우도 있다.

3. 동기 파악 방법

자원봉사 동기의 파악은 다음과 같은 방법으로 할 수 있다.

- 자원봉사활동 과정에서의 파악 방법
- 자원봉사자, 가족, 비공식체계 속에서의 파악 방법
- 자원봉사 그룹과 기관의 활동을 통해서의 파악 방법
- 관계기관 · 단체와의 유대관계를 통해서의 파악 방법
- 기존문헌과 자료정리 분석을 통해서의 파악 방법
- 언론기관의 매체를 통해서의 파악 방법

- 그 외의 자원봉사기관 · 민간사회복지기관 직원과의 인간관계를 통해서의 파악 방법

자원봉사의 동기는 자원봉사자의 다양한 요인들에 의해 형성되므로 단독동기로 구성되는 경우는 드물고, 대부분은 복합동기로 나타나게 된다. 또한 처음 가진 자원봉사의 동기가 계속 이어지는 경우도 많지 않고, 자원봉사활동을 하는 과정에서 동기가 바뀌는 경우가 많다. 따라서 동기를 파악하는 것도 정기적으로 할 필요가 있으며, 이에 따라 적절한 동기 충족 방법도 강구해야 할 것이다.

4. 동기 충족 방안

자원봉사자도 욕구가 있는 사람이기 때문에 자원봉사활동 과정에서 그들의 자원봉사 동기가 충족되어져야 활동의 지속성을 담보할 수 있다. 이를 위해서는 다음과 같은 방법을 생각할 수 있다.

첫째는 자원봉사자의 동기를 충족할 수 있는 프로그램을 개발, 실시하는 것이다. 자원봉사자 활용기관은 자원봉사자를 이용하는 곳이지 자원봉사자에게 무엇을 제공하는 곳이 아니라고 생각하는 경우가 있다. 자원봉사자도 지역의 복지 자원이므로 이를 잘 활용하기 위해서는 일정한 관리가 필요하다는 사고의 전환이 요구된다. 따라서 자원봉사자 활용 현장에서는 클라이언트의 욕구, 활용기관의 욕구, 자원봉사자의 욕구를 상호 고려한 프로그램을 만들어 실시해야 한다.

둘째는 자원봉사자를 조정할 전문가를 배치하는 것이다. 자원봉사자들의 동기를 충족하는 것은 일련의 과정으로 연결되어 있으므로 이를 잘 관리할 전문인력의 배치가 되어 있지 않으면 효과적인 동기 충족은 어려울 것이다.

제3절 인정과 보상 기술

인정과 보상은 자원봉사자의 지속성을 보장하는 유일한 수단은 아니더라도 자원봉사자들이 봉사의 경험에서 만족감을 느끼고 기관에 머무르도록 격려하고 자극하는 중요한 매개체의 역할을 한다. 대부분의 경우 인정 활동은 자원봉사 프로그램 성공에 중요한 요인으로 작용하는 것으로 나타났다. 이러한 인정과 감사는 지속적인 바탕에서 전달되어야 하며, 자원봉사자에게 주어지는 관심과 배려는 아주 작은 방법으로 큰 노력 없이도 주어지지만, 자원봉사자 개인에게는 의미 있는 경험이 된다. 즉, 자신이 기관 내에서 가치 있는 존재이고, 소속되어 있다는 자부심을 가지게 한다.

보상(compensation)은 조직 구성원이 조직체에서 수행한 일에 대한 대가로서, 인적자원 유지와 활용은 물론 전체 인적자원관리에서 가장 중요한 기능의 하나로 인식되고 있다. 조직체에서 주어진 업무를 수행하고 성과를 달성하는 과정에서 구성원은 자기의 기술과 능력을 개발해 나간다. 따라서 보상은 조직 구성원의 노력에 대한 대가일 뿐만 아니라 인적자원의 개발을 위한 투자라고 할 수 있다. 따라서 보상관리는 이들 요소가 구성원의 능력개발에 작용하도록 촉진제 역할을 해줄 수 있다는 데에 큰 의의가 있다(최성문, 2004).

인정과 보상의 전달에는 각 개인의 자원봉사 동기 및 욕구가 가장 우선적으로 고려되어야 하므로 자원봉사자들을 개별화하여 의미 있는 보상을 실시하는 것이 관리자의 중요한 임무이다(강문희, 2005). 자원봉사자들은 그들의 기여에 대해 감사와 보상을 받아야 한다. 이러한 인정은 공식적 · 비공식적 체계를 포함한 많은 과정을 통해서 전달될 수 있다.

첫째, 공식적인 체계는 자원봉사활동에 경의를 표하기 위하여 상, 수료증, 소패, 핀, 감사 만찬, 리셉션 등을 포함한다. 공식적인 인정체계는 지역사회의 승인에 대한 욕구를 가지고 있는 자원봉사자의 욕구를 주로 충족시켜 주는 데에는 도움을 주지만, 자원봉사 대상자를 돕는 것이 주요 목적인 자원봉사자들에게는 효과가 없고 때로는 부정적인 영향을 준다. 이런 자원봉사자들에게는 그들의 자원봉사 대상자의 성취를 인정하고, 자원봉사자가 이러한 성취에 기여했다는 것을 인정할 때 동기화된다.

둘째, 비공식적 체계는 가장 효과적인 자원봉사자 인정의 방법이다. 이는 자원봉사자가 수행하는 업무에 대한 직원의 일상적인 감사 표현을 통하여 실현된다. 일상적인 인정은, 예를 들어 감사하다고 말하는 것, 그들에게 영향을 미치는 결정에 참여시키는 것, 그들의 가족과 바깥 생활에 대해 관심을 보여주고 묻는 것, 직원이 받는 대우를 동등하게 받는 것, 그들의 가족에게 감사의 편지를 보내는 것, 그들의 기술을 향상시키기 위하여 훈련에 참석시키는 것, 더 책임감을 느낄 수 있도록 업무에 추천하는 것 등이다.

자원봉사자의 인정과 보상에 있어서 중요한 것은 자원봉사를 개별화하여 그들에게 가장 의미 있는 보상을 실시해야 한다는 것이다. 이를 위한 방법으로 자원봉사자의 유형을 동기적 욕구(성취지향적 자원봉사자, 관계지향적 자원봉사자, 권력지향적 자원봉사자)와 활동 스타일(단기 자원봉사자, 장기 자원봉사자)로 나눠서 적합한 인정과 보상을 생각해 볼 수 있다.

성취지향적 자원봉사자에게는 추가적인 훈련과 보다 도전적인 업무가 이상적인 인정의 결과이고, 구체적인 성취에 대한 인정, '최고', '가장'이란 이름의 상을 통한 인정, 동료들에 의해 뽑힌 수상자가 되는 것이 효과적인 인정이다.

관계지향적 자원봉사자에 있어서 인정은 그룹 행사 때나 동료, 가족, 다른 소속 멤버들이 있을 때 주어져야 한다. 인정은 기관 차원에서 기관에 의해서 주어져야 하며 동료들에 의해서 선출되어야 한다. 자원봉사 대상자가 감사의 편지를 쓰거나 또는 상을 수여하는 것을 통하여 인정에 참여해야 한다.

권력지향적인 자원봉사자에게는 권한과 정보에 더 큰 접근을 가능하게 하는 승진이 가장 중요한 인정의 측면이다. 유명인사로부터의 칭찬, 신문 등에 이름이 실려 지역사회에 알려지는 것, 조직의 지도자들에 의한 인정의 결정 등이 적합하다.

장기간 자원봉사자에게는 그룹에 의한 인정, 그룹 상징을 사용한 상품, 조직의 더 큰 권력, 참여, 정보를 수반하는 인정, 권위가 있는 사람에 의한 인정이 주어져야 한다. 단기간 자원봉사자에게 적합한 인정은 현재 함께 일하고 있는 사람들이 있는 데서 주어지는 인정, 떠날 때 같이 가지고 갈 수 있는 것, 자원봉사자의 가정이나 직장을 통한 인정, 지도감독자나 자원봉사 대상자에 의한 인정의 전달 등이다.

반기정(2005)의 연구결과, 사회복지기관에서 실제로 가장 많이 활용하는 자원봉사활동의 보상 방법은 감사 파티가 19.2%로 가장 높게 나타났으며, 기관의 소식지 등 간행물 발송 18.9%, 장기근속 표창 17.2%, 외부기관의 포상 추천 16.9% 등의 순으로 응답 간의 유사한 분포를 보였다. 대부분 한두 가지의 보상체계뿐 아니라 여러 가지 보상 방법을 중복하여 사용하고 있었다.

〈표 6-1〉 자원봉사활동 보상 방법(중복응답)

항 목	사례 수	비율(%)
최소한의 활동경비 제공	33	5.0
재교육 훈련의 기회 제공	37	5.6
감사의 파티	126	19.2
기관의 소식지 등 간행물 발송	124	18.9
장기근속 표창	113	17.2
친목도모 주선	88	23.4
외부기관의 포상 추천	111	16.9
타 기관이나 시설의 연수 기회 제공	15	2.3
기 타	9	1.4
합 계		100.0

자료 : 반기정(2005). 지역사회복지기관의 자원봉사관리 실태 및 개선방안. 청주대학교 석사학위논문.

인정 및 보상은 자원봉사활동을 촉진시키는 매우 중요한 요인이다. 최소한의 활동경비(교통비, 식사비)는 자원봉사활동에 있어서 부담을 줄이고 지속할 수 있도록 지급해야 하며, 그러기 위해 사회복지기관의 자원봉사에 대한 예산이 확보되어야 한다. 자원봉사자들을 위한 전용 공간을 마련해 휴식과 자원봉사자 간의 정보교환 및 피드백 제공이 이루어질 수 있도록 해야 한다.

인정과 보상의 전달에는 각 개인의 자원봉사 동기 및 욕구가 가장 우선적으로 고려되어야 하므로 자원봉사자들을 개별화하여 의미 있는 보상을 실시하는 것이 중요하다.

미국에서는 자원봉사자가 기여하는 만큼 자원봉사에 대한 보상체계 역시 잘 발달되어 있다. 예컨대, 좋은 대학에 들어갈 때 자원봉사활동 기록이 반영되고, 직장 이력서의 자원봉사 경력란이 취직과 승진에 반영된다. 은퇴 노인들도 자원봉사은행에 저축되어 훗날 타인으로부터의 봉사를 필요로 할 때 보상받을 권리를 가지게 되어 자원봉사활동의 지속성을 높이는 데 중요한 역할을 하고 있다.

> 보상체계가 작년부터 생겼어요. 다른 때는 없고요. 5월에 ○○○축제라고 하는 축제가 있어요. 그 축제 때 자원봉사자 상을 수상해요. ○○○축제는 자원봉사자들을 위한 행사는 아니고 우리 행사인데요. 후원의 밤이라거나 자원봉사자의 날을 잡아서 하자는 얘기도 있었는데 계획상으로는 잡아지지 못했고 여러 가지 여건이 되면 내년쯤엔 하려고 해요.
>
> -E 시설의 자원봉사관리자-

자원봉사자들은 활동에 적극적으로 참여할 수 있도록 정보를 제공해 주는 것을 큰 보상으로 생각한다. 봉사활동을 통해 어떤 이익을 얻을 수 있는지, 어떤 활동들이 가능한지를 알려주고, 자신이 한 활동들에 대해 자긍심을 가지게 하는 보상에 초점을 둔다. 또한 자원봉사자가 봉사활동을 하면서 스스로 혜택을 누릴 수 있게 한다.

> 저희는 외부로 나가는 활동들이 굉장히 많습니다. 장애인들이다 보니까 불편하지만 어쨌든 사회적응훈련을 내보내려고 노력을 하거든요. 그럴 경우 필수적인 것이 인적자원이죠. 선생님들은 계속해서 로테이션으로 근무하시기 때문에 참여에 한계가 있거든요. 물론 우리 생활인 열 명이 나간다면 꼭 네 명 이상은 나가야 된다는 필수인원에 대한 기준은 있죠. 그 외에 여섯 명은 더 따라 나가야 하는데 이런 경우 자원봉사자들이 역할을 담당하죠. 나가는 것 자체가 영화를 보러간다든지 지역축제에 참가하는 경우가 많기 때문에 자원봉사자들이 자원봉사도 하고 나가서 그런 여가 활동들을 함께 누릴 수 있는 서비스도 받을 수 있도록 하는 부분에 있어 신경을 쓰죠.
>
> -F 시설의 자원봉사관리자-

제4절 갈등관리 기술

갈등이 없는 사람이 없듯이 갈등이 없는 조직도 없다. 특히 여러 가지 복합적인 욕구를 가진 봉사 대상자들과 다양한 동기를 가지고 봉사활동에 참여하거나 까다로운 자원봉사자, 그리고 급격히 변화하는 상황들과 지역사회와 관계하는 조직이나 기관들은 갈등발생의 원인이 많을 수 있다. 그러므로 사람들의 협동체계인 자원봉사활동과 조직은 갈등을 해소시키거나 해결하지 않으면 본연의 기능을 수행하기조차 힘들다. 조직과 자원봉사자, 직원과 자원봉사자, 자원봉사자 상호 간, 봉사 대상자와 자원봉사자 사이의 갈등해소를 위해서 조직의 자원봉사관리자나 담당 실무자는 상당량의 업무를 갈등관리에 투입해야 한다.

1. 조직 간의 갈등

시설에서 나타나는 갈등은 자원봉사 참여 조직 간의 갈등으로 참여하는 조직들 간의 경쟁심리에서 오는 갈등이 많다. 많은 자원봉사 단체들이 행사에 참여할 경우, 서로의 활동 영역 간에 보이지 않는 갈등이 나타나는데, 그런 경우에는 행사 전에 미리 사전교육을 시키거나 서로의 활동 영역을 확연하게 구분해 줌으로써 더 이상 부딪히는 일이 없게 한다. 또 관리담당자는 가능한 한 행사에 한 단체만을 초대하여 여러 단체가 함께 봉사활동을 하면서 발생할 수 있는 갈등을 최소화하고 있다.

> 저희가 다른 갈등관계는 모르겠는데 여러 조직들이 행사에 참여하다 보니까 이쪽 학생단체 저쪽 학생단체들이 같이 모이면 서로 융화가 안 돼요. 통제가 안 될 경우가 많아 굉장히 어렵더라고요. 이런 경우 저희가 효과를 봤던 게 행사를 잡기 전에 다른 조직들이지만 한꺼번에 모아 놓고 교육을 시켰어요. 전체 행사에 대한 브리핑을 한 번 해주고 자원봉사자가 여기서 많이 필요하고 여기서 더 필요하니까 인원조정을 그때그때 '어떻게 해달라'라고 요구하는데 두 개의 조직이니까 힘들죠. 그 다음부터는 행사를 하면 가능하면 하나의 자원봉사 단체에서 연결하는 식으로 잡아요. 아니면 전혀 다르게

> 분류될 수 있는 업무들을 따로 준다거나 하니까 훨씬 원활하게 이루어지는 것 같아요. 자원봉사자가 그럴 수밖에 없죠. 자기네 조직도 자원봉사기관과 친해지고 싶고 밀접해지고 싶고 서로들 그런 욕구들이 있으니까 경쟁심이 생기고 그런 게 있더라고요.
>
> -G 시설의 자원봉사관리자-

2. 기관과 자원봉사자 간 갈등

사회복지기관에서는 기관과 자원봉사자 간의 갈등, 예를 들어 자원봉사자의 활동이 만족스럽지 못할 경우에 이를 바로 잡는 데서 생기는 갈등이 있다. 이때는 완곡한 방법으로 얘기함으로써 그 상황에 맞게 처리한다.

> 예를 들어, 자원봉사자들이 많이 오시면 한 아이를 놓고 배 마사지 서비스를 해주는데 하는 분은 한 분인데, 그 주위에 둘러앉아서 수다를 떨고 계시는 경우 선생님들이 지나가시다가 일정 시간은 그냥 놔둬요. 쉬시라고 놔두었다가 어느 정도 시간이 지나면 가서 얘기하죠. "어머니, 쉴 만큼 쉬셨으면 얼른 일 하시죠" 이런 식으로 말씀드린다거나 "쉬셨다가 일손이 필요하니까 나중에 와주세요" 하고 얘기를 하죠. 자원봉사자들에게 강제적으로 "일해야 하니까 와주세요" 하는 것은 별로 안 좋죠. 그 상황을 보고 상황에 맞게끔 하는 게 좋죠.
>
> -H 시설의 자원봉사관리자-

한편 기관 업무에 방해가 되는 자원봉사자의 경우도 있다. 이런 경우 간담회나 평가회의 같은 공식적인 방법을 통해 얘기하고 비공식적으로 접촉해서 재배치하거나 활동을 종결시키는 것으로 마무리한다.

3. 자원봉사자와 유급직원 간 갈등

1) 자원봉사자와 유급직원 간 갈등의 원인

자원봉사자와 유급직원 간 갈등은 대부분 직원들이 자원봉사자를 꺼리는 이유에서 비롯된다. 직원이 자원봉사자를 꺼리게 되는 이유를 보면 능력 있고 오랜 기간 봉사활동을 해온 자원봉사자는 신입직원의 업무를 위협하여 직원이 자신의 위치를 불안하게 여길 수 있는 요인이 되기 때문이다. 직원은 자원봉사자들이 일을 잘하지 못할 것이라는 우려와 일을 못하는 자원봉사자에 대한 부담감, 자원봉사 프로그램 계획에 대한 참여 부족, 자원봉사자와 직원 간의 업무가 모호하거나 자원봉사자의 지나친 요구로 인한 직원의 업무시간 부족 등 직원이 아무리 일을 잘해도 자원봉사자만을 드러내고 직원에게는 아무런 보상이 없을 때 갈등의 원인이 될 수 있다. 그리고 자원봉사가 기관의 최고 담당 실무자에게 우선순위가 아닐 때, 관리자가 자원봉사자에 대한 관리를 어떻게 해야 할지 모를 때, 자원봉사자의 업무의 질에 대한 통제를 할 수 없을 때, 이전에 직원이 자원봉사자와의 별로 좋지 않은 경험 등에서 비롯될 수 있다.

2) 직원과 자원봉사자 간의 갈등을 해소하고 관계를 증진시키는 방안

직원과 자원봉사자의 관계를 증진시키는 방법으로 우선 자원봉사에 관하여 분명하게 쓰인 조직의 정책(예 자원봉사운영관리규정)이 필요하다. 이 정책에는 자원봉사자의 참여를 승인하고, 유급직원과의 관계 및 자원봉사자와 유급직원의 역할에 대한 분명한 언급이 있어야 한다. 이렇게 잘 마련된 정책 안에서 자원봉사자의 봉사활동 참여에 대해서는 직원과 같이 계획을 세우도록 하는 것, 직원과 자원봉사자가 서로를 잘 알 수 있도록 직원회의나 친교모임과 같은 모임을 만드는 것, 자원봉사자가 해야 할 일과 업무 스케줄, 지도 · 감독체계, 인정과 보상체계가 쓰인 직무설계서를 준비해야 한다. 직무설계서는 직원과 자원봉사자가 모두 가지고 있어야 하며 봉사활동 시작 전에 상호 검토하여 봉사활동에 임하고 활동 중에 필요에 따라 조정될 수 있어야 한다.

직원이 질서를 위한 권위를 가지기 위해서는 자원봉사자가 해야 할 일, 필요한 기술들과 자원봉사자의 최종 선발과정에 직원이 최종적인 결정권을 가지도록 해야 한다. 그리고 직원들에게 자원봉사활동과 자원봉사자에 대한 오리엔테이션을 실시하고 자원봉사자가 자신의 일을 수행하는 데에 필요한 훈련을 받도록 적극 배려해야 한다. 누가 어떤 자원봉사활동을 하고 있는지 알고 그들의 다양한 동기, 기술, 능력, 관심과 욕구가 무엇인지 이해하도록 도움을 주어야 한다. 활동을 마치면 직원, 자원봉사자, 그리고 담당 실무자들이 같이 참여하는 봉사단위, 주, 월, 분기, 연간 등 적절한 시기의 평가과정을 가지도록 하며 자원봉사자를 효과적으로 잘 관리한 직원에게도 적절한 보상을 하도록 해야 한다. 자원봉사자들에게도 직원이 하는 일, 직원의 기술, 훈련 정도, 동기, 욕구, 그리고 업무분담 등에 대해 알리고 이해를 구하는 것이 좋다.

자원봉사자와 직원이 팀으로 일을 잘하였을 때는 양쪽 모두 인정을 해야 하며, 함께 팀을 이루어 일을 하였을 때 많은 것을 성취할 수 있음을 경험하도록 해야 한다. 이러한 경험을 통해 자원봉사자들과 모든 직원들이 우호적인 관계를 지속하도록 하고 담당 실무자가 그들을 위해 일하고 있음을 믿도록 하며 중개자로서의 역할을 하고 분명한 의사소통을 촉진하도록 해야 한다.

4. 동료 자원봉사자들 간의 갈등

1) 동료관계에서 오는 갈등

좋은 동료관계는 자원봉사자의 헌신과 노력을 고취시키는 요인이 되기도 하지만 반대로 동료들과 갈등을 일으키거나 관계가 어긋나면 활동을 중단하게 되고 결국 조직을 떠나게 된다. 자원봉사자들이 헌신과 희생으로 봉사활동에 참여하고 있지만 각기 독특한 특성을 가진 여러 사람들이 모인 집단이므로 자원봉사자 사이의 갈등이 종종 발생하는 것을 볼 수 있다.

2) 보상 및 인정과 관련된 경쟁에서 오는 갈등

자원봉사자는 담당 실무자나 동료, 그리고 봉사 대상으로부터 자신이 만족스러운 존재로 인정받기를 바란다. 그러므로 활동에 대한 보상과 인정이 반드시 이루어져야 하고 공정해야 한다. 갈등의 예를 보면 팀과 함께 일할 때 봉사 대상자로부터 다른 동료보다 더 많은 관심을 받기 위해 서비스 경쟁을 하는 경우 긍정적인 측면도 있지만 대개 오래 지속되지 못하고 스스로 소진되거나 동료 간의 갈등으로 팀이 깨어지는 결과를 가져오기도 한다.

3) 동료 자원봉사자들 간의 갈등 해결방안

동료 자원봉사자들 간의 갈등을 원만히 해결하기 위해서는 담당 실무자가 자원봉사자 사이의 바람직한 관계형성에 세심한 주의와 배려를 아끼지 않아야 한다. 무엇보다 자원봉사관리자의 공정하고 일관된 태도가 필요하며 갈등을 유발시킬 수 있는 요인들에 대한 자원봉사 정책과 해결방안이 직무설계서에 명시되어 있을 때 갈등이 보다 명쾌하게 해결될 수 있다.

5. 봉사 대상자와의 갈등 요인

자원봉사자와 클라이언트 사이에서도 갈등이 발생하게 된다. 예를 들어, 자원봉사자와 클라이언트 사이에 다툼이 생겼을 경우 관리자는 상담을 통해 둘 사이를 조정해 주거나 자원봉사자를 설득한다. 그래도 해결되지 않으면 재배치와 재교육이 이루어지는데 사례에 따라 다르게 처리된다. 예를 들면, 도벽이 있는 봉사자가 클라이언트의 물건에 자꾸 손대는 것을 알게 된 기관에서는 그 자원봉사자의 활동에 대해 중단을 유도하고 봉사활동을 종결시키게 된다.

1) 자원봉사자의 일방적 태도

자원봉사자와 봉사 대상자와의 갈등 요인은 자원봉사자가 대상자 입장을 일방적으로 해석하고 일방적으로 직무를 수행할 때 발생할 수 있으며, 봉사 대상자의 욕구를 이해하지 못하고 직무를 수행할 때도 발생할 수 있다. 즉, 봉사 대상자가 원치 않는 활동을 일방적으로 주는 것, 대상자를 불편하게 하는 것 등이 포함된다. 예를 들면, 자원봉사자가 자신의 종교를 강요하거나 대상자의 생활 리듬을 고려하지 않고 자신의 계획에 따른 일방적인 활동 등을 자주 나타낼 때이다.

2) 자원봉사자의 시혜성

자원봉사자가 자신은 자선을 베푸는 우월자로서, 봉사 대상자는 베풂을 받는 열등자로서 생각하게 하는 것, 동정심으로 봉사활동에 임하여 대상자를 비참하게 하거나 무력감을 가지게 하는 것, 지나치게 감정적으로 대상자를 대하여 의존심을 야기시키는 것은 시혜적인 태도로써 봉사 대상자를 수치스럽게 하거나 의존하게 만들 수 있다.

3) 봉사자의 자기도취성

자원봉사자는 자신이 사랑이 넘쳐나고 희생정신이 강한 사람처럼 행동하는 경우가 있을 수 있다. 자원봉사자로서 해야 할 일과 해서는 안 되는 일을 구별하지 못하거나 자기 자신에 도취되어 영웅주의적으로 행동할 때 대상자와의 갈등이 야기될 수 있다. 관리자는 이러한 성향의 자원봉사자에게 신중하게 봉사활동의 동기와 의미를 설명해야 한다.

4) 충동적 봉사활동

자원봉사자가 특정 목적을 위해 자신의 의도대로 즉흥적으로 활동하거나 봉사활동의 체계적인 과정에 따른 활동이 아닌 다른 활동을 할 때 자원봉사서비스를 받는 대상자가 당황스러울 수 있다. 이러한 일이 반복적으로 일어나면 대상자와의 문제뿐만 아니라 직원과의 관계에서도 갈등이 생길 수 있다. 그러므로 일시적으로 봉사활동을 하고자 하는 자원봉사자는 이벤트성 봉사 영역 등에 배치하고 대인관계 봉사에 투입을 원할 경우에는 최소 6개월 이상 지속할 수 있도록 하는 것이 바람직하다.

6. 갈등관리 및 문제해결 방법

1) 갈등 자체에 초점을 맞추어 해결

갈등이 어떤 종류인지 진단해 보고 문제를 직면해야 한다. 나타난 갈등상황이 가져올 수 있는 직접적인 영향에 대해 생각해 보고 갈등관계에 연관되어 있는 사람들이 방어적이지 않도록 하는 것이 필요하다. 또한 갈등의 상황 자체를 비판해야 하고 사람까지 비판하지 않아야 한다.

2) 적극적인 경청

갈등을 해결하는 방법으로 적극적으로 다른 사람들의 관점에 대해 들어야 한다. 자신이 다른 사람의 관점을 바로 이해했는지 그 사람의 말을 반복함으로써 의사소통 전달을 분명히 해야 한다. 그리고 다른 사람들의 말과 감정을 존중해야 한다.

3) 문제해결을 위한 지지 · 격려

마지막 단계로 문제해결은 모두가 문제상황이 바뀌어야 한다는 것에 동의할 때에만 시작할 수 있다. 그러므로 갈등에 관련된 모든 사람들이 봉사활동의 본래 목적을 상기하도록 하여 개인의 감정을 해소할 수 있도록 격려 · 지지가 필요하다. 업무 재배치로 문제를 해결할 수도 있다.

4) 업무 재배치

갈등을 다루고 문제를 해결하는 데는 많은 노력이 소요되고 많은 이들의 협력을 필요로 한다. 갈등과 문제를 해결하고자 할 때는 서로에게 유익한 Win-Win 전략으로 성공할 수 있다.

7. 자원봉사자 해고

봉사활동 중 자원봉사자로서의 품격을 떨어뜨리거나 문제행동을 하는 자원봉사자는 생산적으로 일하려는 다른 자원봉사자들에게 좋지 않은 영향을 줄 수 있다. 그러므로 문제를 일으키는 자원봉사자에게는 반드시 어떠한 조치를 취해야 한다. 자원봉사자가 문제를 일으킨 상황에 대해 가능한 신속하고 명백하게, 그리고 단호하게 잘못된 것에 대해 말해야 한다. 그리고 자원봉사자에게 봉사활동 종결 사실을 알리되 논쟁은 하지 않는 것이 좋다. 아무리 문제를 일으킨 자원봉사자라 할지라도 활동을 종결하기란 즐거운 일이 아니다. 하지만 문제가 있다고 결정된 자원봉사자에게 서면으로 기관과의 관계 종결을 공식적으로 알리며 이번 봉사활동의 종결을 완료해야 한다.

제5절 자원봉사자 관리의 어려움

자원봉사자 관리의 어려움에는 기관과 클라이언트에 대한 편견, 시설 접근성 부족, 보상체계의 부족, 관리프로그램 부족 등이 있다.

자원봉사관리자는 기관과 클라이언트에 대한 잘못된 인식을 가지고 찾아오는 봉사자들과 시설 접근성의 부족, 방학 동안 한꺼번에 몰려오는 학생자원봉사자를 관리하는 데 있어 어려움을 느끼기도 하고, 자원봉사자 전체에 대한 법적 보상체계의 문제로 봉사활동 중에 다치거나 소지품을 잃어버렸을 경우의 관리가 곤란해지기도 한다.

> 자원봉사자 전체에 대한 어떤 보상책임이 없어요. 봉사자가 활동하다 다쳤을 경우 보상대책이 없거든요. 차량봉사 같은 경우 보험은 일부분에 불과하고 밖에 나가서 활동하는 도중에 생기는 사고들에 대해서는 보상체계가 미비하니까 그런 점이 어려운 것 같아요.
>
> -J 시설의 자원봉사관리자-

또한 방학 중에 한꺼번에 오는 학생자원봉사자 관리프로그램 부족으로 인한 관리의 어려움도 겪고, 기관이나 클라이언트에 대해 잘못된 인식을 가지고 기관을 찾는 자원봉사자 관리의 어려움을 해결하기 위해 기관을 찾는 자원봉사자들을 집중적으로 교육하는 데 많은 시간을 투자하기도 한다.

우리가 그분들이 왔을 때 자원봉사를 '단순히 노력봉사 하는 사람'으로 보니까 그런 문제들이 생기고 있구나 싶어요. 그래서 그런 부분을 없애고 이 사람들을 '단순히 봉사해 주고 힘쓰는 사람'만이 아니라 교육을 시켜서 밖에 나가서 우리 기관이 가지고 있는 부정적 이미지나 정신장애인에게 가지고 있는 부정적 이미지, 부랑인에 대한 이미지 같은 거를 바꾸는 역할을 하게 하자 해서 단 한 사람이 와도 집중적으로 교육을 시켜요. 오히려 여기 와서 잠깐 팔 걷어붙이고 방 닦아주고 하는 것도 중요하지만 그거보다 더 중요한 것은 이 사람들을 이해할 수 있는 그런 부분에 맞추는 편이에요.

-K 시설의 자원봉사관리자-

또한 봉사활동에 대한 기초교육을 받지 않고 오는 학생자원봉사자를 관리하는 데 많은 시간과 노력을 투자하고 있다. 학생자원봉사자들은 때에 따라서는 기관에 피해를 주기 때문에 따로 프로그램계획표를 만들어 관리하거나 기관 외부 봉사활동에 투입하는 방식으로 관리해야 한다.

저희 복지관에서도 한꺼번에 몇 십 명씩 몰려오는 학생들을 관리하기가 쉽지가 않아요. 거의 대부분 시설봉사해요. 방학 중에는 거의 다 시설봉사하고 학생들도 보람을 찾기가 쉽지가 않아요. 그래서 방학 동안은 캠페인이나 주위 환경정화 같은 프로그램을 진행하면 저희가 봉사시간을 20시간 주겠다고 공고해서 이 기간에 프로그램에 참여하게 하죠.

-L 시설의 자원봉사관리자-

종합적으로 볼 때, 자원봉사자를 관리하는 데 있어 어려운 점은 자원봉사자들의 시설과 클라이언트에 대한 편견, 보상체계의 부족, 시설 접근성의 부족 등이다. 따라서 이를 해결하기 위해서는 자원봉사자들의 인식개선이 우선되어야 하고, 인식개선을 위해서는 자원봉사에 대한 교육이 필요하다. 학교에서는 학생들에게 자원봉사에 대한 체계적인 교육을 시키는 것이 필요하고 이들을 활용하는 기관 · 시설에서는 자원봉사프로그램 개발에 관한 노력이 필요할 것이다.

(사)부산노인의전화/ 둘하나봉사단 · 부산광역시연제구자원봉사센터 자원봉사단 관리 지침

이 지침의 목적은 자원봉사단이 풀뿌리 자원봉사단체로 지역사회에서 자리매김할 수 있도록 적극 지원하여 활성화하는 데 있다.

Ⅰ 자원봉사단(봉사단 관리지침이 적용되는)

(사)부산노인의전화/ 둘하나봉사단 · 부산광역시연제구자원봉사센터에서 조직 발대하거나, 자체적으로 구성하여 봉사활동을 해오던 그룹 또는 자원봉사활동을 하기 위하여 본 단체에 가입한 그룹을 칭한다.

Ⅱ 자원봉사단 회원

1. 자원봉사단의 회원은 어떤 경로를 통하여 자원봉사활동에 임하게 되었더라도 반드시 소속봉사단의 면접을 통해 자원봉사단 회원으로 가입 활동할 수 있다. 이때 자원봉사 신청서를 작성한다.
2. 자원봉사단의 활성화를 위하여 자원봉사 및 1365.net 정보화 시스템 관리운영 교육을 실시하며, 신규회원은 소속봉사단의 면접을 통하여 가입한 후 신규회원 5명 이상이 되면 센터에서 실시하는 자원봉사기초교육을 받아야 한다.
3. 자원봉사단 활동 지역 내에서 동일한(유사한) 활동을 하는 단체 등과 교류 또는 협력하여 활동할 수 있다.
4. 기록은 관련 직원 외에는 비밀을 보장한다.

Ⅲ 자원봉사단 지원 및 보상

1. 자원봉사단체를 구성한 봉사단에는 동아리 홈페이지를 제작 지원하며 총 활동시간 500시간 이상, 회원 50명 이상일 시 1365.net 공식 기관홈페이지를 제작 지원하며 독립적인 회원관리 및 정보화 시스템을 무료로 활용할 수 있도록 한다.
2. 봉사단원 중 참여회원으로 가입한 회원에 한하여 격월간 자원봉사점수제에 의한 우수자원봉사자 시상식을 거행하고 해당 봉사단에서 시상토록하며 연간 1회 자원봉사 후원의 밤 시 자원봉사점수제에 의한 표창장 수여식(부산광역시장/ 연제구청장/ 연제구자원봉사센터 등)을 실시한다.
3. 참여회원으로 가입한 회원 중 자원봉사 30시간 이상이 되는 회원에게 사랑의 가게(옥동가게)에서 일정량의 할인을 받을 수 있는 자격을 부여하며 참여 회원증에 2개월에 1회씩 자원봉사시간을 기재한다.
   * 참여회원으로 가입하려면 연 1회 1만 원의 회비를 납부하여야 하며 가입과 동시에 (사)부산노인의전화 평생회원으로 등록이 되며 (사)부산노인의전화에서 실시하는 다양한 의료복지 혜택을 받을 수 있다. (부부 직계가족 가능)
     1) 노인에 관련된 다양한 정보와 자료를 제공받을 수 있다(1588-7011 치매중풍상담본부).
     2) 노인의전화와 제휴한 지정 병원 등에서 다양한 의료복지 혜택을 받을 수 있다.
        - 저소득 어르신 백내장 수술비 지원 및 감액
        - 치질/ 치과질환/ 정형외과/ 각종 검사 등 감면 혜택
        - 노인성 질환(치매/ 중풍/ 노환 등)에 의한 단 · 장기 입원 시 배려된 노인전문병원에 30~70% 감면 혜택
        - 기타 이웃의 어려운 환경에 놓인 어르신에 대한 시설 연계
4. 기술적 지원 : 자원봉사 교육, 자원봉사 자문, 자원봉사 관련 정보 제공, 각종 자원봉사행사 등에 참가 기회를 제공한다.
5. 공간적 지원 : 회의 및 봉사단 모임 장소 제공, 장소(센터 강의실 및 회의실) 사용은 봉사단별 월 1회로 하되, 강의실 사정이 허용할 시에는 추가 사용이 가능하며, 사용일시는 중복되지 않도록 담당직원과 협의 후 결정한다.

6. 기자재 지원 : 본 단체가 소유하고 있는 기자재 중 자원봉사활동에 관련하여 기자재를 지원할 수 있다. 사용 10일 전 활동내용 및 사용 신청서 제출 후 결정한다. 단, 기자재 사용 시 발생하는 분실 및 파손의 경우는 비품 사용 관리수칙에 따른다. 지원한 기자재는 활동(사용) 다음 날 본 단체에 반납한다.
7. 차량 지원 : 본 단체 소유 차량이 자원봉사활동에 필요할 경우 지원할 수 있다. 사용 10일 전 활동내용 및 사용 신청서 제출 후 결정하며, 차량 사용 시 발생한 제반 문제는 차량 관리수칙에 따른다.
8. 경비지원 :
   – 외부에서 활동하는 비정기적인 봉사단 : 봉사단 활동계획을 담당직원에게 알리고 담당직원은 그 계획에 지원계획이 포함된 계획서를 작성 결재 후 지원할 수 있다.
   – 외부에서 활동하는 정기적인 봉사단 : 활동 시 필요한 물품 및 음료 등을 봉사단 자체 운영이 가능할 때까지 구입 지원(단, 현금 지원은 안 됨)할 수 있다.
   – 내부에서 활동하는 봉사단 : 월 1회에 한하여 예산범위 내에서 다과를 제공할 수 있다.
9. 인적 지원 : 담당직원 및 본 단체 직원의 활동참가 지원은 관리상 필요하거나 봉사단의 요청이 있을 때 업무에 지장이 없는 범위 내에서 지원할 수 있다.

Ⅴ 자원봉사단 회의

1. 본 단체 전체 봉사단 대표자 회의 : 연 2회(2월, 9월) 실시하며, 상황에 따라 임시회의를 실시한다(예 재난 발생 시 등). 각 봉사단의 대표 2명이 회의에 참석한다.
2. 분야별 대표자 회의 : 활동 분야, 구성원의 특성에 따라 분류된 소규모의 봉사단 대표자 회의를 가짐으로써 활동에 따른 애로, 문제점 발견 및 해결방안 논의 등의 자원봉사 발전과 확산을 위한 회의로, 협의를 통하여 각 분야별 연 1회 이상 실시한다. 각 봉사단의 대표 2명이 회의에 참석한다.

Ⅵ 봉사단의 활동결과 보고 및 협조

1. 봉사단의 활동 상황(내용, 활동사진, 장소, 참가인원, 미담 사례 등)을 센터에 연계해야 하며 활동사항은 월 1회를 기본으로 하고 미담 사례 및 홍보가 필요하다고 판단되면 언제든지 센터에 알려 자원봉사 소식란을 이용하도록 한다.
2. (사)부산노인의전화/ 둘하나봉사단, 연제구자원봉사센터의 활동, 행사, 사업 등에 적극 협조한다.
3. 봉사단을 확대 · 발전시키는 일에 최선을 다한다.
4. 시 · 구 · 군에 대한 구별 없이 자원봉사활동과 관련하여 봉사단의 협조요청이 있을 때는 부산 전 지역, 전 시민을 대상으로 활동하고 지원한다.

07 자원봉사센터

CHAPTER

제1절 자원봉사센터의 개념과 기능 · 역할

제2절 우리나라의 자원봉사활동 지원체계

제3절 자원봉사센터의 운영실태

제4절 주요 선진국의 자원봉사활동 지원체계

CHAPTER 07 자원봉사센터

교육목표

- 자원봉사센터의 개념과 기능 · 역할을 이해한다.
- 운영실태에 따른 자원봉사센터의 현황을 습득한다.
- 자원봉사센터의 활성화 방안을 모색한다.

제1절 자원봉사센터의 개념과 기능 · 역할

1. 자원봉사센터의 개념

자원봉사센터는 자원봉사활동의 수요와 공급의 조정역할과 자원봉사자들이 자율적으로 자원봉사활동을 할 수 있도록 지원하기 위해 설치된 조직으로서 자원봉사자와 서비스를 받는 대상, 즉 수요처를 연결하여 지역사회의 공공서비스를 전달하는 체계의 중심이 되어 우리 사회의 산적한 문제해결과 지역의 다양한 욕구를 해소하기 위한 시민참여와 지도력이 집합되는 곳이다. 자원봉사활동을 진흥하고 행복한 공동체사회를 만들고자 제정된 자원봉사활동 기본법은 자원봉사센터를 "자원봉사활동 개발 · 장려 · 연계 · 협력 등의 사업을 수행하기 위하여 법령과 조례 등에 따라 설치된 기관 · 법인 · 단체 등을 말한다."라고 규정하고 있다. 행정안전부(2023)도 자원봉사센터는 자원봉사자를 모집, 연결, 면접, 교육, 훈련, 배치, 자원봉사활동 실적관리, 봉사 장려를 위한 홍보, 자원봉사자에 대한 인정 및 보상뿐만 아니라 지역사회 발전을 도모하기 위한 기획과 다양한 자원봉사 프로그램 개발과 네트워크 구축, 정보 제공, 자원봉사단체 및 타 지역의 센터와 정보교류 및 협력 등을 수행하는 조직으로 규정하고 있다.

자원봉사활동을 효율적으로 관리, 운영하기 위해서는 지역주민들이 자원봉사 활동의 올바른 정신을 이해하고 자원봉사활동에 참여할 수 있도록 조직적, 체계적으로 일관성 있게 주도해 나갈 수 있는 추진체계가 확립되어야 한다. 자원봉사 추진체계는 주민들의 자원봉사활동에의 접근성을 용이하게 하고 자원봉사활동을 조직화함으로써 지역사회의 정보와 자원이 더 많이 더 신속하게 소통되도록 하고 이러한 역할을 통해 시민참여를 촉진하고 시민참여를 기반으로 일하고 있는 지역사회 내의 다른 비영리기관 및 단체 공익기관들의 효율적인 서비스가 활발하게 행해지도록 지원, 관리하는 기관으로 가장 대표적인 것이 자원봉사센터이다.

2. 자원봉사센터의 기능과 역할

최근 자원봉사자들은 사회복지 분야 이외에 보건, 의료, 교육, 문화, 예술, 환경, 교통 등 지역사회의 모든 분야에서 활발히 활동하고 있으며, 이를 통해 지역공동체를 활성화하고 있다. 이러한 자원봉사활동의 활발한 진행이 이루어지고 있는 상황에서 볼 때, 지역사회에서의 자원봉사활동을 조정하는 기관의 기능과 역할은 매우 중요하다고 볼 수 있다. 즉, 지역사회에서 산발적으로 흩어져 있는 자원봉사활동을 체계적으로 통합하여 지역사회의 문제를 보다 효과적으로 해결하기 위한 자원봉사 플랫폼으로서의 기능과 역할이 요구되고 있다. 자원봉사센터의 기능과 역할은 다음과 같다.

자원봉사센터의 주요 기능은 자원봉사자 모집과 배치, 교육 · 훈련, 홍보 및 정보 제공, 인정과 보상, 프로그램 개발 등 지역사회 주민의 자원봉사활동 참여를 유도하고 관리 · 육성하는 데 있다. 자원봉사활동의 조직화를 위한 각 센터와 지역사회 조직 간의 교류 및 연계망의 구축, 자료를 통한 자원봉사자의 활동을 인정하고 관리를 위한 기록 · 등록의 기능은 자원봉사센터의 효율적인 기능 수행을 위해 필수적이다.

자원봉사센터의 주요 역할은 자원봉사자의 모집 및 교육 · 홍보, 배치를 하고 자원봉사 프로그램의 개발 및 보급과 1365 자원봉사 통합포털시스템 운영, 자원봉사기관 · 단체들과의 상시협력 체계를 구축하는 데 있다. 또한 자원봉사 수요처 관리와 자원봉사 조사 및 연구, 자원봉사 관련 정보 수집 및 제공을 하며 그 밖에 자원봉사의 진흥에 기여할 수 있는 사업을 추진하는 데 있다(한국자원봉사센터협의회, 2023).

- **자원봉사자의 모집**
  - 지역사회에서 보다 다양한 계층, 보다 많은 사람들이 자원봉사에 참여하도록 개인 및 단체, 프로그램을 통해 수시로 자원봉사자를 모집하고 발굴한다.
- **자원봉사자 면접 · 배치**
  - 자원봉사활동 희망자를 적합한 활동처에 연결시켜 주고 기관 간, 지역 간 자원봉사자의 수급 조정과 매개를 통해 자원봉사자를 필요로 하는 단체나 기관에 도움을 준다.
- **교육 · 훈련**
  - 지역사회의 민간단체 및 공익기관, 자원봉사단체 등에게 단체 역량 강화, 자원봉사 관리에 필요한 기술을 교육하고 자문을 제공한다. 그리고 자원봉사자들에게 활동을 위한 상담과 자원봉사에 대한 교육을 제공한다.
- **조사연구 및 정보 제공**
  - 지역사회 내에서 자원봉사에 관한 자료와 정보를 충실히 제공한다. 자원봉사자 및 수요처에 관한 정보개발 및 관리, 자원봉사 관련 자료실 운영 및 정보안내 상담, 자원봉사 관련 정보 수집 및 지역사회 욕구조사, 지역사회 자원에 관한 정보 제공이나 자원 대여(인적 및 물적자원) 등을 수행한다.
- **자원봉사활동 홍보**
  - 자원봉사정신과 가치, 자원봉사활동 기회를 홍보하고 고취한다. 자원봉사활동을 하는 데 걸림돌이 되는 저해 요인들을 발견하여 해결하고 자원봉사자에게 적합하도록 조정하며 자원봉사자의 입장을 대변하고 옹호하며 자원봉사활동에 필요한 제도적 기반 등을 조성한다.
- **자원봉사활동 인정**
  - 지역사회에서 자원봉사자의 공헌한 바를 인정하고 보상하며 격려한다. 표창, 자원봉사자 격려 행사를 실시하고 자원봉사자를 위한 기념품 제작 보급, 자원봉사활동에 대한 인센티브제 개발 등을 수행한다.

• **자원봉사팀 개발 및 육성**
  - 자원봉사를 하고자 하는 개인들이 조직화되어서 활동할 수 있도록 지원하고 자원봉사팀들이 활동할 수 있는 기회 개발이나 조직운영기술, 지도력 육성, 모임 공간 등의 자원 제공 등을 통하여 주민들의 조직화된 자원봉사활동을 촉진한다.

• **자원봉사 수요처 개발 및 지원**
  - 자원봉사자를 필요로 하는 지역사회의 수요를 파악하고 자원봉사자가 필요하다는 욕구를 인식하지 못하고 있는 단체 및 기관들에게도 자원봉사활동 업무를 개발하도록 하며, 수요처 기관들이 자원봉사자를 효과적으로 관리하도록 지원한다.

• **자원봉사 프로그램 개발**
  - 지역사회의 보다 나은 삶의 질을 위해 서비스의 사각지대를 찾고 자원봉사자원의 조직화를 통해 문제를 해결할 수 있는 프로그램을 개발 및 실시하고 보급한다.

• **네트워크 형성 및 지원**
  - 지역사회 문제해결을 위해 단체 및 개인들의 사안별 네트워크를 구성하거나 일상적인 연대를 촉진하고 도모한다. 부문별 자원봉사단체들의 네트워킹(기업, 종교, 계층, 활동 분야별 등), 자원봉사 관련 실무자들의 네트워킹, 지역사회문제 중심의 네트워킹 등을 수행한다.

출처 : 볼런티어21(2001).

제2절 우리나라의 자원봉사활동 지원체계

우리나라에서도 자원봉사에 대한 국민적 관심이 증가되고 자원봉사활동 분야도 사회 전반에 걸쳐 그 영역이 확대됨에 따라 자원봉사계에서는 자원봉사진흥을 위한 법적 장치를 마련하고자 뜻을 모아 왔다. 1994년 자원봉사법안이 제출된 이래 국회와 한국자원봉사협의회 등 자원봉사 관련 기관 및 단체, 자원봉사자 등이 참여한 가운데 11년간의 오랜 기간 동안 협의와 조정의 노력 끝에 2005년 6월 30일 자원봉사활동 기본법이 제정되었다. 자원봉사활동 기본법은 시민들의 자발적 참여를 통한 자원봉사활동이 건전한 시민운동으로 정착될 수 있도록 국가 및 지방자치단체의 책무로서 제정 · 시행되고 있음에 따라 자원봉사활동 관계 법령과 정부의 자원봉사 지원체계를 살펴보기로 한다.

1. 자원봉사활동 관계 법령 관계

자원봉사활동 기본법에서 자원봉사센터와 관련 국가기관 및 지방자치단체는 자원봉사센터를 법인으로 운영하거나 비법인에게 위탁하도록 하면서 예외로 필요한 경우 지방자치단체가 직영으로 운영할 수 있다고 규정하고 있다. 자원봉사단체는 전국 단위의 자원봉사활동을 진흥 · 촉진하기 위하여 한국자원봉사협의회를 법인으로 설립할 수 있도록 하였다. 또한 자원봉사활동에 관한 주요 정책을 심의하기 위하여 행정안전부장관 소속으로 관계 공무원 및 민간 전문가로 구성된 자원봉사진흥위원회를 운영하도록 하고 있다. 행정안전부장관은 관계 중앙행정기관의 장과 협의하여 자원봉사활동의 진흥을 위한 국가기본계획을 5년마다 수립하도록 하고 있고 관계 중앙행정기관의 장과 지방자치단체의 장은 기본계획에 따라 연도별 시행계획을 수립 · 시행하고 있다.

자원봉사활동 기본법 시행령에서는 자원봉사센터의 원활한 운영을 위한 정책결정기구로서 운영위원회를 둔다. 다만, 자원봉사센터를 법인으로 하여 운영하는 경우에는 이사회를 두도록 하고 있다. 또한 광역자치단체인 특별시 · 광역시 · 도 자원봉사센터와 기초자치단체인 시 · 군 · 구 자원봉사센터의 사업 역할 구분을 하고 있다. 이러한 법령을 근거로 각 지방자치단체에서는 자원봉사활동지원조례를 제정하여 각 지방자치단체의 여건에 적합한 자원봉사센터의 조직을 설치 · 운영하고 있다.

2. 자원봉사활동 지원체계

정부의 자원봉사활동 지원조직으로 행정안전부장관 소속 자원봉사진흥위원회가 있으며 중앙부처 중 자원봉사활동 관계부서로는 행정안전부, 보건복지부, 여성가족부, 문화체육관광부, 외교부 등 정부기관이 있다. 지방자치단체에서도 자원봉사 업무와 관련 담당부서를 두고 있다. 정부의 중앙행정 기관별로 살펴보면 행정안전부 소속 자원봉사진흥위원회는 자원봉사활동에 대한 주요 정책을 심의한다. 주된 역할은 자원봉사활동의 진흥을 위한 정책방향 설정 및 협력 · 조정, 자원봉사활동 진흥을 위한 국가기본계획과 연도별 시행계획에 관한 사항, 자원봉사활동 진흥을 위한 제도 개선에 관한 사항, 그밖에 자원봉사활동 진흥에 필요한 사항 등을 심의한다.

행정안전부는 자원봉사활동 국가계획 수립을 총괄하는 주무부처로 시 · 도 및 시 · 군 · 구의 자원봉사활동 담당부서를 통해 자원봉사 업무를 지원하고 있다. 한국자원봉사협의회는 1995년 1월 설립되었다. 자원봉사활동 기본법 제17조에 의한 법정단체로서 전국자원봉사단체들의 총괄대표기구이자 대정부 자원봉사 민간파트너로서 139개 회원단체(시민사회, 재계, 교육계, 종교계, 의료계 등)와 250여 개 협력단체로 구성되어 자원봉사정신을 한국사회에 문화로서 정착되도록 노력하고 있다.

한국중앙자원봉사센터는 자원봉사활동 기본법 및 동법 시행령 제19조에 의해 설치된 기관이다. 2010년 행정안전부의 위탁으로 운영되어 왔으나 2020년 1월 재단법인으로 새롭게 출범하여 자원봉사센터의 전문성 보완과 센터 운영의 활성화 등을 뒷받침하여 전국 차원의 자원봉사 활성화 및 전국 245개 자원봉사센터와의 네트워크 구축 등의 허브의 역할을 수행하며, 민 · 관 파트너십을 추진하고 있다. 행정안전부와 한국중앙자원봉사센터는 2011년 '1365 자원봉사포털'을 개설해 자원봉사활동과 관련한 정보를 한 곳에 모아 누구나 손쉽게 정보접근이 가능하도록 운영하고 있다.

보건복지부는 사회복지 분야의 자원봉사를 담당하고 있다. 사회복지사업법에 근거하여 설립된 한국사회복지협의회가 자원봉사자 모집, 양성, 교육, 배치, 사후관리를 하고 있다. 전국 사회복지 자원봉사의 체계적인 조직 관리를 통한 자원봉사 활성화를 위해 보건복지부, 지방자치단체와 한국사회복지협의회, 시 · 도사회복지협의회, 시 · 군 · 구 사회복지협의회가 우리나라 최초로 2001년 '사회복지자원봉사인증관리(VMS)' 시스템을 운영하고 있으며 사회복지 전문봉사단으로 각 지역별로 '1004지역사회봉사단'을 운영하며 자원봉사 활성화를 적극 추진하고 있다.

여성가족부는 청소년 자원봉사활동을 담당하고 있다. 청소년활동 진흥법에 근거하여 여성가족부 산하에 설립된 한국청소년활동진흥원이 전국 17개 시 · 도 청소년활동진흥센터와 함께 자원봉사활동을 지원하고 있다. 이와 함께 청소년들이 봉사활동을 검색하고 신청할 수 있도록 2005년 자원봉사 정보 제공 사이트 '청소년활동서비스 e청소년'을 운영하고 있다.

문화체육관광부는 문화 향유권 확대와 문화 복지 차원에서 문화부분과 체육부분으로 나눠 자원봉사를 모집 · 운영하고 있다. 2014년 12월 자원봉사자와 수요처를 연결하는 문화체육자원봉사 홈페이지 개설에 이어 2016년 5월 문화체육 자원봉사 브랜드 '문화품앗이'를 새롭게 만들고 홈페이지를 새단장해 자원봉사 활성화를 추진하고 있다.

외교부는 1991년 산하기관으로 한국국제협력단(KOICA)을 설립하여 해외봉사단 파견 사업을 지속적으로 운영하고 있다. 한국국제협력단은 2009년에 하나의 브랜드로 통합된 한국 정부 파견 해외봉사단 WFK(Worid Friends Korea)의 전반적인 업무를 담당하고 있으며, 국제원조 NGO협의체인 국제개발협력민간협의회 등을 지원하고 있다.

정부 중앙부처 및 지방자치단체, 지역센터별 자원봉사활동 추진체계는 [그림 7-1]과 같다.

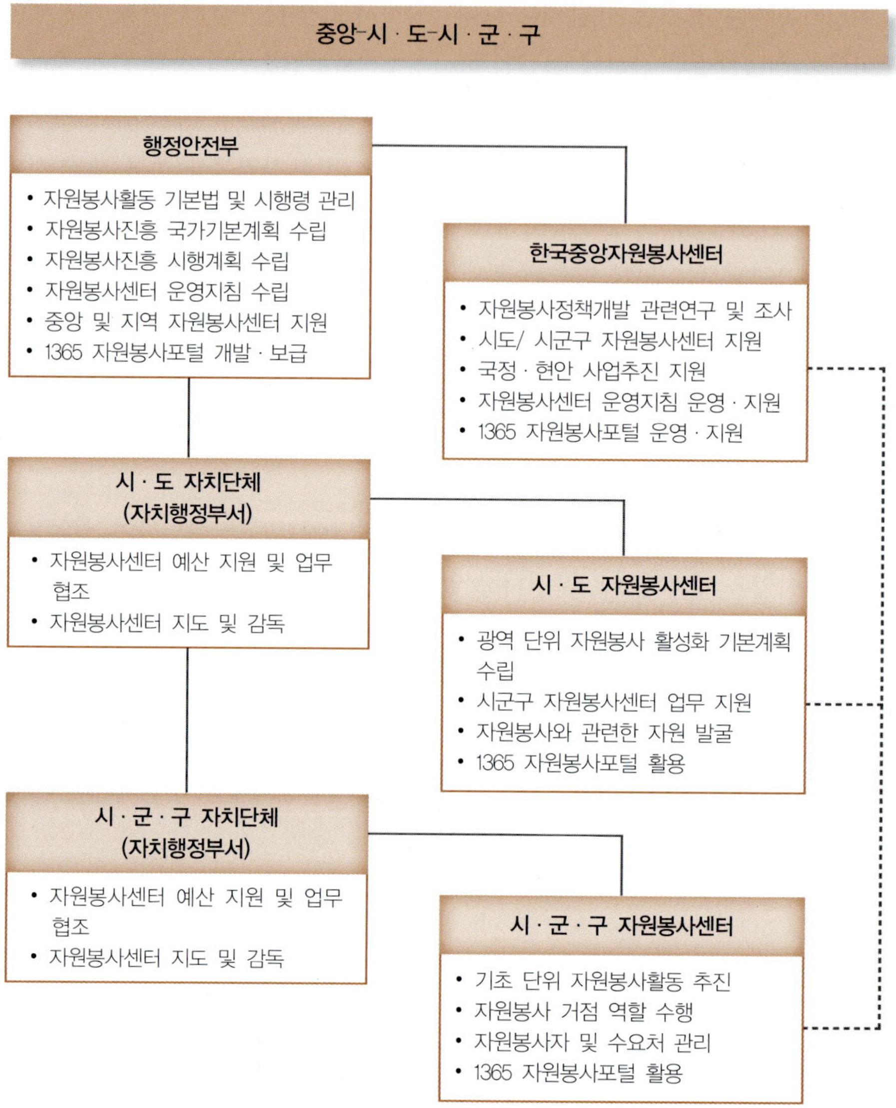

※ 자원봉사는 지역발전, 사회복지, 환경 등 다양한 분야에 걸쳐 있어 이를 종합 · 연계하는 자치행정 담당과에서 추진(자치행정국 내 시민봉사과 등도 이에 해당)

[그림 7-1] 우리나라 자원봉사 추진체계

출처 : 행정안전부(2023).

제3절 자원봉사센터의 운영실태

우리나라의 자원봉사센터는 행정안전부의 위탁기관으로 2010년 사단법인 중앙자원봉사센터가 출범(2020년 재단법인 한국중앙자원봉사센터로 변경)하여 1365 자원봉사포털에 등록인원 1,545만 자원봉사자들의 자원봉사활동을 지원하고, 자원봉사센터의 전문성 보완과 센터 운영의 활성화 등의 역할을 수행하고 있다. 각 지방자치단체에 소재하고 있는 자원봉사센터는 1996년부터 전국에 설치, 운영되기 시작하여 2023년 말 기준 245개 자원봉사센터가 설치되어 지역 자원봉사활동의 활성화를 위한 주도적인 역할을 하고 있다.

1. 자원봉사센터의 조직

우리나라의 자원봉사센터 조직은 중앙센터와 광역 시 · 도 센터, 기초 시 · 군 · 구 센터로 구성되어 있다. 중앙 및 광역단위의 센터는 계획조직으로서의 성격을 가지고 있으며, 기초단위의 센터는 실행조직으로서의 역할에 집중되어 있다. 〈표 7-1〉은 중앙센터와 광역 시 · 도 센터, 기초 시 · 군 · 구 센터의 자원봉사센터의 조직에 따른 역할을 정리한 내용이다.

〈표 7-1〉 중앙센터 · 광역센터 · 기초센터 조직에 따른 역할

중앙센터	광역센터	기초센터
• 자원봉사 정책 개발 및 연구 • 중앙단위 자원봉사기관 · 단체, 기업과 협력체계 구축 • 지역 자원봉사센터 지원 및 협력 • 자원봉사 아카이브 운영 • 자원봉사 국제교류 및 협력 • 1365 자원봉사포털 위탁 운영	• 중앙센터 및 시 · 군 · 구 센터와 협력체계 구축 • 광역단위 기관 · 단체, 기업과의 협력 • 시 · 군 · 구 자원봉사관리자 및 지도자 대상 교육 • 자원봉사 아카이브 운영 • 자원봉사 프로그램 개발 · 보급	• 기초단위 기관 · 단체들과의 협력체계 구축 • 읍 · 면 · 동 자원봉사자 모집 및 교육 · 홍보 • 자원봉사활동 수요처에 자원봉사자 배치 • 자원봉사 프로그램 운영 • 지역자원봉사 및 공동체 활성화의 거점 역할 수행

• 자원봉사센터 행정업무 정보화 지원 • 재난 대응 및 지원체계 구축(현장자원봉사센터 설치 및 운영 지원 등) • 자원봉사 확산을 위한 홍보 및 문화행사 • 그 밖에 자원봉사진흥에 기여할 수 있는 사업 추진	• 지역 자원봉사 활성화를 위한 조사 · 연구 • 시 · 군 · 구 센터 간 정보교류 및 사업 조정 · 지원 • 1365 자원봉사포털 서비스 이용 및 회원 정보 관리 · 운영 • 재난 대응 및 지원체계 구축(시군구 현장자원봉사센터 설치 및 운영지원 등) • 그 밖에 특별시 · 광역시 · 도 지역의 자원봉사진흥에 기여할 수 있는 사업	• 자원봉사 관련 정보의 수집 및 제공 • 1365 자원봉사포털 서비스 이용 및 회원정보 관리 · 운영 • 현장자원봉사센터 설치 및 운영 • 그 밖에 시 · 군 · 구 지역의 자원봉사진흥에 기여할 수 있는 사업

자원봉사센터의 조직과 인력 구성으로 광역 시 · 도 자원봉사센터는 인구 및 자원봉사자 규모 등 지역 자원봉사 환경을 고려하여 효과적으로 운영될 수 있도록 구성하고 있으며 시 · 군 · 구는 인구 규모에 따라 대도시형 · 중도시형 · 소도시형으로 구분하여 자원봉사센터를 운영하고 있다.

시 · 군 · 구 자원봉사센터의 상근인원 최저기준 및 조직구성은 〈표 7-2〉와 같다.

〈표 7-2〉 시 · 군 · 구 자원봉사센터의 상근인원 최저기준

	인구 규모	상근인원 최저기준
소도시형	5만 미만	4명 이상
	5만 이상 10만 미만	5명 이상
중도시형	10만 이상 20만 미만	8명 이상
대도시형	20만 이상 35만 미만	10명 이상
	35만 이상 50만 미만	11명 이상
	50만 이상	12명 이상

※ 최저기준을 제시한 것으로(코디네이터 포함), 원활한 업무 수행이 될 수 있도록 지역 수요에 따라 상근인원을 추가로 확보해야 함(공무원이 다른 사무와 겸임하는 경우 제외)

출처 : 행정안전부(2023).

사례 **시·군·구 자원봉사센터 조직**

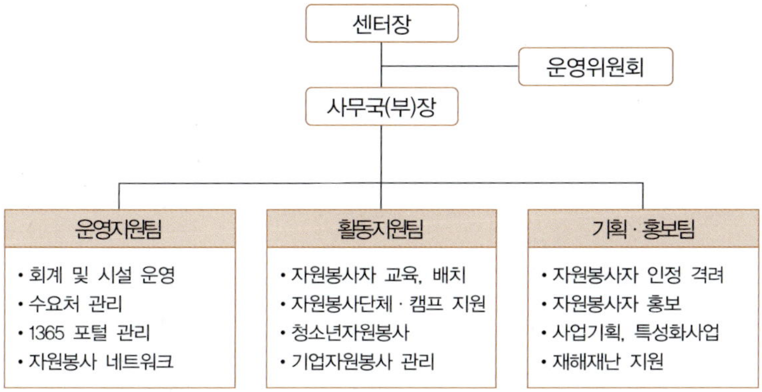

※ 상기 조직도 예시를 참고하여 팀명 · 팀수 · 업무분장을 각 센터의 사정에 따라 조정

2. 자원봉사센터의 운영형태

자원봉사센터의 운영형태는 설립주체에 따라 민립(民立)과 관립(官立)으로 나눌 수 있으며, 자원봉사센터를 운영하는 주체가 민간단체인지, 지방자치단체인지에 따라 민영(民營)과 관영(官營), 그리고 공영(共營)으로 나눌수 있다. 이러한 자원봉사센터의 운영형태를 완전직영형, 혼합직영형, 위탁형(단체 및 법인), 별도법인형의 네 가지로 구분할 수 있다. 각각의 운영형태를 표로 분류해 보면 다음의 표와 같다.

〈표 7-3〉 설립주체에 따른 자원봉사센터의 운영형태

<table>
<tr><th colspan="2">설립주체</th><th>설치
근거</th><th>운영
형태</th><th colspan="2">운영방식</th><th>인력구성</th><th>운영예산</th></tr>
<tr><td rowspan="2">민립</td><td rowspan="2">• 설립주체 : NPO & NGO, 대학, 기업, 종교단체 등
• 설립근거 : 순수 민간에 의한 자발적 설립</td><td>내부
방침</td><td rowspan="2">민영</td><td>하위부서</td><td>조직 내 하나의 부서로서 내부 규정에 의거 운영</td><td>민간인</td><td>민간조직
자체부담</td></tr>
<tr><td>내부
방침</td><td>독립기구</td><td>독립기구로 설치되어 자체규정에 의거 운영</td><td>민간인</td><td>민간조직
자체부담</td></tr>
</table>

관립	• 설립주체 : 중앙정부, 지방자치단체, 공공기관 등 • 설립근거 : 법률조례에 의한 행정적 조치	법률/조례	관영	완전직영	공공조직 내 하나의 부서로 설치하고 기존의 공무원에 의해 직접 운영	공무원(민간인 특채가능)	정부예산
		법률/조례		혼합직영	지방자치단체가 센터를 설치한 후 민간인을 채용하여 운영하게 하나 의사결정에 간여함	민간인(공무원 파견가능)	정무지원
		법률/조례	민영	위탁운영(단체/법인)	지방자치단체가 센터 설치 후 외부 조직에 운영사무를 위임하여 운영토록 하고 지도·감독	민간인	정부지원 및 자부담
		법률/조례		독립법인	지방자치단체가 센터를 하나의 독립된 법인체로 설치하고 법인내규에 의거 독립적 운영	민간인(공무원 파견가능)	정부지원

출처 : 서울시자원봉사센터(2008); 서울특별시자원봉사센터(2006).

자원봉사센터의 설립주체에 따라 민립(民立)은 운영방식에 의해 조직의 하위 부서로 설립되는 경우와 독립된 기구로 설립되는 경우로 다시 세분할 수 있다. 이 경우는 민간에 의해 설립되어 민간에 의해 운영되는 경우로서 순수한 민간 자원봉사센터이다.

한편 현재 행정안전부 지침 혹은 조례 등에 의해 행정단위로 설치되어 있는 지역 자원봉사센터는 전형적인 관립(官立)자원봉사센터이다. 다만, 운영방식에 따라 민영(民營)과 관영(官營)으로 구분할 수 있다. 민영은 지방자치단체에서 설립을 한 후 계약을 체결하고 센터운영 사무를 민간단체에 위임하는 위탁운영형태와, 독립된 기구로서 자원봉사센터를 법인화한 후 센터운영 사무를 이관하는 독립법인 형태로 세분된다. 또한 관영은 설립주체인 지방자치단체가 직접 자원봉사센터를 운영하는 방식으로 공무원에 의해 운영되는 완전직영과 민관이 함께 운영하는 혼합직영으로 세분된다.

① 완전직영형은 운영주체가 자치단체이고, 자치단체 내부조직에 센터가 포함되어 있으며, 센터 직원은 모두 공무원이고 센터 소장은 자치단체장 또는 없는 경우도 있다.

② 독립직영형은 운영주체는 자치단체지만 실제 센터운영조직은 별도로 조직되어 있으며, 센터 직원은 민간인이며 센터 소장은 상근 혹은 비상근 민간인이 맡고 있다.

③ 위탁운영형은 운영주체가 민간단체, 협의회, 법인 등이며, 센터 직원은 모두 민간인이다. 센터 소장은 민간단체 대표가 겸직하거나 상근 혹은 비상근 민간인이 맡고 있다.

④ 별도법인형은 자원봉사센터 자체가 사단 · 재단법인으로서 직원 모두 민간인이며 센터 소장은 법인대표가 겸직하거나 별도로 임명한다.

자원봉사센터의 운영 유형별 장단점은 다음의 〈표 7-4〉와 같다.

〈표 7-4〉 자원봉사센터의 운영 유형에 따른 비교

운영 유형	장 점	단 점
완전직영	• 재정의 안정성, 인력확보 용이 • 체계적인 업무추진력, 대외적 이미지 신뢰성, 공공성 등	• 관 주도적이라는 인식 • 운영의 자율성 및 창의성 부족 • 잦은 인사이동으로 전문성 확보 곤란
독립직영	• 지자체의 관심과 지원을 유지하면서 민간의 창의성과 전문성 발취 가능	• 지자체의 과도한 개입의 경우 자율성과 중립성, 전문성 침해
위탁운영	• 운영의 독립성 확보 • 민간 전문성의 확보 • 운영성과에 따라 위탁기관 교체	• 수탁단체의 역량에 따라 운영능력 차이 • 운영법인의 자기편중성
독립법인	• 민의 자율성과 관의 행정력을 결합한 고유성과 자율성 확보 가능 • 전문인력 채용으로 전문성 축적, 직원신분의 안정성	• 예산운용의 자율성과 안정적 확보의 어려움 • 지자체와 법인의 역할구분 모호

자원봉사센터 운영 유형에 따른 장단점은 센터가 위치해 있는 지역여건과 운영 특성 등 여러 가지 변수에 따라 다를 수 있으므로 절대적으로 규정할 수 없다. 만약 자원봉사센터 운영주체의 변경을 고려하고 있는 지방자치단체가 있다면 참고할 수 있다.

사례 서울특별시 및 자치구 자원봉사센터 소개

[서울특별시 자원봉사센터]

1. 설립취지

(사) 서울특별시 자원봉사센터는 서울특별시 출연기관으로서 시민의 자발적인 자원봉사 및 참여문화를 고양하고 자원봉사활동을 효율적으로 지원, 조정 및 육성하여 지역사회 발전 및 시민의 삶의 질 향상에 이바지함을 목적으로 설립

2. 운영형태 : 사단법인

3. 조직도

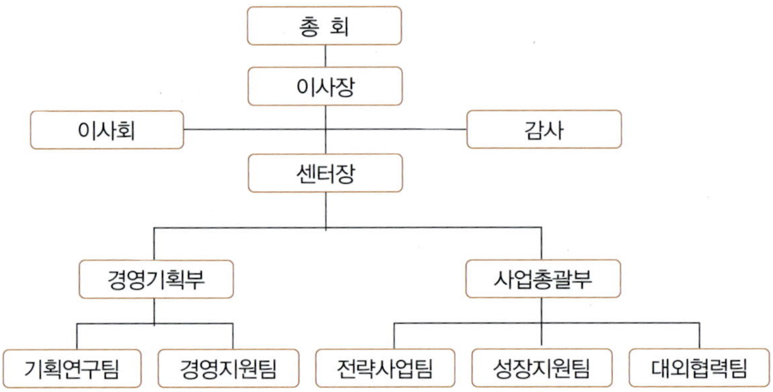

4. 주요사업

- 이웃화합 프로젝트
- 서울동행 청년봉사
- 지역돌봄 봉사
- 재난대비 민·관 협력
- 시민참여 기반 강화
- 기업협력
- 자원봉사 역량 개발

[○○구 자원봉사센터]

1. 설치배경

사회의 다변화로 자원봉사활동이 광범위해지고 전문성을 필요로 할 뿐만 아니라 자원봉사활동이 활성화됨에 따라 자원봉사활동의 운영체계를 확립하고 효율적인 관리를 위하여 자원봉사센터 설치 운영

2. 운영형태 : 직영

3. 조직도

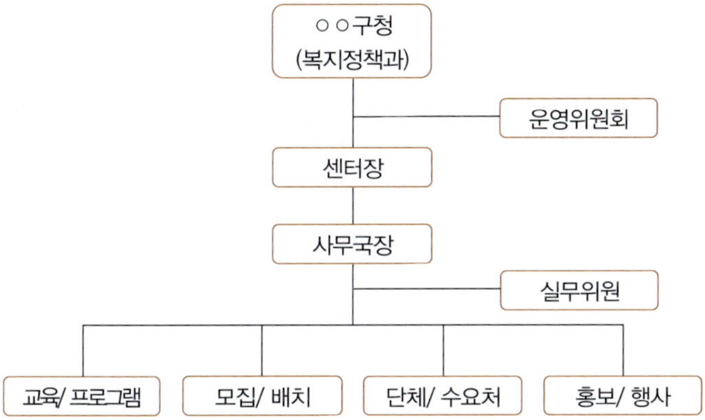

4. 주요 사업
- 자원봉사 모집, 상담, 배치
- 자원봉사 프로그램 개발, 보급
- 자원봉사자 교육 및 육성
- 자원봉사 홍보, 인정, 격려를 통한 참여 촉진
- 자원봉사활동 정보 제공
- 지역사회 및 단체와의 교류협력, 봉사활동

TIP 자원봉사센터를 통한 자원봉사활동안내

자원봉사자 등록
- 센터 홈페이지, 전화, FAX 또는 시·구센터에 직접 방문하여 신청서 작성 제출 외국인·단체·기업 자원봉사의 경우 전화 문의(자치구 자원봉사센터 : 1365, 서울시 자원봉사센터 : 02-1365, 다산콜센터 : 120)

↓

기본교육 이수
- 자치구 자원봉사센터 : 자치구별 월 1회 기본교육을 진행하며, 일정이 다르므로 미리 일정을 확인 후 교육에 참가
  ※ 자원봉사 기본교육이란 자원봉사의 개념, 특성, 활동내용, 역할과 자세 등 자원봉사 관련 교육임

↓

자원봉사 신청 및 배치
- 자치구 및 서울시 자원봉사센터 홈페이지를 통해 봉사일감 확인 후 신청 또는 자치구센터에 직접 방문하여 상담 후 자원봉사활동 연결 배치

↓

자원봉사활동 실시
- 자원봉사활동 배치 후 약속된 시간에 해당 장소에 가서 활동 실시

↓

확인서 발급
- 자원봉사활동 시간은 시·구 자원봉사센터 홈페이지를 통해 확인 가능하며, 자원봉사활동확인서 요청 시 소속센터로 신청 후 발급 가능

출처 : 서울특별시 자원봉사센터(volunteer.seoul.go.kr).

3. 자원봉사센터의 운영현황

광역자치단체 및 기초자치단체에서 운영되고 있는 전국 자원봉사센터 245개소 가운데 2023년 기준 자치단체가 직접 운영하는 센터는 115개소(46.9%), 비영리법인 위탁 37개소(15.1%), 법인운영 93개소(38.0%)로서 코로나 이전에는 직영 또는 위탁에서 법인전환으로 확대추세였으나 코로나 이후에는 기존 조직형태로 큰 변화 없이 유지 운영되고 있음을 알 수 있다.

〈표 7-5〉 연도별 자원봉사센터 운영형태

단위 : 개소

구 분	계	직 영	위 탁	법 인
2014년	245	134(54.7%)	55(22.5%)	56(22.8%)
2015년	245	132(53.9%)	50(20.4%)	63(25.7%)
2016년	245	123(50.2%)	54(22.0%)	68(27.8%)
2017년	245	129(52.7%)	46(18.4%)	70(28.6%)
2018년	245	127(52.8%)	45(18.4%)	73(29.8%)
2019년	245	122(49.8%)	39(15.9%)	84(34.2%)
2020년	245	117(47.8%)	37(15.1%)	91(37.1%)
2021년	245	114(46.5%)	37(15.1%)	94(38.4%)
2022년	245	114(46.5%)	37(15.1%)	94(38.4%)
2023년	245	115(46.9%)	37(15.1%)	93(38.0%)

출처 : 행정안전부(2023).

〈표 7-6〉 시도별 자원봉사센터 운영형태

단위 : 개소

구 분	계	직 영	위 탁	법 인
계	245	115(46.9%)	37(15.1%)	93(38.0%)
서울	26	17(65.4%)	7(26.9%)	2(7.7%)
부산	17	–	9(53.0%)	8(47.0%)
대구	9	2(22.2%)	6(66.7%)	1(11.1%)
인천	11	10(90.9%)	–	1(9.1%)
광주	6	–	–	6(100.0%)
대전	6	–	–	6(100.0%)
울산	6	–	–	6(100.0%)
세종	1	–	–	1(100.0%)
경기	32	7(21.8%)	–	25(78.2%)
강원	19	15(78.9%)	1(5.3%)	3(15.8%)
충북	12	12(100.0%)	–	–
충남	16	4(25.0%)	6(37.5%)	6(37.5%)
전북	15	4(26.7%)	–	11(73.3%)
전남	23	20(86.9%)	1(0.4%)	2(8.7%)

경북	24	7(29.2%)	3(12.5%)	14(58.3%)
경남	19	17(89.5%)	1(5.3%)	1(5.3%)
제주	3	-	3(100.0%)	-

출처 : 행정안전부(2023).

제4절 주요 선진국의 자원봉사활동 지원체계

우리나라보다 자원봉사활동 관련 지원체계가 앞선 나라 중 대표적 사례로서 미국, 영국, 일본의 자원봉사활동 지원체계에 대하여 포괄적으로 살펴보면 다음과 같다.

1. 미국의 자원봉사활동 지원체계

미국의 자원봉사활동 지원체계는 정부가 지원하고 민간이 주도하는 체계로 운영되고 있다. 미국의 자원봉사활동에 대한 법적지위는 1967년 사회보장법 개정을 통하여 확보한 이래 1973년 국내자원봉사활동법(DVSA : Domestic Volunteer Service Act) 제정으로 정부의 직접적인 공공자원봉사단 운영에 관한 내용을 규정하였으며 1993년 전국 및 지역사회봉사법(The National and Community Service Trust Act)을 제정하여 자원봉사에 대한 각종 자원봉사활동 및 지원에 대하여 규정하고 있다.

정부의 자원봉사활동 지원체계로는 평화봉사단(Peace Corps)과 VISTA(Volunteers in Service to America)를 통합한 ACTION청과 전국봉사연합(Corpration of National Service)이 있다. 전국단위 민간단체 대표기관으로는 촛불재단(POLF : Point of Light Foundation)과 자원봉사센터가 있다.

연방정부는 공적기관인 전국 및 지역사회봉사공단(CNCS : Corporation for National and Community Service)을 통하여 모든 계층의 미국인들에게 나라와 지역사회에

봉사하는 기회를 제공하는 자원봉사 프로그램을 운영하면서 촛불재단을 비롯한 비영리민간단체를 재정적으로 지원하고 있고 민간조직인 촛불재단은 지역자원봉사센터를 비롯한 민간부분의 자원봉사활동에 대한 재정적 · 프로그램 활동 지원을 통해 미국자원봉사활동의 운영 및 관리에 큰 영향을 미치고 있다. 자원봉사센터의 경우 지방 차원에서는 지역자원봉사센터가 조직 · 설치되어 있고 중앙조직인 촛불재단에서 지원하고 있다. 두 기관의 관계는 상하수직적인 관계가 아닌 상호 독립적이고 협력적인 관계를 유지하고 있다.

2. 영국의 자원봉사활동 지원체계

영국은 1960년 자선법(Charity Act)을 제정해 민간사회복지기관과 단체의 자원봉사활동을 보호 · 육성을 위한 최초의 법적 근거를 마련하였고 자선위원회에 등록한 기관 및 단체에 대한 등록 및 감독체계와 모금의 허가, 세금 감면 등의 특전을 제공토록 함으로써 자원봉사활동 제도화의 기틀을 마련하였다.

영국의 자원봉사활동 지원조직은 공공부분은 중앙정부와 지방자치단체, 민간부분은 사회복지협의회와 기업, 각종 재단이 운영하는 체제를 가지고 있다. 중앙정부는 자원봉사활동에 대한 정책 마련과 민간단체를 지원해 주는 업무를 수행하면서 전국민간단체와 정부 사이를 조정하도록 하고 있다. 지방자치단체는 자원봉사 부분과 관련 정부 부서들 간 조정역할을 하며 자원봉사 인프라 구축에 재정을 지원하는 등 중요한 역할을 한다. 영국의 자원봉사활동을 육성하고 추진하는 민간지원체계로서 대표적인 기구는 전국자원봉사센터연합회(NAVB : National Association of Volunteer Bureaux)와 영국자원봉사센터(Volunteer Center UK)가 있으며 재정은 중앙 및 지방정부의 보조금, 기부금, 기업협찬, 수익사업, 회원의 회비 등으로 충당한다. NAVB는 지역자원봉사 발전전략을 수립하며 자원봉사활동 참여 유도, 정보 제공, 훈련, 연구, 캠페인 등을 실시한다. UK는 자원봉사조직을 총괄하는 민간독립기구로서 자원봉사활동을 전국적인 차원에서 지원하며 학술연구, 활동개발 등을 하고 있다.

3. 일본의 자원봉사활동 지원체계

일본의 자원봉사활동 지원은 1917년 민생위원법 제정에 따른 민생위원제도가 그 시초로 처음부터 정부가 계획하고 주도하면서 사회복지협의회의 조직 · 구조를 따르며 발전하여 왔다. 전국사회복지협의회에 의해 1975년 중앙자원봉사센터가 설치되었고 지역사회복지협의회를 중심으로 설립된 선의은행이 자원봉사센터란 명칭으로 자원봉사활동에 관한 상담, 교육, 연구, 활동원조 등의 기능을 수행하였다.

일본의 자원봉사활동 관련법은 1998년 특정비영리활동촉진법(NPO법)이 제정되어 자원봉사단체에 법적 · 행정적 체제가 마련되었다. 자원봉사조직은 전국사회복지협의회 부설기관으로 설립된 전국자원봉사활동진흥센터와 문부성에 의해 설립된 전국단위의 자원봉사단체로 일본청년봉사협회(JYVA : Japan Youth Volunteer Association)가 있다. 광역자치단위로는 도, 도, 부, 현(都 · 道 · 府 · 県와 道府県)과 기초자치단위에는 시, 정, 촌(市 · 町 · 村)에 설치된 자원봉사센터가 있다. 조직구조는 서로 독립적으로 운영되고 상호 협력적인 체제로 운영되고 있다. 또한 자원봉사센터에 대한 재정은 국고보조, 지방자치단체의 보조 및 기업과 시민의 기부금, 회비, 사업수입 및 공공기관의 재정지원에 의해 운영되고 있다.

08 대학교육과 자원봉사

CHAPTER

제1절 대학 자원봉사활동의 필요성

제2절 대학 봉사학습 이론

제3절 대학 자원봉사활동의 운영현황

제4절 대학 자원봉사활동의 발전방안

CHAPTER 08 대학교육과 자원봉사

교육목표

- 대학 자원봉사활동의 의의와 봉사학습 이론 이해
- 대학 자원봉사의 운영현황과 발전과제 이해

제1절 대학 자원봉사활동의 필요성

1. 대학 자원봉사활동의 의의

대학 자원봉사활동은 대학생의 자원봉사활동을 의미하는 것으로 그 의의를 살펴보면 대학은(고등교육법 제28조, 2008) 인격을 도야하고, 국가와 인류사회의 발전에 필요한 심오한 학술이론과 그 응용방법을 가르치고 연구하며, 국가와 인류사회에 공헌함을 목적으로 하고 있다. 이는 대학의 3대 기능인 교수 · 연구 · 봉사의 기능을 의미하는 것으로 대학에서 봉사기능을 중요하게 보고 있음을 알 수 있다. 이러한 봉사기능은(한국대학사회봉사협의회, 2001 : 14) 학생들이 교실에서 배운 학습과 재능을 몸으로 체험함으로써 실제화할 수 있고, 스스로 참여하여 실천하는 노력을 배양함과 동시에 협동심의 함양과 희생적 봉사정신을 가지게 하고 바람직한 인간으로, 사회공동체의 구성원으로 성장할 수 있도록 도와준다.

즉, 대학에서 자원봉사의 실천은 곧 대학의 교육 목표를 충실히 이행하는 것이다. 특히 오늘날 대학은 장래에 사회지도자가 될 대학생들에게 공동체의식과 윤리적 책임의식을 고양할 인성교육을 강화해야 한다는 당위성이 그 어느 때보다도 절실히 요구되고 있다. 그렇기 때문에 대학의 자원봉사는 대학생들에게 공공 및 지역사회 자원봉사활동을 하게 함으로써 더불어 사는 삶에 대한 이해를 높이고 윤리적 시민의식을 심어줄 수 있는 훌륭한 교육 수단이 될 수 있으며 이를 통해 긍정적인 결과를 얻을 수 있다(오효근, 2006).

우리나라 대학의 자원봉사활동이 본격화된 시기는 1990년대 초이다. 1990년 중반부터 일부 대학이 자원봉사 학점제를 도입해 시행한 이후 짧은 기간 내에 많은 대학들이 교과과정 속에 자원봉사 과목을 개설했고 교과과정과의 연계 외에도 학생들의 자원봉사활동을 권장하고 지원하는 추세이며 1995년 5 · 31 교육개혁 조치로 학교 생활기록부에 자원봉사활동을 기록하는 등 일련의 과정을 거치면서 대학에서 자원봉사활동에 대한 관심이 고조되었다. 또한 대학별 자원봉사단의 출범과 자원봉사센터의 설립은 대학 자원봉사의 발전을 가져오는 일익을 담당하였다. 특히 1996년에는 대학 총장들이 주축이 되어 대학사회봉사협의회를 구성해 대학의 기능 가운데 상대적으로 취약했던 봉사기능의 활성화 기반을 구축하기 시작하였다.

대학사회봉사협의회의 활동은 연구 개발 및 교과목 개발, 대학생 해외봉사단 파견, 대학과 초 · 중등학교의 연계 자원봉사활동, 자원봉사활동 프로그램 공모 및 개발 등 다양한 영역에서 대학 자원봉사활동에 공헌을 하고 있다.

대학은 진리를 탐구하는 교수와 학생들의 집단이지만 단순히 교육만을 위한 곳은 아니다. 대학이 수행하는 중요한 기능으로서는 첫째, 학문을 전수하고 배우는 교수 · 학습의 기능, 둘째, 개방성 · 자율성 · 비판성 · 사회성 등 학문의 자유에 요구되는 덕목들을 준수하면서 진리탐구에 종사하는 기능, 셋째, 연구의 기능과 학문의 기능에 의한 결과를 직접 사회에 적용 및 응용하여 사회에 환원하는 자원봉사기능을 들 수 있다(대학사회봉사협의회, 2007).

대학생 자원봉사는 무한한 잠재력과 가능성을 지니고 있고, 또한 보다 체계적이며 전문적인 활동을 통해 자원봉사의 활성화를 촉진시킬 수 있으며, 왕성한 육체적 건강함과 시간적으로나 정서적으로 여유를 가질 수 있다는 점에서 대학생 자원봉사가 우리 사회의 자원봉사 전체에서 차지하는 비중이 매우 높다.

순수학문과 심리적인 교양인을 가르치는 것으로 시작되는 대학은 현실과 다소 유리된 이상적인 지식과 이론을 연구하는 곳으로 생각되어 왔다. 그러나 근대 이후로 대학은 복잡하고 변화하는 사회를 선도하고 올바른 방향으로 변화할 수 있도록 지도적인 역할을 수행하는 기능을 요청받고 있고, 이러한 점에서 대학은 점진적으로 사회로부터의 분리에서 사회에의 개입과 실용주의적 경향으로 전환하는 양상을 보이고 있다(현외성 외, 1998).

이처럼 대학은 최고의 지식인 집단으로서 이론학습뿐만 아니라 여러 가지 사회활동을 통해 전체 사회 및 지역사회를 위한 활동에 선도적인 역할을 수행해야 할 의무를 가지게 되었고 그 방법의 하나로 우리 사회 전체에 확산되어 가고 있는 자원봉사를 대학에서 솔선수범하여 수행해 줄 것을 사회로부터 요구받고 있다. 특히 대학의 자원봉사는 풍부하고 훌륭한 인적자원을 바탕으로 사회문제 해결에 지도적인 역할을 수행할 수 있는 분야가 될 수 있다(오효근, 2008).

2. 대학 자원봉사활동의 필요성

대학생 자원봉사활동의 필요성은 다음과 같다. 첫째, 자원봉사활동은 대학생들로 하여금 타인과 협력하고 인간관계를 유지하게 함으로써 자기발전과 성숙에 기반이 되는 사회성을 기르고 자아를 실현할 수 있다. 둘째, 자신의 적성을 발견할 수 있는 기회를 제공하며 새로운 기술을 학습할 수 있게 하고 이미 가진 기술을 더욱 발전시킬 수 있다. 셋째, 신체적 · 정신적 · 정서적 건강을 지닌 전인적인 인간으로 성장할 수 있게 한다. 넷째, 자신감을 가지게 하고 잠재적인 지도력을 계발하여 학습경험을 보다 풍부하게 한다. 다섯째, 민주주의 사회에 기초가 되는 민주주의 정신을 함양한다. 이러한 대학생들의 자원봉사활동은 교실에서 배운 학습을 실제화할 수 있고 스스로 참여하여 실천하는 노력을 배양하고 협동심과 공동체 정신을 함양한다. 그리고 자원봉사의 경험이 전인적 인간으로 성장하는 데 교육적 효과가 있다. 그러므로 대학생의 자원봉사활동은 중요한 의의를 가진다고 할 수 있다(안수향, 1992).

3. 대학 자원봉사활동 형태

한국대학사회봉사협의회(2001)에서는 대학의 자원봉사 모형을 자원봉사활동 수준과 참여 가능성, 지속성 등을 고려하여 전공학생(우수활동 대학생), 자원봉사 동아리, 일반대학생으로 [그림 8-1]과 같이 분류하였다.

1) 전공대학생

전공대학생의 준전문가적 수준의 지속적이고 열정적인 활동을 하기 위하여 이에 준하는 교육을 실시하고, 적절한 슈퍼비전체계를 사회복지기관과 대학이 연계하여 제공하여야 한다. 그리고 지속적이고 중장기적인 활동이 이루어지게 되므로 개인적인 경제적 부담을 최소화하기 위한 기본적인 활동실비를 제공하는 것도 필요하다. 동아리 활동으로 유도하거나 자체적으로 동아리화하도록 지원하는 것도 필요하다.

2) 자원봉사 동아리

자원봉사 동아리의 경우는 자원봉사활동을 전문으로 하는 동아리로서 자원봉사를 지속적이고 꾸준히 하는 데 있어 대학에서 꼭 필요하다. 대학에서는 모임 및 장소를 제공하고 지역사회 봉사단체와 연계할 수 있도록 돕는다. 또한 활동실비를 지원하며 전문화 교육을 실시하여 지속적이고 체계적인 자원봉사활동이 될 수 있도록 지원하여야 한다.

3) 일반대학생

일반대학생 자원봉사자는 전공대학생과 자원봉사 동아리 못지않게 대학과 자원봉사 관련 기관에서는 관심과 지원이 필요하다. 이들은 자원봉사활동을 처음 접하거나 경험이 많지 않은 학생이 대부분이다. 그렇기 때문에 자원봉사의 소양교육과 홍보를 중심으로 지원할 수 있도록 하여야 한다.

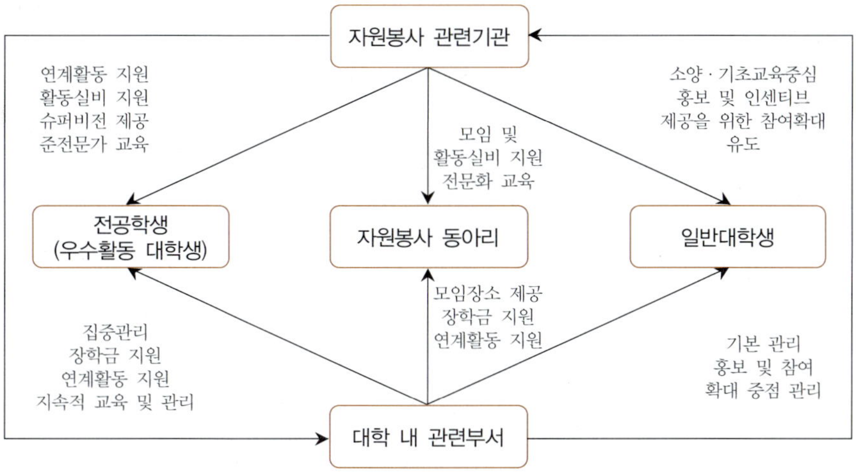

[그림 8-1] 대학의 자원봉사 모형

출처 : 한국대학사회봉사협의회(2001).

전공대학생의 경우 자원봉사활동을 하는 데 있어서 준전문가적 수준으로 성장하는 데 중점을 두며, 자원봉사 동아리의 경우 전문적인 활동을 강화하는 데 중점을 두어야 한다. 왜냐하면 이들은 지속적인 활동이 가능한 주요 자원이며, 성장의 가능성이 가장 높기 때문이다. 일반대학생의 경우 기초 소양 교육을 중심으로 제공하되 홍보를 확대하고 참여를 증진시키는 방향으로 지원하여야 한다.

이러한 대학생 자원봉사는 오랜 역사와 함께 경험을 통한 우수한 능력을 가지고 있으며 무한한 잠재력과 가능성을 지니고 있다(김덕준 외, 1983). 그리고 초 · 중 · 고등학교로부터 실천되는 자원봉사 제도화의 활성화, 정착화를 위해서라도 대학생 자원봉사는 매우 중요한 의의를 가진다.

제2절 대학 봉사학습 이론

대학생 자원봉사활동은 대학생들의 자원봉사활동 관리와 교육을 통해 사회적 · 인지적 · 정서적 발달에 대한 영향을 미치고 있으며 이러한 이론은 봉사학습에 기초하고 있기에 봉사학습 이론에 대해 살펴보고자 한다.

봉사학습은 1930년대 듀이(John Dewey)에게서 시작하여 1980년대 콜브(David Kolb)에 의해 발전된 경험적 학습이론(experiential learning theory)에 기초하고 있다(강철희 외, 2000). 이들이 주장하는 경험적 학습이론은 실천과 경험 중심의 행함의 교육(learning by doing)을 의미한다. 이는 봉사를 지역사회에 연결시키는 적극적인 학습의 형태로 자원봉사활동과 학습을 연결시키는 경험적 교육이라 볼 수 있다. 대학생들이 학습과 발달을 증진시키도록 의도적으로 설계된 조직적인 기회와 함께 인간과 지역사회의 요구를 충족시켜 주기 위한 활동에 참여하는 경험적 교육의 한 형태를 말한다.

봉사학습은 자원봉사를 하는 학생과 봉사를 받는 사람 또는 집단 간의 상호성과 반성적 고찰, 그리고 교육심리학적 관점에서 보는 통찰학습이다.

1. 상호성

상호성은 자원봉사활동을 통해 자원봉사자와 자원봉사를 받는 대상자는 모두 상호적으로 가르치고 배운다는 것이다. 원미순(2003)은 봉사학습의 상호성을 통해 학생들은 더 큰 지역사회의 구성원으로서 소속감과 책임감을 발달시키고 그들의 자원봉사를 받는 지역사회 구성원들은 자신들의 욕구에 대한 책임을 배우게 된다고 하였다. 이처럼 상호성은 봉사학습의 교환을 통하여 상호 책임감과 개인 간의 상호 존중의 마음을 발생시킨다. 또한 상호성은 봉사학습의 지역사회 연계와 관련이 크다.

자코비(Jacoby, 1996)는 지역사회의 욕구는 지역사회의 구성원에 의해서 결정되기 때문에 자원봉사 업무의 내용 역시 지역사회가 정하게 된다. 봉사학습에서는 학생들의 학습효과에만 중심을 둔 지역사회의 환경에 학생을 배치하거나, 실제로 지역사회의 욕구를 충족시키지 못하는 활동에 학생을 배치해서는 안 된다고 보았다. 대학생이 지역사회 자원봉사활동에 참여할 때에는 상호성의 원칙에 입각해서 프로그램을 선택하여야 한다는 것이다. 이는 봉사학습에서 학생들이 다른 사람을 위해서 자원봉사한다고 하기보다 다른 사람들과 함께 자원봉사활동을 하도록 권장한다는 것이다.

거저티와 스웨지(Gugerty & Swezey, 1996)는 지역사회 구성원이나 리더들은 지역사회 문제해결을 위한 방안을 마련하기 위해 대학과 연계하고, 봉사학습 교육자들 입장에서 볼 때는 지역사회가 학생들에게 훌륭한 학습현장이 될 뿐만 아니라 대학이 지역사회 발전에 공헌할 수 있는 기회가 되기 때문에 지역사회와 연계한다고 보았다. 이렇듯 대학과 지역사회는 상호성의 토대 위에 상호 연계하는 것이다. 특히 봉사학습을 지도하고 관리하는 담당자의 적극적이고 지속적인 지역사회 참여와 지역사회 연계의 노력은 봉사학습의 기초가 되는 상호성을 성취하는 데 필수적이다. 또한 상호성의 기본 원칙이 지켜지지 못한다면 봉사학습은 지속성을 보장할 수 없다. 대학이나 지역사회가 서로 배우고 서로의 발전에 공헌할 수 있다는 믿음이 상호성의 필요조건이며, 양측은 균등한 역할을 수행하여 상호적 관계를 발전시키는 것이 관계지속과 신뢰형성의 기초가 되는 것이다.

2. 반성적 고찰

반성적 고찰은 자원봉사자가 자원봉사 경험을 통해 깊이 생각하고 고찰을 할 때 그들의 활동은 교육적 성과를 가지는 것이다. 반성적 고찰은 다양한 형태로 나타날 수 있다. 토론의 형태로 진행될 수도 있고 보고서 등의 기록을 통해서 이루어질 수도 있다. 또한 학과목의 교과과정과 직접적으로 연결되어 있는 자료가 활용될 수도 있고 그렇지 않은 경우도 있다. 봉사학습(Kraft & Kielsmeier, 1995)이

학교의 교과과정 안에 있다고 해서 반성적 고찰이 반드시 학교의 교과과정 안에서만 이루어지는 것은 아니다. 동료와의 관계에서 이루어질 수 있고, 자원봉사활동 현장의 관리자로부터 제공받는 피드백을 통해서도 이루어질 수 있다. 그뿐만 아니라 자원봉사 대상자로부터 피드백을 받음으로써 이루어질 수도 있다. 반성적 고찰은 다양한 곳에서 다양한 형태로 이루어질 수 있지만 학생들의 교육적 효과를 높이기 위해서는 학생들에게 시간과 격려가 제공되어야 하며, 교육적이고 구조화된 체제하에서 진행하여야 한다.

3. 통찰학습

봉사학습은 교육심리학적 관점에서 살펴보면 학점취득이 반드시 필요한 특정 교과과정과는 달리 대학에서 제공하고 있는 교육과정 전반과 연계된 학습활동의 일환이다. 이 점에서 자원봉사자 개인의 성장 · 발달과 학습과정을 통한 체험학습이다. 그러므로 봉사학습의 교육심리학적 관점은 생애발달 심리학이나 통찰학습, 그리고 관계심리학적 특성을 지닌다. 특히 봉사학습은 공통선(common good)을 위한 행동과 비판적인 자기반성, 그리고 지역사회와의 상부상조적인 관계를 통한 학습이라는 점에서 문제해결 학습방법을 활용한다.

즉, 대학생 자원봉사자의 측면에서 볼 수 있는 생애발달 과정에서의 성숙발달과 스스로를 재조명해 볼 수 있는 통찰학습자로서의 자기발견 관점이다. 자원봉사 대상자와 함께 상호 학습하는 체험학습 과정이고, 나눔을 통한 이해의 과정이라고 볼 수 있다. 이는 인간의 성장발달 과정에서 체험할 수 있는 인지적 · 정서적 · 사회적 학습으로 자원봉사활동을 통한 자기통찰의 과정으로 보았다.

봉사학습은 대학생들이 그들의 학습과 발달을 증진시키도록 의도적으로 설계된 조직적인 기회와 함께 인간과 지역사회의 요구를 충족시켜 주기 위한 활동에 참여하는 경험적 교육의 한 형태이다. 이는 대학생 자원봉사자의 참여동기를 높이고, 대인관계를 향상시켜 궁극적으로는 자원봉사활동을 지속할 수 있게 돕는다(오효근, 2008).

제3절 대학 자원봉사활동의 운영현황

1. 대학 자원봉사 조직현황

1) 대학 자원봉사 전담기구

대학의 자원봉사활동이 발전하기 위해서는 전담기구의 설치가 필요하다. 자원봉사 전담부서는 자원봉사자를 관리하고 교육하며, 인정과 보상, 프로그램 개발, 연구 등 대학의 자원봉사를 원활히 하는 데 핵심역할을 하기 때문이다. 1990년대 중반부터 많은 대학들이 자원봉사활동에 참여하기 시작하여 자원봉사 전담기구를 설치하기 시작하였다(오효근, 2007).

주요 대학의 자원봉사 전담조직을 살펴보면 다음의 그림과 같다.

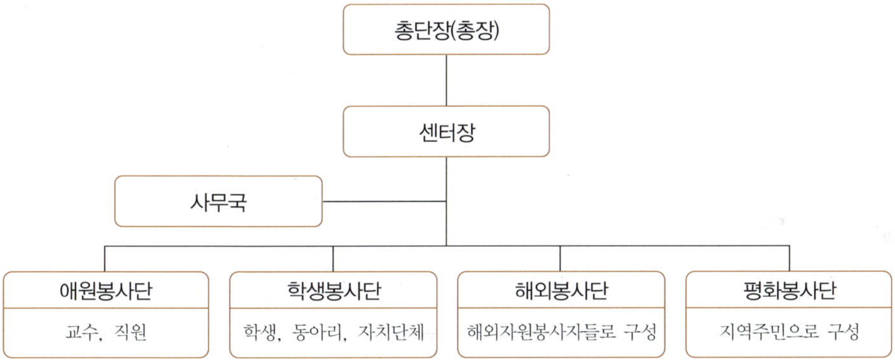

[그림 8-2] S 대학교 사회봉사센터

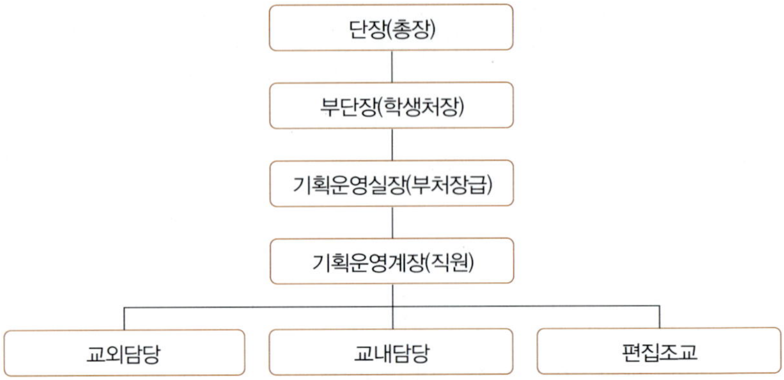

[그림 8-3] H 대학교 사회봉사단

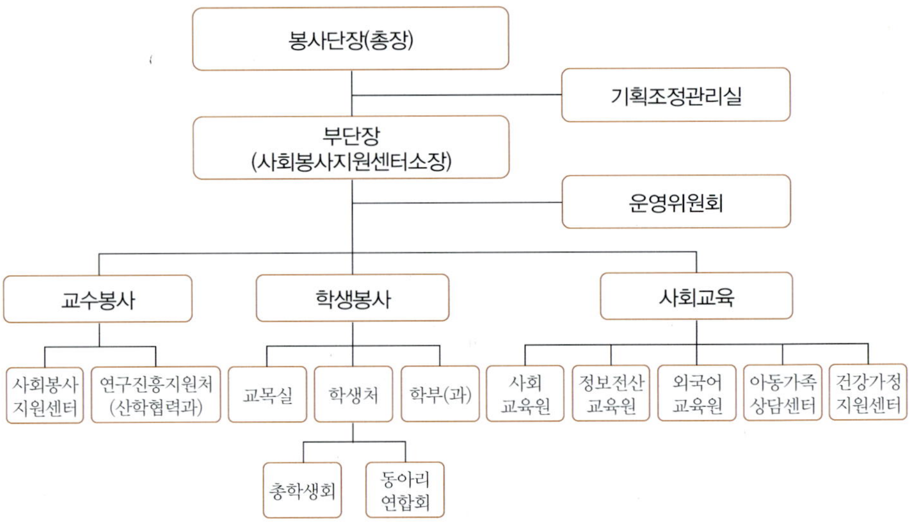

[그림 8-4] N 대학교 사회봉사지원센터

대학사회봉사협의회의 조사에 의하면 2011년에는 334개 대학(전문대 포함) 중에서 94개 대학(18.2%)이 전담부서를 설치하였다. 2013년에는 132개 대학(39.7%), 2014년에는 147개 대학(45.7%)이 전담부서를 설치 · 운영하고 있다. 이는 봉사단, 사회봉사센터라는 이름으로 설치 · 운영하고 있으며 그 외 전담부서가 없는 대학은 학생처 학생과 교무처, 교학처 등에서 자원봉사 업무를 지원하고 있다.

실질적으로 대학에서 자원봉사 전담기구를 설치하는 대학들의 증가는 높지 않다. 이에 비해 행정안전부 소속의 자원봉사센터는 지침과 조례에 의해 설치할 수 있도록 하여 1996년부터 설치가 시작되어 전국의 모든 시군구 248개소에 2004년 설치가 완료되어 운영되고 직원도 평균 3명 이상이 상주하고 있다.

〈표 8-1〉 자원봉사 전담부서 설치 유무

단위 : 빈도(%)

구 분	2011년	2013년	2014년
있 다	94(18.2)	132(39.7)	147(45.7)
없 다	240(71.8)	200(60.3	174(54.3)
합 계	334(100.0)	332(100.0)	321(100.0)

출처 : 한국대학사회봉사협의회(2015).

2. 자원봉사 교과목의 현황

자원봉사와 관련한 교과목명은 대부분의 대학이 '사회봉사' 혹은 '자원봉사'로 하고 있고 수강인원은 200명 이상의 대규모 강좌나 혹은 50명 이하의 소규모 강좌로 이루어지고 있다. 이수방법은 이론과 실습으로 이루어지는 경우가 대부분이다. 자원봉사 교과목은 대부분의 대학들이 1학점으로 운영하고 있으며 2~4시간의 사전교육과 30시간 안팎의 봉사활동으로 이루어지고 있다.

〈표 8-2〉 대학자원봉사 관련 교과목 개설현황

단위 : 빈도(%)

구 분	2011년	2013년	2014년
개설대학 수	197(58.9)	220(66.2)	240(74.7)
수강인원	194,082	248,016	284,268

출처 : 한국대학사회봉사협의회(2015).

개설대학 수를 살펴보면 2011년 197개 대학(58.9%), 2013년 220개 대학(66.2%), 2014년 240개 대학(74.7%)으로 꾸준히 증가하고 있음을 알 수 있다. 수강인원도 2011년 194,082명, 2013년 248,016명, 2014년 284,268명으로 30만 명에 가까운 대학생들이 사회봉사 교과목을 이수하고 있다.

〈표 8-3〉 자원봉사 교과목 이수율

단위 : 빈도(%)

구 분	Pass	Fail
이수율	59	41
대학별 이수율	4년제 대학	전문대학
	57.4	64

출처 : 한국대학사회봉사협의회(2015).

2014년 자원봉사 교과목 이수율을 살펴보면 이수율 59%, 미이수율 41%로 미이수율이 높게 나타났음을 알 수 있다. 4년제 대학은 57.4%, 전문대학 64.0%로 전문대학이 다소 높음을 알 수 있다. 자원봉사 교과목 개설과 함께 자원봉사 교수 양성, 관리인력 확보, 프로그램 개발, 수혜처 개발, 관리 시스템 구축 등 자원봉사 교과목 관리를 체계적으로 해야 한다.

〈표 8-4〉 자원봉사 졸업요건 지정대학

단위 : 빈도(%)

구 분	2011	2013	2014
졸업요건 지정대학	48(14.3)	62(18.6)	63(19.6)
합 계	334(100)	332(100)	321(100)

출처 : 한국대학사회봉사협의회(2015).

대학에서 자원봉사를 졸업요건으로 지정한 대학을 살펴보면 2011년 48개 대학(14.3%), 2013년 62개 대학(18.6%), 2014년 63개 대학(19.6%)으로 봉사활동을 졸업요건으로 지정하는 대학의 비율이 높지 않음을 알 수 있다.

〈표 8-5〉 교과목 외 자원봉사 프로그램 현황

구 분	2011	2013	2014
대학 수	181(54.1)	207(62.3)	248(77.2)
참여인원	130,000명	207,000명	261,000명

출처 : 한국대학사회봉사협의회(2015).

정규 교과목 외 자원봉사 프로그램 운영현황을 살펴보면, 2011년 181개 대학(54.1%), 2013년 207개 대학(62.3%), 2014년 248개 대학(77.2%)이 참여하고 있다. 또한 참여인원 수는 2011년 130,000명, 2013년 207,000명, 2014년 261,000명이 비교과 자원봉사 프로그램에 참여하고 있다.

대학은 봉사활동을 비교과과정으로도 활발하게 운영하고 있고, 참여인원 역시 매년 빠르게 증가하고 있음을 알 수 있다.

3. 지역사회 자원봉사활동

대학에서 자원봉사활동이 활발하게 진행되면서 관심을 가지고 있는 것이 지역사회 자원봉사활동이다. 대학이 위치하고 있는 지역사회와 함께 대학이 발전하는 것이기 때문이다. 즉, 대학교육의 장이자 대학발전의 가교 역할을 하고 있는 것이 지역사회이다.

따라서 지역의 기업과 관공서, 지역의 사회복지단체, NGO 단체와 파트너십을 가지고 함께 연계하여 자원봉사활동을 펼치고 있다.

지역의 아동, 장애인, 노인 등을 대상으로 멘토링 프로그램, 방과후 아동지도 프로그램, 장애우 사회적응 훈련 프로그램 등이 그 대표적인 예이다.

4. 전공별, 동아리별 자원봉사 프로그램 지원

대학사회봉사협의회의 일반 프로그램 공모지원, 전공별 프로그램 지원 등의 다양한 자원봉사활동 프로그램 지원과 더불어 대학 자체에서의 자원봉사 프로그램을 공모하여 지도하고 지원하는 프로그램이 이루어지고 있다. 이는 대학생들에게 자원봉사활동을 체계적으로 할 수 있고 지속적으로 할 수 있는 계기가 되며 동아리 차원 혹은 학과 차원의 자원봉사활동을 할 수 있는 계기가 되고 있다.

〈표 8-6〉 전공별 자원봉사 영역과 협력기관

전공학과	자원봉사활동	대 상	협력기관	비 고
신 학	• 종교봉사 • 교회학생 지도 • 외국인학생 도우미	• 신도 • 초 · 중 · 고 학생 • 유학생	• 종교관련 단체 • 한국어교육원	
어문학	• 학습지도 • 성인교육 • 행정지원	• 초 · 중 · 고 학생 • 성인 • 공공 · 민간단체	• 교육청 • 초 · 중 · 고등학교 • 복지관 • 공공기관 • 민간단체 • 공공 · 민간단체	• 방과후 지도 • 문맹퇴치 • 외국어교육 • 재소자재활교육 • 서류작성 • 번역
교육학 (교직전공)	• 학습지도	• 초 · 중 · 고 학생	• 초 · 중 · 고등학교 • 복지관 • 복지시설	• 방과후 지도
사회복지학	• 봉사 프로그램 개발 • 프로그램 보조진행 • 상담	• 민간단체 • 초 · 중 · 고 학생 • 시설거주자	• 종합사회복지관 • 사회복지시설	
신문방송학	• 홍보 • 모니터링	• 공공 · 민간단체 • 신문 • 방송	• 공공 · 민간단체 • 신문사 • 방송사	• 소식지 · 후원회지 • 대중매체 모니터링
법 학	• 법률상담 • 재소자상담 • 갱생보호	• 저소득층 • 재소자	• 민간단체 • 정부기관	
경영학	• 모금마케팅기술지원	• 민간단체	• 민간단체	
정치외교학	• 공명선거 캠페인 • 의정활동 감시	• 민간단체 • 선거관리위원회 • 각급 의회	• 민간단체 • 선거관리위원회 • 시민단체	• 선거 감시 • 행정지원 · 캠페인
컴퓨터정보	• 컴퓨터교육 • 무상수리	• 각급 학교 • 공공 · 민간단체	• 각급 학교 • 공공 · 민간단체	
사회체육, 무도학	• 건강 · 체력관리 • 레크리에이션	• 노인 • 장애인	• 구청 가정복지과 • 사회체육센터 • 노인 · 장애인복지시설	

출처 : 오효근(1999).

5. 대학생 해외자원봉사활동

대학생들의 해외자원봉사활동은 2000년대에 들어와서 활발하게 이루어지고 있다. 대학사회봉사협의회를 중심으로 해외봉사단원을 파견하고 있는데 첫해인

1997년 4개국에 131명의 학생들을 파견한 것을 시작으로 2024년까지 27년 동안 11,646명의 봉사단원을 파견하였다(한국대학사회봉사협의회, 2024). 이제는 매년 하계와 동계로 500여 명의 학생들을 파견하고 있다. 주요 활동내용으로는 교육봉사, 노력봉사, 의료봉사, 소외시설봉사, 현지 대학생과의 교류, 문화교류 등을 실시하고 있다. 이는 방학 중 2~3주 활동하는 단기활동이다.

중기활동은 4~5개월 동안 활동하는 것으로 2008년 네팔 3명, 필리핀 2명 파견을 시작으로 2009년에는 101명을 파견하였으며 매년 증가하고 있다.

그리고 대학 자체 해외봉사단 파견이다. 대학에서 15명에서 20명 정도의 단원을 구성하여 대학이 자체 프로그램을 개발하여 동남아 혹은 중국, 몽골 등에 파견하고 있다.

〈표 8-7〉 2023년 한국대학생 해외봉사단 파견현황

시 기		파견국	기 간	인 원	연계기관
2023년	하계 (44기)	르완다	7. 31. ~ 8. 13.	26명	대학사회봉사협의회
		몽 골 A	7. 19. ~ 7. 31.	23명	그린티쳐스
		몽 골 B	7. 14. ~ 7. 28.	25명	전주시자원봉사센터
		우간다	8. 3. ~ 8. 14.	25명	사단법인 흐이
		캄보디아	7. 28. ~ 8. 11.	29명	Y-SMU포럼(KOSSIAN)
		4개국 5개 팀		128명	
	동계 (45기)	네 팔	1. 24. ~ 2. 6.	27명	그린티쳐스
		동티모르	1. 17. ~ 2. 1.	23명	대학사회봉사협의회
		라오스	1. 2. ~ 1. 13.	25명	밀크포라오
		르완다	12. 30. ~ 1. 14.	23명	대학사회봉사협의회
		우간다	1. 22. ~ 2. 3.	23명	사단법인 흐이
		우즈베키스탄	1. 10. ~ 1. 24.	25명	대학사회봉사협의회
		인도네시아	1. 6. ~ 1. 19.	27명	전주시자원봉사세터
		6개국 7개 팀		173명	
	계	9개국 12개 팀		301명	

6. 자원봉사활동의 전산화

〈표 8-8〉 S 대학교 자원봉사활동의 전산화 구조의 예

1. 자원봉사활동	2. 자원봉사 교과목	3. 자원봉사활동관리(관리자 모드)
① 교내봉사단체 등록 ② 자원봉사활동 등록 ③ 자원봉사활동기관 등록 ④ 자원봉사활동확인서 발급 ⑤ 외부 자원봉사자 등록	① 자원봉사요청기관 등록 ② 자원봉사활동내역 등록 ③ 활동증서 발급 ④ 학생별 기관/ 활동내역 리스트	① 자원봉사활동 승인 ② 자원봉사교과목 수강신청 승인
4. 후원금 관리	**5. 증명서 발급**	**6. 통계현황**
① 급여이체 후원금 현황 ② 후원처 정보입력 ③ 후원입력 ④ 후원신청 ⑤ 후원금증서 발급 ⑥ 연말정산영수증 출력 ⑦ 납부내역조회	① 증명서 발급대장	① 자원봉사활동현황 ② 자원봉사교과목현황

자원봉사활동확인서(전체)

① 자원봉사활동확인서(전체)를 선택한다.
② 연도 선택 후, 인쇄한다.

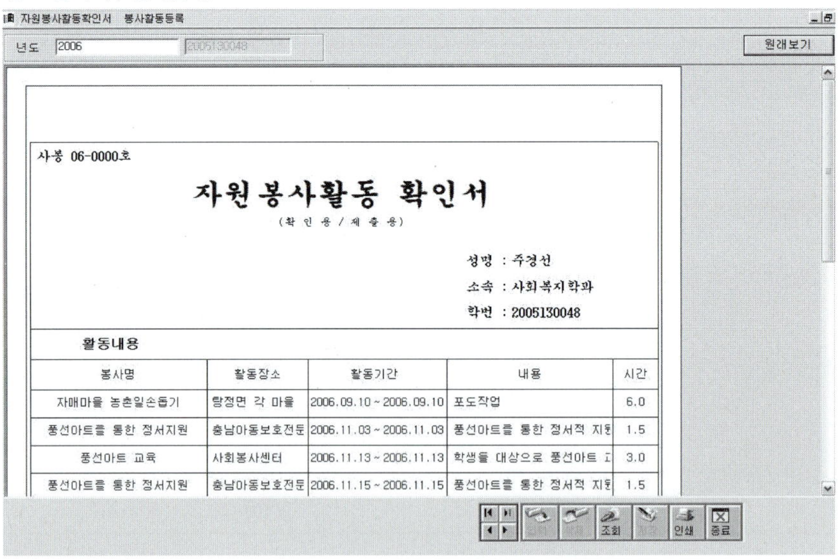

많은 대학들이 자원봉사활동을 전산화하여 대학생들의 자원봉사활동을 관리하고 있다. 이는 대학마다 특성에 맞게 전산화 프로그램을 실시하고 있는데, 대학 구성원(학생, 교수, 직원)의 자원봉사활동을 개인별로 관리하여 개인별로 자원봉사활동의 장소, 시간, 봉사 횟수 등을 누적화하여 누락되는 자원봉사활동을 막고 자원봉사활동확인서, 증명서 발급을 통해 개인에게 이력으로 활용하도록 하는 효과가 있다.

즉, 개인 · 단체(동아리)의 자원봉사활동을 통합적으로 관리함으로써 체계적이고 효율적인 관리가 가능하며, 전산화를 통해 학생들의 자원봉사활동을 기록함으로써 누락될 수 있는 자원봉사활동을 효율적으로 관리할 수 있다. 또한 학생들이 언제 어디서나 필요한 때에 확인서 및 증명서 발급이 가능하며, 후원금 관리에서도 전산화를 통해 후원내역과 증명발급이 가능하여 효율적인 후원(자)개발 및 관리를 할 수 있게 되었다.

7. 자원봉사 축제

많은 대학들이 1년 동안 자원봉사활동 실적을 평가하여 자원봉사 대축제 혹은 자원봉사 보고대회를 통해 대학의 자원봉사활동 우수단체 혹은 개인에게 봉사상을 수상하고 자원봉사활동을 활성화하는 계기로 삼고 있다.

〈표 8-9〉 자원봉사 축제 프로그램의 예

프로그램명	내 용	장 소	시 간
아침먹기운동	재학생들에게 교수가 아침을 나누어 주어 사제 간의 정을 느낀다.	본교	08 : 30~09 : 10
장애우 초청 어울 한마당	시설의 장애아동을 초청하여 공연과 학교탐방	학생회관 다목적실	12 : 00~1 : 00
자원봉사 전시회	자원봉사활동 내용을 전시 및 홍보, 문화공연, 무료 심리검사 등	본관 광장	11 : 00~17 : 00
알뜰 바자회	먹거리와 알뜰물품을 판매	본관광장	11 : 00~16 : 00
자원봉사 보고대회	자원봉사 우수사례 발표 및 봉사상 수여, 축하공연	본관 1층 강당	14 : 00~15 : 30
경로잔치	지역의 어르신을 초청하여 공연 및 위문행사	학생회관 다목적실	14 : 00~16 : 00

자원봉사자를 잘 유지하는 것은 자원봉사활동을 지속하고 질을 높이는 데 매우 중요하다. 자원봉사자 지속의 문제는 자원봉사의 동기와 많은 관계가 있으며 보상과 인정을 통하여 자원봉사의 동기를 진작시키고 유지하도록 하는 효과가 있다.

그 예로 자원봉사활동의 예산지원, 장학금 지원, 우수 봉사단체 및 개인에게 봉사상 수여, 자원봉사활동확인서 발급 등이 있다.

8. 소식지 제작

각 대학에서는 자원봉사활동 내용을 소식지에 담아 제작 배포하고 있다. 이는 대학의 자원봉사활동 내용을 정리하고 자원봉사활동을 홍보하는 효과가 있다. 또한 소식지는 교내 구성원과 외부의 구성원에게 자원봉사활동을 알리는 효과도 있지만 대학의 자원봉사활동 분위기를 이끌어가는 데 많은 효과가 있다. 아직은 대학들이 소식지를 제작할 수 있는 여건이 되지 않아 많은 대학들이 참여하고 있지 않지만 발행을 하고 있는 대학들은 1년에 1회 혹은 2회에 걸쳐 소식지를 발행하고 있다.

제4절 대학 자원봉사활동의 발전방안

지금까지 대학 자원봉사 운영현황을 살펴보았다. 대학은 모든 구성원이 함께 지역사회에 자원봉사하는 분위기를 만들어 가는 것이 무엇보다 중요하다. 대학 자원봉사활동의 활성화를 위해서 몇 가지 발전방안이 있다(오효근, 2008).

1. 대학생 자원봉사 참여에 대한 인식전환

대학생들의 자원봉사활동 참여동기를 파악하여 지속적인 자원봉사활동으로 유도하여야 할 것이다. 대학생들의 지속적인 자원봉사활동이 되기 위해서는 자원봉사 참여기대를 충족시켜 자원봉사의 만족도를 높여야 한다. 대학생들은 자기지향적인 참여동기가 있음을 인식하고 대학생 자기 자신의 행복과 발전을 통해 자원봉사 지속성을 증가시킬 수 있을 것이며 자원봉사관리자와 실천현장에서는 이러한 대학생 자원봉사 참여에 대한 동기의 인식전환을 파악하고 참여동기의 기대를 충족시킬 수 있도록 하여야 한다.

2. 전공과 연계한 자원봉사 프로그램 확대

대학생들이 전공과 연계한 자원봉사활동에 참여함으로써 참여동기를 높일 수 있을 뿐만 아니라, 이를 통해 자신의 기술과 능력을 활용하여 자기계발과 자아실현을 이룰 수 있다. 대학생들은 전공 분야에서 전문적인 자원봉사활동을 통해 자신의 전공능력을 향상시키고, 보람과 긍지를 느끼며 자원봉사 참여동기에 대한 만족도를 높일 수 있다. 이로 인해 자원봉사가 지속적으로 이어질 수 있게 된다.

3. 자원봉사 대상자와의 관계 증진

자원봉사활동에서 자원봉사 대상자와의 관계, 관리자와의 관계, 동료 자원봉사자와의 관계가 자원봉사활동에 많은 영향을 미치고 있다. 즉, 대학생들은 자원봉사활동을 통해 타인들과의 상호작용이나 행위에 만족을 느끼게 된다.

따라서 대학생 자원봉사활동의 지속성을 유지하기 위해서는 대인관계를 긍정적으로 할 수 있는 교육과 훈련이 필요하다. 즉, 의사소통 훈련 프로그램, 갈등관리 프로그램 등 대학생 자원봉사자에게 대인관계 향상 프로그램을 실시하여 대상자에게 높은 서비스를 제공하고, 관리자와의 원만한 관계를 유지하며 동료 자원봉사자와는 서로 돕는 관계를 유지할 수 있도록 하여야 한다.

4. 대학생 자원봉사자에게 명확한 업무부여

대학생 자원봉사자에게 명확한 역할을 부여해 줌으로써 대학생들은 더욱 책임 있게 자원봉사활동을 수행할 수 있으며, 자원봉사활동에 대한 자신감과 타인에 대한 관계망을 원활히 할 수 있다. 이는 대인관계에서 활동 대상자와의 관계, 관리자와의 관계, 동료 자원봉사자와의 관계에 대한 긍정적인 역할을 형성할 수 있는데, 같은 자원봉사 업무를 하더라도 어떤 자원봉사자는 긍정적이고 책임감 있게 하는 반면 동일한 업무임에도 불구하고 부정적인 반응을 보이는 것은 명확한 업무배치가 되지 않을 때 일어날 가능성이 많다. 즉, 명확한 업무배치를 통해 대학생들의 자원봉사활동에 대한 책임감을 증진시키고 나아가 타인에 대한 원활한 관계망을 형성하도록 하여 대인관계의 만족을 높일 수 있다.

5. 지역사회 연계와 자원봉사활동실천

대학생들의 자원봉사활동은 지역사회의 욕구 충족과 지역사회의 문제를 해결하기 위한 자원봉사활동이 많다. 대학생들은 이러한 프로그램에 참여함으로써 지역사회복지 증진에 기여하고 개인적으로 정서적 · 인지적 발달과 보람을 얻게 된다. 즉, 자원봉사활동은 봉사학습 이론의 상호성 개념을 구성할 뿐만 아니라 지역사회 연계와 지역사회 실천의 구체적 방안을 제시해 주고 있다. 상호성은 자원봉사자와 대상자, 자원봉사활동기관과의 교환을 통해 상호 책임감과 존중의 마음을 발생시킨다. 대학과 지역사회는 상호성의 토대 위에 상호 연계하게 되는 것이다.

6. 대학 자원봉사활동의 체계적 관리와 지원

대학생들에게 교육 및 훈련, 지도관리, 인정과 보상, 자원봉사 담당부서 등 관리과정의 수준이 자원봉사활동에 영향을 미치고 있다. 따라서 자원봉사실천에서는 자원봉사활동 관리과정을 통해 지속성을 높일 수 있는 방안을 마련해야 한다.

1) 자원봉사 교육 강화

대학생 자원봉사자를 대상으로 자원봉사 교육을 강화하여야 한다. 대학생에게 자원봉사는 자원봉사활동이기도 하지만 전공과 삶에 대한 학습활동이다. 따라서 대학생들은 자원봉사 업무에 대한 적절한 지도와 교육이 필요하다. 교육을 통해 자원봉사의 가치와 자세를 확립하게 되며 또한 지속적인 자원봉사활동으로 연결할 수 있게 된다.

2) 자원봉사 평가시스템 구축

자원봉사 평가시스템을 갖추어야 한다. 평가는 대학의 담당부서에서 자원봉사자가 대상자에게 효과적으로 활동하고 있는지, 어려움은 없는지 등 자원봉사자의 지원과 사기 앙양을 위한 평가가 필요하다. 이는 자원봉사활동 관리과정에서 자원봉사자에 대한 슈퍼비전과 상담을 통해 피드백을 받게 됨으로써 자원봉사자의 활동이 가지는 중요성을 재인식하게 되고 자원봉사의 참여의식이 고취될 수 있을 것이다. 또한 이는 자원봉사의 지속으로 이어질 수 있다.

3) 인정과 보상제도 도입

인정과 보상제도는 대학생들의 자원봉사 동기를 진작시키고 유지하도록 하는 효과가 있으며 자원봉사활동 관리수준을 높일 수 있다. 이를 위해 대학에서 자원봉사활동 내역관리를 전산화하여 개인 이력으로 활용할 수 있도록 하며, 취업을 돕기 위해 자원봉사활동 경력을 기업추천에 반영하도록 한다. 또한 우수 자원봉사자에게는 봉사 장학금, 봉사상 등의 수여방법이 있을 수 있을 것이다. 이러한 인정과 보상제도를 통해 대학생 자원봉사활동의 지속성을 높일 수 있을 것이다.

7. 대학 자원봉사 전문가의 배치

자원봉사 전문가를 배치하여 자원봉사활동의 만족도와 지속성을 높여야 한다.

한국대학사회봉사협의회(2006)의 조사에 의하면 전담직원 배치 여부는 2001년 55.0%, 2003년 52.8%로 전담직원 배치가 낮으며 오히려 줄어들고 있는 추세이다. 또한 배치된 전담직원 역시 행정업무직으로 자원봉사의 전문가가 아니며 부서근무 연한도 1~2년을 넘지 않고 있다. 이러한 상황은 사회적 관심이 늘어나고 대학의 책무 중의 하나인 봉사의 질이 훼손될 수 있으므로 자원봉사 전문가의 배치가 필요하다. 즉, 자원봉사 전문가를 통해 자원봉사활동 관리과정이 대학생들에게 맞춤관리와 체계적인 관리과정이 될 수 있도록 하여 자원봉사 만족도와 지속성에 효과가 있도록 하여야 할 것이다.

8. 국가 차원의 지원제도 도입

자원봉사 만족도와 지속성을 높이기 위해서는 참여동기를 강화하고, 대인관계를 긍정적으로 하며, 자원봉사활동 관리수준을 높여야 한다. 이는 대학생과 대학 당국만의 노력으로는 한계가 있다. 즉, 국가 차원의 제도와 지원을 통해 국가와 대학이 사회적 책무인 봉사의 기능을 실천할 수 있도록 함께 노력하여야 한다.

1) 자원봉사 전문가 양성 교육기관 운영

첫째, 자원봉사 전문가 양성 교육기관 운영이다. 대학에서 자원봉사 전문가는 자원봉사자의 욕구와 동기에 맞게 교육하고 배치하여야 하며 자원봉사활동을 원활하게 할 수 있도록 자원봉사자 개개인에게 지도관리, 인정과 보상, 평가를 실시하는 중요한 위치에 있다.

이는 자원봉사 지도자는 자원봉사 관리과정에서 자원봉사자의 만족도를 높일 수 있는 전문성을 갖추어야 함을 의미한다. 또한 자원봉사활동을 통해서 반성적 고찰을 하는 봉사학습의 장이 될 수 있도록 지도할 수 있는 전문가의 육성이 필요하다.

이는 정부 차원의 대학 자원봉사 전문가 양성을 하는 교육기관의 필요성을 의미한다. 일정한 교육과 자격을 갖춘 전문가가 자원봉사 담당업무를 맡아 전문적이고 체계적으로 자원봉사활동 관리가 이루어질 수 있도록 하여야 한다.

2) 자원봉사 평가제도 도입

둘째, 대학 자원봉사활동 지원 지침 혹은 자원봉사 평가제도 강화이다. 대학에서 자원봉사활동이 활성화되고 지속화되기 위해서는 국가 차원의 인적 · 물적 자원 지원이 필요하다. 대학 자원봉사활동은 교육 · 연구 · 봉사의 3대 기능에 속하며 자원봉사활동을 통해 경험적 학습과 반성적 고찰로 대학생의 전인적 인격형성과 대학교육 이념을 실현시키는 중요한 수단이다. 이러한 대학 자원봉사활동의 중요성 및 필요성에 대한 사회적 합의와 인식의 확산이 있어야 하며, 무엇보다도 국가적 차원의 다양한 지원과 제도적 뒷받침이 필요하다.

이를 위해서는 대학 자원봉사활동 지원 지침 혹은 대학평가에 자원봉사 평가제도 강화가 있을 수 있다. 2004년 3월에 교육과학기술부에서 제정한 성희롱 예방지침과 같이 대학에서 성희롱 예방교육과 상담을 의무화한 것처럼 대학 자원봉사활동 지침을 교육과학기술부장관의 지침으로 하여 한국대학사회봉사협의회를 국가가 지원하고 각 대학의 자원봉사활동을 장려하고 지원할 수 있도록 지침을 만드는 것이다.

그리고 자원봉사 평가제도 강화는 정부에서 대학을 평가 · 심의할 때 자원봉사 영역을 평가항목으로 강화하여 대학당국이 자원봉사활동을 지원할 수 있도록 하는 것이다.

대학생들이 적극적으로 자원봉사활동을 하고 대학과 지역사회에서 자원봉사활동을 잘 관리하여 자원봉사활동이 대학의 교육적 · 사회적 기여의 측면에서 중요성을 인식하고 대학생 자원봉사활동의 활성화를 위해 국가 차원의 관심과 지원이 이루어져야 할 것이다.

CHAPTER

09 대상별 자원봉사활동

제1절 노인을 위한 자원봉사활동

제2절 장애인을 위한 자원봉사활동

제3절 아동을 위한 자원봉사활동

제4절 청소년을 위한 자원봉사활동

제5절 지역사회와 함께하는 자원봉사활동

제6절 국제사회를 위한 자원봉사활동

CHAPTER 09

대상별 자원봉사활동

교육목표

- 자원봉사활동 대상 및 분야의 이해
- 자원봉사활동 대상자를 위한 프로그램의 이해
- 자원봉사활동 대상자를 위한 활동 시 유의사항 이해

제1절 노인을 위한 자원봉사활동

카우길과 홈즈(Cowgill & Holms, 1972)가 주장한 현대화이론에서는 한 사회의 현대화 정도가 높아질수록 노인의 지위는 낮아지게 되어 현대화가 노인문제를 발생시키는 요인이라고 하였다(이은희, 2009 재인용). 생산기술의 변화, 건강기술의 발달, 도시화, 대중교육기회의 확대 등의 변화를 수반하는 현대화는 노인들에게 빈곤, 질병, 무위(역할 상실), 소외 등의 문제를 가중시킨다. 이를 노인의 4고(四苦)라고 한다. 이러한 현대사회에서 발생되고 있는 노인 관련 문제를 해결하기 위한 방안의 하나로 노인을 위한 자원봉사활동이 제기된다.

따라서 노인을 위한 자원봉사활동에 앞서 노인의 신체적 · 심리적 · 사회적 특성과 노화에 따른 노인에 대한 일반적 이해가 요구되며, 나아가 노인들의 욕구에 따른 자원봉사 프로그램 개발이 요구된다.

1. 노인의 정의

노인을 한마디로 정의하기는 어렵지만 일반적으로 노인에 대한 정의는 추상적 정의와 조작적 정의로 나누어 설명한다. 추상적 정의에서 노인은 생리적 및 신체적 기능의 퇴화와 더불어 심리적 변화가 일어나 개인의 자기 기능과 사회적 역할 기능이 약화되고 있는 사람을 말한다. 그러나 위와 같은 정의는 조사연구나 복지정책의 수립과 집행과정에서 효용성은 매우 낮다. 따라서 노인에 대한 구체적이고 조작적 정의가 필요하며 크게 다섯 가지로 구분할 수 있다(권중돈, 2009; 장인협 외, 2006). 첫째, 개인 스스로가 주관적으로 판단하여 노인이라고 규정하는 사람으로 개인의 자각에 의한 노인, 둘째, 노화와 관련하여 주요한 사회적 지위와 역할이 상실된 상태에 있는 사람으로 사회적 역할 상실에 의한 노인, 셋째, 시간경과의 단위인 달력상의 나이에 의하여 일정한 연령에 도달한 사람으로 역연령(曆年齡)에 의한 노인이라고 정의하며 가장 보편적으로 사용하고 있다. 역연령에 의한 노인은 60~64세는 연소노인(年少老人 : young-old), 65~74세는 중고령노인(中高齡老人 : middle-old), 75세 이상은 고령노인(高齡老人 : old-old)으로 부른다. 넷째, 개인의 신체적 · 심리적 기능의 정도에 따른 구분으로 기능적 연령(functional age)에 의한 노인, 다섯째, 발달단계에 따른 노인으로 구분하고 있다.

2. 노인의 특성

노화란 시간이 흐름에 따라 유기체의 생물학적 · 심리적 · 사회적 측면에서 나타나는 변화로서 노화로 인한 기본적 변화와 신체적 · 심리적 특성에 대하여 다음과 같이 요약할 수 있다(김애순, 2002; 서혜경, 2003).

1) 노화로 인한 기본적인 변화

노년기에는 예비력의 저하, 방위 반응의 저하, 회복력의 저하, 적응력의 저하 현상을 보인다.

2) 신체의 변화

〈표 9-1〉 노화로 인한 신체의 변화

신체 구성성분의 변화	신체적 변화 양상
① 총 체수분량의 감소 ② 체지방량의 증가 ③ 실질기능 세포량(cell solid)의 감소 ④ 뼈의 미네랄량 감소 ⑤ 소화기계의 변화(소화 효소분비 감소, 치아 탈락, 씹는 힘의 약화, 장운동 둔화) ⑥ 순환기계의 변화(심장기능 저하, 동맥혈관의 변화, 혈액순환 장애) ⑦ 신경계의 변화(신경계 기능 저하) ⑧ 내분비계의 변화(내분비 기관의 위축) ⑨ 기타 – 폐기능의 감소 – 신장기능의 감소 – 간기능의 감소	① 피부의 건조, 주름, 세포 수 감소 ② 세포 간에 지방 축적(간이나 심장조직) ③ 세포증식 능력과 조직 재생 능력 감소, 기초대사 저하, 기관의 기능적 퇴행성 초래 ④ 뼈 조직의 약화 ⑤ 식욕 저하, 영양소의 소화 흡수 기능 감퇴(영양소 이용률 저하) ⑥ 변비(소화관 운동부족) ⑦ 심장박동수 · 심장활동지수 감소, 동맥경화, 고혈압, 뇌출혈, 심근경색, 심부전증 등의 발병 위험률 증가 ⑧ 학습능력 · 지각 · 운동기능의 감소, 신경자극 전달 능력 저하, 신체항상성 유지 능력 저하 ⑨ 호르몬 분비 저하 ⑩ 폐활량 감소, 신혈류량 · 사구체 여과율 감소 ⑪ 영양소 재흡수량 감소 ⑫ 영양소의 대사적 변화

출처 : 서혜경(2003), p. 4.

〈표 9-2〉 노년기의 주요 질환 관리

1) 고혈압	
정의	• 혈압이 정상 범위보다 높은 만성 질환을 말한다. 수축기 혈압 140mmHg 이상, 확장기 혈압 90mmHg 이상
원인	• 유전적 • 환경적 : 염분 과다섭취, 비만, 노화, 흡연, 고지혈증, 당뇨병, 폐경기 여성
증상 및 경과	• 두통, 뒷머리 부분이 뻐근하고 쉽게 피로, 신경 예민, 가슴이 답답하고 숨이 참 • 자각증상 없이 수년에서 수십 년에 걸쳐 진행되며 심장병, 뇌졸중, 신부전 등의 합병증을 초래 가능
예방 및 치료	• 운동, 적정 체중 유지, 절주 및 금연, 설탕, 소금, 흰쌀, 밀가루 섭취 줄이기, 저지방 식품 섭취(견과류로 지방 섭취) 칼륨(과일, 채소)과 칼슘(우유) 충분히 섭취

2) 당뇨병	
정의	• 췌장에서 분비되는 인슐린 부족, 혈당이 에너지로 이용되지 않고, 혈액 속에 쌓여 고혈당을 유발하고 소변으로 당이 배설된다. 눈, 신장, 신경 및 혈관에 여러 가지 합병증을 유발하는 질병이다.
원인	• 유전적 • 환경적 요인 : 폐경, 흡연, 음주, 활동 및 칼슘섭취 부족
증상 및 경과	• 인슐린 결핍에 의한 전형적인 증상과 징후는 다뇨(多尿), 다음(多飮), 다식(多食)이며, 특별한 자각 증상이 없으므로 5~10년 정도 방치하게 되면 당뇨병 자체보다는 망막증, 신부전증, 관상동맥 질환, 뇌졸중, 말초혈관질환, 족부 궤양, 발기부전, 치매 등의 합병증을 유발
예방 및 치료	• 유산소운동이 바람직하고 사탕, 청량음료 등의 단순당질의 섭취를 피하며, 식이요법(야채, 해초류, 살코기, 생선, 잡곡)과 인슐린 주사 등으로 치료

3) 뇌졸중	
정의	• 뇌에 혈액을 공급하는 혈관이 막혀서 뇌경색이 발생하는 '허혈 뇌졸중'과 뇌로 가는 혈관이 터지면서 뇌출혈이 발생하는 '출혈 뇌졸중'이 있다.
원인	• 고협압, 동맥경화증, 동맥경화성 심장병, 고지혈증, 당뇨병, 흡연, 부정맥 등으로 노화에 따른 뇌 위축과 뇌 조직이 대사감소, 동맥의 퇴행성 변화인지 확실치 않다.
증상 및 경과	• 갑작스럽게 발생하며 뇌졸중의 유형에 따라 다양한 증상을 보이지만 일반적으로 어지러움, 두통, 갑자기 쓰러짐, 구토, 반신불수, 혼수, 편마비 또는 사지마비 등을 보이며, 심한 경우 치매나 사망에 이른다.
예방 및 치료	• 스트레스 관리를 통한 혈압관리, 적절한 운동과 식이요법(저염식, 저설탕, 고단백), 비만예방, 갑작스러운 온도 변화에 주의 · 예방 등의 약물치료와 수술, 운동요법, 각종 재활치료

4) 치매	
정의	• 이전에 비해 기억력, 언어능력, 시공간파악능력, 판단력 등 여러 인지기능이 지속적으로 저하되며, 일상생활, 사회생활에 심각한 지장을 초래하는 상태이다.
원인	• 퇴행성 뇌질환 : 알츠하이머병, 전두측두엽 치매, 파킨슨병치매 • 혈관성치매(뇌혈관질환) : 갑상선기능저하증, 비타민B12, 결핍증, 알코올 중독, 뇌염, 우울증, 뇌종양 등
증상 및 경과	초기 치매증상 • 옛날기억 유지, 최근에 있었던 일을 잊어버린다. • 조금 전에 했던 말이나 질문을 되풀이한다. • 예전과 달리 날짜나 시간을 잘 모른다. • 대화 중 단어가 떠오르지 않아 '그것, 저것'으로 표현한다. • 돈 계산을 자주 틀린다. • 관심과 의욕이 없고 매사 귀찮아하고 짜증이 늘어난다. • '누가 돈을 훔쳐갔다', '부인이 바람 핀다' 등의 의심을 한다.

예방 및 치료	• 과도한 음식섭취를 피한다. • 좋은 지방을 섭취하고, 나쁜 지방섭취는 피한다. 오메가-3, 불포화 지방은 '좋은 지방'으로 해산물, 등푸른 생선, 푸른잎 채소, 견과류, 아마씨, 올리브유 등에 함유 오메가-6는 '나쁜 지방'으로 만성적인 뇌의 염증 유발 동물성 포화지방(육류, 우유, 버터, 치즈), 식물성 경화 기름(마가린, 마요네즈, 가공식품), 전이 지방산(마가린, 튀김), 야채기름(옥수수, 홍화씨, 해바라기씨 기름) 등에 많이 함유 • 비타민을 적절히 섭취한다. • 뇌에 좋은 항산화 식품을 섭취한다. 과일과 채소는 대표적인 항산화 식품. 특히 말린 자두, 건포도, 블루베리, (검은)딸기, 시금치, 케일, 브로콜리, 근대 등 색이 짙은 과일과 채소가 항산화 효과가 높다. • 지나친 카페인 섭취를 피한다. • 물을 충분히 마신다. • 발생 시 초기 치료가 중요

출처 : 김경자(2019), pp. 26–30.

3) 노년기의 심리적 변화

(1) 감각기능

① 시력 : 가장 빨리 노화가 시작되는 기능은 시력의 변화이다. 40대 중반부터 원시가 시작되어 돋보기가 필요하다. 70세 이후 청색, 녹색, 보라색보다는 적색과 황색을 더 잘 구별할 수 있다. 세상이 노르스름하게 보이는 황하 현상이 생길 수 있다. 따라서 노인들이 지내는 곳에는 조명을 밝게 하고 붉은 계통의 색깔을 사용할 필요가 있다. 화장실이나 식당의 문을 적색이나 황색으로 도색하면 노인들의 거동이 더 쉬워진다. 노인들은 눈의 조절 능력이 저하되어 계단에서 발을 헛디뎌 추락 사고가 일어나기도 한다.

② 청력 : 50세 이후 노인성 난청으로 가늘고 높은 소리는 잘 들을 수 없지만 낮고 굵은 소리는 잘 들을 수 있으므로 노인들에게는 굵고 낮은 목소리로 크게 말하는 것이 좋다. 노년기에는 귀지가 많이 발생되고 귀지의 점도가 높기 때문에 제거하기 어려워 외이도를 막을 수 있고 청력 손실의 원인이 되기도 하므로 정기적으로 귀지를 제거하여야 한다.

③ 미각, 후각, 촉각, 통각의 변화 : 노년기에는 미각 및 후각의 기능은 거의 변화가

없다고 할 수 있다. 촉각의 기능은 45세 이후 감퇴하는 경향을 보이고 통각도 연령의 증가에 따라 기능이 약화한다는 주장이 우세하나 과학적으로 검증되지는 못하고 있다.

(2) 정신기능의 변화

지각과정이란 시각과 청각을 통해 들어온 정보를 해석하여 의미를 부여하고 형태를 파악하는 과정을 말하는데, 새로운 자극의 형태를 지각하는 속도는 느려진다. 그뿐만 아니라 어떤 자극이 지각되면 그 흔적이 오래 남아 있어 다음 정보의 입력을 방해한다. 노인들이 빠른 속도로 말하는 이야기를 알아듣지 못하는 것은 이런 이유 때문이다.

① 지능 : 연령이 증가하면서 지능이 저하된다고 하나 그 저하비율은 심각한 것이 아니라고 한다.

② 기억력 : 최근 기억력이 장기기억력보다 더 감퇴되며, 들은 것보다 본 것의 기억력이 더 감퇴되는 것으로 알려져 있다.

③ 사고능력 : 연령이 증가하면서 사고능력이 저하된다는 연구결과가 있으나 교육수준과 지능 등에 의해 영향을 받을 수 있어 과거의 교육수준과 지능이 높은 노인의 경우는 높은 사고능력을 유지할 수 있다.

(3) 성격 특성의 변화

윤 진(1998)은 노년기에 나타나는 성격의 변화를 다음과 같이 제시하였다.

① 우울증 경향의 증가 : 신체적인 노화, 경제적 어려움, 배우자 사망, 가족과 사회로부터의 소외감, 지나온 세월에 대한 회한 등으로 우울증 경향이 증가한다.

② 내향성 및 수동성의 증가 : 노화가 진행됨에 따라 사회적 활동이 감소하며 사물의 판단과 활동이 외부보다 내면으로 향하려는 경향이 나타나며, 새로운 일에 도전하려는 경향이 감소되고, 문제해결을 다른 사람의 도움을 받아 수동적으로 해결하려는 경향이 강해진다.

③ 조심성의 증가 : 노화로 인한 감각기능의 쇠퇴를 경험하게 되면서 조심성이 증가하게 된다.

④ 경직성의 증가 : 조심성이 증가하면서 옛것을 고수하려는 보수성이 나타나 경직성의 증가를 가져온다.

⑤ 성역할 자각의 변화 : 남성은 친밀성, 의존성, 관계지향성 등의 경향이 증가하고, 여성은 공격성, 자기주장성, 권위주의 등의 경향이 나타난다.

⑥ 유산을 남기려는 경향 : 정상적으로 노화하는 노인은 사후에 이 세상에 다녀갔다는 흔적을 남기려는 욕망이 강하게 나타나며 이를 '유산을 남기려는 갈망'이라고 부른다. 이러한 경향을 보이는 노인들은 심리적으로 매우 건강하고 적극적인 성향을 보인다.

⑦ 의존성의 증가 : 노인은 신체적 · 경제적 능력의 쇠퇴와 더불어 의존성이 증가한다. 의존성은 병리적 현상이 아니며 인생주기에 나타나는 정상적인 현상이다.

⑧ 생에 대한 회상의 경향 : 노인들은 과거의 인생을 회상하여 남은 시간에 그동안 해결하지 못한 것을 찾아서 해결하고 새로운 인생의 의미를 찾으려 한다.

⑨ 친근한 사물에 대한 애착심 : 노인이 될수록 오랫동안 사용해 온 물건과 대상에 대한 애착심이 증가한다.

참고 : 장수사회의 고령화 충격에 대한 오해

장수사회의 고령화 충격에 대한 오해와 관련하여 박상철(2018)이 몇 가지 명제를 제기하여 논의한 미래 고령 장수사회의 문제를 요약하면 다음과 같다.

① 고령화되면 모든 능력이 저하되고 마는가?

이에 대한 반증으로 평균연령이 사십대에 불과하던 시절이나 평균연령이 팔십대에 이른 시절에도 팔십이 넘어서 역사적인 업적을 세운 분들의 사례에서 나타나는 공통점은 열정과 집념이다. 열정을 가진 사람은 연령과 상관없이 자신의 능력을 발휘할 수 있다. 따라서 연령에 따라 인간의 능력이 소실되어 버린다는 일반적인 편견은 커다란 오해이다.

② 연령에 따른 신체기능의 저하는 똑같은가?

이에 대한 결과는 삼십 년 전의 칠십 노인 이미지와 현재 칠십 노인 이미지를 비교해 보면 건강상태 및 사회참여도, 인간관계의 네트워크 등에서 월등하게 개선되어 있음을 볼 수 있다. 따라서 단순한 연령에 의한 제한은 의미가 없고 노화의 평가 판단은 잘못된 오해에서 비롯된다고 볼 수 있다.

③ 장수도가 높아지면 의료비 지출은 폭발적으로 증가하는가?

일본의 건강보험 수요 자료를 바탕으로 70대 사망과 90대 사망하는 사람들의 의료비 지출을 비교해 본 결과 70대 군의 의료비 지출이 사망연령 90대보다 높았다고 한다. 이러한 차이의 원인은 70대 사망원인은 암, 뇌졸중, 심혈관 등 심각한 질환과 장기치료, 고가의 약제와 의료비가 지불되며 90대 이상의 경우는 간단한 폐렴, 낙상 등 장기간의 의료시혜를 필요로 하지 않았기 때문이라고 한다. 사람이 육칠십 대의 젊은 나이에 사망하게 되면 고가의 의료 수요를 필요로 하지만 장수하면 사실상 복잡한 의료가 필요 없어진다는 역설적인 주장이 제안된 것이다.

④ 고령사회가 되면 정말 질병이 많아지는가?

여러 가지 조사결과 인구고령화에 따른 질병이환 증가패턴은 나타나지 않고 오히려 사람들의 사망 직전에 비로소 질환이 증가하는 것으로 나타났다.

⑤ 고령사회가 되면서 건강한 고령인이 유의하게 증가하고 있는가?

미래 장수사회에서는 도움이 필요한 아픈 사람이 많을 것이라는 단순한 예측은 잘못된 것이며 건강하고 활발한 고령인이 증가할 것이다.

⑥ 과학기술의 발달은 생체기능과 건강의 문제점을 크게 보완해 줄 것인가?

의술의 발전은 연령에 상관없는 건강상태, 온전한 생체기능의 조건을 유지하는 데 크게 기여할 것이며 노인문제를 절망적, 퇴행적으로 생각하는 것은 큰 잘못이라고 본다.

3. 노인을 위한 자원봉사의 필요성

평균수명의 연장으로 노인인구가 증가하고 장기간 간호를 필요로 하는 노인의 증가, 자녀와 별거하는 독거노인의 증가, 자녀의 노부모 부양의식 약화, 노인을 위한 사회보장제도의 미흡 등 노인의 문제는 날로 증가하고 있다. 이러한 노인문제는 노인 개인, 가족만의 문제가 아니라 오늘날 우리 사회가 공동으로 대처해야 하는 사회 이슈가 되고 있다. 특히 증가하는 노인들의 다양한 욕구는 아무리 복지수준이 높은 사회라고 할지라도 국가와 기업, 가정이 모든 문제를 감당하기 어렵기 마련이다. 어려움을 보완해 줄 영역이 바로 자원봉사의 영역이다.

노인 대상 자원봉사자들은 자원봉사활동을 통해서 노인에 관해서 긍정적으로 이해하며 인식하게 된다. 한편 자원봉사 대상자 노인 역시 자원봉사자와의 만남에서 자신이 방치되어 있는 것이 아니고 누군가로부터 보호받고 있다는 것을 느끼며 안정감을 가지게 되고 이는 노인의 삶에 긍정적인 영향을 미칠 것이다.

4. 노인을 위한 자원봉사 프로그램

노인을 위한 자원봉사활동의 분류는 다양하다. 재가노인과 시설노인을 위한 봉사로 분류하기도 하고 서비스 중심으로 분류하기도 한다. 봉사장소에 따른 분류는 노인의 가정, 지역사회의 노인 관련 시설, 노인전문 병원 등에서 이루어지는 활동으로 분류할 수 있다(고양곤, 1997). 재가노인과 시설노인을 위한 자원봉사 프로그램을 요약하면 다음과 같다.

1) 재가노인을 위한 서비스

(1) 재가노인지원서비스센터

① 가사 서비스(청소, 세탁, 시장보기, 식사준비, 음식 배달)

② 심리사회 서비스(말벗, 상담, 편지 써주기, 민원서류작성, 노인복지 정보 제공 등)

(2) 주간보호 서비스 : 건강교육, 급식, 목욕, 재활, 운동, 오락 등

(3) 단기보호 서비스 : 급식, 간호보조, 말벗, 상담 등

(4) 임종간호 서비스 : 임종환자와 부양자를 위한 다양한 서비스 제공

2) 시설노인 방문 서비스(양로원, 요양원, 병원 등에 입소된 노인들을 위한 서비스)

말벗, 상담, 가족행사 돕기, 청소, 취미교육, 오락지도, 물리치료 보조 등이 있다.

서비스를 중심으로 분류한 노인대상 자원봉사 프로그램은 다음과 같다.

〈표 9-3〉 노인대상 자원봉사 프로그램 분류표

서비스	봉사내용
정서적 지원	노인에게 안부전화 걸기, 독거노인 가정결연, 무의탁노인 가정방문, 말벗
심리적 지원	욕창관리 지도, 인지치료, 작업요법 지도, 회상치료 지도
사회활동지원	독거노인 모임지원, 허약노인 외출동행, 치매노인 사회적응 지도 및 보조
교육지원	노인대학 운영보조, 문맹노인 학습지도, 컴퓨터 · 외국어 등 학습지도
생활지원	노인가정 환경미화, 노인급식, 목욕보조, 도시락 배달, 이 · 미용서비스, 무의탁노인 세탁물 배달
취업지원	노인 취업알선 및 상담
의료지원	노인건강 강좌, 노인진료, 임종간호(호스피스), 저소득층 노인 진료단
방문활동	노인시설 위문공연, 노인정 우애방문
보호활동	무의탁 장애노인 수발, 노인주거시설 화기 안전점검
여가 선용	노인체육지원, 노인 취미활동 그룹지도, 노인특기 개발지도, 레크리에이션 지도, 편지대필
업무보조	시설환경 정리, 차량운행, 노인관련기관 및 시설 행사보조
정보제공	법률상담, 세무상담, 식이상담 제공
조사개발	노인관련 출판물 제작 및 보조

출처 : 서혜경(2002), p. 32.

사례

코로나19시대의 온라인 자원봉사활동

코로나19 이전에 누렸던 평범한 일상을 그리워하며 새로운 삶의 방식에 적응하기 위해 어려운 시간을 보내고 있는 가운데 경기도 파주시 운정3동의 한 아파트에서 대면이 아닌 스마트폰을 통해 비대면 방식으로 재능 나눔 봉사활동을 하고 있다.

'구글미트', '줌(Zoom)' 등 화상프로그램과 유튜브를 활용해 십자수 교육을 진행하고 인형극 공연을 선보였다. 십자수 교육에 나선 '은빛바늘 행복나눔회'는 한빛마을 5단지 경로당 어르신 10여 명과 운정3동 맞춤형 복지팀, 지역사회보장협의체 위원이 주축이 되어 결성된 봉사단체다.

노년기 여가문화의 다양화 및 나눔문화 확산을 위해 조직된 봉사단은 십자수를 하면서 브로치, 양말, 배냇저고리 제품을 만들고 있다. 특히 아기용품에 자수를 놓아 지역의 임산부 150여 명에게 무상지원하며 지역사회로부터 큰 호응을 얻어 왔다. 코로나19로 활동이 중단될 위기에 정신복지센터를 이용하는 환우들이 십자수에 관심이 있다는 이야기를 듣고 교육봉사에 나섰다고 한다(백세시대 신문 2020.10.30).

5. 노인을 위한 자원봉사자의 역할과 자세

노인을 위한 자원봉사자는 개인적으로는 서비스 제공자, 상담자, 정보제공자이며, 사회적으로는 노인의 복지문제를 해결하고, 노인의 권익을 대변하며, 비인간적인 사회환경을 개선하는 역할을 수행한다. 이러한 역할을 수행하는 자원봉사자의 자세를 노인복지학의 이론과 노인을 위한 자원봉사 경험을 중심으로 제시하면 다음과 같다(고양곤 외, 2003; 이병순, 2004).

① 노인의 존엄성과 개성을 존중하며, 노인이 가장 필요로 하는 욕구를 파악하여 이를 충족시키기 위해 노력한다.

② 노인과 좋은 관계를 유지하기 위해 언어 사용에 세심한 주의를 기울인다. "고맙습니다", "죄송합니다", "실례합니다" 등은 자주 사용해도 좋으나 "또 잊었어요", "같은 말을 몇 번이나 하세요", "빨리 빨리 하세요", "아무리 말해도 이해하지 못할 것입니다" 등 상대방의 자존심을 상하게 하는 말이나 태도를 보이지 않도록 한다. 특히 젊은 사람들만 알아듣는 말은 사용하지 않는다.

③ 상대가 알아듣기 쉽게 천천히 말하고 경청한다. 노인이 되면 동작이나 이해의 속도가 느려지므로 대답을 재촉하지 말고 시간을 충분히 드린다. 노인들이 청력 저하로 잘 들리지 않아 대화가 어려운 경우도 있고 불필요한 이야기를 하는 경우가 있더라도 귀찮아하지 말고 끝까지 경청해야 한다.

④ 장애로 인해 대화가 어려운 경우 마음과 머리, 손, 눈 등 신체를 이용한 의사소통으로 끈기를 가지고 대하여야 한다.

⑤ 실천할 수 있는 일만 약속한다. 지킬 수 없는 약속은 하지 않고 할 수 없는 일이면 그 이유를 솔직하게 설명해 드린다.

⑥ 노인의 의견을 무시하거나 반말을 해서는 안 되며, 일방적인 명령이나 강요, 설교를 하지 않는다.

⑦ 자원봉사활동을 할 때는 단정한 복장과 겸손한 태도로 임하며 노인에게 성적 충동을 야기하는 행동이나 옷차림은 하지 않는다.

⑧ 서비스를 제공할 때는 노인이 할 수 있는 일은 스스로 하도록 하며 지나치게 개입하지 않는다.

⑨ 자원봉사활동 중 알게 된 노인의 사생활에 대한 비밀을 지킨다.

⑩ 가정이 있는 노인은 사전에 가족과 상의하고 노인복지를 위해 가족과 공동 노력을 한다.

⑪ 노인복지에 관한 지식과 기술을 습득하기 위해 꾸준히 노력한다.

⑫ 혼자서 하기 힘든 일이 생겼을 때를 대비하여 다른 자원봉사자와 정보를 교환하는 것을 생각해 둔다.

⑬ 기관의 규칙을 지키고 기관의 직원과 좋은 관계를 유지하며 전문가의 지원이 필요한 일은 미리 기관의 담당자와 의논하여 제공한다.

⑭ 자원봉사활동을 계속하지 못할 경우 노인에게 상처를 주지 않도록 관계를 신중하게 종결한다.

⑮ 자원봉사활동의 경과를 기록하여 봉사일지, 사례기록 등 참고자료를 남긴다.

6. 노인과의 의사소통기술

1) 적극적 경청

① 언어적 메시지 듣기
② 비언어적 메시지 듣기

2) 수용

상대방이 이야기한 것을 이해하고 받아들였다는 것을 표현하면서 따뜻하고 친밀한 태도로 이야기하는 것이 수용의 기초이다.

3) 공감적 이해

공감은 자신이 직접 경험하지 않고도 상대방의 감정을 이해하는 것이며, 상대방은 자신이 이해받고 있다는 느낌을 받게 된다.

4) 요약

상대방이 요령 없이 이것저것 늘어놓은 말을 간결하게 하며 이야기의 방향이 빗나가고 있을 때 주의를 모으고, 상대에게 확신을 주기도 한다.

5) 명료화

명료화는 상대방의 말 속에 내포된 의미를 상대방에게 명확하게 해주는 것이다.

6) 해석

해석은 상대방으로 하여금 과거의 생각과는 다른 각도에서 자신의 행동과 내면세계를 파악하게 하는 것이다.

7) 일반화

일반화는 전반적으로 반복되는 패턴을 알고 싶을 때 '보통', '자주', '대부분의 시간 동안에' 등의 표현을 사용하여 다시 질문하는 것이다.

8) 직면

직면은 상대방이 모르고 있거나 인정하기를 거부하는 생각과 느낌에 대하여 주목하도록 하는 것이다.

9) 메아리

메아리는 상대방의 이야기 중에서 좀 더 자세히 얘기하길 원하는 부분만을 반복해 주는 것이다.

10) 자기노출

자기노출은 나 자신을 노출해서 상대방으로 하여금 개방을 하도록 할 수 있다.

11) 질문하기

① 폐쇄형 질문
② 개방형 질문

12) 충고 및 조언

의사소통 시 충고나 조언은 가능하면 하지 않는 것으로 인식되어 왔지만 상황에 따라 조언이나 충고를 적절한 때에 적합한 방법으로 하여 상대방을 도와줄 수 있다.

사례 노인대상 자원봉사 실천 소감문

인간이 가지고 있는 가장 중요한 덕(德)은 삶에서 통찰하여 얻게 되는 지혜라고 생각한다. 우리가 인간으로서 세상에 존재하는 여러 종(種) 중에서 가장 차별화되는 특성은 부모에 대한 효와 어르신을 공경하는 자세라 할 것이다.

그러나 그러한 덕과 지혜가 점점 약해져 가는 현실을 나는 매우 안타깝게 생각하여 왔다. 특히 나의 영원한 지지자인 어머님에 대한 은혜가 깊고 커서 어머님 생에 은혜를 다 갚을 수 없다는 생각에 나는 '효의 사회화 운동'에 참여하고자 노년학을 연구하게 되었고, 1997년부터 17년간 매주 금요일 대한불교 조계종 봉은사에서 운영하는 노인대학에서 봉사하였다.

노인이 된다는 것은 연륜을 통해 배운 삶의 지혜를 지니고 있지만, 자식들이 자신의 삶을 위해 결혼 등으로 곁을 떠나고 지난 삶을 함께 살아온 지인들이 세상을 등지는 경험을 하게 되면서 신체적 · 정신적으로 약해지는 시기를 만나게 되는 것이라 생각한다. 이러한 노인들에게 교육을 통해 변화하는 시대에 노인들의 적응력과 독립성을 향상시키고 더불어 사는 지혜를 배우기 위한 필수적이고 중요한 과정이 노인교육이라고 생각한다. 선진국에서는 노인교육이 노인문제 해결을 위한 근본적 접근임을 인식하고 민간단체, 기업, 대학들이 노인을 위한 프로그램을 개설하여 운영함으로써 이러한 노인들의 욕구를 잘 반영하고 있다.

위와 같이 노인교육의 중요성을 깨닫고 나는 봉은사에서 노인교육 전문가들로 구성된 새로운 프로그램을 개발하였다. 먼저 기존의 '봉은 노인대학'을 '봉은 연화대학'으로 개명하였다. 대학이라는 명칭을 사용한 것은 이 연령층에 계신 어르신들의 배움에 대한 최고의 갈망을 풀어드리기 위함이었다. 주 1회 진행하던 수업을 주 2회로 하였으며 학제도 4년 이상 수학한 어르신은 명예학사, 6년 이상은 명예석사, 10년 이상은 명예박사학위를 수여하는 명예학위제도를 시행하였다. 2005년에는 각 16명의 명예박사, 명예석사와 37명의 학사가 배출되었다. 학위모를 쓰고 졸업식에서 그분들이 감격해 하고 좋아하시는 모습은 이러한 과정의 상징적 의미를 느낄 수 있어 보는 우리들도 흐뭇한 모습이었다.

어르신들이 연세가 있으셔서 이제는 대접을 받는 상황이지만 노년기에도 더 보람 있고 의미가 있는 활동을 통해 이분들에게 삶의 활력을 드리고 싶어서 어르신들로 구성된 연꽃 시니어 봉사단을 창단하게 되었다. 그리고 그분들 중 연화대학에 다니시는 동안 자원봉사를 열심히 하면서 타에 귀감이 되는 어르신들에게는 장학금도 수여하였다. 이러한 활동이 60, 70년대에 우리나라 경제 발전과 근대화에 초석을 놓은 어르신들께 드리는 작은 보답이라는 생각이 들어 보람을 느꼈다.

무엇을 어떻게 하는 것이 봉사인지 모르시던 어르신들이 이제는 "우리도 이웃을 위해 봉사할 일이 이렇게 많은 것을 알게 되었고 남을 도울 수 있는 건강한 몸을 가진 것에 감사를 느낀다"고 행복한 미소를 지으신다.

2017.3.21. 전북무주군 설천면에 설립된 국내 최초 대한노인회 노인전문교육원(우정연수원) 초대원장으로 취임하였다. 가족을 떠나 어르신들과 함께 숙식, 손수 배식을 하며 어르신들이 불편함이 없도록 세심하게 섬겨 어르신들이 감동을 받았다.

젊은 시절 자신의 꿈을 뒤로하고 자식의 꿈을 이루기 위해 자신의 삶을 희생하시고 대한민국의 오늘이 있기까지 헌신해 오신 어르신들께 감사와 보답하기 위해 노인전문교육원에 수료식을 위한 학위복 200벌을 기증하였고, 2017년도에는 99기 15,000여 명의 어르신 수료생에게 학위복을 착용하도록 하여 수료식을 진행하였다. “수료증 수여를 위해 연간 99번의 박사가운을 착용한 것은 기네스북에 오를 일”이라고 하는 주변 분들의 이야기를 들으면 흐뭇하였다.

무주연수원에서 봉사 중 가장 감동적인 순간은 2017.10.11. 파독근로자, 간호사, 조무사 등 41명이 교육원 방문 시 작은 선물과 꽃 한송이씩 전달하며 환영식을 해드렸을 때 서로 감동 받고 눈물을 흘렸던 일이 가슴에 남는다.

필자는 이러한 노인교육에 기여한 공적을 인정받아 2018.10.2. 노인의날 행사에서 국민훈장 동백장을 받았다.

한 줄기 샘물이 넓은 호수를 맑게 할 수 있듯 ‘나’ 한 사람만이라도 ‘사회적 효’를 생활화할 때 작은 ‘효’가 전파되어 모두가 함께 더불어 사는 향기로운 사회를 만들 수 있을 것이다. 앞으로 다양한 전문가들의 도움을 받아 어르신들의 삶의 질을 높이고, 성공적 노후생활이 되도록 질 높은 프로그램 개발 연구에 정진하고자 한다.

■ 고령사회의 모습–노인부양비와 노인빈곤문제

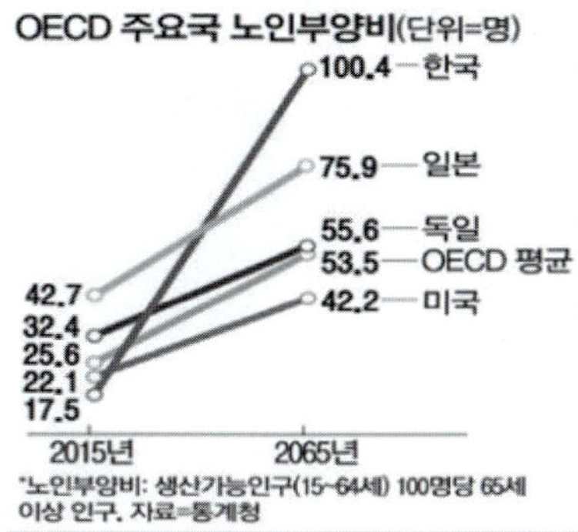

■ 고령사회의 모습–사회복지비 지출은 하위국

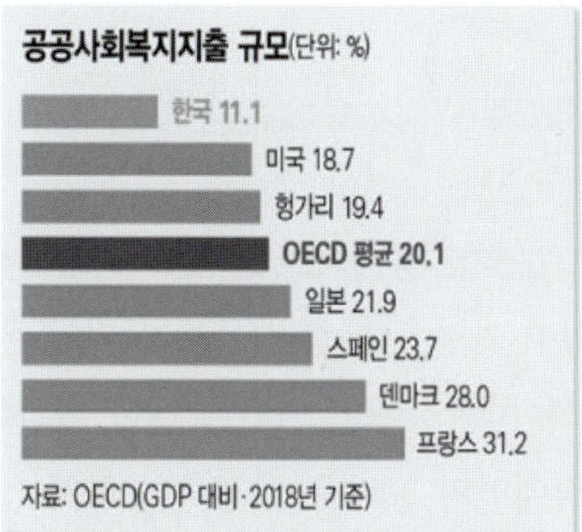

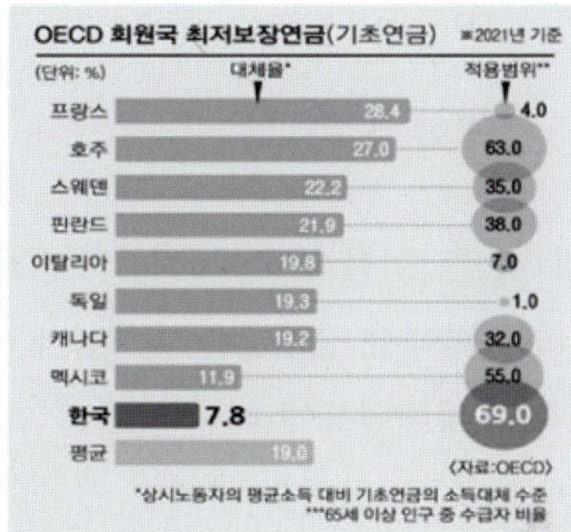

■ 고령사회의 모습–노인문제는 심각한 사회문제

가. 베이비부머의 조기 퇴직으로 노후준비 부족

- **40대 후반~50대 초반의 퇴직 (2019년 경제활동인구조사)**

나. OECD 최고의 노인 빈곤율

- 상대적 빈곤율이OECD국가 중 최고 (통계청, 2020)
- 빈곤인구 구성비가 퇴직 연령을 기점으로 확대

다. OECD 최고의 노인 자살율

- 주로 노인빈곤율이 OECD국가 중 1위인 것과의 연관성
- 원인:건강(23.7%),경제적 어려움(23.0%),외로움(18.4%)순(2020,노인실태조사)

■ 고령사회의 모습-최근 노인복지 동향

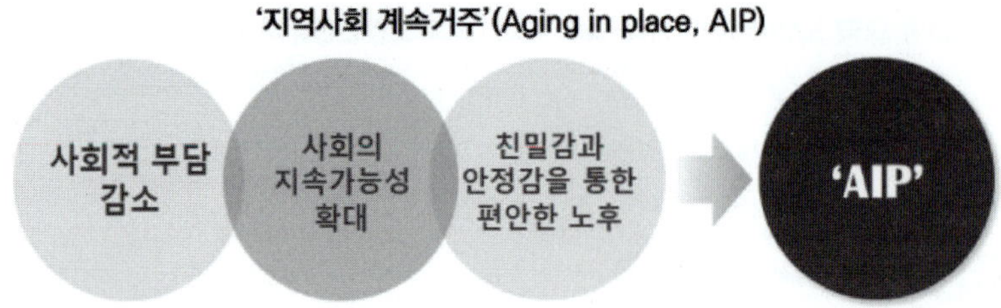

출처 : 대한노인회 2024년 전국시니어포럼자료집.

제2절 장애인을 위한 자원봉사활동

1. 장애와 윤리

'장애'라는 단어를 들으면 무엇이 떠오르는가? 장애가 무엇이라고 생각하였는가? 우리 사회에서 장애인을 이해함에 있어 가장 근본적인 문제가 되어 온 것은 무엇보다도 장애인들에 대한 잘못된 인식이다. 장애의 원인에 대한 비과학적이거나 미신적인 선입견을 가지고 있고, 장애인의 능력을 인정하려 하지 않는다. 현대사회에서의 장애는 결코 특별한 사람만의 상황이 아니다. 사회는 복잡해지고 있고 사회의 현상과 문명발달이 장애 아닌 장애를 양산하고 있기 때문이다. 그렇기 때문에 장애인 인식 문제는 결코 박애정신이나 봉사정신으로 해결할 수 있는 문제가 아니다.

장애인은 사회에 대해서 무엇을 기대할까? 장애 분야에서 자원봉사하는 사람은 어떤 모습일까? 자원봉사자 입장에서 생각하는 장애인을 돕는 자원봉사자의 모습은 도움을 받는 장애인이 기대하는 자원봉사자의 모습과 같은 것일까 아니면 다른 것일까? 이 둘의 모습을 같게 만들기 위해서는 어떻게 해야 하는지 알아보고자 한다.

1) '장애우'의 시대

장애에 대한 인식은 사람들의 생각에서 나오며, 사람들의 생각은 그 시대의 일상적인 경험이나 주도적인 가치의 영향을 받는다. 이 시대의 법칙과 상식은 자본과 노동으로 설명되며, 장애인은 스스로 노동하기가 어려울 뿐만 아니라 보살피는 사람이 필요하기 때문에 다른 사람의 노동활동마저도 방해한다는 생각이 만연해 왔다. 그래서 장애인은 사회에서 분리 또는 추방되어야 한다는 생각이 지배해 왔다.

장애인운동과 장애인을 지지하고 옹호하는 사람들의 운동은 이런 생각에서 대항하고 저항해 온 역사이다. 장애인운동과 장애인옹호운동의 입장에서 장애는 주류사회가 구성한 건물, 도로, 교육, 고용, 체육활동 등의 구조 때문에 세상에서 밀려나거나 불편을 겪거나 핍박을 받는다는 것을 뜻한다. 그래서 장애문제의 해결은 장애인을 재활시키거나 변화시키는 것으로만 가능한 것이 아니라 세상의 구조를 바꾸는 데서 출발하지 않으면 안 된다고 주장한다.

이러한 두 가지 생각의 주도성이 변화함에 따라 분리와 배제의 시기, 자선과 동정의 시기, 권리와 평등의 시기로 구분할 수 있다. 장애에 대한 생각은 분리와 배제에서 권리와 평등의 인정으로 이동하며, 우리나라는 1980년대까지도 분리와 배제의 시기였다고 할 수 있다. 이 시기에는 '장애우'라는 단어를 사용하여 장애인도 세상의 친구로 인정받아야 한다는 슬로건으로 세상에 저항을 선언하였다. 장애우라는 단어를 사용하는 대부분의 대중방송의 장면은 어렵고 힘들게 삶을 지탱해 가는 장애인들의 모습이었다. 장애인에 대한 사람들의 인식은 분리와 배제에서 자선과 동정으로 이동하는 것 같았지만 많은 장애 당사자들의 시선은 '내가 왜 만인의 친구여야 하는가?'라고 반문하면서 대중담론과 장애 내 담론의 간격을 보여주고 있었다.

2) '차별금지'의 시대

장애인에 대한 우리 사회 저변의 생각은 장애우의 시대에 있지만, 우리나라에서 2007년에 제정한 「장애인 차별금지 및 권리구제 등에 관한 법률」(장애인차별금지법) 이후로 장애와 관련된 논의와 제도의 지배원리는 사회적 차별의 극복을 요구하는 권리의 시대에 있다. 국제법으로는 2006년도 UN 총회에서 결의되고 2009년도에 한국이 비준한 '장애인의 권리에 관한 협약(Convention on Rights of Persons with Disabilities)'도 국내법과 같은 효력을 가지고 있다.

우리나라 장애인차별금지법은 모든 생활 영역에서 장애를 이유로 한 차별을 금지하고 장애를 이유로 차별받은 사람의 권익을 효과적으로 구제함으로써 장애인의 완전한 사회참여와 평등권 실현을 통해 인간으로서 존엄과 가치를 구현하기 위하여 제정되었다. 장애인차별금지법의 주요 내용으로 차별금지 대상은 신체적 · 정신적 손상 또는 기능 상실이 장기간에 걸쳐 개인의 일상 또는 사회생활에 상당한 제약을 초래하는 상태에 있는 장애인과 보호자, 후견인 등과 보조견, 장애인보조기구 등의 정당한 사용을 방해하는 것이다.

차별행위는 직접차별, 간접차별, 정당한 편의제공 거부에 의한 차별, 광고에 의한 차별로 구분된다. 직접차별은 장애인을 정당한 이유 없이 제한, 배제, 분리, 거부 등 불리하게 대하는 경우이며, 간접차별은 형식상으로 공정한 기준을 적용하였으나 정당한 사유 없이 장애를 고려하지 아니하는 기준을 적용해 장애인에게 불리한 결과를 초래하는 경우를 말한다. 정당한 편의제공 거부에 의한 차별은 장애가 없는 사람과 동등하게 같은 활동에 참여할 수 있도록 편의시설, 설비, 도구, 서비스 등의 인적 · 물적 제반 수단과 조치를 제공하는 것으로 과도한 부담이나 현저히 곤란한 사정과 같은 정당한 이유 없이 장애인에 대하여 정당한 편의제공을 거부하는 경우를 말한다. 광고에 의한 차별은 정당한 사유 없이 장애인에 대한 제한, 배제, 분리, 거부 등 불리한 대우를 표시 · 조장하는 경우를 말한다. 장애인차별금지법상 차별 예외 사유로는 과도한 부담이나 현저히 곤란한 사정이 있는 경우, 금지된 차별행위가 특정 직무나 사업 수행의 성질상 불가피한 경우에는 차별로 보지 않고 있다.

공공기관과 민간은 장애인차별금지법 시행(2008년 4월 11일)과 동시에 다음과 같은 정당한 편의가 제공되어야 한다. 공공기관은 국가 및 지방자치단체, 대통령령으로 정하는 공공단체를 의미하며, 공공단체는 특수법인, 각급학교, 공기업과 준정부기관, 지방공사 및 지방공단을 포함한다. 차별 영역은 ① 고용, ② 교육, ③ 재화와 용역의 제공 및 이용, ④ 사법 · 행정절차 및 서비스 참정권, ⑤ 모 · 부성권, 성 등, ⑥ 가족, 가정, 복지시설, 건강권, 괴롭힘 등으로 총 6개 영역으로 구분되며, 기존의 어떠한 차별 관련법보다 적용의 영역이 넓고, 생활상의 다양한 영역에서 장애인 차별의 유형과 성격에 기반을 두어 차별금지 사항을 구체적으로 적시하고 있다.

국가 및 지방자치단체는 장애인 및 장애인 관련자에 대한 차별 방지와 권리구제 의무 및 차별시정에 대한 적극적 조치 의무가 있음을 법률에서 정하고 있다. 또한 모든 사항의 기본은 장애의 생활 전반에서 자기결정권과 선택권이 보장되어야 함을 전제하고 있다. 장애인이 차별을 받았거나 의무시행이 되지 않은 경우 권리구제 절차로 국가인권위원회에 진정하면 조사를 통해 시정권고하며, 시정권고 불이행 시 법무부가 시정명령을 내리고, 불이행 시 과태료가 발생된다. 민사상 손해에 대하여 법원에 손해배상 청구가 가능하며, 사법기관에 고발될 경우 수사기관에 의해 형사소송 진행이 가능하다. 벌칙에는 악의적 차별행위에 대한 벌금, 시정명령 불이행 시 과태료 등을 부여하고 있다.

우리나라 장애인인권헌장(1998. 12. 9. 제정 · 공포)

장애인은 인간의 존엄과 가치를 가지며 행복을 추구할 권리를 가진다. 장애인은 건전한 사회 구성원으로 책임 있는 삶을 살아가며 자신의 능력을 계발하여 자립하도록 노력하여야 한다. 국가와 사회는 헌법과 국제연합의 장애인권리선언의 정신에 따라 장애인의 인권을 보호하고 완전한 사회참여와 평등을 이루어 더불어 살아가는 사회를 만들기 위한 여건과 환경을 조성하여야 한다.

1. 장애인은 장애를 이유로 정치 · 경제 · 사회 · 교육 및 문화생활의 모든 영역에서 차별을 받지 아니한다.
2. 장애인은 인간다운 삶을 영위할 수 있도록 소득 · 주거 · 의료 및 사회복지서비스 등을 보장받을 권리를 가진다.
3. 장애인은 다른 모든 사람과 동등한 시민권과 정치적 권리를 가진다.

4. 장애인은 자유로운 이동과 시설이용에 필요한 편의를 제공받아야 하며, 의사 표현과 정보 이용에 필요한 통신 · 수화통역 · 자막 · 점자 및 음성도서 등 모든 서비스를 제공받을 권리를 가진다.
5. 장애인은 자신의 능력을 계발하기 위하여 장애 유형과 정도에 따라 필요한 교육을 받을 권리를 가진다.
6. 장애인은 능력에 따라 직업을 선택하고 그에 따른 정당한 보수를 받을 권리를 가지며, 직업을 가지기 어려운 장애인은 국가의 특별한 지원을 받아 일하고 인간다운 생활을 보장받을 권리를 가진다.
7. 장애인은 문화, 예술, 체육 및 여가활동에 참여할 권리를 가진다.
8. 장애인은 가족과 함께 생활할 권리를 가진다. 장애인이 전문시설에서 생활하는 것이 필요한 경우에도 환경이나 생활조건은 같은 나이 사람의 생활과 가능한 한 같아야 한다.
9. 장애인은 사회로부터 분리, 학대 및 멸시받지 않을 권리를 가지며, 누구든지 장애인을 이용하여 부당한 이익을 취하여서는 안 된다.
10. 장애인은 자신의 인격과 재산의 보호를 위하여 필요한 법률상의 도움을 받을 권리를 가진다.
11. 여성 장애인은 임신, 출산, 육아 및 가사 등에 있어서 생활에 필요한 보호와 지원을 받을 권리를 가진다.
12. 혼자 힘으로 의사결정을 하기 힘든 장애인과 그 가족은 인간다운 삶을 영위하기 위하여 필요한 지원을 받을 권리를 가진다.
13. 장애인의 특수한 욕구는 국가정책의 계획단계에서부터 우선 고려되어야 하며, 장애인과 가족은 복지증진을 위한 정책결정에 민주적 절차에 따라 참여할 권리를 가진다.

2. 장애개념과 범주

장애인을 돕고 이해하는 데 왜 장애개념이 필요한가, 장애개념은 변화하는가, 나라마다 장애개념은 다른가, 그리고 장애개념의 변화가 보여주는 특징은 무엇인가에 대해 알아보고자 한다.

1) 개요

장애인이라 함은 '장애를 가진 사람(people with disability)'이며, '불편한 것을 하나 또는 그 이상 지니고 있는 사람'으로 보고 있다. 장애에 대한 정의는 그 나라의 문화적 · 사회적 · 경제적 · 정치적 여건 및 수준에 따라 변화하고 있으며, 장애인에 대한 개념 정의도 나라마다 다르게 정리되고 있다.

우리나라에서 장애를 지칭하는 용어는 1981년 심신장애자복지법에서 '심신장애자'라는 용어를 사용하였으며, 그 후 1989년 장애인복지법에서는 '장애인(障碍人)'

으로 변경되었다. 자구대로 해석하면 장애인은 '세상으로부터 막히고, 그래서 세상으로부터 벗어나 있는 사람'이라는 의미를 가지고 있다. 중국은 '잔질인(殘疾人)', 일본은 '장해인(障害人)', 서양은 과거에는 'the disabled'로 많이 사용하였으나 최근에는 'disabled people'이라는 용어를 더 선호한다. 다른 한편에서는 장애를 지칭하는 용어가 부정적이라는 문제를 제기하면서 'differently abled people'이라는 용어를 사용하는 사람들도 있다. 이처럼 장애를 지칭하는 용어는 다양하며, 다양한 용어는 다른 개념을 반영한다.

국제기구에 의한 장애에 대한 공식적인 정의는 1980년 세계보건기구(WHO)에서 채택한 정의에 의하면, 장애(disability)는 의학적 손상(impairment)의 직접적인 결과로서 발생하는 것이며, 손상된 능력이 장애를 구성한다고 하였다. 그러나 최근 들어 환경의 영향을 강조하는 추세이며, 장애는 신체적 요소와 환경적 요소와의 상호작용을 통하여 사회생활 참여를 제한하는 상태로 주목받고 있다. 우리나라 장애인복지법에서는 장애인이란 "신체적 · 정신적 장애로 오랫동안 일상생활이나 사회생활에서 상당한 제약을 받는 자"로 정의하고 있다. 따라서 장애의 정의는 신체적 또는 정신적 장애라는 의학적 원인이 존재하며, 이러한 원인에 의하여 일상생활이나 사회생활에 상당한 제약을 받고 있는 상태라는 두 가지 조건에 의하여 규정된다고 할 수 있다.

장애를 정의하는 이유는 그 사회가 사회정책을 통하여 어떤 사람들에게 어떤 서비스를 제공할 것인지에 대한 기준을 마련하기 위한 것이다. 따라서 사회적 약자에 대한 적극적인 옹호와 지원을 강조하는 사회에서는 장애를 넓게 정의할 것이고, 사회적 약자에 대한 지원이 소극적인 사회에서는 장애를 좁게 규정할 것이다. 장애개념에 대한 탐색과 장애를 정의하려는 노력은 사회적 소수자에 대하여 국가나 사회가 어떠한 관점에서 인식할 것인지, 어떤 정책적 수단을 강구할 것인지, 제공되는 서비스의 맥락은 어떠해야 하는지 등과 관련이 있다.

2) 장애개념의 변화

장애인은 사회복지 정책의 대표적인 대상이며 다른 사람의 도움이 가장 필요한 취약한 집단이며, 자선의 대상으로 묘사되었다. 시대의 변화와 함께 장애에 대한 인식은 개인적인 비극으로 보는 시각에서 사회의 결함으로 야기된다고 보는 시각으로 점차 변화하고 있다. 우리나라 2023년 장애인 실태조사 결과에 따르면 재가장애인의 장애발생 원인에서도 보면 질환이나 사고로 발생한 후천적 원인이 88.0%로 가장 많으며, 선천적 원인 4.4%, 출산 시 원인 1.1%, 원인불명 6.4%로 나타났다. 육체적, 신체적 불편함은 의학과 기술의 발전으로 점점 보완되고 있으며, 신체적 손상을 강조하는 관점에서 벗어나 사회의 한 개인으로서 역할을 수행하는 데 물리적, 심리적 장애 요인 때문에 어려움을 겪는 사람을 장애인으로 파악하려는 경향이 강해지고 있다.

이러한 경향은 세계보건기구의 장애에 대한 정의에 반영되어 1980년에 ICIDH (International Classification of Impairments, Disabilities, and Handicaps) 분류체계가 만들어지게 되었다. 이어서 세계보건기구는 1997년에 장애개념에 대한 새로운 접근을 모색하기 위하여 ICIDH-2를 제시하였고, 이에 대한 검토 결과를 토대로 2001년 ICF(International Classification of Functioning)를 승인하였다. ICIDH는 손상, 기능제약(disabilities), 사회적 불리(handicaps) 등의 개념 구분을 통하여 장애를 설명함으로써 손상이나 기능제약의 측면과 함께 사회적으로 불이익을 받는 상황을 강조하기 위한 것이었다. 이러한 장애개념을 따르게 되는 경우에는 장애의 의학적 원인과는 별개로 사회적 불이익을 받는 결과를 중심으로 장애를 설명할 수 있기 때문에 장애에 대한 사회적 책임론이 확장될 가능성이 높아졌다.

ICF는 개별적 모델과 사회적 모델의 통합을 위한 노력의 결과라고 할 수 있으며, 국제질병분류체계인 ICD-10과 병행해서 상호 보완적으로 사용하도록 만들어졌다. ICD-10은 질병의 진단에 초점을 두고 있다면, ICF는 기능(function)에 대한 풍부한 정보를 제공하도록 되어 있다. ICF는 다양한 전문 영역과 실천현장에서 기여하기 위하여 제안되고 승인되었으며, 장애를 가지고 있는 사람들에게만 적용될 수 있는 것이 아니라 모든 사람의 건강에 관련된 요소들을 설명해 줄 수 있는 보편적인 적용이 가능한 틀이다. ICF는 개인적인 손상이나 기능제약과 상황적 요소들(환경적 요소와 개별적 요소)과의 상호작용에 의하여 기능과 장애를 설명한다. 이 체계는 정보를 조직화하기 위한 틀로서, 제1영역에서는 기능과 장애를 다루며, 제2영역에서는 상황 요인들을 다룬다.

〈표 9-4〉 재가장애인의 장애유형별 장애원인

구분		지체 장애	뇌병변 장애	시각 장애	청각 장애	언어 장애	지적 장애	자폐성 장애	정신 장애	신장 장애	심장 장애	호흡기 장애	간 장애	안면 장애	장루·요루 장애	뇌전증 장애	전체
선천적 원인		1.5	2.3	5.2	2.7	21.6	22.7	31.0	0.9	0.7	24.2	0.3	1.1	16.4	0.8	8.2	4.4
출산 시 원인		0.0	6.6	0.5	0.1	0.9	5.0	1.1	0.0	0.0	0.0	0.0	0.0	1.0	0.0	0.0	1.1
후천적 원인	질환	45.8	79.6	57.3	88.2	46.0	8.3	0.5	85.0	98.8	75.1	94.9	98.9	19.4	95.4	55.0	58.1
	사고	52.5	10.2	35.3	7.0	12.7	7.3	0.0	10.2	0.3	0.3	3.9	0.0	59.7	3.7	19.6	29.9
원인불명		0.2	1.3	1.7	2.0	18.8	56.7	67.4	3.9	0.2	0.5	0.9	0.0	3.5	0.0	17.3	6.4
계		100.0	100.0	100.0	100.0	100.0	100.0	100.0	100.0	100.0	100.0	100.0	100.0	100.0	100.0	100.0	100.0
전국추정수		1,162,531	256,042	252,490	424,652	23,254	202,112	38,072	103,819	107,516	4,944	11,400	15,239	2,629	18,439	7,235	2,630,374

출처 : 보건복지부 · 한국보건사회연구원(2023). p. 8.

3) 우리나라 장애범주

우리나라에서 시행되고 있는 장애인복지와 관련된 주요 법률은 「장애인복지법」, 「장애인 차별금지 및 권리구제 등에 관한 법률」, 「장애인 고용촉진 및 직업재활법」, 「장애인 등에 대한 특수교육법」 등이다. 이들 각 법률은 법의 목적에 따라 다소 다르게 장애를 규정하고 있으며, 장애 관련 법령의 기준은 장애인복지법이다.

우리나라 장애인복지법 제2조에서는 장애인을 "신체적 · 정신적 장애로 오랫동안 일상생활이나 사회생활에서 상당한 제약을 받는 자"로 규정하고 있다. 이 법의 적용을 받는 장애인은 크게 신체적 장애와 정신적 장애로 분류되고 있으며, 신체적 장애는 주요 외부 신체기능의 장애, 내부기관의 장애 등을 말하며, 정신적 장애는 발달장애(지적장애, 자폐성장애) 또는 정신질환으로 발생하는 장애를 말한다. 그리고 구체적인 장애의 종류와 기준은 대통령령으로 정하고 있다.

〈표 9-5〉 장애인복지법에 따른 장애유형 분류

대분류	중분류	소분류	세분류
신체적 장애	외부 신체기능의 장애	지체장애	절단장애, 관절장애, 지체기능장애, 척추장애, 변형 등의 장애
		뇌병변장애	뇌의 손상으로 인한 복합적인 장애
		시각장애	시력장애, 시야결손장애, 겹보임(복시)
		청각장애	청력장애, 평형기능장애
		언어장애	언어장애, 음성장애, 구어장애
		안면장애	안면부의 추상, 함몰, 비후 등 변형으로 인한 장애
	내부기관의 장애	신장장애	투석치료 중이거나 신장을 이식 받은 경우
		심장장애	일상생활이 현저히 제한되는 심장기능 이상
		간장애	일상생활이 현저히 제한되는 만성 · 중증의 간기능 이상
		호흡기장애	일상생활이 현저히 제한되는 만성 · 중증의 호흡기기능 이상
		장루 · 요루장애	일상생활이 현저히 제한되는 장루 · 요루
		뇌전증장애	일상생활이 현저히 제한되는 만성 · 중증의 뇌전증
정신적 장애	발달장애	지적장애	지능지수가 70 이하인 경우
		자폐성장애	소아청소년 자폐 등 자폐성 장애
	정신장애	정신장애	조현병, 조현정동장애, 양극성정동장애, 재발성우울장애, 뇌의 신경학적 손상으로 인한 기질성 정신장애, 지속적 치료에도 호전되지 않는 강박장애, 투렛장애(Tourette's disorder), 기면증

출처 : 보건복지부(2023).

4) 우리나라 장애등급제 폐지

우리나라 장애등급제는 1987년 10월 1일에 장애인등록 시범사업을 시작으로 1988년 11월 1일부터 전국적으로 확대 실시되었으나, 장애등급제는 의학적 판정에 따른 획일적인 기준으로만 판정하며 장애인의 개별적 욕구나 어려움을 충분히 고려하는 데 한계가 있었다. 그래서 2019년 7월 1일부터 장애등급제 폐지 및 수요자 중심 장애인 지원체계를 구축하면서 장애인등급제 단계적 폐지를 위해 종전 1~6등급은 폐지하고 중증 · 경증으로 단순 구분됨에 따라 종전 1~3등급은 심한 장애인, 4~6등급은 심하지 않은 장애인으로 일괄 전환하였다. 그리고 서비스 종합조사를 도입하여 장애인의 복지서비스 필요도 조사, 서비스 필요 여부

조사 및 지원을 하며 이는 장애인의 개별적 상황을 보다 섬세하게 고려하고 장애인 서비스 제공 기반을 강화하는 정책으로 전환하는 수요자 중심 서비스 지원을 강화하고자 하였다.

3. 장애인복지의 특성 및 생애주기별 서비스

1) 장애인복지의 특성

장애인복지는 장애인의 완전한 사회참여를 통한 사회통합을 목적으로 한다. 장애인들이 심신의 결함으로 인하여 가정생활, 사회생활에 곤란을 가지게 되는 것을 국가나 민간사회복지기관이 그들의 모든 생활에서 곤란을 느끼지 않도록 의료적, 교육적, 직업적, 심리적, 사회적 제 문제에 걸쳐 원조하는 제도적, 정책적 서비스의 조직적 활동과 노력이라고 할 수 있다. 이러한 개념에서 출발한 장애인복지서비스란 장애로 인한 생리학상의 문제를 장애인 개인의 불행으로 돌리는 일반사회인의 편견이나 약자를 더욱 불리하게 하는 경쟁사회의 구조에 대하여 장애인이 생활의 위기를 대처해 나가도록 예방적 · 사회 치료적으로 개입하는 시책과 실천행동이라고 할 수 있다.

장애인복지와 장애인복지 서비스의 특성은 다음과 같다. 첫째, 장애인 문제의 복잡성이다. 장애인은 의학적 · 생리학적인 불편과 이로 인해 파생되는 취학, 취업, 결혼, 사회활동 등의 문제에도 직면하고 있어 한 사람의 장애인에게 나타나는 문제는 다중적이고 생태체계적인 복잡한 구조를 지니고 있다. 둘째, 장애인복지의 복합성이다. 장애로 인하여 발생되는 문제가 복잡한 만큼 그 해결을 위해 사회복지는 사회복지학, 의학, 교육학, 심리학, 행정학, 법학, 경제학, 건축학 등 여러 분야의 학문들과 통합성이 요구되는 분야이다. 셋째, 장애인복지의 질적 향상을 위한 장애인 당사자의 사회운동 역할이다. 장애 당사자들의 직접적인 사회운동을 통한 장애인복지의 흐름들이 바뀌어 가고 또한 점차 장애인 자신들의 권리의식도 높아져 장애인복지 정책결정과 서비스 제공 등에 있어서 장애인 스스로가 참여할 수 있는 하나의 권리성을 확보하게 되었다.

2) 생애주기별 서비스

생애주기(life cycle)란 개인의 출생에서 사망까지의 과정을 의미하고, 그 과정에는 개인이 공동으로 반복되는 발달상의 모든 변화 패턴인 입학 · 진학 · 취업 · 결혼 · 직업전환 · 은퇴 등의 순서로 연령과 관련되어 있다. 일반적으로 개인의 성장과 발달의 단계를 설명하는 포괄적인 기준은 개인의 생애주기와 각 생애주기에 따른 발달과업이라고 볼 수 있다.

그럼에도 불구하고 우리 사회에서 장애인은 일방적으로 어떤 도움을 받아야 하는 위치에 있는 동질적인 인구집단이라는 정도로 인식되어 왔다. 이러한 인식은 장애라는 불편함에도 불구하고 자기 과업의 완성을 위하여 끊임없이 도전하는 개별성을 가진 개인이라는 관점을 가지기 어렵게 하였다. 최근에는 장애인이 일반적인 사회에서 일반적인 사람들과 같이 살아갈 수 있도록 하는 서비스 이념인 정상화와 사회통합은 일반적인 사람들과 똑같이 장애인의 경우에도 생애주기와 발달과업에 대하여 집중적인 관심을 기울일 것을 강조하고 있다. 루이스와 루이스(Lewis & Lewis, 1989)의 연구에 의하면 지역사회 차원에서 제공되는 서비스의 분류는 직접적 접근과 간접적 접근 분류, 클라이언트 서비스와 지역사회 서비스라는 분류의 조합을 통하여 네 가지 형태로 제시하고 있다.

〈표 9-6〉 생애주기별 서비스

생애주기	직접적 접근		간접적 접근	
	클라이언트 서비스	지역사회 서비스	클라이언트 서비스	지역사회 서비스
영유아기	• 장애사정 및 재활계획 수립 • 장애 및 가족 관련 상담 • 각종 교육, 치료 프로그램	• 장애예방자료 제작 및 보급	• 권익옹호 프로그램 • 생활환경의 조정 • 부모 자조 네트워크 형성 지원 • 이용 가능한 자원의 개발과 연결 • 각종 상황에 대한 컨설팅	• 장애예방조치를 위한 입법 및 조례 제정 운동 • 관련 조사 · 연구 활동

학령기	• 장애사정 및 재활 계획 수립 • 장애 및 가족 관련 상담 • 각종 교육, 치료 프로그램 • 생활적응훈련 프로그램	• 장애예방자료 제작 및 보급	• 권익옹호 프로그램 • 학교 및 가정환경에 대한 원조 • 부모 자조 네트워크 형성 지원 • 장애형제 프로그램 • 이용 가능한 자원의 개발과 연결 • 각종 상황에 대한 컨설팅	• 장애예방조치를 위한 입법 및 조례 제정 운동 • 관련 조사 · 연구 활동
성인기	• 장애사정 및 재활 계획 수립 • 장애 및 가족 관련 상담 • 생활적응훈련 프로그램 • 각종 직업재활 프로그램 • 장애 유형별 재활 프로그램	• 장애예방자료 제작 및 보급	• 권익옹호 프로그램 • 가정환경에 대한 원조 • 자조 네트워크 형성 지원 • 이용 가능한 자원의 개발과 연결 • 각종 상황에 대한 컨설팅	• 장애예방조치를 위한 입법 및 조례 제정 운동 • 관련 조사 · 연구 활동
노년기	• 장애사정 및 재활 계획 수립 • 장애 및 가족 관련 상담 • 각종 교육, 치료프로그램 • 생활적응훈련 프로그램 • 장애 유형별 재활 프로그램	• 장애예방자료 제작 및 보급	• 권익옹호 프로그램 • 가정환경에 대한 원조 • 자조 네트워크 형성 지원 • 이용 가능한 자원의 개발과 연결 • 각종 상황에 대한 컨설팅	• 장애예방조치를 위한 입법 및 조례 제정 운동 • 관련 조사 · 연구 활동

출처 : 정무성 외(2004), pp. 108–109.

4. 장애인복지시설의 종류 및 운영 철학

장애인복지시설은 장애인에게 입소 또는 통원하면서 재활에 필요한 상담, 치료, 교육, 훈련 및 요양 등 다양한 서비스를 제공하여 장애인의 복지증진을 목적으로 운영하는 시설이다. 과거에는 시설에서 제공되는 서비스는 주로 이용자의 1차적인 욕구인 생리적인 욕구, 주거 서비스와 같은 보호 중심의 서비스가 주를 이루었으나, 최근에는 단순한 수용, 보호 차원을 넘어 이용자의 삶의 질 제고를 위한 다양하고 포괄적인 서비스를 제공하도록 요구받고 있다.

1) 장애인복지시설의 종류

장애인복지법 제58조(장애인복지시설)에 의한 장애인복지시설의 종류는 다음과 같다. 장애인 거주시설은 거주공간을 활용하여 일반가정에서 생활하기 어려운 장애인에게 일정 기간 동안 거주 · 요양 · 지원 등의 서비스를 제공하는 동시에 지역사회생활을 지원하는 시설이다. 장애인 지역사회재활시설은 장애인을 전문적으로 상담 · 치료 · 훈련하거나 장애인의 일상생활, 여가활동 및 사회참여활동 등을 지원하는 시설이다. 장애인 직업재활시설은 일반 작업환경에서는 일하기 어려운 장애인이 특별히 준비된 작업환경에서 직업훈련을 받거나 직업생활을 할 수 있도록 하는 시설이다. 장애인 의료재활시설은 장애인을 입원 또는 통원하게 하여 상담, 진단 · 판정, 치료 등 의료재활서비스를 제공하는 시설이다. 그 밖에 대통령령으로 정하는 시설이 있다. 장애인복지법 시행규칙 제41조(장애인복지시설의 종류와 사업) 별표4(장애인복지시설의 종류)에 의한 장애인복지시설의 종류와 기능은 〈표 9-7〉과 같다.

〈표 9-7〉 장애인복지시설의 종류 및 기능

구 분	시설의 종류 및 기능
1. 장애인 거주시설	가. 장애유형별 거주시설: 장애유형이 같거나 유사한 장애를 가진 사람들을 이용하게 하여 그들의 장애유형에 적합한 주거지원 · 일상생활지원 · 지역사회생활지원 등의 서비스를 제공하는 시설 나. 중증장애인 거주시설: 장애의 정도가 심하여 항상 도움이 필요한 장애인에게 주거지원 · 일상생활지원 · 지역사회생활지원 · 요양서비스를 제공하는 시설 다. 장애영유아 거주시설: 6세 미만의 장애영유아를 보호하고 재활에 필요한 주거지원 · 일상생활지원 · 지역사회생활지원 · 요양서비스를 제공하는 시설 라. 장애인 단기거주시설: 보호자의 일시적 부재 등으로 도움이 필요한 장애인에게 단기간 주거서비스, 일상생활지원서비스, 지역사회생활서비스를 제공하는 시설 마. 장애인 공동생활가정: 장애인들이 스스로 사회에 적응하기 위하여 전문인력의 지도를 받으며 공동으로 생활하는 지역사회 내의 소규모 주거시설 바. 독립형 주거서비스 제공기관: 장애인에게 가정과 같은 주거여건을 제공하는 여러 개의 개별 주거 공간을 설치하고, 지역사회 자원을 활용하여 주거지원 · 일상생활지원 · 지역사회생활지원 등의 서비스를 제공하는 기관

2. 장애인 지역사회 재활시설	가. 장애인복지관: 장애인에 대한 각종 상담 및 사회심리 · 교육 · 직업 · 의료재활 등 장애인의 지역사회생활에 필요한 종합적인 재활서비스를 제공하고 장애에 대한 사회적 인식 개선사업을 수행하는 시설 나. 장애인 주간이용시설: 일상생활 및 지역사회생활을 영위하는 데 지원이 필요한 장애인에게 낮 시간 동안 활동 위주의 프로그램 및 교육 지원 등을 제공하는 시설 다. 장애인 체육시설: 장애인의 체력증진 또는 신체기능 회복활동을 지원하고 이와 관련된 편의를 제공하는 시설 라. 장애인 수련시설: 장애인의 문화 · 취미 · 오락활동 등을 통한 심신수련을 조장 · 지원하고 이와 관련된 편의를 제공하는 시설 마. 시각장애인 등 생활지원센터: 시각장애인 등에게 이동서비스를 지원하고, 지역사회 거주 시각장애인 등을 적시에 발굴하여 재활상담, 보행 · 점자 · 정보화 등 교육, 일상생활기술 훈련 등 개인별 맞춤 복지서비스를 제공하는 시설 바. 수어통역센터: 의사소통에 지장이 있는 청각 · 언어장애인에게 한국수어 통역 및 상담서비스를 제공하는 시설 사. 점자도서관: 시각장애인에게 점자간행물 및 녹음서를 열람하게 하는 시설 아. 점자도서 및 녹음서 출판시설: 시각장애인을 위한 점자간행물 및 녹음서를 출판하는 시설 자. 장애인 재활치료시설: 장애아동을 포함한 장애인에게 언어 · 미술 · 음악 등 재활치료에 필요한 치료, 상담, 훈련 등의 서비스를 제공하고 서비스를 이용한 자로부터 비용을 수납하여 운영하는 시설
3. 장애인 직업재활 시설	가. 장애인 보호작업장: 직업능력이 낮은 장애인에게 직업적응능력 및 직무기능 향상훈련 등 직업재활훈련 프로그램을 제공하고, 보호가 가능한 조건에서 근로의 기회를 제공하며, 이에 상응하는 노동의 대가로 임금을 지급하며, 장애인 근로사업장이나 그 밖의 경쟁적인 고용시장으로 옮겨갈 수 있도록 돕는 역할을 하는 시설 나. 장애인 근로사업장: 직업능력은 있으나 이동 및 접근성이나 사회적 제약 등으로 취업이 어려운 장애인에게 근로의 기회를 제공하고, 최저임금 이상의 임금을 지급하며, 경쟁적인 고용시장으로 옮겨갈 수 있도록 돕는 역할을 하는 시설 다. 장애인 직업적응훈련시설: 작업능력이 극히 낮은 장애인에게 작업활동, 일상생활훈련 등을 제공하여 기초작업능력을 습득시키고, 작업평가 및 사회적응훈련 등을 실시하여 장애인 보호작업장 또는 장애인근로사업장이나 그 밖의 경쟁적인 고용시장으로 옮겨갈 수 있도록 돕는 역할을 하는 시설
4. 장애인 의료재활 시설	장애인 의료재활시설: 장애인을 입원 또는 통원하게 하여 상담, 진단 · 판정, 치료 등 의료재활서비스를 제공하는 시설
5. 장애인 쉼터	장애인학대로 인하여 인권침해 등의 피해를 입은 장애인의 임시 보호 및 사회복귀 지원을 위한 시설
6. 피해 장애아동 쉼터	장애인학대로 인하여 인권침해 등의 피해를 입은 장애아동의 임시보호를 위한 시설
7. 장애인 생산품 판매시설	장애인 생산품의 판매활동 및 유통을 대행하고, 장애인 생산품이나 서비스 · 용역에 관한 상담, 홍보, 판로 개척 및 정보제공 등 마케팅을 지원하는 시설

출처 : 장애인복지법 시행규칙 [별표4].

2) 장애인복지시설의 운영 철학

장애인복지시설을 운영할 때 이용자의 삶의 질 제고를 위해 갖추어야 할 철학과 이념적 패러다임은 다음과 같다. 첫째, 인권보장의 철학이다. 인권은 우리나라 헌법과 국내외 인권에 관한 규범에 근거하여 인간의 기본적인 권리로서 인간의 존엄성, 생존권, 생명존중의 가치, 인간다운 생활을 할 권리 등이 보장되어야 한다. 둘째, 정상화의 철학이다. 정상화의 철학은 1950년대 후반 북유럽에서 시설 내 장애인의 생활환경 개선을 위해 제기된 철학이며, 이 이념은 시설 내 장애인도 지역사회 내의 일반 주류 시민들과 동일한 생활방식과 환경에 가깝도록 처우되어야 한다. 셋째, 사회통합의 철학이다. 시설에 입소한 이용자도 사회 구성원으로서 역할을 수행하며 살아가는 것을 의미하며, 이를 위해 그 사회에서 인정하는 생활방식과 기회에 완전하게 참여해야 가능한 것이며, 사회복지시설은 사회통합을 촉진시키기 위해 물리적 · 심리적 · 문화적인 제약조건들을 제거하는 노력을 하여야 한다. 넷째, 자립생활의 철학이다. 스스로 자신의 삶을 선택하고 결정하며 자신의 생활 전반에 대한 통제력을 가지고 있음을 나타내는 것이다. 수혜자의 입장이 아닌 능동적이고 주체적인 삶의 양식을 가질 수 있다는 이념이고, 그 선택과 결정에 대한 책임도 당사자가 지는 것이다. 다섯째, 강점 중심의 철학이다. 이용자의 잠재능력, 재능, 자질을 강화시켜 줌으로써 사회적 적응을 보다 가능하게 하는 데 초점을 둔 접근방법이다. 병리보다는 강점, 자기결정을 강조하는 한편 개인 문제보다는 지역사회, 사회구조, 제도 등 사회환경적인 문제해결에 더욱 초점을 둔다. 여섯째, 역량 강화의 철학이다. 이용자가 스스로 자신의 삶을 운영하도록 개인생활, 대인관계, 사회적 · 정치적 · 경제적 · 문화적 능력을 증가시키는 목적 또는 과정에 초점을 둔다.

5. 장애인을 위한 자원봉사의 필요성 및 활동 내용

1) 장애인을 위한 자원봉사의 필요성

장애인은 일상생활을 영위하는 어려움이 많으며, 장애유형과 정도에 따라 다양한 기본 욕구들이 있다. 여러 분야의 신체적, 정신적, 심리적, 정서적, 인지적, 언어적 어려움을 겪고 있는 장애인에 대한 도움과 지원을 위한 기본적인 장애인복지 서비스가 제공되고 있지만, 장애인의 자원봉사를 통해 개별적 욕구의 증대, 재활과 자립을 위한 지원, 일상생활 영역뿐만 아니라 삶의 질을 향상하기 위한 여가, 취미, 문화 등의 영역에 대한 자원봉사가 필요하다. 그뿐만 아니라 장애인의 심리적, 정서적, 사회적 거리감을 줄이고 진정한 소통을 하는 것이 필요하다.

2) 장애인을 위한 자원봉사활동의 종류와 내용

장애인을 위한 자원봉사활동의 종류와 내용은 직접적으로 돕는 일과 간접적으로 돕는 일로 나누어 볼 수 있으며, 참여 주체별로 개인적인 참여나 가족이나 단체 단위의 참여가 있으며, 장소별로는 사회복지시설이나 기관, 가정, 지역사회 등 매우 다양하다. 장애인은 영유아부터 노인에 이르기까지 전 생애에 걸쳐 있으며, 장애유형과 장애 정도에 따라 필요한 서비스와 욕구가 다양하여 자원봉사활동의 종류와 내용은 광범위하다고 볼 수 있다. 또한 전문적인 기술과 지식이 요하는 서비스에서부터 누구나 할 수 있는 간단한 도움까지 자원봉사활동은 무궁무진하다고 할 수 있으며, 장애인의 욕구와 사회적 환경에 따라 적합한 자원봉사활동을 개발하여 궁극적으로 장애인의 재활과 자립을 돕는 것을 목표로 해야 한다. 장애인을 위한 자원봉사활동의 구분과 내용은 일반적으로 〈표 9-8〉, 〈표 9-9〉와 같다.

〈표 9-8〉 자원봉사활동의 구분

구 분		내 용
직접적 자원봉사	상담 및 심리적 지지	상담, 말벗
	교육지원	학습 보조 및 지도, 컴퓨터 교육, 시각장애인 이동훈련보조
	사회활동	동반외출, 사회적응훈련, 수화통역
	생활지원	도시락 및 밑반찬 배달, 이미용 제공, 순회 진료, 건강검진 및 병원 이용안내
간접적 자원봉사	시각장애인을 위한 도서 전산화 및 녹음서 제작	
	장애인 관련 각종 행사 및 캠페인	
	관련 단체 및 기관 업무지원	
	시설, 장비 보수 및 환경 관리	

〈표 9-9〉 장애인을 위한 자원봉사활동의 세부내용

종 류	자원봉사활동 내용
전화상담	• 상담 및 재활정보 제공
학습지도	• 언어, 한글, 숫자, 시간 개념, 경제 개념 • 영어, 수학 등 학과 지도 • 검정고시 지도
일상생활훈련	• 청소, 식사예절, 음식 만들기, 예절, 건강관리 지도
사회적응훈련	• 지역사회시설이용 : 전화사용, 대중교통 이용, 은행 이용, 공공시설 이용 등 • 특별활동 : 미술, 서예, 사물놀이, 체육, 레크리에이션, 한지공예, 자치회 활동 • 교육활동 : 캠프, 야외학습 등
정보화교육	• 컴퓨터 교육, 컴퓨터 수업보조
조기교육	• 수업보조, 개별지도 등
교재 · 교구제작	• 언어치료, 조기교육 등 교구 제작
직업훈련 및 지원고용	• 직능개발훈련, 학습지도, 일상생활훈련, 지역사회시설 이용지도, 특별활동, 교육활동, 직무지도 등
재가복지	• 가사지원 : 청소, 세탁, 부엌일, 시장보기 등 • 외출지원 : 차량봉사, 병원동행, 나들이 지원 등 • 정서지원 : 말벗, 책 읽어주기, 취미활동 지원 등 • 목욕지원, 교육지원, 심부름
스포츠 및 여가활동	• 스포츠지도 : 축구, 탁구, 농구, 사이클, 볼링, 수영 등 • 여가활동 지원 : 등산, 관광 등

의료	• 전문의 진료 : 치과, 내과, 한방, 산부인과, 신경정신과 등 • 의료서비스 : 수지침, 족부반사요법, 한방(부항, 뜸), 마사지, 안마 등
이 · 미용	• 커트, 파마, 면도 등
목욕	• 시설 내 목욕, 이동목욕차량, 가정 내 목욕, 대중목욕탕
보호	• 주간보호, 단기보호, 생활시설
주방	• 무료 급식 • 도시락 및 밑반찬
행정	• 서류철 정리, 자료 컴퓨터 입력, 도서정리, 도서목록 분류 • 후원지로용지, 소식지 발송
홍보	• 사진 및 비디오 촬영 • 홍보 스크랩
행사	• 각종 행사보조 등
시각장애인 지원	• 재활훈련 : 점자훈련, 보행훈련, 타자훈련, 일상생활훈련, 컴퓨터교육 등 • 점자도서 및 녹음도서 제작
청각장애인 지원	• 수화통역
장애인 시민공동체 지원	• 장애인 시민공동체 활동 : 스몰스파크(Small Sparks) • 장애인 지역통합 시민 옹호 활동 : 장애 시민을 옹호하는(옹) 마음(심)을 나누는 사람(이)(옹심이)
기타	• 기타 봉사자의 관심과 재능에 따라 봉사활동 가능

3) 장애인 시민공동체 및 지역통합 지원 활동

장애인 지원을 위한 전통적인 자원봉사활동을 뛰어넘어 최근에는 장애인들의 시민공동체 및 지역사회통합을 위한 함께하는 활동들이 있다. 첫째는 스몰스파크(Small Sparks) 활동이다. 장애인 시민공동체 활동인 스몰스파크는 장애인이 삶의 터전인 지역사회에서 비장애인과 어울려 차별 없이 살아갈 수 있도록 새로운 관점으로 장애인 지역통합사업을 추진하고 있다. 스몰스파크는 작은 불꽃(Small Sparks)이 지역사회에 큰 영향을 미친다는 의미로 지역사회 주민들이 모여 지역 내에서 같이 활동하며 지역을 변화시킬 수 있도록 소규모 활동을 지원하는 사업이다. 스몰스파크의 주요 내용은 ① 장애인과 비장애인이 함께하는 다양한 주민 모임과 활동, ② 협력기관 홍보 → 주민 주도로 모임 신청 → 심사 후 기금 지원, ③ 장애인의 사회적 관계를 확장하는 지원 활동이다.

둘째는 '장애 시민을 옹호하는(옹) 마음(심)을 나누는 사람(이)(옹심이)' 활동이다. 장애인 지역통합 시민 옹호 활동인 '옹심이'는 지역사회에서 장애인이 함께 그리고 당당히 누리는 사회를 위한 장애인 지역통합 지원 활동이다. 옹심이란 장애인의 권익을 옹(옹)호하는 마음(심)을 나누는 사람들(이)라는 뜻으로 시민옹호활동가(옹심이)를 육성하여 인권 사각지대에 놓여있는 재가장애인을 매칭하여 지역 내 활동을 활성화시킴으로써 생활 속 장애인 권익옹호를 촘촘히 지원하고 지역통합을 촉진하는 사업이다. 옹심이 사업의 주요 내용은 첫째, 지역 내 옹심이를 육성하여 재가장애인과 매칭 후 지역 내에서 함께 다양한 활동 수행, 둘째, 권익 침해 사항 발견 시 장애인의 권익옹호, 셋째, 지역 내 재가장애인 권익옹호적 환경 조사, 넷째, 장애인의 사회적 관계를 확장하는 지원 활동이다.

6. 장애인 대상 자원봉사자의 역할 및 자세

1) 자원봉사자의 역할

자원봉사는 사회문제 해결의 역사이고, 공동 연대의식에 기초한 나눔과 헌신의 가치에서 시작한 숭고한 활동이며, 자발성, 무보수성, 공익성이라는 기본적인 특성을 가지고 있다. 전통적인 돕는 활동이 이제는 몇 개의 역할로 통합되어 전통적 서비스 활동, 변화 및 변호 활동, 시민 참여 활동, 정책 결정에의 관여, 자조 활동, 모금, 후원 활동 등으로 분류할 수 있다. 이러한 역할을 장애인을 위해 돕는 역할로 구분하면 첫째, 장애인의 재활 · 자립과 그 가족을 지원하는 역할, 둘째, 장애인 시설, 단체 및 종사자를 지원하는 역할, 셋째, 자원으로서 스스로 개발하고 조직하여 활성화하는 역할, 넷째, 장애인의 대변자로서의 역할, 다섯째, 정부의 장애인 정책, 제도, 사회 환경을 개선하는 역할이 필요하다.

2) 자원봉사자의 자세

장애인을 대상으로 하는 자원봉사자의 자세는 다음과 같다. 첫째, 장애인을 돕는다는 것을 의식하지 말고 자연스럽게 행동하며, 장애인을 획일화하지 말고 각기 독특한 개성을 가진 인격체라는 사실을 인식하여야 한다. 둘째, 장애인을 도우려 할 때는 먼저 물어보아야 한다. 아무 말도 없이 몸에 접촉하거나 휠체어를 미는 것은 실례이다. 셋째, 장애보다 인간에 더 큰 비중을 두는 시각이 필요하다. 넷째, 동정 어린 태도는 피하고 필요할 때는 가벼운 마음으로 도우며, 활동의 기준은 장애인의 재활과 자립에 두어야 한다. 다섯째, 장애인의 요구를 무조건 들어주기보다 명확한 기준에 입각하여 행동해야 하며, 지속적인 활동을 위해서는 새로운 정보 획득이 필요하다.

3) 장애인 대상 자원봉사활동 시 유의사항

장애인 대상 자원봉사활동 시 유의사항은 다음과 같다. 첫째, 장애인을 보았을 때 주춤하거나 유심히 바라보지 말며, 장애인이라는 의식 없이 매우 자연스러운 기분으로 대해야 한다. 둘째, 장애인에게 과잉보호, 과잉염려, 과잉친절, 동정, 자선은 금물이며, 신체의 가장 큰 결함에 대해 농담이나 흉내 내는 것은 절대로 해서는 안 된다. 셋째, 장애인은 신체가 불편할 뿐 대등한 대우를 받기를 원한다. 또한 그들의 능력 중에는 장애가 없는 사람보다 뛰어난 것이 있다는 것을 명심해야 한다. 넷째, 장애유형별 특성을 고려하여 행동해야 하며, 적절한 호칭을 사용하여야 한다.

〈표 9-10〉 장애인에 대한 올바른 호칭

잘못된 호칭	올바른 호칭	장애인을 기준으로 장애를 갖지 않은 사람 호칭
장애자	장애인	비장애인
봉사, 장님, 눈먼 사람	시각장애인, 맹인	정안자
절름발이, 앉은뱅이	지체장애인	비장애인
벙어리, 귀머거리	언어장애인, 청각장애인	건청인
바보, 멍청이	지적장애	비장애인

장애인의 요구

장애를 문제라고 생각하지 말아 주세요.
장애를 개성이라고 생각해 주세요.

장애를 결점이라고 생각하지 말아 주세요.
나의 능력이 없는, 보통이 아니라고 생각하는 사람은 당신입니다.

나는 망가지지 않았습니다.
그렇기 때문에 저를 고치려 하지 마세요.

도와주세요.
나만의 방법으로 지역에서 할 수 있는 여러 가지 일들을 해 나갈 수 있습니다.

묵묵히 제가 할 수 있는 행동을 지켜봐 주세요.
좀 더 잘할 수 있다고 해서 제가 하는 일에 참견하지 말아 주세요.

나에 대해서 어떤 이론을 세우거나 대책을 강구하지 마세요.

도움이 필요한지 아닌지 물어봐 주세요.
제일 좋은 방법을 제가 당신에게 가르쳐 주겠습니다.

서두르지 말고 천천히 기다려주세요.
당신이 부적절하다고 생각하는 나의 행동은 내가 할 수 있는 유일한 방법이며
당신과 이야기하고 싶어 하는지도 모릅니다.

같이 행동하기로 해요. 그래서 일이 잘 안될 경우에는 우리 서로 반성해요.

나를 관리하지 마세요.
나는 충분히 인간으로 힘을 가지고 있습니다.
당신이 부적응이나 잘 모를 거야라고 생각하는 나의 행동은
내 생활 나름대로 해 나가기 위해서 내가 할 수 있는 유일한 방법입니다.

솔직히 말하고 있는 나에게 예의 바르게 하라고 간섭하지 말아 주세요.

나를 지키기 위해서 "노"라고 말할 권리가 나에게도 있습니다.

불쌍한 사람에게 좋은 일을 한다고 생각하지 말아 주세요.

자기만족을 위해서 우리를 이용하는 사람에게 반대해서 같이 싸워주세요.

우리들이 되려고 하지 말아 주세요.
우리는 친구 이상입니다.

나를 잘 알아 주세요.
우리는 친구가 될지도 모릅니다.

기분이 좋아질 거라 생각하고 나를 도와주려고 하지 말아 주세요.

내가 열심히 살아간다고 해서 칭찬하지 말아 주세요.
인간은 누구나 그렇게 열심히들 살아가기에 칭찬할 필요가 없습니다.

당신은 나와 같은 인간입니다.
다른 사람에게 그렇듯이 너도 존경해 주세요.
명령하거나 교정하거나 지도하지 말아 주세요.

내가 하는 말을 잘 듣고 이해해서 나를 지원해 주세요.
그리고 부족한 부분을 채워 주세요.

내 위에서 일하지 말아 주세요.
나와 함께 일해 주세요.

* 이 시는 캐나다 피플퍼스트 행사에서 소개된 장애인이 직접 쓴 시 입니다

7. 장애유형별 도움 요령

1) 장애인을 어떻게 도울 것인가

장애인과 자원봉사자와의 관계는 우선 대등한 인간관계이어야 하며, 사회적인 관계, 상호영향을 주고받는 관계라고 할 수 있다. 도움을 받는 대상자이기보다는 이웃관계가 바람직하며, 한쪽에서 도움을 주기만 하고 다른 한쪽은 받기만 하는 일방적 관계보다는 서로의 인격을 나누고 대화할 수 있는 쌍방적인 관계

가 되도록 노력해야 한다. 불쌍하다거나 일시적인 동정보다는 충분한 이해와 지속적인 노력이 뒷받침되는 사랑의 관계가 중요하며, 장애인은 모두가 같지 않고 각기 개개인이 다르다는 점을 염두에 두어야 한다. 도움을 주는 데에도 한계가 있으며, 지나치게 의존하거나 무한정 도와주는 것은 바람직하지 않고 서로가 최소한의 부담범위에서 도움을 요구하고 도움을 주는 지혜가 필요하다.

2) 장애유형별 도움 요령

(1) 지체장애

지체장애인은 심한 정형외과적 손상, 즉 팔, 다리, 손가락 또는 몸통의 기능에 영속적인 장애가 있는 상태를 의미하며, 왜소증으로 키가 심하게 작거나 척추에 현저한 변형 또는 기형이 있는 상태도 포함된다.

지체장애인을 도울 때는 도움이 필요한지를 먼저 물어본 후 휠체어를 밀어주는 것이 바람직하다. 우선 휠체어 사용 방법을 숙지하는 것이 필요하고 자칫 부주의나 휠체어 작동 미숙으로 지체장애인이 휠체어에서 떨어지는 일이 있어서는 안 된다. 도움을 줄 때는 휠체어에 기대거나 의지하지 않아야 한다.

(2) 시각장애

시각장애인은 나쁜 눈의 시력이 0.02 이하, 좋은 눈의 시력이 0.2 이하, 두 눈의 시야가 각각 모든 방향에서 10도 이하로 남은 경우, 두 눈의 중심시야에서 20도 이내에 겹보임(복시)이 있는 경우의 시각적 장애를 의미하며, 맹과 약시로 구분한다. 빛을 통해 물체 유무의 인식이 가능하며, 안경 등의 도구를 사용하여 볼 수 있으면 시각장애로 분류하지 않는다.

시각장애인을 도울 때는 도움이 필요한지를 먼저 물어본 후 안내를 시작하며, 안내할 때는 흰 지팡이를 쥔 손 반대편의 반보 앞에 서서 시각장애인이 안내자의 팔꿈치를 잡고 안내받을 수 있게 한다. 시각장애인이 길을 물으면 움직여야 하는 방향을 향한 후 "앞으로 10미터 간 다음 왼쪽으로 20미터를 가시면 됩니다"라고 방향과 거리를 구체적으로 이야기해야 한다.

(3) 청각장애

청각장애인은 두 귀의 청력 손실이 각각 60데시벨 이상인 경우, 한 귀의 청력 손실이 80데시벨 이상, 다른 귀의 청력 손실이 40데시벨 이상인 경우, 두 귀에 들리는 보통 말소리의 최대의 명료도가 50퍼센트 이하인 경우, 평형기능에 상당한 장애가 있는 경우를 의미하며 일반적으로 농과 난청으로 구분한다. 청력검사 결과 70데시벨 이상은 농, 35~69데시벨은 난청이라 하며, 글자를 읽거나 못 듣는 것보다 언어를 통한 고등 학습, 즉 글의 내용 이해에 어려움을 보인다.

청각장애인을 도울 때는 청각장애인이 말하는 사람 쪽을 향하여 보고 있을 때 말해야 하며 입 모양을 보고 알아들을 수 있으므로 듣지 못한다고 함부로 말하지 말고 반드시 보통 크기의 목소리로 이야기한다. 입 모양을 과장하여 크게 하거나 어물거리지 말고 또박또박 차분히 말하며, 말하는 도중에 청각장애인이 이해하고 있는지 때때로 확인하고 글씨를 알면 글씨를 써 가면서 대화를 한다. 발성이 이상하더라도 정정하거나 웃지 않고 들어주며, 청각장애인이 자신감을 가지고 계속 말할 수 있도록 이야기를 잘 이해하고 있다는 태도를 보여준다.

(4) 언어장애

언어장애인은 음성기능 또는 언어기능에 영속적으로 상당한 제한이 있음을 의미하며, 의사소통 장애라고 할 수 있다. 음을 대치, 생략, 왜곡, 첨가하는 조음장애, 음의 고저, 장단 또는 음색에 있어서의 이상이 있는 음성장애, 말의 속도나 계속성에 장애(말더듬)가 있는 유창성장애가 있다.

언어장애인을 도울 때는 눈 맞춤은 기본이며 발성, 발어가 어려운 장애임을 인식하여 인내심을 가지고 경청하고, 알아듣지 못한 경우 대체 도구를 사용하여서라도 이해하도록 노력하며, 간단하고 짧은 문장으로 의사를 묻고 답을 주도록 노력한다.

(5) 지적장애

정신 발육이 항구적으로 지체되어 지적능력의 발달이 불충분하거나 불완전하고 자신의 일을 처리하는 것과 사회생활에의 적응이 상당히 곤란한 경우이며, 일반적으로 지능이 70 이하인 사람을 지칭한다.

지적장애인을 도울 때는 지능 대신 감성적으로 민감함을 이해하여 접촉하며, 말 또는 행동의 의미를 이해하는 것이 필요한 경우 인내하며 관찰하고, 주의 깊은 관찰에 이은 경청과 도움이 필요한지 등의 질문을 통해 지원하며, 실제 나이에 맞게 존중의 표정과 제스처, 존칭과 존대말을 사용하며, 필요시 그림카드 등의 도구를 활용하여 소통한다. 삼가야 할 예절은 지능이 부족하다고 생각하고 반말을 하거나 어린 사람을 대하듯 하는 말과 행위, 의견이나 생각이 없을 것이라 예단하여 묻지 않고 대신 결정하는 행위, 틀린 결정, 잘못된 판단, 좋은 것이 아니라는 나의 생각으로 장애인 당사자의 결정을 무시하고 고쳐 주려는 행위, 이상하게 행동한다고 빤히 쳐다보거나 측은하게 바라보는 행위 등이다.

(6) 자폐성장애

소아기 자폐증, 비전형적 자폐증에 따른 언어 · 신체표현 · 자기조절 · 사회적응 기능 및 능력의 장애로 인하여 일상생활이나 사회생활에 상당한 제약을 받아 다른 사람의 도움이 필요한 경우이며, 다양한 유형을 포함하고 있다.

자폐성장애인을 도울 때는 자폐성장애인에 대한 사랑과 이해가 가장 중요하고 비장애인의 표준이 아님을 인식해야 하며, 분위기와 시각, 소리 자극에 민감하다는 것을 알아두어야 한다. 행동을 과도하게 저지하거나 강압적인 해결은 부적절하며, 이들이 바라보는 시선, 감각에 초점을 둘 경우 의사소통을 원활히 할 수 있다. 가끔 타인과의 의사소통, 표현방법을 몰라서 공격적이 될 수도 있음을 이해해야 한다.

(7) 정신장애

정신질환이나 그와 관련된 장기 입원 등과 같은 조건들 때문에 영구적 또는 반영구적으로 정신의 여러 영역에서 예상되는 발달을 하지 못하거나 질병 이전의 정신적인 기능이 회복되지 못해서 일상생활이나 사회생활에서 어려움을 겪는 경우를 말한다. 정신장애는 불안, 기분, 성격, 충동 조절, 섭식, 수면장애 등을 포함하여 17가지 장애로 구분된다.

정신장애인을 도울 때는 중간중간에 짧은 휴식이 큰 도움이 되며, 믿음과 자신감을 가질 수 있도록 구체적인 예를 들어 자주 칭찬해 주며, 언제든지 부담없이 이야기를 할 수 있는 사람을 주위에 배치해 준다. 자신에 대해 이야기를 한다고 생각하지 않도록 주의해야 하며, 의식하지 못한 아주 소소한 행동이나 단어의 사용으로 인해 그동안에 쌓은 신뢰가 깨질 수 있음에 주의해야 한다.

(8) 뇌전증장애

뇌전증장애는 만성적인 뇌전증에 대한 적극적인 치료에도 불구하고 연 3회 이상 발작이 있고, 발작으로 인해 요양관리가 필요하며, 일상생활 및 사회생활에서 보호와 관리가 수시로 필요하며, 협조적인 대인관계가 곤란한 경우이다.

뇌전증장애인을 도울 때는 발작이 일어나면 주위에 날카롭고 위험한 물건과 기계가 없도록 치우고 안경을 벗기며, 넥타이 또는 꽉 끼는 옷을 입은 경우는 단추, 허리벨트 등을 풀어서 편하게 숨을 쉴 수 있도록 해주어야 한다. 머리를 옆으로 하여 기도를 유지시켜 주고 발작이 자연적으로 끝날 때까지 같이 있어 주며, 의식이 돌아오면 친절하게 안심시켜 준다. 이러한 도움에도 불구하고 증상이 호전되지 않으면 빨리 병원으로 옮겨야 한다.

사례 발달장애인 대상 개별맞춤 학습지원 자원봉사활동 사례

- 기 간 : 2024년 1~12월
- 사업 목적
  1. 발달장애인의 개별맞춤 학습으로 기초적인 학습수준 향상 지원
  2. 발달장애인에 대한 장애인식개선 및 자원봉사를 통한 공동체의식 함양
- 참여대상 : 발달장애인 5명, 자원봉사자 5명
- 장 소 : ㅇㅇ장애인종합복지관 직업적응훈련실
- 프로그램 내용
  개별맞춤 1:1 학습지원(한글, 산수)
- 세부내용

활동구분	장소	활동인원	세부내용
접수	사무실	자원봉사자 5명	– 사업소개, 자원봉사 신청서 작성
오리엔테이션 및 교육	프로그램실	자원봉사자 5명	– 자원봉사활동 교육 – 장애의 이해
매칭	프로그램실	발달장애인 5명 자원봉사자 5명	– 자기소개 – 자원봉사활동 유의사항
활동	프로그램실	발달장애인 5명 자원봉사자 5명	– 발달장애인 개별수준을 고려한 학습지 준비 – 학습지도 활동(주 1회, 2시간)
평가	프로그램실	발달장애인 5명 자원봉사자 5명	– 자원봉사활동 애로사항 – 참가자 활동소감 및 평가 공유

출처 : 강북장애인종합복지관(www.gangbukrc.or.kr).

제3절 아동을 위한 자원봉사활동

1. 아동의 개념

현대사회 가족 내에서의 아동 양육은 가족관계 안에서의 양육보다는 사회적 양육의 개념으로 변화하고 있다. 가족형태의 변화에 따른 아동의 문제와 맞벌

이가정 및 빈곤가정의 증가, 요보호아동의 증가 등은 가족체계 안에서의 양육으로는 한계가 있어 사회의 책임과 지원을 요구하고 있다.

양육방식의 변화, 요보호아동의 증가에 따른 사회적 책임은 거택보호, 사회복지시설, 보육시설 등에서 실시되고 있지만, 조력자의 세심한 지원이 필요한 아동의 발달특성상 자원봉사자의 활용이 중요하다.

1) 아동의 정의와 특성

아동이란 일반적으로 성인에 대응하여 사용되는 용어로 넓은 의미로는 신생아에서부터 초등학교를 마칠 때까지의 연령층의 어린이를 뜻한다. 발달단계를 구분할 때에는 6세경부터 12세경까지의 초등학교 시기 어린이를 말하며(한국유아교육학회 편, 1996 : 360), 우리나라의 아동복지법, 모자복지법, 국민기초생활보장법에서는 18세 미만인 자를 뜻한다. 사회복지용어사전에서는 일반적으로 유아기와 청소년기의 중간, 즉 6~12세 정도의 어린이를 아동이라고 정의하였다(사회복지용어사전, 2013).

민법에서는 19세 미만인 자를 미성년이라고 하고 있으며, 형법에서는 16세 미만을, 소년법에서는 20세 미만의 자를 소년으로 규정하고 있다. 영유아보육법에서 영유아라 함은 6세 미만의 취학 전 아동을 일컫는다. 근로기준법에서는 18세 미만을 연소자, 아동이라고 한다.

아동에 대한 정의는 다양하며 법적인 개념보다는 발달적 개념에 의해 11~12세경까지로 볼 수 있겠다.

아동의 일반적인 특성은 다음과 같이 정리하고 있다(장인협, 1993, 전남련 외, 2008 재인용).

첫째, 아동은 일반적으로 성인에 대비되는 말로써 신체와 정신이 미성숙한 상태에 있다.

둘째, 아동은 인간의 전 생애에서 여러 단계의 성숙을 거쳐서 성장, 발달한다.

셋째, 아동은 다른 어떠한 포유류 동물보다도 장기간에 걸쳐 의존하고 보호를 받아야 한다.

넷째, 아동은 생리적 욕구와 인격적 욕구가 함께 충족되어야 한다.

다섯째, 아동은 매우 민감하기 때문에 가정을 기초로 점차 사회화되어 간다.

여섯째, 아동도 사회적 인간으로 성장하기 위해 사회 환경에 적응할 수 있는 능력을 학습해야 한다.

2) 자원봉사 현장에서의 아동

자원봉사 현장에서는 일반적으로 영유아, 초등학령기까지의 대상을 아동으로 이해하고 있으며, 중 · 고등학령기 대상을 청소년으로 이해하여 프로그램을 기획하고 있다. 본 교재에서는 영유아 및 초등학령기에 해당하는 5세부터 13세경(만 3~11세경)의 어린이를 아동으로 지칭하였다.

2. 가족 유형별 아동의 일반적 특성과 자원봉사 필요성

현대사회는 아동에 대한 사회적 보호차원의 개념이 강화되면서 가족 내 보호기능 약화, 맞벌이 가족의 증가로 가족 내 양육기능의 약화, 이혼 · 사별 · 미혼모 증가 등으로 인한 한부모가족의 증가 등 다양한 가족형태의 변화와 아동문제를 초래하고 있다.

1) 맞벌이 가족

맞벌이의 사전적 의미는 “생계 자금을 위해 부부 모두 직장을 가지는 것”으로 정의되어 있다(두산백과사전, 2009). 온라인 매체인 잡코리아가 20대, 30대 기혼 직장인 430여 명을 조사한 결과 60%가 맞벌이를 하고 있는 것으로 밝혔다(MBC뉴스, 2007년 3월 15일 자료). 통계청 자료에 의하면 2016년 전국 맞벌이가구의 비율은 44.9%에 달하는 것으로 조사된 바 있다(통계청, kosis.kr 자료 참조, 2019).

맞벌이 가족은 대부분 부부, 부부와 자녀, 조부모, 친척들로 구성된다. 여러 구성원의 가족 가운데 맞벌이 부부와 자녀로 구성된 가정은 자녀양육과 관련한 고민으로 점점 자녀 출산비율이 낮아져 2008년 1.19명의 출산율을 보였고, 2023

년에는 역대 최저치인 0.72명의 출산율을 기록하다가 2024년 현재 0.79명으로 나타나고 있다(통계청, 2024). 맞벌이 가족 아동에게 미치는 일반적인 영향을 정리하면 다음과 같다(권민균 외, 2005).

〈표 9-11〉 맞벌이 가족 자녀에게 미치는 긍정적 · 부정적 영향

긍정적인 영향	부정적인 영향
• 자립적이고 독립적인 아이로 성장한다. • 성역할에 대한 고정관념이 없다. • 사회성의 발달이 빠르다. • 엄마를 자랑스럽게 여긴다. • 대화의 소재와 내용이 다양하다.	• 또래보다 어른스러움을 강요당한다. • 정서적 안정감을 가지기 어렵다. • 언어 · 지능발달이 늦어질 수 있다. • 물질만 아는 아동으로 키워지기 쉽다. • 고집쟁이로 키워지기 쉽다.

맞벌이 가족이 가지는 다양한 문제점들이 해결되기 위해서는 가정 내 역할을 공유하고 배려하는 노력이 필요하다. 더불어 맞벌이 부부가 안정적인 자녀양육이 가능하도록 국가 사회적인 보육시스템이 강화되어야 할 것이다.

2) 이혼 가족

통계청이 발표한 「2017년 혼인 · 이혼 통계」에 따르면, 2017년 혼인건수는 26만 4천5백 건으로 전년보다 6.1% 감소(-1만 7천2백 건)한 것으로 나타났으며, 이혼건수는 10만 6천 건으로 전년대비 1.2% 감소(-1천3백 건)한 것으로 나타났다(통계청, 2018).

이혼율은 한부모가정의 증가, 요보호대상아동의 비율의 직접적인 원인이 되기도 한다. 이혼에 이르기 전 부부간의 갈등상황을 경험한 아동은 극심한 스트레스를 경험하게 되며, 부정적 반응을 나타낼 수 있다. 또한 부부 이혼 이후 자녀양육에 대해 합의점을 찾는 과정에서 상처를 받으며, 변화한 가정에 적응하는 과정 역시 스트레스 요인이 된다.

이혼에 대한 아동의 반응은 발달연령별 차이를 나타내고 있다(황혜정 외, 2003).

〈표 9-12〉 발달연령별 아동의 이혼에 대한 반응

유아기	초등학령기	청소년기
• 부모의 양육포기와 유기의 가능성에 대한 두려움 • 이혼이 자기 때문이라고 생각 • 심한 죄책감 • 정해버리는 방법으로 대처하기 • 놀이를 통해 안정을 찾고 과업을 성취하는 능력의 부족 • 공격성과 억압된 감정을 표출하는 행동 • 아기 같은 행동으로 퇴행 • 충격, 분노, 우울의 증세	• 안정을 찾기 어려움 • 떠난 부모에 대한 동경 • 슬픔에 대해 침묵하거나 강한 언어적 부정 • 충동적 행동 • 부모의 화해를 원함 • 거부와 유기의 감정 • 부모 모두를 위해야 하는 갈등 • 교사, 형제, 또래에게 분노의 감정표현을 보임 • 학교성적이 나빠질 수도 있으나 학교는 만족감을 주는 장소가 될 수도 있음 • 자신과 부모에 대한 걱정과 수치심 • 요구하는 공격적인 행동	• 과도한 부담으로 가족으로부터 벗어나려 함 • 배신감 • 슬픔 • 떠난 부모에 대한 분노 • 회피

반대로 이혼이 긍정적인 상황이 되는 경우도 많다. 부모의 지속적인 갈등상황, 가족 내 폭력 등이 장기간 유지됨에 따른 스트레스 상황보다는 부모의 이혼으로 불안한 상황을 벗어나는 경우 아동의 적응이 원활해질 수 있다.

3) 재혼 가족

통계청 자료에 따르면 작년 전체 약 40만 건의 혼인건수 중 부부 한쪽 또는 양쪽이 재혼인 경우가 남녀 모두 약 15~20%가량 되는 것으로 나타났다(한국재경신문, 2009년 6월 18일 보도자료). 또한 이혼율 증가에 따른 재혼율도 점점 증가하고 있는 추세이다. 2023년 우리나라 혼인건수는 19만 4천 건인 반면, 같은 해 이혼건수는 9만 2천 건으로 OECD 중에서 9위를 차지하고 있다(통계청, 2023년 혼인이혼통계).

아동은 재혼 가족에 적응하는 데 어려움을 나타내는데, 부모의 재혼이 자녀에게 미치는 영향을 살펴보면 다음과 같다(권민균 외, 2005).

- 부모의 재혼으로 자녀는 부모를 빼앗겼다는 상실감을 느낀다.
- 부모의 재혼으로 자녀는 헤어진 친부모들의 재결합에 대한 기대나 소망을 포기해야만 한다.
- 부모의 재혼은 자녀에게 심리적 불안과 충격을 주는 사건으로 재혼 여부에 관계없이 동거하는 친부모와의 친밀하고 안정된 관계가 충격을 완화시킬 수 있다.
- 자녀에게 있어서 친부모와의 애정을 다른 누군가와 공유해야 한다는 사실을 받아들이기 어렵다.
- 자녀는 재혼한 부모가 또다시 이혼할까 하는 두려움을 가질 수 있다.
- 자녀는 부모의 재혼 후 이전까지 생활해 오던 것과는 전혀 다른 생활 방식과 환경에 적응해야 한다.
- 자녀는 미처 애정의 감정이 생기지 않은 새 부모의 훈육과 간섭을 받아야 한다.
- 부모의 재혼으로 인해 달라진 생활환경상의 변화(이사, 전학, 동거 인물의 변화 등) 때문에 스트레스가 많아질 수 있다.
- 자녀가 사춘기나 청소년기인 경우 친부모나 계부모에 대한 반항이나 갈등이 심해질 수 있다.
- 자녀는 부모의 이혼이나 사별, 그리고 재혼 같은 일련의 과정 속에서 심리적 · 정서적 불안과 부적응, 학업부진과 같은 문제를 겪기 쉽다.
- 자녀는 새로운 계형제와의 종전의 특권, 의무, 물건 등을 나누어야 하는 상황에 놓일 수 있다.

재혼 가족 역시 다른 형태의 가족과 마찬가지로 가족 구성원 간의 노력이 중요하며, 성공적인 가족관계 유지를 위한 배려, 사랑이 필요하다.

4) 한부모가족

사회의 구조적 변화와 함께 이혼, 사별, 미혼부모, 별거 등으로 인한 한부모가족이 증가하고 있다. 통계청의 2017년 발표자료를 보면 전체 가구에 대한 한부모가구 비율 또한 지속적으로 증가하고 있는 것으로 나타나고 있다.

〈표 9-13〉 한부모가구 비율

구 분		2013	2014	2015	2016	2017
한부모가구 현황	전체가구	18,388	18,705	19,013	19,285	19,524
	한부모가구	1,880	1,970	2,052	2,090	2,127
	한부모가구 비율	10.2	10.5	10.8	10.8	10.9

출처 : 통계청(2017). 장래가구추계 : 2015~2045.

대부분 한부모가족은 경제적, 심리적 어려움을 겪고 있는 경우가 많다. 특히 모자가정의 경우는 경제적 어려움이 더욱 크며, 전문직을 가지지 않은 경우 더 큰 어려움에 처하기도 한다.

한부모가족에 대한 사회적 편견과는 달리 한부모가족 자녀에 대한 긍정적인 연구결과가 있다. 한부모가족의 자녀들은 또래보다 독립적이며, 자립의지를 가지고 성장하게 되며, 자녀들이 가족의 의사결정에 적극적으로 참여하고, 독립심이 증가된다. 또한 여성이 직업을 가지는 것에 대해 긍정적인 태도를 가지고, 가정에서 융통성 있는 성역할을 한다(권민균 외, 2005).

현대사회에서 가족 구조의 변화는 하나의 흐름이다. 그 흐름 속에서 각 구조별로 나타나는 아동의 일반적인 변화나 이해를 통해서 좀 더 올바른 성장을 유도하는 자원봉사자의 정성은 무엇보다 중요하다. 특히 아동의 부정적인 특성을 보듬어 줄 수 있는 성숙한 자원봉사자의 자세와 함께 아동의 긍정적인 특성을 강화하는 노력과 손길은 한 아이의 인생을 더욱 풍요롭고 아름답게 해주는 의미 있는 일이다.

3. 아동을 대하는 자세

1) 개별아동에 대한 이해와 마음 읽기

아동을 대상으로 하는 자원봉사활동은 대체로 가정방문을 통한 대상아동의 경우를 제외하고는 대체로 집단활동에 참여하는 경우가 많다. 집단 속에 포함된 개별아동의 욕구와 참여목적을 파악하는 것은 쉬운 일이 아니다. 이는 자원봉사활동의 지속성, 집단 프로그램의 이해, 개별아동의 관심 등이 수반되어야 가능한 일이다.

아동을 대상으로 하는 자원봉사 활동처 및 활동 프로그램에 대한 일반적인 이해가 이루어진 이후에는 아동 개별의 프로그램 참여욕구를 이해하여야 한다. 또한 아동이 개별적으로 가지고 있는 개별 욕구와 참여목적을 확인하는 과정은 반드시 이루어져야 한다. 이 과정에서 특정 아동에게만 관심을 가지는 것으로 보이지 않도록 유의해야 한다.

아동의 참여목적과 욕구에 따라 자원봉사자는 아동이 소외감이나 마음에 상처를 받지 않고 편안하고 긍정적인 참여가 가능하도록 노력하는 것이 중요하다.

2) 자원봉사활동 기간의 지속성

아동과 함께하는 자원봉사의 지속성은 신뢰관계와 밀접한 관계가 있다. 아동은 자원봉사자와의 활동을 통하여 타인과의 유의미한 관계를 알아가고 인간에 대한 믿음과 사랑을 성장시켜 나간다. 아동과의 자원봉사활동시간 및 활동기간에 대한 약속, 약속기간 동안의 지속성은 무엇보다 중요하다.

3) 아동의 성장 정도에 맞는 자원봉사

무작정 아동이 좋아서 시작된 아동 자원봉사활동은 일방적으로 돕거나, 일방적으로 베푸는 활동이 될 가능성이 있다. 이는 아동에게 의존성만 높이게 되거나 수치심을 유발시킬 우려가 있다.

해당 아동 발달시기의 정서적, 사회적, 신체발달적 이해를 통하여 성장과정에 맞는 지도가 가능한 자원봉사활동은 매우 중요하다. 지나친 과잉친절을 삼가고, 아동이 해당 연령별 수행력을 파악하고 성장할 수 있도록 보조하는 것이 중요하다.

4) 비밀보장

아동문제의 대부분은 아동 개인의 문제보다는 아동을 둘러싼 여러 환경 가운데 가정문제가 해결되어야 근본적인 해결이 가능한 경우가 많다. 아동을 대상으로 하는 자원봉사활동 시 아동 및 아동을 둘러싼 환경 등의 정보는 반드시 비밀로 지켜져야 할 의무가 있다. 아동의 솔직한 감정을 이해하고 수용하는 가운데 프로그램 책임자와 논의된 활동범주 내에서 자원봉사가 이루어지도록 유의한다.

4. 보육시설 아동을 위한 자원봉사활동

아동을 위한 자원봉사 활동처는 보육시설, 아동복지시설, 아동관련 상담기관, 지역사회복지관, 가정 내 보호아동 등 다양하다. 현대사회 흐름에 따라 아동보육은 가정중심의 보육에서 기관중심의 보육으로 변화하여 영유아는 유치원, 어린이집 등에서, 초등학령기 아동은 방과후 교실과 같이 교육, 보육을 위한 시설에서 낮시간을 보내야 하거나 가정 내 보호가 어려운 경우 밤낮을 보육시설에서 보내야 하는 경우가 늘어나고 있다.

영유아 보육시설의 유형은 다음과 같이 분리할 수 있다.

〈표 9-14〉 영유아 보육시설의 유형

분류 유형	유형별 세부내용
운영시간별 분류	반일제/ 종일제/ 시간제/ 방과 전후/ 24시간
보육장소별 분류	가정보육/ 시설보육/ 직장보육/ 대학, 연구소 부설/ 교회 부설 등
운영주체별 분류	정부주도/ 비영리단체/ 영리목적/ 직장운영/ 부모협력/ 지역사회기관

대상별 분류	영아/ 유아원이나 유치원/ 특수아
영유아보육법에 따른 분류	국공립/ 민간/ 직장/ 가정보육시설

보육시설 자원봉사활동은 보육시설 내 인력을 보충할 수 있고 봉사 대상인 아동에게 개별 서비스가 강화될 수 있으며, 보육서비스 전달 전반에 질적 향상을 가능하게 한다. 또한 아동과 함께하는 자원봉사활동을 통하여 자원봉사자 개인은 사회적 봉사활동에 대한 개인의 욕구를 충족시킬 수 있으며, 아동과의 만남을 통해 이타심 실현을 가능하게 하고, 자원봉사자 개인의 인격적 성숙도를 높일 수 있다.

1) 보육시설의 하루 일과 소개

보육시설의 운영시간별 분류 중 대부분의 맞벌이가정 아동들이 이용하는 종일반의 경우 7:30~19:30까지 운영된다. 이 시간 동안 연령대별 발달연령에 맞춘 보육 프로그램을 계획하여 진행한다.

〈표 9-15〉 보육시설 내 6세반(만 4세반) 하루 일과 예시

시 간	활동명	활동 세부내용
7:30 ~ 9:00	등원지도 및 연령 통합	• 등원지도(부모님께 인사/ 신발, 가방 등 정리) • 통합보육 교실에서 독서 및 시청각 교육
9:00 ~ 9:10	등원 및 아동관찰	• 선생님, 친구들과 인사하기 • 옷과 가방 스스로 정리하기 • 아동의 건강 관찰 및 투약의뢰 접수
9:10 ~ 9:20	오전 간식 준비	• 화장실에 가서 용변보기 및 손씻기
9:20 ~ 9:50	오전 간식	• 오전 간식, 정리 및 화장실 다녀오기(질서 · 예절 교육 및 자조감 형성)
9:50 ~ 10:00	음악 감상 및 출석확인	• 음악 감상하며 하루 일과 계획하기 • 아침인사 및 출석확인, 요일, 날짜, 날씨 확인

10:00 ~ 11:00	영역별 활동	• 주간교육계획안에 의한 활동 • 이야기나누기 및 언어활동(읽기, 듣기, 쓰기, 말하기), 미술 · 조형활동(자신감 및 성취감 향상), 신체활동(대근육활동 및 게임), 수 · 과학 등을 통하여 전반적인 능력의 발달을 돕는다.
11:00 ~ 12:00	실내놀이	• 영역별 실내놀이 • 조작(협응 능력 향상), 역할(사회성 발달), 수 · 과학(인지 능력 발달), 언어(상상력, 창의력 개발), 미술 · 조형(소근육 및 EQ 발달), 음률(음감 및 감성능력 개발) 영역 등 다양한 영역에서 자유롭게 활동하며 다양하고 풍부한 경험을 한다(질서 및 규칙 지키기). • 친구들과의 자연스러운 생활 교육을 통하여 사회적 기술을 배운다.
12:00 ~ 13:00	점심식사	• 점심식사, 정리 및 화장실 다녀오기(질서 · 예절 교육 및 자조감 형성)
13:00 ~ 13:30	실외놀이	• 봄 · 여름 · 가을 – 실외 놀이터 이용/ 모래놀이/ 강당 • 겨울 – 강당 혹은 교실에서 대근육활동 및 게임
13:30 ~ 14:00	특별활동	• 언어, 신체 특별활동
14:00 ~ 15:00	활동 및 휴식	• 주간교육계획안에 의한 활동 • 이야기나누기 및 언어활동, 동화 듣기, 동시, 미술 · 조형활동, 신체활동, 수 · 과학
		• 조용한 음악을 들으며 낮잠 및 휴식
15:00 ~ 15:30	오후간식	• 오후 간식, 정리 및 화장실 다녀오기
15:30 ~ 18:00	실내놀이 및 하원지도 연장보육	• 영역별 실내놀이 • 조작, 역할, 수 · 과학, 언어, 미술 · 조형, 음률 영역 등 다양한 영역에서 자유롭게 활동 • 부모님이 오시는 대로 하원지도
18:00 ~ 19:30	연령통합 및 하원지도	• 연령통합수업(시청각 활동 및 실내놀이) • 부모님이 오시는 대로 하원지도

2) 자원봉사자의 유의사항

(1) 일상적인 보호중심의 자원봉사활동

아동이 너무 좋아서라는 동기로 시작된 봉사활동이라 하더라도 누구보다 세심한 주의가 요구되어 활동 전 사전교육이나 배경지식이 요구되는 대상이 아동이다. 아동, 장애아동의 경우는 자신의 현재 상태에 대해 구체적으로 표현하지 못하며, 놀이에 몰두하여 아픈 것조차 잊는 경우가 다반사이다. 자원봉사활동 시간이 비교적 길고, 활동 기간이 유지되는 자원봉사자일수록 아동의 발달상태 관찰에 민감하여야 하며, 지속적인 교육이 필요하다.

TIP 영유아 건강상태 관찰

1. 아기건강상태 관찰의 주요 포인트
   - 피부 : 황달, 피부탄력도, 발진 유무
   - 가슴과 복부 : 호흡음, 흉부 함몰의 경우는 호흡이 곤란한 경우도 있음
   - 기타 : 경련, 울음소리
2. 아픈 아기의 일반적인 증후
   - 체온 변화 : 고체온, 저체온(패혈증 의심)
   - 배변양상의 변화 : 설사, 혈액과 점액 섞인 변(장중첩증)

(2) 전문기술, 행사성, 교육성 자원봉사활동

자신이 가지고 있는 역량이나 노하우 등을 아동에게 전달함으로써 사회적 활동을 실현하고 이타심을 높이는 계기가 되는 봉사활동이다. 정년퇴임 이후 자원봉사활동을 통해 노후를 활기차게 보내시는 어르신 봉사단, 지역사회 전문기술 나누기를 실천하는 전문기술 보유의 봉사자, 보육시설이용 아동의 학부모를 대상으로 교육을 전달해 주는 전문지식나눔 자원봉사자 등이 이에 해당한다.

자원봉사자는 해당 활동내용에 대해 홍보성이나 대가성이 없어야 하며 일회성 봉사활동의 경우 보육교사와 충분한 협의를 통해 활동경계를 정확하게 설정하고 실천하는 것이 중요하다.

3) 보육시설 아동과 함께하는 자원봉사 사례

(1) 전문기술(태권도) 교육을 실천하는 자원봉사활동

서울시 송파구 삼전어린이집 아동자원봉사 프로그램 소개

"태권도 자원봉사 선생님을 소개합니다"

1. 목 표
   - 지역사회 내 태권도 유단자의 전문력을 지원받아 태권도 활동을 연계함으로써 아동에게는 태권도 기본정신 함양 및 기술을 습득하도록 하고, 자원봉사자에게는 역량발휘의 기회를 통해 이타심 실현 및 자원봉사활동의 만족감을 높일 수 있도록 한다.

2. 자원봉사활동 개요
   - 운영 : 매주 목요일 13 : 00~14 : 00
   - 대상 : 만 4~5세반
   - 장소 : 어린이집 지하 강당
   - 내용 : 몸풀기 체조, 태권도 기본 함양

(2) 어르신 자원봉사활동

서울시 송파구 삼전어린이집 아동자원봉사 프로그램 소개

"할머니, 할아버지 감사합니다"

1. 목 표
   - 지역사회 노인복지관 내 어르신 자원봉사활동과 연계하여 아동에게 즐거운 문화공연과 조작활동 실천의 기회를 제공하고 어르신에게는 삶의 노하우와 연륜, 동아리 활동을 통해 준비한 공연 실천의 기쁨 및 이타심 실현의 기회를 제공한다.

2. 자원봉사활동 개요
   - 운영 : 2008년도 연말 1회 프로그램
   - 대상 : 만 4~5세반
   - 장소 : 만 5세반 교실
   - 내용 : 심청전 공연 및 장갑인형 만들기

(3) 장애인(시각장애인) 봉사활동

> **서울시 송파구 삼전어린이집 아동자원봉사 프로그램 소개**
>
> **"목소리로 배우는 장애인식개선 프로그램"**
>
> 1. 목 표
>   - 지역사회 시각장애인복지관과 연계하여 시각장애인이 어린이집을 방문하여 동화를 읽어줌으로써 시각장애인에게는 이타심 실현 기회를 가지고, 아동에게는 장애인식개선의 기회를 가진다.
>
> 2. 자원봉사활동 개요
>   - 운영 : 2017년부터 상, 하반기 2회
>   - 대상 : 전체 연령
>   - 장소 : 만 5세반 교실
>   - 내용 : 동화 읽어주기

제4절 청소년을 위한 자원봉사활동

1. 청소년의 개념과 특성

1) 청소년의 개념

청소년이라는 용어는 산업혁명과 의무교육의 등장으로 비롯되었다고 할 수 있다. 산업화는 교육받은 노동력을 필요로 하였으며, 특히 학교교육의 의무화는 청소년들이 교육기간 동안 노동시장에 유입되지 않고 경제활동에서 제외되는 특권을 부여하면서 청소년기를 아동기와는 질적으로 다른 특성을 지닌 고유한 발달시기로 인식시키는 계기가 되었다.

청소년은 다양한 용어로 명명되고 있다. 영어권에서는 'adolescent', 'puberty', 그리고 'youth'와 'teenager'라는 용어를 사용하고 있고, 우리나라에서는 '아동 · 청소년', '사춘기', 그리고 '10대'라는 용어를 주로 사용하고 있다. 먼저 발달심리학적 관점에서 주로 사용하는 용어인 'adolescent'는 '성장하다' 또는 '성숙에 이른다'라는 라틴어 'adolescere'에서 유래한 용어로 신체적으로 급격한 성장이 이루어지고 부모로부터 정신적으로 독립해 가는 과도기적 발달단계를 의미하는 개념이다. 다음으로 생리학적 의미가 내포된 'puberty'는 2차 성징의 출현 및 성적 성숙이 이루어지는 시기로 강한 성적 충동과 갈등을 느끼며 정서적 · 인지적 · 사회적 변화 속에서 강한 불안과 혼돈의 시기를 보내는 질풍노도의 시기로 보는 개념이라 할 수 있다. 그리고 사회문화적 의미가 내포된 'youth'와 'teenager' 중 'youth'는 청소년의 자율성, 책임성, 권력, 참여, 시민성을 강조하는 개념으로 청소년들만의 독특한 문화적 · 사회적 특성을 강조할 때 사용한다. 'teenager'는 경제적 풍요 속에서 10대들이 대중문화의 영향을 받아 패션, 음악, 영화 등에서 소비문화의 주체로 등장하면서 사용된 용어이다.

청소년기는 사회 · 문화적 배경에 따라 짧아지거나 길어질 수도 있으며, 경우에 따라서는 청소년기가 아예 존재하지 않기도 한다. 과거 전통사회에서는 아동이 그 사회의 고유한 통과의례(通過儀礼, rite of passage)인 할례의식이나 성인식 등을 거치게 되면 성인으로 인정받아 왔다. 현대사회에서는 고등교육으로 인한 재학기간의 연장과 직업훈련 기간의 연장 등으로 인하여 청소년기가 점점 길어지고 있는 것이 보편적인 현상이다.

이상의 내용을 종합해 보면 청소년은 아동기와 성인기의 중간 시기로서 생리적 · 심리적 · 문화적 · 사회적으로 독특한 발달특성을 지닌 과도기적인 존재로서의 특성 모두를 통합하는 개념이라 할 수 있다.

2) 청소년의 구분

청소년에 대한 개념은 학자, 국가의 통치이념이나 관련 법규 등에 따라 각기 다르게 규정되기 때문에 한마디로 정의하기는 어렵다. 청소년기를 보다 명확하게 정의하기 위해서는 청소년기를 어떻게 구분하는지가 중요한데, 크게 신체적 특성과 연령에 따른 기준으로 구분하여 고찰해 볼 수 있다.

(1) 신체적 특성에 의한 구분

초경, 사정의 시작 등 청소년기에 나타나는 신체적 특성으로 청소년기를 구분하는 방법은 가장 일반적인 방법이지만 개인에게 나타나는 신체적 징후나 사춘기 특성이 나타나는 시기가 사람에 따라 각각 다르기 때문에 보편적인 기준을 제시하는 데는 한계가 있다. 사춘기에 나타나는 신체적 특성으로 청소년기의 시작은 쉽게 알 수 있지만 청소년기가 끝나는 시점은 사회에서 요구하는 역할기대를 충족시키고 책임질 수 있는 시점으로 간주되기 때문에 그 시점을 정확하게 알 수 없다는 한계점이 있다. 청소년기에 나타나는 신체적 특징은 청소년기의 발달특성에서 따로 자세하게 살펴보도록 하겠다.

(2) 연령에 의한 구분

청소년기를 구분하는 또 다른 방법은 연령에 의한 구분인데 각국의 관련 법규에 따라 연령과 명칭이 상이하게 정의되고 있다. UN(1985)에서는 15세부터 24세 사이의 집단을 청소년(young people)으로 규정하였고, 국제식량기구(FAO)에서는 10세부터 24세 사이의 결혼 여부를 불문한 남녀 인구부문을 청소년으로 규정하고 있다. 그리고 UN회원국 및 비정부 단체 상대의 설문조사에서는 하한연령은 7세(1개국)부터, 상한연령은 30세(10개국), 35세(4개국)까지로 다양하게 나타난 것으로 보고되고 있다(이봉철, 1991).

우리나라에서는 관련 법률에 따라 청소년의 연령 범위와 명칭이 다양하게 사용되고 있다. 청소년의 권리 및 책임과 가정 · 사회 · 국가 · 지방자치단체의 청소년에 대한 책임을 정하고 청소년정책에 관한 기본적인 사항을 규정함을 목적으로 제정된 청소년 기본법에서는 9세 이상 24세 미만의 자를 청소년으로, 청소년 보호법에서는 19세 미만의 자를 보호대상인 청소년으로 규정하고 유해매체 및 환경으로부터 보호하고 있다. 민법에서는 19세 미만의 자를 미성년으로 규정하고 미성년자가 법률행위를 함에 있어 입게 될 불이익을 사전에 예방하고 있다. 또한 아동복지법에서는 18세 미만의 자를 아동으로 규정하고 있으며, 소년법에서는 19세 미만의 자를 소년, 형법에서는 14세 미만의 자를 형사미성년자로 각각 규정하고 형사처분 시 보호사건으로 다루어 특별조치를 취하고 있다.

이와 같이 청소년에 대한 연령 기준이 통일되게 규정되지 않고 관련 법률에 따라 각각 상이하게 규정되고 있는 것은 개인차가 다소 무시되더라도 사회적 통일성을 위해 일정 연령을 기준으로 구분하는 방법을 채택했기 때문이다.

청소년기는 아동과는 확연하게 다른 신체적·생리적·심리적·정서적 특성이 강하게 나타나는 시기로서 이 교재에서는 중·고등학생의 연령층에 해당되는 집단을 청소년으로 규정하고자 한다.

〈표 9-16〉 관련 법률에 따른 청소년 명칭 및 연령 기준

법 률	청소년 명칭	연령 기준	제정 연도	주관부처
민법	미성년자	만 19세 미만	1958. 2. 22.	법무부
형법	형사미성년자	14세 미만	1958. 9. 18.	법무부
소년법	소년	19세 미만	1958. 7. 24.	법무부
청소년 기본법	청소년	9세 이상 24세 이하	1991. 12. 31.	문화체육관광부
아동복지법	아동	18세 미만	1961. 12. 30.	보건복지부
청소년 보호법	청소년	19세 미만	1997. 3. 7.	여성가족부
근로기준법	소년	18세 미만	1997. 3. 13.	고용노동부

출처 : 오윤선·황인숙(2018), p. 16.

3) 청소년기 발달특성

(1) 신체 : 생리적 발달

청소년기가 되면 신장과 체중이 급격히 증가하는 성장급등 현상이 일어난다. 신체적 변화는 개인차가 있지만 일반적으로 여자가 남자보다 2년 정도 앞선 시기에 시작된다. 여자 청소년이 남자 청소년보다 좀 더 일찍 성장이 멈추기 때문에 사춘기가 끝날 무렵에는 남자 청소년이 여자 청소년의 신장과 체중을 능가하게 된다. 청소년기에는 신장과 체중의 증가와 더불어 남자는 어깨가 넓어지고 근육이 발달하여 남성다운 체형으로 변모하고, 여자는 골반이 넓어지고 피하지방이 축적되어 여성다운 체형으로 변화하게 된다.

이 시기에는 신체 각 부분의 성장 속도가 일정하지 않기 때문에 청소년들은

자신의 신체에 대해 부적절감과 당혹감을 느낄 수 있다. 또한 청소년들은 자신의 신체변화에 대하여 매우 자각적인 특성이 강하여 자신이 바라는 이상적인 모습과 현재 모습의 차이로 인해 심리적으로 불안정한 상태를 보이며 자신의 신체적 결점을 보완하고 돋보이기 위한 행동에 민감하게 반응한다.

이와 같이 청소년기는 신체발달의 개인차가 매우 큰 시기로서 자신과 또래들의 신체변화 정도를 비교하고 자신의 신체변화의 정상 여부를 고민하며 그로 인해 우월감 혹은 열등감을 느낄 수 있다. 이렇게 형성된 신체상(body image)은 청소년의 자아개념과 성격, 그리고 사회적응에도 큰 영향을 미친다. 또한 청소년기는 내분비선의 급격한 성장으로 2차 성징과 성적 성숙이 이루어지면서 성적 충동이 증가하게 되고 어떻게 대응하고 적응해야 할지 몰라 당황하고 수치감과 불안감을 느낄 수 있다. 이러한 성적 성숙과 충동에 대해 자연스럽게 받아들이며 적절하게 대처하는 것이 중요한 발달과제 중의 하나라고 할 수 있다.

(2) 인지적 발달

청소년기는 피아제(Piaget)의 인지발달단계 중 형식적 조작단계에 해당하는 시기로서 인지발달의 양적인 측면뿐만 아니라 질적인 측면에서도 현저한 성장을 보이는 시기이다. 형식적 조작사고, 즉 구체적인 사물에 의존하지 않고도 가설적 · 종합적 사고를 할 수 있고, 상상과 추리를 통해 문제를 해결할 수 있다. 청소년들은 아동기보다 더욱 고차원적인 사고능력과 비판적인 사고능력이 발달하지만 자신과 타인의 생각을 구분하지 못하는 자아중심적 사고가 두드러지게 나타나기도 한다. 청소년기 자아중심성은 가상의 청중과 개인적 우화 현상을 통해 잘 드러나며 청소년 후기가 되면 현저하게 개선되어 현실적 · 합리적 사고를 하게 된다.

(3) 정서적 발달

청소년기를 질풍노도의 시기라고 기술할 정도로 청소년기의 정서는 매우 격정적이며 일관성이 없고 막연하며 불안정한 특성을 지니고 있다. 청소년기는 다른 어느 발달단계보다도 신체, 인지, 사회 등 여러 측면에서 변화가 많을 뿐만 아니라 성취해야 할 발달과제가 많은 시기로서 여러 가지 적응상의 어려움에 직면하게 된다. 그러나 청소년들은 이러한 변화에 효과적으로 대처할 수 있는 충분한 지식이나 기술을 아직 갖추지 못하였기 때문에 항상 불안과 긴장 속에서 끊임없이 내적으로 갈등하면서 정서적 동요를 일으키게 된다.

또한 청소년들은 감수성이 예민하여 작은 일에도 쉽게 흥분하고 동요되며 일시적 기분에 따라 행동하기 쉽다. 특히 정신적 자립성을 강하게 추구하기 때문에 타인이 자신의 삶을 비판하거나 훈계, 간섭하는 것에 대하여 크게 불쾌해하거나 화를 내고 반항함과 동시에 자신을 남과 비교하면서 스스로 열등감이나 회의감, 허탈감 등에 휩싸이기도 한다.

청소년기는 감정 기복이 심하고 극단적인 기분에 쉽게 사로잡히기 때문에 감정적이고 자기중심적이 되며, 특정 상황에서 부적응을 일으킬 뿐만 아니라 정서적 혼란을 초래하여 자아손상이나 심리 · 사회적 적응에 어려움을 겪게 된다. 이로 인해 우울증, 정서장애, 정체성장애, 약물남용, 가출, 자살, 폭력 등과 같은 다양한 정신장애와 비행, 심지어는 범죄 행위로까지 발전되어 개인뿐만 아니라 사회적으로도 바람직하지 못한 결과를 초래하게 된다. 청소년기의 이와 같은 정서적 불안정상태는 대부분 일시적인 과도기적 현상으로써 성장함에 따라 점차적으로 안정되어 자기 통제력을 지니게 되고 현실적인 적응을 모색할 수 있게 된다. 따라서 청소년들의 급격한 정서변화에 대하여 인내심을 가지고 보다 관대하게 반응하는 태도가 필요하다(오윤선 · 황인숙, 2018).

(4) 사회적 발달

청소년들은 그동안 정신적 의존관계에 있던 부모나 가족의 감독, 간섭으로부터 벗어나 독립함으로써 자율성을 추구함과 동시에 또래집단과 일치하려는 경향성이 높아진다. 홀링워스(Hollingworth)는 이러한 청소년들의 사회적 특성을 '심리적 이유기(心理的 離乳期, psychological weaning)'라고 명명하였다. 청소년들은 용돈 및 시간 활용, 학업태도와 진로, 친구 및 이성교제, 옷차림 등에서 부모의 통제를 거부하는 경향이 있다. 또한 부모에 대한 신뢰감이나 존경심이 줄어들고 그동안 받아왔던 부모의 지시를 논리적으로 비판하거나 반항하며, 자립적으로 선택한 친구와 유대관계를 형성하고 수평적인 입장에서 고민을 나누는 등 친구에 대한 의존도가 높아진다. 자신과 비슷한 특성을 가진 친구들과 또래집단을 형성하고 필요한 사회적 기술을 학습하기도 하지만 술, 담배 등과 같은 문제행동을 배우는 등의 부정적인 측면이 나타나기도 한다.

(5) 자아정체감 발달

자아정체감(ego identity)이란 자신이 타인과 구별된 독립적이고 고유한 존재라고 인식하는 동시에 외적인 자극이나 환경, 감정변화에도 불구하고 일관되게 자신을 인식하여 안정적인 느낌을 가지는 것을 의미한다. 자아정체감 형성은 청소년기의 중요한 발달과업이지만 정체감 발달은 유아기의 자아감 발달, 애착 및 독립심 출현과 더불어 시작되며 노년기에 인생의 회고와 통합을 통해 이루어진다. 청소년기가 정체감 형성에서 중요한 의미를 가지는 것은 아동도 어른도 아닌 모호한 입장에 놓여있던 청소년들이 성숙한 신체와 형식적 조작능력을 지니고 개인적 의문과 결정에 직면하면서 기존의 동일시 내용과 미래 계획과 포부를 역동적으로 통합하고 재조직하면서 성인으로서 성숙에 이르는 길을 구축해가는 결정적 시기이기 때문이라고 할 수 있다.

청소년기 정체감 확립은 어느 문화권에서나 발견될 수 있는 보편적인 현상은 아니며, 기술이 진보하고 고령화된 사회와 같이 성인의 역할을 수행하기 위해 연장된 준비기간을 필요로 하는 사회의 청소년들에게 나타나는 현상이라 할 수 있다. 연장된 청소년기를 가지는 청소년들은 사회적 비난 없이 자신의 직업적 영역 · 성역할 영역 · 가치관 영역 · 도덕적 영역 등 다양한 영역의 정체감 위기를 해결할 기회를 가질 수 있다.

2. 청소년을 위한 자원봉사활동의 필요성

청소년과 관련된 문제 중 최근 우리 사회에서 사회문제로 이슈화되고 있는 것은 청소년 성문제, 시설보호청소년 문제, 가출청소년 문제, 학교 밖 청소년 문제, 학교폭력청소년 문제, 약물남용청소년 문제, 스마트폰 및 인터넷 과다사용 문제 등으로 다양하다.

1) 자원봉사 대상자로서의 청소년

오늘날 청소년들은 물질만능주의의 경쟁사회와 입시위주의 학교교육 환경 속에서 어려운 사회화 과정을 거치고 있다. 또한 청소년기는 질풍노도의 시기라고 표현할 정도로 감정과 행동 등이 과격하고 거칠며 심리적인 동요가 극심한 발달특성을 보이는 시기이다. 이와 같은 이유로 청소년들은 방황도 하고 비행을 저지르기도 한다.

자원봉사 대상자로서의 청소년은 가정, 학교, 사회에서 다양한 어려움에 직면해 있거나 문제를 경험하고 있는 청소년들이라고 할 수 있다. 청소년들이 일반적으로 겪는 어려움에는 청소년 개인의 심리적 · 정서적 · 행동적 문제에서부터 청소년 비행 및 범죄에 이르는 심각한 수준의 사회문제까지 매우 다양하다. 청소년이 직면해 있는 문제상황은 청소년의 발달과 인격형성에 부정적인 영향을 미치며 나아가서는 청소년들이 건강한 성인으로 성장하는 데 방해요인으로 작용하게 된다. 특히 저소득층과 같은 위기 · 취약계층 청소년의 경우 경제적인 어려움과 더불어 건강, 학업, 여가활동, 정서, 가족해체, 학교폭력 등의 문제들이 복합적인 양상으로 심화되어 나타나기도 한다.

대표적인 청소년 문제는 가출, 약물남용, 학교폭력, 학업중단, 비행 등이며 이러한 청소년 문제는 개인적 특성이나 가족, 학교, 사회적 요인 중 어느 하나의 요인만으로 나타나지는 않는다. 문제상황에 직면해 있는 청소년 개인과 가족, 그리고 사회적 특성들이 서로 상호작용하여 발생하는 것으로 청소년 문제를 이해하기 위해서는 이러한 요인들을 다각적으로 이해하는 것이 필요하다.

(1) 개인 특성

문제상황에 직면해 있는 청소년의 경우 학습능력이 낮거나 자아존중감이 낮으며, 의사소통 능력이 미숙하여 대인관계 능력이 부족한 경우가 많다. 그리고 스트레스 상황에 효과적으로 대처하는 능력 또한 부족하며 학교 및 사회에서 적응하는 데 필요한 기본 지식과 행동, 기술 등이 부족하다. 또한 자기 자신보다는 환경에 의해 삶이 통제되는 경우가 많기 때문에 자신의 삶에 주체적이지 못하고, 미래에 대하여 부정적이고 충동적으로 행동하는 특성이 있다.

(2) 가족 환경

위기청소년 중 상당수가 이혼가정, 한부모가정, 재혼가정, 조손가정, 폭력가정 또는 가족 구성원 간에 정서적 교류가 거의 없는 경우가 많다. 이러한 가정환경에서 가족들로부터 정서적으로 충분한 지지와 사랑을 받지 못하기 때문에 심리적으로 취약하며, 다양한 문제상황에 노출되게 된다. 이때 가족들로부터 충분한 지지와 관심을 받게 되는 경우 건강한 청소년으로 회복되는 경우가 많은 반면 그렇지 못한 경우에는 문제행동이 지속되거나 악화되기도 한다.

(3) 학교 환경

우리나라 청소년들은 하루의 많은 시간을 학교에서 지내고 있기 때문에 교사, 친구 등과의 상호작용의 영향을 많이 받는다. 특히 위기청소년의 경우 또래들 사이에서 집단따돌림을 당하여 우울, 불안 등의 심리적 문제를 경험하거나 문제행동을 하는 친구들과의 접촉을 통해 문제행동을 학습하기도 한다. 특히 집단따돌림이나 학교부적응문제에 직면해 있는 청소년들이 청소년기에 가장 중요하게 여기는 인간관계인 또래관계에서 소외되거나 교사와의 관계가 소원할 경우 청소년이 처한 문제상황은 더욱 심화되고 지속되는 악순환을 거듭하게 된다.

(4) 사회적 환경

현대사회는 높은 경제성장과 사회규범의 약화, 물질주의 가치의 팽배, 폭력에 대한 허용성, 과잉경쟁 등이 나타나고 있다. 이러한 시대를 살아가는 청소년들은 학업이나 대학입시로 인해 지나치게 경쟁적이고 서열화된 문화 속에서 불안과 긴장이 커질 수밖에 없고, 이에 압도되어 문제행동을 드러낼 수도 있다. 그렇지만 사회가 청소년들의 바람직하지 않은 특정 행동에 대하여 명확한 규범을 세우고 제지할 수 있는 환경을 제공한다면 청소년의 문제행동 가능성은 상당 부분 낮출 수 있을 것이다.

2) 청소년을 위한 자원봉사활동의 필요성

청소년의 건전한 성장과 육성은 가정과 학교교육에만 의존할 수 없으며 지역사회의 적극적인 개입과 참여가 동시에 이루어질 때 가능해진다. 현대사회의 핵가족화 현상과 입시위주의 학교교육 환경은 청소년 문제를 양산해 내고 있으며, 산업사회 이전에 가족이 담당했던 보호와 지지의 기능 중 상당 부분이 사회로 이양되고 있다. 따라서 청소년들이 건강한 민주시민으로서의 공동체 생활을 체험하고 배울 수 있는 환경조성이 무엇보다 절실히 요구되고 있으며, 사회 구성원 모두의 관심과 참여 없이는 청소년 문제의 해결은 불가능하다.

이에 지역사회 구성원의 자발적 참여를 통해 청소년을 보호하고 건전하게 육성할 수 있도록 지원하며, 학교교육에서 소외된 청소년들을 지도하고 건전한 사회 환경을 조성해 나가는 자원봉사활동의 필요성은 아무리 강조해도 지나치지 않을 것이다.

3. 청소년 문제해결에 대한 접근방법

청소년은 성인에게 상당 부분 의존하던 아동에서 벗어나 독립된 생활이 가능한 성인기로 이행해 가는 과도기적 단계에 속해 있는 존재이다. 이들은 '나는 누구인가'에 대한 답을 스스로 발견해 가는 과정, 즉 자아정체감을 형성해 가는 과정에서 여러 가지 어려움을 표현하고 있다. 사회적으로는 청소년들을 아직 발달과정 중에 있는 미성숙한 존재로 인식하여 온전한 인격체로 인정하지 않을 뿐만 아니라 고유한 청소년기의 발달특성을 제대로 이해하지 못함으로써 사회적인 관심이나 프로그램 등에서 상대적으로 소홀해지기 쉽다. 이와 같은 이유 때문에 문제상황에 직면해 있는 청소년에 대하여 개인 차원으로만 접근하게 될 경우 근본적이며 효과적인 문제해결이 어렵게 된다. 따라서 무한한 성장가능성을 지닌 청소년들을 건전한 성인으로 성장하도록 지원하고, 청소년 문제에 대하여 효과적으로 대처하기 위한 구체적인 방안에 대하여 살펴보도록 하겠다.

1) 가족기능의 강화

가정은 청소년의 인격형성과 심신의 균형적인 성장 · 발달에 절대적인 영향을 미친다고 해도 과언이 아닐 정도로 중요한 지지체계이다. 청소년이 가족환경에서 경험하는 다양한 사건들은 청소년들의 현재뿐만 아니라 이후의 성인기 삶에도 결정적인 영향을 미친다. 청소년들을 보호 및 관찰자로서 통제하려는 부모와 자신을 개인으로 규정하고 독립하려는 청소년 사이의 가정 내 갈등이 확대 · 심화되면서 문제행동으로 나타날 수 있다. 청소년들이 가정환경에서 경험하는 대표적인 생활사건으로는 청소년의 가출과 부모의 이혼이나 가족갈등 등이 있다. 이 중에서 청소년의 가출은 그 자체가 심각한 비행은 아니지만 가출 이후에 각종 위험환경에 쉽게 노출될 뿐만 아니라 교육기회 상실과 성비행, 폭력, 절도와 같은 비행 및 범죄에 연루될 수 있는 사건이다. 또한 이혼가정의 청소년들은 가족해체로 인한 가족기능의 약화와 경제적 어려움을 경험하는 경우가 많다. 따라서 청소년 개개인의 특성과 욕구를 정확하게 이해하고 이들의 현재와 미래를 위한 개입 방안을 모색하는 것이 중요하다(정규석 외, 2017).

이를 위해서는 부모, 형제들과의 친밀하고 화목한 가족관계, 민주적이고 자율적인 가정 분위기, 그리고 성실하고 건전한 가족 가치관을 형성할 수 있도록 도와야 한다. 따라서 학교, 지역사회 관련 기관들에서는 부모교육을 강화하고, 부모의 역할과 가정기능을 강화할 수 있는 프로그램들을 실시하여 청소년들이 건전하게 성장할 수 있도록 가족기능 강화를 위해 노력하는 것이 필요하다.

2) 지역사회 유해환경 정화

지역사회의 유해환경이나 향락산업이 청소년의 가출과 비행, 학업 중도탈락을 조장한다는 주장들이 있다(이소래, 2001). 또한 청소년에 대한 지지환경 부족, 사회적 보호체계 미약(배회, 외박 등이 가능한 환경 등), 대중문화의 확산도 청소년의 학업중단 등의 부적응 행동에 영향요인으로 작용하고 있다(이상준, 2009). 이와 같이 청소년의 비행행동에는 시공간적으로 근접한 환경이 큰 영향을 미치기 때문에 청소년이 오래 머무르는 학교, 집 주변 등 우범지대나 유해업소 등을 파악하고 개선안을 마련하는 등의 노력이 필요하다. 최근 청소년 문제에 대한 관심이 집중되면서 지역사회별로 청소년을 보호하기 위한 '좋은 교육환경 만들기', '지역사회 내 유해업소 추방하기' 등의 활동들이 활발하게 전개되고 있다(이소희 외, 2004). 또한 가정과 학교는 지역사회 조직이나 기관과 긴밀한 협조체제를 구축하고 지역사회에서 활용 가능한 자원을 파악 · 확보하여 청소년들의 욕구를 충족시켜 주는 것이 필요하다. 아울러 지역사회 유해업소를 규제 · 정비함으로써 청소년의 건전발달을 지원할 수 있다.

3) 자율적이고 창의적인 교육풍토 조성

청소년들의 활동시간 중 가장 많은 시간을 보내는 곳이 학교인 만큼 학교환경이 청소년 발달에 미치는 영향은 매우 크다. 청소년들은 학교생활 경험을 통해 자신의 미래를 설계하고 진로를 결정하기 때문에 자신의 적성에 맞는 재능을 개발하고, 민주시민으로서의 책임과 의무를 익히며, 건전하고 올바른 가치관과 인격을 함양할 수 있는 교육풍토를 조성하는 것이 무엇보다 중요하다. 이러한 중요성에도 불구하고 입시위주의 교육과 성적 제일주의로 인해 학업 성적이 낮은 청소년들의 경우 스스로 실패자라는 좌절감을 느끼며 탈선과 비행에 빠져

드는 결과를 가져오고 있다. 따라서 입시위주의 교육제도를 개선하여 청소년 개개인의 재능과 적성을 개발시키고, 건전한 인격을 함양할 수 있는 자율적이고 창의적인 교육풍토를 조성함으로써 학교생활에서 낙오되는 청소년이 발생하지 않도록 배려하는 것이 필요하다(이소희 외, 2004).

4) 건전한 여가문화 조성

대다수의 우리나라 청소년들은 청소년기 특성에 기인한 불안과 혼란뿐만 아니라 입시위주의 교육제도로 인해 많은 스트레스를 받고 있다. 청소년들이 이러한 스트레스를 건전한 방법으로 분출시키지 못할 경우 곧바로 신체적 · 정신적 · 심리적 질병으로 이어지기 때문에 청소년의 건강한 성장과 발달을 저해하는 요인이 된다. 그러나 청소년들이 여가활동에 투입하는 시간이 절대적으로 부족할 뿐만 아니라 여가 시설이나 콘텐츠 또한 매우 부족한 실정이다. 따라서 청소년들이 건전한 여가활동을 통해 건강한 인격 및 인간관계 형성, 비행 및 탈선 예방 등의 효과를 거둘 수 있도록 다양한 청소년 여가활동 활성화 방안이 마련되어야 한다. 이를 위하여 학교문화예술교육 확대와 청소년 여가시간 확대를 위한 제도적 개선, 학교와 지역사회가 연계한 청소년 문화존 확대, 문화 · 예술 인프라의 지역 간 격차 해소, 그리고 모든 청소년들이 여가생활을 누릴 수 있도록 문화예술 공연내용의 다양화와 더불어 지역 도시공간을 활용한 사회문화 예술교육의 다변화 등 청소년 여가프로그램 활성화를 위한 지속적인 노력이 이루어져야 한다(이소희 외, 2004).

4. 자원봉사 대상 청소년을 대하는 자세

인간은 누구나 생애의 과정에서 청소년기를 한 번씩 거쳐 가기 때문에 자원봉사활동 대상자로서 청소년을 대하는 것에 대하여 어렵지 않게 생각할 수도 있다. 그러나 청소년들은 자신들이 기성세대로부터 충분히 이해받지 못한다고 여기는 경향이 있기 때문에 성공적인 자원봉사활동이 되기 위해서는 대상 청소년의 특성에 맞는 활동이 이루어져야 한다. 그렇지 않을 경우 청소년들에게 도움을 주기보다는 오히려 상처를 줄 수도 있다. 따라서 청소년을 위한 자원봉사활동을 실시할 때는 청소년들이 나이가 어리다고 무시하거나 지나치게 간섭하거나 함부로 대해서는 안 되며 한 사람의 독립된 인격체로 존중하는 태도를 보여주어야 한다. 이에 청소년을 대상으로 자원봉사활동을 할 때의 유의사항을 살펴보면 다음과 같다.

1) 청소년의 문화를 이해하는 눈높이 자세

청소년들은 그들만의 독특한 언어와 문화, 정서를 가지고 있으며, 또래집단과 어울리기 좋아하고 기성세대의 문화와 규칙에 대해 반항심을 가지는 경향이 있다. 따라서 그들에게 성인들의 관점과 규칙을 따를 것을 강요하기보다는 청소년 특유의 문화와 정서를 함께 공감하고 수용하는 태도를 보이는 것이 중요하다.

2) 건강한 역할모델이 되는 자원봉사자

청소년들은 호기심과 모방성이 강하여 자신이 보고, 듣고, 경험한 것을 쉽게 배우고 따라 하는 경향이 있다. 특히 자신들과 세대 차이가 적은 대학생 멘토 자원봉사자들과 함께할 경우 청소년들은 자원봉사자의 언행과 태도, 가치관 등을 자신도 모르는 사이에 역할모델로 삼고 모방하는 경우가 많다. 따라서 청소년을 위한 자원봉사활동을 할 때에는 자원봉사자의 모든 것이 청소년들에게 모델이 될 수 있다는 점을 명심하고 주의 깊게 행동하여야 한다.

3) 인격적인 존중

청소년을 대할 때는 하나의 인격체로서 존중해 주어야 한다. 이와 같은 태도로 청소년들을 대하게 되면 청소년의 자립심을 향상시켜 줄 뿐만 아니라 스스로 자신의 행동에 대하여 책임을 지기 위해 노력하게 된다. 그러나 자원봉사자가 청소년들에게 아직 어리기 때문에 잘 모를 것이라는 식의 태도와 행동을 보이게 되면 청소년들은 자신감이 없어지고 방어벽을 만들어 봉사자와 거리를 두게 된다.

4) 신뢰관계 형성

자원봉사자는 청소년과의 지속적이고 꾸준한 관계 형성을 통해 어른들은 믿고 신뢰할 수 있는 존재라는 것을 보여주어야 한다. 따라서 이벤트성의 일회적인 활동이 아닌 정기적이고 꾸준한 자원봉사활동을 통해 청소년들에게 믿음과 신뢰감을 주는 것이 좋다.

5) 재미와 즐거움

모든 자원봉사활동에서도 그러하겠지만 청소년을 대상으로 하는 자원봉사활동에서는 특히 재미와 즐거움이 무엇보다 중요한 요소라 할 수 있다. 청소년기는 감각적 흥미와 재미를 추구하는 경향이 높은 편으로서 자원봉사활동을 할 때도 대상 청소년이 활동에 재미와 즐거움을 느낄 수 있는 방법과 매개체를 활용하면 훨씬 효과적인 활동이 전개될 수 있을 것이다.

6) 미래설계 및 진로계획과 연계

자원봉사활동을 통해 청소년들이 미래에 대한 꿈과 희망을 가지고 자기 삶을 스스로 개척해 나갈 수 있는 용기와 자신감을 가질 수 있도록 도와주는 것이 중요하다. 이를 위해서는 청소년들이 자원봉사활동을 통해 자신의 미래설계와 진로계획이 연계될 수 있도록 기회를 제공해 줄 수 있어야 한다.

※ 청소년을 위한 자원봉사자의 바람직한 자세

- 사랑으로 대하며, 긍정적인 초기관계를 수립하도록 한다.
- 아동 · 청소년에 대해 지속적인 관심과 이해를 가지고 대한다.
- 동정심이나 호기심 어린 시선으로 바라보지 않는다.
- 긍정적인 멘토로서의 역할을 한다.
- 심한 장난을 치거나 모욕적인 언행을 하지 않는다.
- 아동 · 청소년과 무리한 약속을 하지 않으며, 아동 · 청소년과 한 약속은 반드시 지킨다.
- 한 명에게만 지나치게 잘 대해 주는 일은 삼간다.
- 경제적인 부유함(돈, 자동차, 핸드폰, 악세사리, 카메라 등)을 자랑하거나 지나치게 드러내지 않는다.
- 자원봉사활동에 있어 아동 · 청소년과 함께 달성하고자 하는 공동의 목표선정 및 대안을 선택한다.
- 아동 · 청소년의 자기결정 의사를 존중한다.
- 아동 · 청소년의 경우 아동을 둘러싸고 있는 환경이 미치는 영향이 크므로 주변체계와의 협력체계를 구축한다.

출처 : 경기도자원봉사센터(2010).

5. 청소년을 위한 자원봉사활동의 분야별 내용

청소년을 위한 자원봉사활동의 분야는 분류 방법에 따라 다양하게 구분할 수 있다. 활동 유형에 따라서 간접적인 활동과 직접적인 활동으로 분류해 볼 수도 있고, 대상에 따라서는 장애청소년, 저소득층 청소년, 비행청소년, 근로청소년 등으로 구분할 수도 있다. 자원봉사 현장에서 주로 이루어지고 있는 청소년을 위한 자원봉사활동 분야와 내용은 다음과 같다.

1) 가정생활 분야

가정은 사회구성의 기본 단위로서 일상생활 습관이나 행동기준, 가치판단과 사회화 훈련 등 인간의 정신적 · 신체적 발달의 기초가 된다. 이러한 점에서 청소년들이 속한 가정생활의 안정이나 강화가 중요하다. 이에 가정생활의 보존과 강화를 위한 부모교육, 계몽, 상담지도, 결손가정 청소년에 대한 지원, 보호 등의 다양한 자원봉사활동이 필요하다(조휘일 외, 2009).

2) 특수보호 분야

특수보호 분야 자원봉사활동은 심신장애 청소년, 질병 및 허약 청소년, 고아, 위기청소년, 비행 및 범죄 청소년 등을 수용 · 보호하여 교정 · 치료하는 시설을 지원 또는 협력하는 자원봉사 분야이다. 주요 활동으로는 수용보호시설 지원 노력봉사, 시설운영 지원을 위한 자선모금활동, 수용보호 청소년을 위한 상담과 교정치료, 특수교육, 생활지도, 보건위생지도 등이 있다.

3) 여가생활 분야

여가생활은 개인의 생활방식과 삶의 질을 보여주는 지표를 나타내는 것으로 볼 수 있다. 여가생활은 청소년의 바람직한 사회화에 기여할 뿐만 아니라 생활 전반에 대한 긍정적 태도와 역량 강화, 그리고 자기성찰과 성숙의 기회를 제공하는 등 다양한 효과와 의미를 가지고 있다. 그러나 현실적으로는 청소년들의 여가활동에 대한 높은 욕구에 반하여 실제 참여하고 있는 여가활동 및 시간에 있어 과도한 학습시간으로 인해 양적 · 질적으로 부족한 상황이다. 여가활동은 청소년들이 일상생활에서의 긴장이나 갈등, 권태, 부담 등으로부터 벗어나 신체적 · 정서적 발달을 이루는 계기가 될 수 있도록 도와주는 자원봉사자들의 도움이 매우 필요한 활동 분야이다. 따라서 청소년 여가생활 지원을 위해서는 오락, 취미, 문화, 사회봉사, 체육, 종교, 사교 등 다양한 영역의 여가프로그램이 필요하다.

4) 교육 분야

교육봉사활동 분야는 교육환경 개선, 문제학생 상담지도, 선도활동 등 정규 학교와 학생들을 위한 활동은 물론이고 학교에 진학하지 않거나 중도탈락한 학교 밖 청소년을 위한 직업교육, 야학 등 사회교육적 차원의 자원봉사활동 영역의 활동이 매우 필요하다.

〈표 9-17〉 청소년을 위한 자원봉사활동

구 분	종 류	내 용
직접적 자원봉사	상담	• 청소년 상담(전화, 면접, 인터넷), 학교상담 자원봉사 • 비행청소년 상담(법무부, 검찰청 관련)
	결연	• 소년소녀가장, 한부모가정, 시설청소년, 비행청소년 개별 결연
	교육지원	• 기능교실 지원 • 방과후 학습지도 • 청소년 자원봉사자를 위한 교육
	사회활동 지원	• 산업시찰 및 역사탐방 • 농촌활동 지도
	여가선용	• 음악, 그림, 문학, 연극, 캠프지도, 전통놀이 지도
	취업지원 서비스	• 청소년들의 직업훈련 • 직업알선 및 사회적응 훈련
	생활 및 가사지원 서비스	• 결식청소년 무료급식 • 불우청소년 도시락 및 밑반찬 배달 • 식사준비 및 취사 • 세탁, 생필품 구입, 시장보기 등
	보호활동	• 가출청소년일시보호(쉼터) • 민간가정위탁
간접적 자원봉사	업무보조	• 시설환경정리 및 행정업무보조 • 차량지원
	시설장비	• 아동복지시설 화단만들기 • 보일러, 수도, 놀이터 등 각종 시설 및 장비 정비 • 아동복지시설 자연학습장 만들기
	조사 · 정보 제공 및 캠페인	• 청소년유해환경 조사 · 감시 • 청소년 신문 제작 • 청소년 욕구조사 등 사회조사 • 근로청소년을 위한 음악회 개최 • 청소년유해환경 단속 및 계몽 • 불우청소년 장학금 모금을 위한 활동 • 청소년을 위한 금연, 약물남용 방지 캠페인

출처 : 김성이 외(1997), p. 22.

제5절 지역사회와 함께하는 자원봉사활동

현대사회의 모습에서 이웃 간의 단절된 생활은 지역사회의 약화를 초래할 수 있다. 최근 지역공동체 개념의 도입과 동시에 지역사회에 대한 관심이 높아지면서 지역사회 주민들은 자원봉사활동을 통해 이웃돕기운동, 환경오염방지운동 등을 수행하고 있다.

위기발생 시 주민들이 협력하여 실천하는 자원봉사활동은 현대사회에서 매우 의미 있는 일이며 지역사회를 더욱 발전시키기 위한 자원봉사활동 영역은 지역사회의 요구에 따라 보다 다양하게 전개되어야 할 것이다.

1. 지역사회 자원봉사활동의 목표

지역사회에는 복지와 관련된 보건위생, 교통, 사회교육, 생활 개선, 환경오염, 공해문제 등 개선해야 할 문제점이 많은데, 지역주민들의 자발적인 참여로 연대감과 책임감을 고취시키고 개인이 소속된 지역사회에서 성숙한 주민으로서의 역할을 다하도록 하기 위해서 봉사활동이 필요하다.

〈표 9-18〉 지역사회 자원봉사활동 목표

(1) 환경보전적 지역사회 만들기 (2) 생활이 편리하고 친절한 지역사회 만들기 (3) 건강하고 안전한 지역사회 만들기 　– 노약자, 장애인, 여성 등이 거리낌 없이 함께하는 지역사회 (4) 교육 및 문화환경이 쾌적한 지역사회 만들기 (5) 지역공동체 재생적 지역사회 만들기

출처 : 김범수 외(2021).

2. 지역사회 자원봉사의 필요성

지역복지공동체의 구현은 지역사회의 공공이익을 위한 지역주민들의 자발적 참여에 달려있다. 특히 지방자치에 따른 지역주민의 욕구와 지역사회문제에 대한 적극적 관심과 참여가 고조되고 있다. 자원봉사활동은 인간의 존엄성, 자주성, 참여와 책임, 공동체의식 등을 실현하기 위한 구체적인 행위이다.

이러한 자원봉사활동의 의의에도 불구하고 우리나라의 자원봉사 수준은 서구 선진국에 비해 대단히 미약하고 열악한 상태이다. 즉, 우리나라의 자원봉사 참여 현황을 간략히 살펴보면 자원봉사 참여율은 전체 국민의 3% 정도로 선진국 20% 이상의 수준에 크게 미흡하다. 또한 자원봉사의 중도탈락률이 매우 높다. 자원봉사자도 여성이 68%, 20대 이하가 58%이고, 직업별로는 학생과 주부가 71%로서 일부집단에 편중되어 있고 요보호대상자의 생활지원서비스가 52%를 차지하고 있다.

결국 자원봉사가 활성화되기 위해서는 자원봉사 필요성에 대한 인식의 확산이 무엇보다 중요한 문제로 대두되고 있다. 따라서 지역사회 자원봉사의 필요성을 살펴보면 다음과 같다.

첫째, 복지사회를 실현하기 위해서는 국가를 포함한 전체 사회의 책임이 요구된다. 이것은 한 사회의 발전과 복지는 정부나 몇 개의 사회단체 또는 엘리트의 노력만으로 이루어지는 것이 아니며, 시민 대다수가 참여하고 협동하는 힘에 의해 가능한 것이기 때문이다.

둘째, 자원봉사활동은 각 개인으로 하여금 사회적으로 필요한 존재라는 것을 경험하게 함으로써 정신적 질병이나 일탈 행위를 예방하고, 개인적 만족감과 통합감을 느끼게 하며 고립감에서 벗어나게 한다.

셋째, 자원봉사활동은 제반 사회적 상황에 대한 생생한 지식과 정보 및 규범을 배울 기회를 제공하며, 사회계층 간의 간격을 좁혀준다.

넷째, 자원봉사활동은 다양한 자조적 사업에 참여함으로써 지역사회의 건강을 증진시키며, 지역사회의 발전과 변화를 주도한다.

다섯째, 자원봉사활동은 자원이 부족한 공적기관 및 민간 복지기관의 인력을 보충해 준다.

여섯째, 사회복지 전문인력의 전문성 제고를 위해 필요하다. 즉, 사회복지서비스를 제공할 때 자원봉사자를 활용하여 상대적으로 전문성이 낮은 업무를 자원봉사자에게 맡길 수 있으므로 사회복지사들이 전문적인 업무에 주력하거나 자기개발에 노력함으로써 사회복지의 전문화가 심화될 수 있다.

일곱째, 최근 강조되고 있는 사회복지 이념인 통합화와 정상화 및 탈시설화를 실현하는 요소로서 자원봉사가 필요하다. 특히 대인적 서비스의 필요성이 증대되는 상황에서 이를 위한 인력부족을 보완해 줄 수 있다.

결국 자원봉사는 개인 차원의 단순한 선행 행위로 끝나는 것이 아니라 지역사회 주민의 삶의 질을 한 단계 향상시키는 중요한 활동이며, 사회복지 욕구의 팽창과 함께 그 중요성이 강조되고 있다.

3. 지역사회 자원봉사의 영역과 대상

자원봉사활동은 지역사회문제나 욕구를 해결하고 지역사회 발전을 위해 지역주민들이 언제나 어디서나 누구나 자유롭게 참여할 수 있는 자발적인 사회적 활동이다. 따라서 자원봉사활동 프로그램은 주민들이 가지고 있는 지식, 기술, 경험, 관심 및 특성 등에 맞게 개발되어야 하고 효과적인 활동을 위하여 적절한 교육, 훈련, 지도, 감독, 보상, 평가 등을 받아야 한다.

지역주민들의 자원봉사활동을 통한 지역공동체 운동은 지역 공간을 중심으로 지역에 사는 주민들이 공동체성을 바탕으로 스스로 지역의 문제를 해결하고자 하는 다양한 활동 혹은 지역 소규모 생활공간에서 지역주민 스스로 자립을 위해 협동적, 공동체적 경제를 구조화하고, 동시에 사회적 관계망을 형성하여 대면접촉과 의사소통을 원활히 하는 행위와 활동(최승호, 2009) 등으로 정의되고 있다. 이는 지역공동체 운동이 행정과 외부자원에 의한 외생적 지역발전 패러다임에서 지역내부의 주체세력에 의해 지역발전이 동인(motivation)되고 추진되며, 그 성과와 혜택이 지역으로 환원되는 내생적 지역발전 패러다임으로의 전환을 의미한다. 이 과정에서 지역문제 해결을 위해 외부의 시혜적 지원에서 벗어나 지역 스스로 공동체의 자산을 재발견하고 이를 기반으로 지속가능한 지역발전을 도모하자는 자산기반 지역공동체 발전(ABCD : Asset-Based Community Development) 방식이 주목받고 있다. 이를 반영하여 지역공동체 운동은 주민이 영위하는 일상의 공간적 · 사회적 범위인 지역(마을)에서 주민자치 공동체가 지역의 인적 · 물적자원을 활용해 주민의 삶의 질을 높이는 일련의 활동으로 정의하기도 한다(조정래, 2012 : 3).

이러한 지역공동체 운동이 궁극적으로 지향하는 목적은 지역주민들의 삶의 질 향상 혹은 지역의 복지(well-being)증진이며, 이는 지역의 특성에 따라 지역사회 일자리를 창출하고 지역경제를 활성화하기 위한 마을기업 혹은 사회적 기업, 자활사업, 생활협동조합 등의 경제공동체, 마을축제나 문화시설 조성 등을 위한 문화공동체, 공동육아시설이나 방과후 학교 등의 교육공동체, 지역의 생태적 환경문제 해결을 위한 환경공동체, 주거환경 개선이나 소외계층의 복지를 위한 시스템 및 시설 구축 등의 복지공동체, 지역주민의 의료혜택의 접근성을 높이기 위한 의료공동체 등 다양한 영역에서 지역주민들의 자원봉사활동을 통한 지역공동체 운동이 전개되고 있다.

자원봉사활동은 활동 영역과 활동 장소에 따라 분류된다. 자원봉사의 장은 지역사회의 각종 활동이 일어나고 있는 장소(환경) 또는 기관 및 시설을 말한다. 일반적으로 알려진 자원봉사활동의 장으로는 ① 가정, ② 사회복지기관 및 시설, ③ 의료기관 및 시설, ④ 교육기관 및 시설, ⑤ 환경단체 및 시설, ⑥ 경제단체 및 시설, ⑦ 사회문화단체 및 시설, ⑧ 정부 및 지방자치단체 산하기관, ⑨ 국제관계 기관, ⑩ 기타 지역사회 안전과 질서를 유지하기 위한 기관 및 시설 등이 있다.

1) 환경 분야 자원봉사활동

최근 환경문제에 대한 시민들의 의식이 높아지면서 이 분야에 관심을 가지고 활동을 하는 자원봉사자들이 많이 늘어나고 있다.

환경봉사활동 현장은 매우 광범위하고, 활동 내용 또한 쓰레기청소, 대기오염, 수질오염, 토양오염, 해양오염, 소음 등 다양하다. 집 앞 골목에서부터 거리, 공원, 공공시설 등에서 활동할 수도 있고, 주요 문화재시설 주변에서, 그리고 산, 강, 바다로까지 나가 활동할 수 있다. 환경봉사활동은 우선 환경을 보존하기 위한 사전 예방 활동과 환경을 오염시키는 사람들이나 공장 등을 감시 · 고발하는 등의 사후 치료적 활동으로 크게 구별할 수 있다.

환경보존 활동으로는 쓰레기 줍기와 국토대청소와 같은 직접적인 활동과 쓰레기 함부로 버리지 않기, 쓰레기 분리수거하기, 샛강 살리기 등과 같은 계몽활동, 그리고 환경캠프, 환경교실을 통한 환경교육 활동 등이 있다. 자원봉사자는 직접 교육을 맡을 수도 있고, 교육 보조, 행사 보조 등 일손으로 봉사할 수도 있다. 지역사회가 당면한 대기오염, 수질오염, 소음 등의 실태를 조사해서 환경오염지도를 작성해 보는 활동도 교육적 효과가 높다. 그밖에 구체적인 활동사례로는 벽보 제거, 낙서 지우기, 저공해 비누 제작, 공공장소 길바닥 껌 떼기 등이 있다.

환경감시 · 고발 활동 또한 국토 전체에서 필요한 활동이다. 동네 쓰레기 투척을 감시해야 하고, 산, 강, 바다를 오염시키는 부당행위도 감시해야 하며, 대기오염, 소음 등을 감시하는 활동도 필요하다. 그밖에도 시민단체에서 환경오염 고발접수를 받는 일, 현장에 출동해서 관계기관과 언론에 고발하는 일, 오염을 일으키는 개인이나 공장에 시정을 요구하는 공문이나 편지를 쓰거나 직접 단체로 방문해서 시정을 요구하는 일 등도 중요한 감시활동이다(김범수, 2003).

2) 교통 분야 자원봉사활동

시민들이 일상생활에서 가장 큰 불편을 겪으며 불쾌하게 생각하는 생활 영역이 있다면 교통 분야일 것이다. 교통사고율은 세계 정상을 다툴 정도이고 서울의 교통정체는 세계 주요 대도시에 결코 뒤떨어지지 않는다. 이러한 상황에 대비한 교통안전과 교통의 원활한 소통을 위한 자원봉사자의 참여가 특별히 요구된다.

교통 분야의 자원봉사활동은 우리 사회의 질서유지에 그 일차적인 목적이 있으며, 교통질서의 확립은 선진 문화를 가늠하는 잣대이기도 하다. 교통 분야의 봉사활동은 거주 인근 지역에서 팀을 조직하여 활동하는 것이 효과적이다. 교통 영역에서는 교통정리, 교통여건 개선활동, 각종 캠페인, 카풀 등으로 봉사활동이 이루어질 수 있다.

교통정리활동으로는 직접 등·하교길에 나가서 어린이, 어르신, 장애인 등이 교통사고를 당하지 않고 안전하게 건널목을 건널 수 있도록 도와주는 교통사고 예방활동이 있다. 특히 아동들에게 교통신호 지키기, 건널목 건너기 등 교통안전교육을 맡는 봉사활동도 중요하다. 또한 지하철이나 버스 승하차 안전을 지켜 주는 현장 활동도 필요하다.

교통여건 개선활동으로는 교통표지판 및 시설물 점검, 도로 파손상황 점검, 보행환경 및 자전거 이용여건 모니터 등의 활동을 통해 교통의 흐름 및 안전에 지장을 초래하는 교통환경을 개선하도록 안내 시스템, 거리표지판 등을 제작 설치하는 현장중심의 활동이 있다.

각종 캠페인 활동으로는 노약자 보호석 지키기, 교통질서 지키기, 자가용 요일제 지키기, 주차질서 지키기 등이 있다.

3) 범죄 분야 자원봉사활동

범죄 분야는 자원봉사활동의 예방적·교정적 기능을 다할 수 있는 전형적인 분야이다. 안심하고 밤거리를 다닐 수 있는 지역사회를 만들기 위한 자원봉사의 영역은 교정과 치안이다. 전국에서 범죄 없는 마을로 선정된 지역들은 거의 지역주민 자원봉사자의 정기적인 예방활동으로 얻은 결실이라고 한다. 특히 유흥가 등 우범지역으로 둘러싸인 도심지역에서는 경찰뿐 아니라 지역주민도 자원봉사활동을 통하여 청소년의 탈선과 범죄발생을 예방하는 활동을 할 수 있다.

교도소나 소년원에서 복역하는 청소년에게 다시 한번 사회참여의 기회를 주어 정상적인 사회인이 되도록 돌보아 주는 봉사활동도 필요하다. 한 번 범죄에 빠지면 다시 범죄에 가담하게 되는 경우가 많기 때문에 이들을 선도해 줄 수 있는 전문인력이 필요하고 이는 바로 자원봉사활동의 중요한 영역이라고 할 수 있다. 보호관찰 대상자들을 보호하고 법정후견인 또는 상담원으로 활동하면서 이들의 사회복귀를 지원한다. 그들이 부당한 처분을 받았을 때 정당하게 항의할 수 있도록 도와주는 일도 중요하다. 내 자식, 형제처럼 사랑의 손길로 돌볼 수 있다면 많은 전과자가 정상적인 사회인으로 복귀할 수 있을 것이다. 여기에는 이들의 교육, 취업지도를 담당하고, 자매결연을 통해 보다 가까이 살펴 주는 일도 포함된다.

또한 자원봉사자는 가출 청소년, 학대 아동, 약물복용 청소년, 미혼모 등을 상담하거나 선도하는 활동을 할 수 있으나 그러기 위해서는 특별한 소양교육을 이수해야 한다. 예민한 청소년과 대화하는 특수 상담법 등이 필요하기 때문이다.

청소년의 탈선과 범죄발생을 예방하기 위해서는 무엇보다도 청소년 유해환경을 조사해서 정부에 건의하고, 청소년이 유해환경에 접근하지 않도록 계도하고 감시하는 활동도 필요하며, 특히 저질 잡지, 만화, 비디오, 인터넷 동영상 등으로 청소년을 유혹하는 유해물질을 고발하고 추방하고자 하는 시민 스스로의 자구적 노력이 필요하다.

4) 교육 분야 자원봉사활동

교육은 국민의 의무이자 권리이지만 교육혜택을 받지 못하는 계층이 적지 않다. 아동, 장애인, 청소년 등 사회복지 대상자들뿐 아니라 주부, 어르신 등 일반인까지도 교육봉사의 대상자가 된다. 일거리도 직접 교육 상담, 보조 등 다양하다. 아동의 경우 사회복지시설에 있는 아동, 결손가정의 아동, 그리고 맞벌이부부의 아동 등으로 꼽을 수 있다. 장애인의 경우 대부분이 장애인학교와 특수교육시설의 미비로 교육혜택을 누리지 못하고 있는 아동들이다. 장애가정의 처지를 이해하고 지역사회에서 함께 더불어 사는 공동체를 만드는 일에 동참하도록 협조를 이끌어 내는 일도 훌륭한 자원봉사활동이 될 수 있다. 또한 장애아동의 등·하교길 길잡이 역할도 하며, 책 빌려다 주기 등의 활동도 의미 있는 자원봉사활동이 될 수 있다.

그러나 장애인 교육은 특수교육 전공자의 체계적인 지도가 필요하며, 자원봉사자는 교육 보조역할을 맡을 수 있다. 시각장애인을 위해 컴퓨터로 점자도서를 제작하는 일, 녹음기로 음성도서를 제작하는 일은 이제 많은 자원봉사자가 참여하는 장애인 교육지원활동이 되었다. 또한 가출 청소년, 소년소녀범, 가정형편상 학업을 중단하고 돈벌이를 하는 청소년 등이 교육혜택에서 소외된 계층으로, 이들을 직접 가르치고 돌보는 활동, 상담 등의 활동도 있다.

사례

해피홈스쿨 선생님 활동

1. 활동목표

해피홈스쿨 선생님은 교사경력이 있는 은퇴노인들이 저소득 가정 어린이 방과후교실의 선생님으로 파견되어 학습지도를 하며, 세대 간 통합의 기회를 제공하고 전문 자원봉사활동으로 노인에 대한 긍정적인 인식개선을 목표로 한다.

2. 활동현황

1) 활동인원

참가자 중 1차년도부터 지속 참여한 인원은 7명이며, 참가자의 90%가 교사 은퇴자로 구성되어 있다.

- 1차년도 : 참가자 8명/ 수혜자 72명
- 2차년도 : 참가자 11명/ 수혜자 120명
- 3차년도 : 참가자 20명/ 수혜자 100명

2) 슬로건(참가자들의 의견)

콩 한 개(콩 한 개를 심으면 100개의 콩이 나온다는 마음으로 어린이의 가능성을 사랑하자)

3) 활동내용

해피홈스쿨 선생님은 저소득 가정 어린이들의 방과후교실, 장애 어린이들의 방과후교실 등에서 선생님으로 활동하는 자원봉사이다. 참가 노인들은 주로 교사 은퇴자들로 구성되어 있으며, 교과목은 한글, 영어, 수학과 같은 교육에서 피아노, 오카리나 등 악기연주에 이르기까지 다양한 분야로 파견되었다. 평균 주 1회, 회당 1시간으로 진행하였고 1개소당 어린이 평균인원 10명을 대상으로 진행되었다.

수요처는 기아대책에서 지역교회와 연계하여 예배가 없는 평일에 방과후교실로 활용한 행복한 홈스쿨로 주로 파견하였으며, 그 외에도 서초구 내 장애어린이 방과후교실 등으로 파견하였다.

또한 특별 프로그램으로 연 1회 홈스쿨 어린이와 함께하는 여름캠프를 진행하였다. 나들이의 기회가 많지 않은 저소득가정 어린이들과 노인이 짝을 이루어 여름캠프를 진행하였는데, 1차년도에는 버섯체험과 천연염색 프로그램을, 2차년도에는 수영장 프로그램을 진행하였다. 총 2개 홈스쿨, 50명 어린이와 연계하여 통합 프로그램을 진행함으로써 세대통합의 기회를 제공하고자 하였다.

NO	수요처	교육내용
1	소망을 찾는 이 홈스쿨	오카리나, 피아노, 장구, 동화구연
2	성진 행복한 홈스쿨	한문, 피아노, 학습지도
3	성복 행복한 홈스쿨	한문
4	노량진 행복한 홈스쿨	수학교육
5	평화종합사회복지관 방과후교실	영어교육
6	성내종합사회복지관	동화구연
7	사랑의복지관 장애어린이 방과후교실	한글, 수학

3. 활동분석

해피홈스쿨 선생님 활동은 어린이 교육을 위해 노인이 파견되어 활동한다는 점에서 세대통합을 이룰 수 있는 좋은 프로그램으로 평가된다. 또한 기존의 방과후교실 강사 파견의 경우 단순 교육으로 진행되었다면, 해피홈스쿨 선생님은 교육에서 더 나아가 인성교육과 조부모의 느낌으로 정서적 지원을 하였다는 점에서 큰 성과로 평가된다. 이러한 성과는 노인이 자원봉사자라는 점을 잘 살렸다고 평가된다.

반면 본 사업의 한계점으로는 저소득가정 어린이 방과후교실의 위치가 대부분 서울시 외곽지역에 있어서 서초구에 거주하는 참가 노인들이 이동하기에 어려움을 호소하는 경우가 많았다. 평균 왕복 이동시간 2시간 이상을 소요하면서 자원봉사활동을 하기에 부담을 느끼는 참가자가 많아 연계의 어려움이 다소 발생하였다.

4. 활동수기

정말로 미안합니다.

고고서초 해피홈스쿨 정ㅇㅇ

나는 행복한 노인입니다. 갈아입을 옷이 있고 하루 세 끼 밥을 먹고, 내 몸 하나 누일 집이 있고, 가족이 있으니 백만장자 부럽지 않게 행복하며 그렇지 못한 사람들에게 정말로 미안합니다.

내가 우리 동네에 이사 온 지 35년으로 아침 일찍 일어나 집 앞을 비롯하여 이웃을 청소하는데 몸이 불편하여 지팡이를 짚고 운동을 위하여 걷는 사람과 인사를 나누며 대화 중에

"나도 나아서 같이 청소했으면 좋겠어요."라는 말을 들을 때 내가 저 분의 건강을 빼앗은 것 같아서 정말로 미안합니다.

남을 위하여 일하는 것을 흔히 봉사(奉仕)라고 합니다. 그러나 나는 봉사라는 어휘를 부정합니다. 왜냐하면 자신에게 주어진 일시적 행복을 불행한 사람에게 조금 나누어 주는 것인데 그것을 감히 봉사라고 일컬을 수 있을까 생각하고 충분히 나누어 드리지 못하는 것이 정말로 미안합니다.

3년간 해피홈스쿨 선생님으로 활동하면서 가정형편이 어려운 아이들을 가르치면서 또 장애가 있어 숫자 하나 알려주려면 몇 달이 걸리는 장애아동을 가르치면서, 더 사랑하고 마음을 써주지 못한 것 같아 정말로 미안합니다.

전국 각지에서 어렵게 봉사하시는 자원봉사자들과 모든 역경을 이겨가며 오직 하나님의 돌보심을 믿고 일하시는 모든 선교사님과 참자원봉사자들에게도 정말로 미안합니다.

오늘도 어김없이 아침 일찍 밝은 햇살과 맑은 새소리를 들을 수 있고 가족들과 아침인사를 나눌 수 있는 행복을 느끼며, 그렇지 못한 사람들에게 정말로 미안합니다.

엉뚱한 데서 행복을 찾으려고 노력하는 분은 참 행복은 무엇이며 참 인간상을 정립하는 것이 무엇이며 남들이 나를 필요로 하는 데서 살아있고 숨쉬는 값어치를 발견하고 남에게 보탬이 안 되는 사람이 되지 않겠다는 늙은이의 좌우명(座右銘)으로 삼고, 평생 서로 미안해하는 생각을 잊지 않습니다.

하나님께 미안하고 가족에게 미안하고 이웃에게 미안하고 이 세상 모든 이에게 정말로 미안합니다. 이 몸을 세상에 태어나게 하신 하나님과 지금까지 지내온 것에 대하여 감사하며, 나를 보고 인사를 나누고 먼저 미소를 주시는 모든 분들에게 정말로 미안하고, 정말로 감사합니다.

출처 : 한국노인종합복지관협회(2009).

5) 의료 분야 자원봉사활동

인간의 삶에 있어서 누구에게나 가장 기본적이면서 가장 중요한 것이 건강이다. 건강은 지나치게 걱정해도 무리가 아니라는 말이 있듯이 사람들이 가장 관심을 가지고 있는 영역이 보건과 의료이다. 봉사 영역에 있어서도 사회복지 영역 다음으로 많은 일손이 필요한 영역 중에 하나이므로 많은 자원봉사자를 필요로 한다.

자원봉사자는 인근 병원에 찾아가서 활동하는 병원봉사자가 많고, 환자 가정을 직접 방문해서 하는 가정방문봉사와 사회복지시설에 가서 활동하는 시설봉사자도 적지 않다.

의료 전문인이 자원봉사자가 되어 할 수 있는 일거리는 많다. 우리 사회도 의사, 간호사 등 전문 의료진이 수시로 현장을 방문해서 활동하는 경우를 흔히 볼 수 있다. 농어촌 등 무의촌 의료봉사, 사회복지시설 의료봉사, 해외교포 의료봉사, 해외난민 의료봉사, 부랑인 의료봉사 등 정기적으로 혹은 부정기적으로 이루어지는 활동이 적지 않다. 도심권 지역사회에서도 어르신, 장애인 등 소외계층을 위한 전문 의료진의 자원봉사활동, 대학, 병원 등의 조직적인 활동이 전개되고 있으며, 물리치료, 한방, 수지침 등 전문의료활동도 개인이나 협회 등의 단체 차원에서 시행되고 있다.

비전문인 일반자원봉사자의 일거리도 그만큼 많다. 병원, 기타 의료기관에서 간단한 접수, 안내 등 행정보조자 역할도 하고, 약제실, 의무기록실, 도서실 등에서 임상업무 지원 및 입원환자 위문, 도서대출 등의 역할을 하기도 한다. 특정 교육과 훈련을 받은 후 상담, 물리치료실, 재활의학실, 호스피스 병동, 정신병동 등에서 보다 전문적인 활동을 할 수도 있다. 헌혈 캠페인과 골수기증운동, 장기기증운동에 참여해서 자원봉사를 하는 사람들도 늘고 있다. 특수 장애인의 경우 장기간 병원에만 입원해 있을 수 없는 문제도 있고, 그 때문에 집에서 멀리 병원까지 불편한 몸을 이끌고 다녀야 하는 고통이 뒤따르므로 장애인 의료문제를 해결하기 위한 자원봉사활동은 대학생들이 참여하기에 적절한 것이라고 할 수 있다.

또한 보건소 등의 공공기관에서 실시하는 보건업무를 지원하고, 보건 서비스가 확대되도록 하기 위하여 지역주민들이 받을 수 있는 서비스의 종류를 지역주민들에게 알려주는 활동뿐 아니라 개인 위생관리법, 식생활습관, 성인병 예방, 성병 예방, 약물남용 예방, 금연운동 등 각종 보건교육행사 및 캠페인 활동에도 참여할 수 있다. 이런 교육 및 캠페인 활동에는 홍보물 제작, 해외문헌 번역, 전산업무 등 행정지원활동도 있고, 행사준비, 전단 나눠주기 등 구체적인 자원봉사활동도 많다.

6) 정치 분야 자원봉사활동

정치 분야의 자원봉사활동은 선거운동 봉사활동과 지역사회의 정치를 관리하는 일 등으로 구분할 수 있다.

선거 자원봉사자는 선거관리위원회와 같은 선거 주무기관의 행정업무, 전산업무, 후보감시, 고발접수, 선거벽보 부착 및 제거 등 많은 활동을 할 수 있다. 또한 공명선거실천시민연합이나 한국유권자연맹과 같은 시민단체가 지향하는 민주선거정착운동에 참여할 수 있다. 정당이나 후보를 감시하는 활동, 후보경력 조회, 언론 모니터링, 공명선거 캠페인 등 다양한 활동 모두가 자원봉사로 해결될 수 있다.

정치 자원봉사자는 정치인의 활동을 모니터링하거나, 정당활동을 모니터링하는 일, 지역주민들로 구성된 소집단을 만들어 좋은 지역사회를 만들기 위한 의견을 제시하는 일, 시의회나 구의회에 대한 의정감시활동 등을 할 수 있다. 그 밖에 소외층의 권익을 보호하기 위한 민원 제출, 토론회 개최, 집단시위 등 정치 관련 활동은 시민단체 등에 참여를 통해 할 수 있다.

정치 영역에서는 선거운동 봉사활동뿐만 아니라 지역사회의 정치를 관리하는 일도 매우 중요하다. 지방자치단체장이나 정치지도자의 일을 보조하는 활동으로 이들이 지역사회와 가까이 하도록 연결시키는 일을 한다. 즉, 지방정부사업의 모든 영역에서 참여하여 활동할 수 있다.

지방정부 주도의 복지 프로그램, 공중보건시설, 환경미화, 재개발 계획 등이 증가할 때는 자원봉사자들을 활용해야 한다. 일반 행정공무원들의 접근방법으로는 인간적인 따뜻한 보호나 관심을 받을 수 없다. 지방정부는 사회서비스 분야에 있어서 어느 기관보다도 책임의식이 높아야 하며, 실제로 그러하기 때문에 모든 수단과 자원을 동원하여서라도 본래의 목적을 달성해야 한다. 민감하고 인간적으로 따뜻한 자원봉사자들을 필요한 공공서비스 분야에 배치한다. 특히 공공서비스 분야에서의 자원봉사활동은 대학생들이 참여하기에 적절한 영역이다.

7) 경제 및 소비자 분야 자원봉사활동

경제 분야에서의 자원봉사란 취업의사를 가진 실업자나 중고령 은퇴자의 직업알선을 위해 정보를 제공해 주거나, 훈련을 받을 수 있는 활동을 제공해 주는 것을 말한다. 이러한 활동은 최근 들어 더욱 많이 요청되고 있는 분야로서 지역사회 발전을 위한 시민의 자발적 참여와 자발적 연대력이 요구된다. 경제 분야에서의 자원봉사에는 실업자와 기술이 없는 사람을 모집, 훈련시켜 직업을 알선해 주는 활동이 있다. 이 외에도 청소년과 성인들에게 산업 분야의 각종 업무를 보고 배울 수 있는 기회를 제공해 주는 것이다.

지역사회에서의 경제 분야 자원봉사활동 내용은 매우 다양하다. 먼저 실업자와 기술이 없는 사람을 모집하여 훈련, 직업알선 등을 하는 활동이 있으며, 취업 및 전업지원 등의 상담 활동과 노동자의 권익보호를 위한 활동 등이 있다. 여성, 장애인, 고령자 등 소외계층의 고용문제나 생계문제 해결에도 자원봉사자의 일거리가 있다. 무주택자의 주택문제 해결 등을 위한 노력과 지역 특성에 따른 관광가이드 등도 경제 분야의 중요한 자원봉사활동이다. 또한 자원봉사자는 전문가들에게서 기대할 수 없는 개인적인 관심을 줄 수 있으며, 은퇴한 사업가들이 젊은 구직자들을 위하여 상담자로서 도와주고 훈련받을 기회를 베풀어 주는 일은 지역사회에서 매우 유익한 자원봉사활동이 될 수 있을 것이다.

지역사회에서의 소비자 분야 자원봉사활동은 소비자문제와 관련된 활동으로 자원봉사자는 주로 소비자단체의 회원으로 가입하여 유통기한이 지난 상품 등 불량 상품에 대한 조사, 과도하게 높은 상품가격, 외국산 상품 등에 대해서도 조사와 감시 활동을 할 수 있고, 특정 상품에 대한 불매운동 혹은 특정 업체에 대한 불이용운동에 참여하는 것도 작은 자원봉사가 될 수 있다.

또한 소비자단체에서 실시하는 사무업무를 지원하는 활동뿐 아니라 우리상품 애용하기, 우리농산물 사기운동, 아나바다 운동 등 각종 소비자 교육행사 및 캠페인 활동에도 참여할 수 있다.

8) 문화 분야 자원봉사활동

문화 분야의 소외계층이 지역문화시설에 접근할 수 있는 기회를 확대시켜 주는 일이 필요하고, 사회복지시설에서 생활하는 대상자들에게는 시설 내에 각종 문화시설 프로그램을 마련해 주는 일도 경시될 수 없다. 특히 이들에게는 돈으로 환산할 수 없는 기쁨과 용기를 줄 수 있다. 일반인의 문화시설 이용을 용이하게 하고 더 많은 이용의 기회를 줄 수 있도록 하는 프로그램의 개발도 중요하다.

문화 분야에서의 자원봉사활동은 역사 · 미술 · 과학 박물관의 견학 안내자로서 또는 그 외 다른 형태의 보조자로서 활동할 수 있다. 어떤 자원봉사자들은 박물관의 내용을 가르치기도 하고, 다른 사람들은 동물원 안내자로서의 기능을 다하여 어린이와 성인들의 나들이가 즐겁도록 지원하기도 한다.

주요 궁(宮), 능원, 사찰, 사적지, 유적지 등 유형문화재를 보호하는 활동도 중요한 자원봉사활동이며, 전통 굿, 판소리, 무용, 무술, 도예 등 무형문화재를 계승해서 일반인의 여가 선용의 기회로 제공하는 일도 자원봉사활동으로 중시된다. 문화유적 발굴을 돕는 일, 역사자료를 찾고 정리하는 일, 해외 중국이나 러시아에 방치되어 있는 역사유적지를 찾아내고 보존하는 일 등도 값진 자원봉사 일거리가 된다. 아울러 시민단체와 함께 문화재나 문화 시설의 상태를 조사하고 사진으로 찍고 기록해서 훼손이나 방치문제를 제기해서 시정하도록 요구하는 일도 자원봉사활동으로 이루어질 수 있다.

지역사회에 어떤 문화재가 있는지 먼저 구청 등에서 상황을 알아본 다음 직접 조사활동과 청소 및 관리활동을 할 수도 있고, 우리고장의 문화와 전통을 널리 알리는 활동도 할 수 있다. 이때 지역 전문인사의 도움말을 듣고 문화재 관리의 소중함을 알고 활동하는 것이 바람직하다.

문화시설 주변 쓰레기 줍기 및 낙서 지우기, 문화명소 안내 및 통역, 지역문화재 진행보조, 꽃길 가꾸기 등의 활동과 문화시설 주변 질서 지키기, 깨끗한 화장실 만들기, 암표 사지 않기, 술 가져가지 않기 등의 캠페인 활동은 학생들이 참여하기에 적절한 자원봉사활동이다.

문화 분야와 예술 분야는 동떨어져 생각할 수 없을 정도로 밀접한 관련을 가지고 있다. 음악, 무용, 미술, 연극, 영화 등 예술 분야에서 활동하는 예술가들은 지역사회에 거주하는 소외계층과 이웃들에게 기쁨을 주는 활동으로 자원봉사활동을 시작할 수 있다. 전문음악인, 무용가, 연극인, 연예인들도 하나 둘 동참하여, 음악과 무용, 연극과 영화를 통해 더불어 사는 세상을 열어가고 있다. 예술

전공자들은 이밖에도 지역사회 내의 아동과 청소년, 장애인에게 예술지도를 하는 교육봉사자가 될 수 있다. 방과 후 집에서 맞이하는 사람이 없는 아이들을 대상으로 복지관이나 학교에서 예술지도를 해주는 활동도 좋을 것이다. 일부 대학에서는 미대 학생들이 팀을 짜서 지역사회 내의 공공 담벽에 아름다운 벽화를 작업하고 있다.

9) 행정 분야 자원봉사활동

우리나라 공공기관의 서비스에 대한 문제는 최근에 들어 여러모로 지적이 되고 있다. 민원업무 창구의 경우 민원인들을 위한 활동이 많이 이루어지고 있지만 많은 기관에서 계속적으로 이루어져야 할 것이다. 이러한 경우 일손이 크게 부족한 구청이나 동사무소 등 공공기관의 행정업무 중 일부분이 자원봉사자의 힘으로 많은 도움을 받을 수 있다. 자원봉사자의 활용을 통해 예산을 절감할 뿐만 아니라 궁극적으로 행정 서비스의 질을 높이는 데 크게 기여할 것이다.

지역주민의 참여를 통해 행정지원도 받고 동시에 행정감시도 받는 것이 절대적으로 필요하다. 지방자치단체에서 시행하는 각종 행정 관련 소식을 알리고 다양한 의견을 수렴하는 역할도 중요하다. 그러나 이러한 활동은 어떤 일을 하려 해도 국가나 지방자치단체의 행정력만으로는 인력이 부족하거나 재정이 없어 포기하는 경우가 허다하다. 지역주민들이 작은 다수의 힘을 모아 민간단체 운동을 지원하여 지역문제를 극복할 수 있을 때 지방자치의 원래 취지를 살릴 수 있을 것이다. 이제 지역사회가 국가나 지방자치단체의 힘에만 의존하는 시기는 지나고 있으며, 국가나 지방자치단체 또한 스스로의 힘에만 의존할 수 없는 상황에 놓여 있다.

행정 분야에서의 자원봉사활동은 민원안내 및 상담, 업무지원, 행사 보조 등이 포함되며, 행정업무에 따른 어려움이나 편견을 해소할 수 있고, 지역주민을 위한 행정을 널리 알릴 수 있는 강점이 있다. 행정 분야에서의 자원봉사활동은 주부들이 참여하기에 적절한 영역이다.

10) 스포츠 분야 자원봉사활동

스포츠 및 취미 분야의 자원봉사활동은 특정한 대상이 따로 정해진 것이 아니라 누구나 대상이 될 수 있다. 각종 구기, 투기 종목에서 에어로빅에 이르기까지 모든 체육활동과 각종 취미생활이 이에 해당된다. 함께 뛰는 운동, 함께 웃는 놀이로 자원봉사자가 대상자와 기쁨의 시간을 가질 수 있다.

스포츠 종목은 매우 광범위해서 실내에서도 가볍게 할 수 있고, 실외 운동장이나 잔디밭 등 여건에 따라 얼마든지 프로그램을 짤 수 있다. 활동장소는 앞마당, 골목에서부터 작은 공터, 운동장 등 다양하다. 배드민턴, 볼링, 테니스, 에어로빅 등 생활체육 종목들이 널리 활성화되면서 각 지역에서 주민들 교육과 지도를 맡거나 보조해 주는 자원봉사자가 많이 필요하게 되었다. 정기적으로 열리는 올림픽이나 전국체전 행사도 많은 자원봉사자의 힘을 모아 정성으로 추진되고 있다. 특히 대규모 스포츠 행사의 다양한 업무와 성공적인 추진을 위해서는 많은 인력과 경비가 필요하다. 그러나 한정된 자원으로 모든 필요 사항을 충족할 수 없으며 이는 곧 자원봉사활동으로 해결할 수밖에 없다. 장애인 스포츠 분야의 자원봉사활동은 특별한 오리엔테이션 교육을 거쳐야 한다. 체육지도자나 특기자의 지도를 받아 선수 지도, 경기 보조, 진행, 안내 등의 일을 자원봉사자가 할 수 있기 때문이다.

올림픽, 월드컵과 같은 큰 행사에서부터 동네 공터에서의 공놀이까지 자원봉사자가 참여해서 할 수 있는 활동은 무궁무진하다. 국제적인 스포츠 행사, 전국 규모의 체육대회, 동단위 체육행사, 각 학교 및 사회복지시설 등의 체육행사도 많아 자원봉사자가 할 수 있는 일은 매우 많다.

사례 지역사회 자원봉사사례 - 「재능을 나눕시다」 프로그램

재능을 나눕시다 캠페인은?

■ 배경

개인주의와 이기주의가 팽배하는 현대사회에서 남에게 베풀고 나누는 이타심은 무척 소중합니다. 이타심은 사랑에서 나오며 사랑의 열매는 봉사입니다. 각종 통계를 살펴보면 우리나라 성인남녀 인구 중 봉사에 참여하는 사람들의 비율은 평균 20%라고 합니다.

10명 중 2명 정도만이 봉사활동을 한 경험이 있거나 봉사활동을 하고 있다는 것입니다. 나머지 8명이 봉사활동을 하지 못하는 이유는 무엇일까요? 가장 큰 이유는 '어떻게 할지 모르겠다'와 '현재는 여유가 없다'라는 것입니다(2006년 통계청 조사).

대부분의 사람들이 자원봉사활동을 어렵게 여기고 무언가가 갖추어졌을 때 할 수 있는 것이라고 생각하는 것입니다. 또 우리나라는 고학력자보다 저학력자가, 고소득 연봉자보다 월 2백만 원 이하 연봉자의 자원봉사 참여율이 훨씬 높다고 합니다.

재능나눔 캠페인은 자원봉사활동이 내가 가진 것으로 쉽게 참여 가능하며 누구라도 할 수 있는 일이란 것을 알리고자 합니다. 내가 가진 아주 조그마한 재능이나 지식, 경험이라도 누군가에게는 유용하게 쓰이며 도움을 줄 수 있다는 것입니다.

사람에게는 누구에게나 한 가지 이상의 재능이 있습니다. 미소를 짓게 하는 재능에서부터 나무를 깎고 다듬는 재능까지 재능의 종류는 사람마다 각각 다릅니다. 또 개인뿐만 아니라 동창회 등 사적 모임, 단체, 기관, 학교 등도 재능을 가지고 있습니다. 누구나 가진 재능이기 때문에 모두가 참여할 수 있습니다.

내가 가졌을 때는 나 한 사람의 재능이지만 나누면 값진 선물이 됩니다. 우리의 소외된 이웃에 웃음과 기쁨을 주는 아름다운 기부가 되는 것입니다. 그럼으로써 그것은 생명력이 있어 씨앗이 열매를 맺듯 성장하고 자랍니다.

'재능을 나눕시다' 캠페인은 이러한 각각의 소중한 재능을 나눔으로써 우리 사회를 따뜻하고 행복한 공동체로 만들어가고자 합니다. 이미 우리 사회는 재능나눔 봉사활동이 이곳 저곳에서 이루어지고 있습니다. 싹이 하나 둘씩 돋아나고 있다고나 할까요.

한국자원봉사협의회는 이러한 싹들의 뿌리가 깊어지고 많은 열매를 맺을 수 있도록 전국의 회원단체들이 함께 참여하는 범자원봉사계의 캠페인으로 진행될 것입니다.

■ 목적

- 남녀노소, 사회지도층과 일반인 등 다양한 계층의 사람들의 재능을 자원봉사로 연결시켜 우리 사회의 자원봉사 문화 정착
- 다양한 형태의 재능나눔 봉사활동을 통해 따뜻하고 행복한 사회 만들기
- 적재적소의 봉사활동으로 봉사자와 수혜자 모두 만족하는 질 높은 봉사활동 정착
- 자원봉사 운동 확산

■ 참가대상

- 재능과 지식을 나눌 수 있는 사람이면 누구나 참가 가능
- 캠페인 시작과 더불어 재능나눔 봉사자 접수(봉사와 나눔 운동본부 홈페이지)
- 자원봉사자가 필요한 개인, 기관, 단체 등 봉사처 및 봉사요청사례 함께 접수

■ 진행도

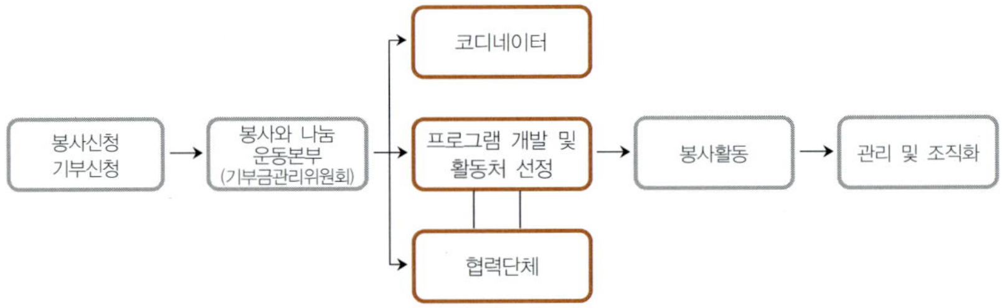

■ 프로젝트 소개

우리 사회에는 어려운 사람들과 함께하고 실천하여 다른 사람에게 감동을 준 큰 인물들이 있습니다.

이들의 이름만 들어도 봉사활동의 참된 의미를 전달받을 수 있고, 닮아가고 싶다는 생각을 하게 만듭니다.

재능을 나누는 아름다운 당신이 바로 우리 사회의 희망을 주는 위인이며, 그 가슴 뛰는 이름의 주인공이 되실 수 있습니다.

슈바이처 프로젝트

파이프 오르간 연주자이자 철학자로 유명한 슈바이처 박사는 가난과 질병으로 고통받는 아프리카로 떠나기 위해 의학공부를 시작했다. 그리고 아프리카에 정착하여 생을 마칠 때까지 의술로 사랑을 실천했다.

병원운영에 필요한 돈은 3년에 한번 유럽으로 돌아가 연주회를 열어 번 돈과 저서의 인세, 강연으로 기부금을 충당하였다. 슈바이처 박사의 이런 삶이 빛을 발해 노벨 평화상을 받았다.

누구에게나 고통스러운 순간이 있다.
그럴 때에는 더 큰 아픔을 겪고 있는
다른 사람의 고통을 자신이 덜어주고 있다고 생각하라.

슈바이처 프로젝트	
활동 영역	의료, 보건, 건강과 관련된 분야
예 시	의사, 한의사, 수의사, 스포츠마사지, 수지침, 이혈, 발마사지 등 의료활동이나 의료활동을 위한 후원, 보건 · 의료활동 보조, 대체의학요법, 보건위생 응급처치 등

오드리 햅번 프로젝트

배우로서의 성공적인 삶뿐만 아니라 아름다운 품성으로 고귀한 삶을 살았던 오드리 햅번.
배우로서의 재능과 사람을 끌어들이는 매력을 타고난 그녀는 분명 축복받은 사람이었다.
하지만 그녀를 진정 완성시킨 건 인생의 비탈길에서 빛나는 그녀의 인격이었다.

한 손은 너 자신을 돕는 손이고
다른 한 손은 다른 삶을 돕는 손이다

-오드리 햅번이 숨을 거두기 1년 전 크리스마스 때 아들 숀에게 해주었던 말-

오드리 햅번 프로젝트	
활동 영역	문화 · 예술관련 분야
예 시	예술가, 문화관련 프로그램 제공, 전시 · 관람 등 기회 제공, 사진 · 영상, 디자인, 미용, 메이크업, 마술, 모델, 환경 캠페인 등

마더 테레사 프로젝트

테레사 수녀는 성직자로서 평생을 가난하고 병든 사람을 위해 봉사했다. '사랑의 선교수녀회'를 설립하여 빈민, 고아, 나병환자, 죽음만을 기다리는 사람들을 구원하는 데 몸 바쳐 일해 왔다.

'마더 테레사'로 불려 세계 각국의 가난에 허덕이는 사람들에게 사랑의 손길을 전했다.

1979년 노벨 평화상 수상

사랑은 가장 가까운 사람을 보살피는 것에서 시작된다.
저는 당신에게 당신의 이웃에 사는 사람들에 대해 관심을 가져달라고 부탁드리고 싶습니다.
당신은 당신의 이웃에 누가 살고 있는지 알고 계신가요?

마더 테레사 프로젝트	
활동 영역	저소득층 및 사회복지 분야
예 시	사회복지관련 시설기관 봉사 및 후원, 독거노인 어르신 돌봄, 그룹홈·쉼터 지원 등

키다리 아저씨 프로젝트

1912년 출판된 소설로(J. 웹스트 작) 주인공 제루셔 애봇은 미래에 대한 희망도 없이 고아원에서 지내고 있었다.

그러던 어느 날 어느 후원자로부터의 도움으로 대학을 가게 되고 타고난 재능을 더욱 연마, 명랑하고 적극적인 여성으로 변모해 간다는 이야기이다.

긴 그림자만을 보았을 뿐이지만 그 나눔의 마음을 함께 느끼는 그래서 더욱 소중한 이야기로 많은 사람들의 마음속에 깊이 자리 잡고 있다.

무엇보다도 중요한 것은
커다란 기쁨들이 아니라 작은 기쁨에서
많은 기쁨을 만들어 내는 것입니다.

키다리 아저씨 프로젝트	
활동 영역	멘토링, 상담, 교육, 결연 분야
예 시	결연, 상담, 멘토, 독서·학습지도, 법률·금융·세무·회계교육계획 제공, 장학지원, 심리상담 등

헤라클레스 프로젝트

그리스 신화에서 가장 힘이 세고 운동 능력이 탁월했던 인물은 누구일까?

가장 위대한 영웅으로 칭송받으며, 힘과 용기의 상징이 된 헤라클레스가 그 인물이다.

막강한 힘과 용기, 재치를 지녔으며, 고난과 역경을 이겨낸 신이기도 하다.

순발력과 지구력도 탁월해 신화에 등장하는 이 나라 저 나라를 뛰어다니는 대단한 체력의 소유자이다.

헤라클레스는 힘과 운동 능력의 상징으로 통하는데,

2008년 세계역도선수권에서 무제한급 우승을 차지한 안용권 선수는 최근 '헤라클레스'라는 별명을 얻었다.

아버지 제우스가 어린 헤라클레스에게 용맹과 힘이라는 '재능'을 선물해 영웅이 된 것처럼 안 선수도 유년시절부터 코치의 가르침으로 운동의 재능을 갈고 닦아 세계 정상에 우뚝 섰다.

스포츠에 능통한 재능이 있거나 힘이나 기술을 사용하여 큰 사랑을 만들어 낼 수 있다.

헤라클레스 프로젝트	
활동 영역	체육, 재능 · 기술관련 분야
예 시	체육활동 및 교육, 집수리봉사, 운전, 배송, 엔지니어링, 기술제공 및 자문 등

출처 : 한국자원봉사협의회(www.vkorea.or.kr).

4. 지역사회 자원봉사활동의 실태와 과제

1) 자원봉사자의 측면

(1) 현황

1990년대 이후 자원봉사활동에 관한 관심이 고조되면서 자원봉사 참여가 급격히 증가하고 있다. 2001년 10월 이후 봉사활동 인증제를 시행하면서 봉사자별로 실적 등을 관리하고 있다. 한 해 동안 봉사자 한 명이 평균 23.8시간 봉사활동을 했고, 한 번에 3.5시간, 연간 6.9회 봉사를 하고 있다. 봉사자들은 식사보조, 목욕, 청소, 간병, 이미용 등 생활지원서비스가 전체 봉사활동의 58%이고, 이어 학습지도 등의 교육지원서비스, 상담, 말벗 봉사 등의 정서지원서비스 순으로 나타났다.

자원봉사정보센터의 교육훈련실적은 1990년대 이후 급속하게 증가하고 있고 지역별로도 큰 차이를 보이고 있지만, 아직도 우리나라의 자원봉사활동의 참여 수준은 미미한 편이다. 외국의 경우와 비교해 본다면 영국 35%, 미국(환경 · 범죄 · 교통 등 포함) 54%의 참여율에 비해 아직도 자원봉사활동에의 참여의식이 충분히 확산되지 못한 것으로 볼 수 있다.

자원봉사활동 기간은 6개월 미만이 37.8%로 가장 많고, 그 다음으로 6개월 이상 1년 미만이 18.1%를 차지하고 있다. 이는 자원봉사자가 자원봉사활동을 오래 계속하지 못하고 중도탈락하는 데서 비롯된 것이다. 자원봉사를 교육하고 숙달시키는 데는 상당한 시간과 노력이 소모되기 때문에 자원봉사자의 중도탈락은 자원의 낭비를 가져오는 결과가 된다. 또한 사회복지 분야 자원봉사자들의 활동 동기는 남을 돕고 싶어서가 전체 응답자의 33.9%를 차지하고 있으며 다음으로 자신의 발전과 인간관계의 폭을 넓히기 위하여(17.5%), 보람 있는 여가를 보내기 위해서(13.0%), 가족 · 친지 등 주위의 권유(8.5%)로 나타나고 있다.

자원봉사자 자신의 문제점으로 자원봉사활동 중 사명감과 책임의 부족(31.4%), 자원봉사활동을 계속하고자 하는 의지력 부족(26.4%), 자원봉사활동에 관한 전문적 지식과 기술의 부족(24.8%), 자원봉사활동에 관한 가치관 부족(10.4%), 소속 복지관의 무관심과 비협조(4.3%) 등을 말하고 있다.

자원봉사자수가 늘고 인증관리체제에 들어갔음에도 불구하고 여전히 자원봉사에 대한 깊은 이해에 기초하기보다는 개인적인 차원의 단순한 동기에서 자원봉사활동에 참여하고 있는 것으로 파악된다. 또한 자원봉사활동에 대한 동기부여가 미약하고 소명의식이 매우 결여된 상태에서 형식적으로 경험 삼아 해본다는 사례가 많다는 것이 지적되고 있다.

(2) 과제

지역사회 자원봉사활동을 활성화하기 위해서는 다음과 같은 실천노력이 필요하다. 첫째, 자원봉사자들의 참여동기를 강화해야 한다. 그리고 이를 바탕으로 보다 체계적이고 조직적인 관리규정을 도입하여 참여의 지속도와 참여강도를 관리, 유지해야 한다. 즉, 자원봉사자들이 그들 스스로 필요한 존재라는 느낌을 명확히 가지도록 하고 흥미와 관심에 관련된 유용하고 만족할 만한 활동들에 참여할 수 있는 기회를 제공해야 한다. 과거 자원봉사활동에 참여하게 되는 이유는 이타적 가치 때문이라는 것이 일반적인 견해였으나 최근 조사연구에서는 자기지향적인 동기로서 자원봉사의 특성을 설명하고 있다.

둘째, 자원봉사활동의 지속성을 유지해야 한다. 자원봉사에 참여한 봉사자들은 이후 봉사활동에 얼마나 많은 시간과 노력을 투여할 것인지 결정하게 되는데 자원봉사활동이 지속성을 가질 수 있도록 해야 한다. 이를 위해서는 봉사활동을 통해 자아실현의 만족감을 얻을 수 있도록 하는 것이 중요하며 자기 자신이 가치 있는 일을 하고 있다는 것을 느끼도록 해야 한다.

셋째, 어릴 때부터 체계적인 자원봉사활동에 대한 정신과 자세 및 체험을 위해 유치원 · 초 · 중 · 고 · 대학 교과과정에 자원복지봉사활동(복지일반교육에 포함)에 관한 내용을 포함시키고 아울러 일반 기업체와 정부 산하기관에서부터 신입사원을 대상으로 자원봉사 프로그램을 적극적으로 개발 · 보급하고 자원봉사에 참여하는 직원에 대해서는 유급휴가 및 승진에 인센티브를 부여하는 방법 등을 고려하여야 한다.

넷째, 자원봉사활동의 적극적인 자세가 필요하다. 지역사회복지기관에서 자원봉사활동을 하는 대부분의 사람들은 해당 기관의 사회복지사들의 지시에 전적으로 의존하는 경향이 있다. 자원봉사자 자신의 자원봉사에 대한 적극적인 욕구의 표출과 책임감 있는 봉사활동의 자세가 중요하다.

다섯째, 자원봉사활동에 대한 사회적 보상체계를 마련해야 한다. 자원봉사활동이 가지는 속성상 자발성과 무보수성이 주요한 특성이 되기 때문에 자원봉사활동에 대한 보상이나 유인책에 대해서는 간과되어 온 측면이 있다. 자원봉사 활성화를 위해서는 자원봉사활동이 자발적이고 자주적인 결정에 의한 참여라는 본래의 원칙이 훼손되지 않는 범위 내에서 적절한 보상이 제공될 필요가 있다.

이러한 보상은 경제적인 물질보상과 비물질적인 보상으로 구분할 수 있다. 경제적 물질보상에는 보수가 아닌 활동참여에 따른 실비의 보상, 교통비나 식사 등이 있다. 비물질적인 문화적 보상에는 활동증서, 매체를 통한 홍보, 행사 등에 초대, 활동기록의 보관 등이 있다. 최근 들어 나타나고 있는 학교에서의 교육과정으로서 자원봉사활동 운영과 기업에의 인사고과 반영 등의 형태는 자원봉사활동을 장려하는 하나의 유인체계라 할 수 있다. 그러나 이에 대해서 여러 가지 긍정적 측면에도 불구하고 자원봉사활동이 가지는 가치를 쇠퇴시킨다는 우려의 시각도 있는 것이 사실이다.

2) 자원봉사활동기관의 측면

(1) 현황

지역사회 복지기관들의 대부분은 자원봉사자들을 효과적으로 이용하지 못하고 있다. 상당수의 시설들이 필요한 자원봉사자들을 확보하지 못하는 어려움을 겪고 있다. 서울시정개발연구원의 조사결과 전문기술을 가진 자원봉사자가 부족하다는 응답이 64.7%에 이르는 것으로 나타났다. 또한 사회복지관, 의료기관, 교육기관, 기타 다양한 조직체계에서 그들의 필요에 따라 자원봉사자를 교육, 활용하고 있으나 자원봉사자들 간의 횡적인 연계가 없어 어떤 사회문제에 공동으로 대처하지 못하고 있는 것으로 나타났다.

지역사회의 대표적인 사회복지기관인 사회복지관의 자원봉사자 동원능력에 대한 연구결과에 의하면 대도시에 위치한 사회복지관들이 중소도시나 농촌지역에 위치한 사회복지관들보다 자원봉사자 동원능력이 큰 것으로 나타났다. 즉, 저소득층 밀집지역에 위치한 사회복지관들이 일반지역에 위치한 사회복지관들보다 자원봉사자 동원능력이 미약하다는 것이다.

이러한 연구결과는 중소도시나 농촌지역이 대도시보다 아직 자원봉사에 대한 일반적인 인식이 부족하여 이러한 지역에 위치한 사회복지관들이 자원봉사자 모집에 어려움이 있기 때문에 나타난 현상이라고 파악된다. 또한 저소득층 밀집지역은 주로 임대주택단지에 위치하고 있는데 이들 사회복지관은 서비스 제공의 범위나 전반적인 활동의 범위가 임대주택단지 내에 국한되고 있어 외부지역에서 유입되는 자원봉사자들을 확보하기에는 일정한 한계가 있기 때문에 나타난 결과로 해석된다.

사회복지관에서 자원봉사활동을 하고 있는 자원봉사자들의 45.2%가 복지관과 사회복지사로부터 호의적인 관계를 유지하지 못하고 있는 것으로 나타나고 있다. 이와 관련하여 사회복지관의 자원봉사자에 대한 보다 친밀한 유대와 적극적인 관리가 필요한 것으로 판단된다.

또한 자원봉사활동을 조정 · 연계하는 총괄기구가 필요하다. 자원봉사자 모집, 교육, 훈련, 프로그램 개발, 사후관리, 정보교환, 자원봉사담당자 육성, 자원봉사 수급관리 및 조정, 자원봉사 보상체계 개발, 그리고 자원봉사활동 수요처 개발을 위한 통합관리기구의 필요성이 있으므로 관련 기구의 신설이 요구된다.

(2) 과제

지역사회복지 기관 및 시설에서 자원봉사자를 효과적으로 동원하기 위해서는 다음과 같은 실천이 필요하다. 첫째, 자원봉사 관련업무를 전담할 수 있는 인력 확보 및 배치가 필요하다. 일선 사회복지관의 자원봉사자 관리는 타 업무에 비해 소홀히 취급되고 있으며 전담인력이 부재한 경우가 많다. 현실적으로 추가 배치에 따른 복지관련 기관 운영상의 어려움이 예견되나 장기적으로 자원봉사자의 효율적 활용을 통한 지역사회복지관련 기관 전체의 예산절감을 모색할 수 있다.

둘째, 사회복지관의 자원봉사자 관리 · 운영상의 체계화가 이루어져야 한다. 사회복지관에서 자원봉사자 활용 가능 프로그램에 대한 분류 및 평가를 통해 자원봉사자 활용업무를 세분화하여 모집 기준을 마련해야 한다. 또한 자원봉사자의 교육환경 개선이 필요하다. 자원봉사교육을 제대로 할 수 있는 공간환경의 마련과 적절한 교재 및 강사의 활용을 통해 교육효과를 높이고 자원봉사자의 욕구에 기초하여 업무 배치가 이루어져야 한다.

셋째, 지역사회 내의 각종 기관과의 연계를 통해 자원봉사자의 효율적인 동원전략을 마련해야 한다. 사실 복지관마다 산발적인 자원봉사자 동원은 전체 지역사회의 인적자원의 체계적 활용에 장애를 초래할 수 있다. 특히 자원봉사자 조정기관과의 밀접한 관계유지와 사업실행은 물론이고 타 복지관 및 자원봉사관련 기관과의 연합사업이 필요하다. 예를 들어, 각 복지관에서 분야별 교육을 할 경우 소수 교육인원에게 예산을 투입하는 것이 어려울 수 있으므로 타 복지관과 연계하여 통합적으로 교육함으로써 예산절약과 함께 지역사회 내의 자원봉사자들이 봉사활동에 대한 일체감 확보에 효과적이다.

넷째, 자원봉사자 담당자에 대한 교육 및 훈련이 필요하다. 자원봉사자 담당인력이 단계적 교육과 훈련 없이 거쳐가는 자리 정도로 인식되고 있어 관리상 시행착오의 문제가 반복되고 있다. 또한 자원봉사자에 대한 지속적인 연구와 관리를 통해 자원봉사활동을 수행하는 봉사자들의 만족도를 높일 수 있는 다양한 전략들을 강구해야 한다. 즉, 자원봉사자 담당인력은 자원봉사 관리업무에 대한 명확한 이해와 이에 관련한 전문성을 제고할 수 있도록 자신의 능력을 개발하는 노력을 해야 한다.

다섯째, 활동기관별 책임자는 그 기관 소속 자원봉사자들 간의 의견교환과 조정, 그리고 소속 자원봉사자의 활동상황 점검 및 사후 행정관리를 담당해야 한다. 또한 기관에서는 자원봉사자가 소속감과 유대관계를 가지기 위해 각종 유인물 및 자원봉사활동 관계자료를 자원봉사자에게 제공하고 자원봉사활동 회보를 제작하여 계속 관심을 가지게 해야 한다. 정기적인 회의 이외에 활동기관별 모임도 정기적으로 가져 자원봉사의 제반 건의사항 수렴 및 그룹 스터디를 위한 기회를 제공해야 할 것이다.

제6절 국제사회를 위한 자원봉사활동

세계가 하나의 이웃으로 다가오면서 국제사회에 대한 서로 간의 사랑과 우정의 나눔이 더욱 절실해졌다. 국제 협력의 정도가 국제사회에서의 책임과 신용을 평가하는 척도로 사용되는 추세를 보임에 따라 국제 협력은 국제사회에서의 인지도에까지 영향을 미치게 되었다. 이처럼 국제 간의 협력과 봉사는 국내에서 자국민을 위한 봉사만큼 중요해졌다.

본 절에서는 국제 자원봉사활동 개념, 동향, 봉사활동의 유형, 관련 단체, 국제자원봉사활동 프로그램, 프로그램 사례 등을 알아보고 효과적인 자원봉사활동을 하도록 하는 데 있다.

1. 국제 자원봉사활동의 개념

국제 자원봉사활동은 국제적인 봉사활동에 자발적으로 참여하는 활동을 말한다. 또한 국내에서 관련 활동을 돕거나 참여하는 것도 국제 자원봉사활동이라 할 수 있다. 국제 자원봉사활동은 언어, 종교, 정치, 사회경제적 장애를 뛰어넘어 자신의 시간, 능력, 에너지를 사용하여 사회변화, 경제발전, 환경보존 등을 실천하는 활동을 의미한다. 국제 자원봉사활동은 기독교 정신을 바탕으로 한 서구의 민간단체들과 유엔기구로부터 시작되었으며, 우리나라도 유니세프(UNICEF), 운크라(UNKRA) 등의 유엔기구와 기독교 아동복리회, 기독교 선명회를 비롯한 수많은 민간 구호 단체들의 지원을 받은 바 있다.

한국의 대표적인 국제자원봉사활동 사업인 한국해외봉사단은 다음과 같은 세 가지의 협력이념을 바탕으로 하고 있다.

첫째, 상호의존과 공존의 인류공동체(human community of interdependency and coexistence) 이념, 둘째, 문화상대주의(cultural relativism)와 호혜성(reciprocity)의 원리, 셋째, 인도주의(humanitarianism) 사상이다.

2. 국제 자원봉사활동의 동향

우리나라는 1970년대까지 원조대상국으로서 유엔과 민간 구호단체로부터 많은 지원을 받아왔다. 그 후로 1980년대에 86년 아시안게임과 88년 서울 올림픽을 통해 국가의 위상이 높아졌으며, 또한 경제성장으로 인해 1990년 들어와서는 우리나라가 해외봉사를 하는 국가가 되었다. 1990년대부터 한국 국제협력단 등의 국가 차원의 해외자원봉사활동이 시작되었으며, 2000년대에는 국가와 민간 차원에서 많은 나라에 해외자원봉사활동을 펼치고 있으며 더욱더 확대되고 있는 추세이다.

국제 자원봉사활동은 각국 정부나 국제기구 그리고 민간단체(NGO)들이 다양한 방법으로 많은 노력을 기울이는 분야가 되었으며, 그 사업과 프로그램도 점점 다양해지고 확대되고 있는 실정이다. 현재 국제 자원봉사활동의 세계적인 현황과 흐름을 살펴보면 다음과 같은 몇 가지로 이야기할 수 있다(류기형 외, 2005).

첫째, 전 세계적으로 자원봉사활동에 대한 관심이 계속 증가하고 프로그램이 확대되고 있다.

둘째, 국가적, 국제적인 기구들이 더욱 적극적으로 자원봉사활동을 조직해 나가고 있다.

셋째, 국가적, 국제적 차원의 정기적인 활동뿐만 아니라 민간 차원(NGO)의 활동이 더욱 빠른 속도로 증가하고 있다.

넷째, 가장 전통적인 형태인 워크캠프가 계속 유지되고 있다.

다섯째, 선진국에서 후진국으로의 이동에서 후진국에서 선진국으로의 이동이 증가하고 있다.

여섯째, 활동이 주제 및 이슈 중심으로 전문화되고 있으며, 연대를 목표로 한 네트워크 활동이 활발히 전개되고 있다.

3. 국제 자원봉사활동의 유형

국제 자원봉사활동은 매우 다양한 유형으로 나타난다. 국가의 특성과 기간과 장소에 따라 일반 자원봉사활동과 많은 차이를 가지고 있기 때문이다. 여기에서는 활동의 내용과 형태에 따라 다음과 같이 여섯 가지 유형으로 나누어 보고자 한다.

1) 단기형

활동지 혹은 인근지역에 거주하면서 일정 기간(몇 주에서 몇 개월) 상근이나 비상근으로 활동한다. 특히 방학을 이용하여 NGO단체들이(아시아태평양협회, 대학사회봉사협의회 등) 대학생들을 모집하여 3~4주 동안 캄보디아, 필리핀, 인도, 베트남, 중국, 몽골 등의 해외봉사활동을 하고 있으며 학생들의 참여도 점점 늘어나고 있는 추세이다. 여름방학과 겨울방학을 맞이하여 3~4천 명의 대학생들이 봉사단체를 통해 해외자원봉사활동을 펼치고 있다.

2) 장기개발형

최저 1년 이상 현지에 체류하면서 개발활동(농촌개발활동, 환경보호, 기술지도 등)과 교육활동(한글, 태권도 등)에 종사하는 형태로서 개발도상국에서의 활동이 주를 이루고 있다. 전문가로 활동하기 때문에 이에 필요한 전문 지식이나 경험이 필요한 경우가 대부분이다. 장기개발형은 한국국제협력단이 대표적 기관으로 2008년 기준 43개국에 1,443명이 활동 중에 있으며, 2008년에만 829명의 장기 자원봉사활동자를 파견하였다. 또한 이들은 생활비와 항공료를 지급받는다.

3) 워크캠프형

'워크캠프'는 서로 다른 국적과 언어, 문화와 전통을 가진 여러 나라의 젊은이 약 10~15명이 2~3주간 자원봉사활동을 목적으로 공동체 생활을 하는 국제교류 프로그램이다. 대부분의 워크캠프는 여름기간에 발생되며 10~30명의 참가자들로 지역주민들과 함께 사회활동을 한다.

(1) 국제 워크캠프

전 세계의 자원봉사 워크캠프 단체 및 그룹들과 함께 일하는 국제 자원봉사 워크캠프 기구로서 IWO(International Workcamp Organization)가 있으며, IWO의 목표는 ① 다양한 문화권에서 온 청년들의 신선하고 진취적인 아이디어를 활용함으로써 새로운 개념의 자원봉사 운동을 창조하고 증진시키는 것, ② 참가자들이 스스로 국제 네트워크를 형성하고 그들 자신의 가치를 개발하고 국제적인 우정과 문화를 교류할 수 있도록 도와주는 것, ③ 참가자들과 지역사회와의 국제적인 상호이해, 상호 연대의 증진을 꾀하며, ④ 세계 각국에서 온 참가자들에게 국가와 지역사회에 대한 이해를 도우며 새로운 인상을 심어 주도록 노력하고,

⑤ 이와 같은 목표들을 통해 다양한 생태와 문화에 개인들이 함께 조화를 이룰 수 있도록 하는 매개체로서의 역할을 수행하는 것을 목표로 한다.

국제 워크캠프는 전 세계로 확산되어, 다양한 테마와 다양한 유형의 워크캠프들이 매년 전 세계 75개국에서 약 2,000여 개가 개최되고 있다.

(2) 국내 워크캠프

국내 워크캠프는 한국 내에서 실시하는 국제 자원봉사 프로그램으로 30여 개국 150여 명의 다양한 국적의 자원봉사자들이 참여하고 있다. 국내 워크캠프는 지역사회 NGO, 공공기관, 교육기관 등과 협력을 통해 전국 각지에서 프로그램 당 2주 동안 개최되고 있다. 전 세계에서 온 외국인 자원봉사자들과 한국 자원봉사들이 함께 어울려 봉사활동을 수행한다(www.1.or.kr).

4) 정기방문형

해외의 민간단체 사무소나 병원 등의 복지시설에 매일 혹은 매주 몇 번씩 정기적으로 통근하면서 활동하는 형태이다. 유학이나 민박을 하면서 활동을 하는 사람, 해외에 몇 개월 사는 동안 활동하는 사람도 있다. 외국에 장기간 체류할 경우, 적극적으로 지역사회에서 자원봉사활동에 참여할 수 있어야 한다.

정기방문형은 외국 유학이나 장기 체류 중에 지역사회나 주민을 위해 정기적으로 자원봉사활동을 하는 것을 의미한다.

5) 긴급원조형

재난에 따른 긴급사태에 대한 원조 형태이다. 예를 들면, 홍수, 지진 발생 시 인명구조, 생활원조, 난민원조, 분쟁시의 인권보호 활동, 인도적 원조 활동 등이 있다. 일반적으로 의료관계, 난민원조관계가 대부분을 차지하고 있다.

2004년 인도네시아 인근의 강진으로 인한 쓰나미 피해지역 봉사활동, 2008년 중국의 쓰촨 대지진 긴급 봉사활동 지원을 볼 수 있다.

6) 국내형

국제 자원봉사활동은 외국에서뿐만 아니라 국내에서도 참여할 수 있는 분야와 기회가 많이 있다. 국내에서 활동을 시작하여 경험을 쌓은 후, 외국 활동에 도전하는 것이 보다 효율적으로 일을 할 수 있는 방안이 될 수도 있다. 세계 환경문제, 인권문제, 개발문제 등을 다루는 단체 등에서 자원봉사활동을 하는 것도 국제 자원봉사활동이라 할 수 있다.

최근에는 국내 활동에 대한 관심이 매우 높은 편으로 아프리카의 난민이나 어린이를 위한 모금 등의 구호활동과 한국에 거주하는 외국인 노동자에 대한 관심의 증가로 이 분야의 활동이 많이 증가하고 있다.

4. 국제 자원봉사활동 관련 단체

국제 자원봉사활동은 2000년대에 들어와서 가장 많은 자원봉사활동을 하는 영역으로 자리잡아 가고 있다. 특히 대학생들이 방학을 맞이하여 2~3주 해외봉사활동을 경험하는 경우가 많이 있다. 대학교 자체적으로 해외봉사단을 파견하고 있거나 한국 국제협력단 혹은 한국대학사회봉사협의회 등 단체를 통해 해외봉사활동에 참여하고 있다. 하지만 여행사 혹은 경험이 없는 단체들이 해외봉사활동을 실시하고 있어 치안과 질서가 확보되지 않은 제3세계 해외봉사활동은 안전에 주의를 해야 할 것으로 본다.

1) 한국 국제협력단

우리나라에서는 1991년 외교통상부 산하 정부출연기관으로 대외무상협력사업 전담기관으로 설립된 한국국제협력단(KOICA : Korea International Cooperation Agency)이 우리나라의 경제발전 경험과 기술을 필요로 하는 개발도상국들을 돕는 각종 국제협력사업들을 수행하고 있다.

2009년 6월 1일 기준 223명의 직원이 근무하고 있으며 27개국 28개 사무소를 두고 국내초청연수, 전문가파견, 해외봉사파견, 개발조사, 인프라구축, NGO지원, 재난복구지원, 국제기구협력사업 등 다양한 형태의 사업을 실시하고 있다.

한국국제협력단의 해외봉사 파견사업은 1990년 44명을 시작으로 2008년까지 5,647명의 해외봉사단원을 파견하였고 2008년 11월 기준 43개국에 1,443명의 해외봉사단원이 활동 중이다. 해외봉사단 파견사업은 한국국제협력단의 개발도상국에 대한 무상원조사업의 일환으로 추진되는 대표적인 국민참여형 협력사업이다.

해외봉사단은 만 20세 이상 만 62세 이하 대한민국 국민으로서 해당 분야의 전문지식을 보유하고 있는 사람이면 누구나 지원할 수 있다.

2) 한국 대학생 해외봉사단 파견사업

월드프렌즈코리아 청년봉사단(World Friends Korea)은 정부가 추진하는 해외봉사단 파견사업으로 한국국제협력단이 총괄시행하고 교육부가 후원하며, 한국대학사회봉사협의회에서 운영하는 단기 해외봉사 프로그램이다. 이는 한국 대학생들의 국제경험과 봉사능력을 향상시키고, 문화교류를 동한 국제 친선과 상호이해증진에 기여하고 있다. 1997년부터 전국 대학으로부터 추천받은 학생들로 해외봉사단을 조직하였다. 아시아는 물론 중동과 아프리카 국가까지 해외봉사활동을 실시하고 있다.

(1) 단기 해외봉사 파견 사업

단기 해외봉사 파견은 방학기간 2~3주 동안 해외봉사활동을 펼치는 사업으로 첫해인 1997년 4개국에 131명의 학생을 파견하였다. 2023년까지 27년간 32개국 11,482명에 이르는 대학생과 의료팀이 라오스, 캄보디아, 필리핀, 베트남, 방글라데시, 몽골 등 세계 각지에서 봉사활동을 전개하였다. 봉사활동을 경험한 대학생들 스스로의 보람과 자부심, 그리고 해당 지역 국가에 대한민국 이미지를 생각한다면 교육부와 한국국제협력단, 한국대학사회봉사협의회가 추진하는 해외봉사단 파견사업의 성과는 크다고 볼 수 있다.

〈표 9-19〉 단기 해외봉사 파견현황

연 도	국가 수	파견인원	연 도	국가 수	파견인원
1997	4	131	1998	2	76
1999	4	150	2000	5	190
2001	5	173	2002	8	251
2003	7	308	2004	10	392
2005	10	393	2006	12	436
2007	9	375	2008	13	604
2009	13	910	2010	13	932
2010	10	719	2012	13	701
2013	13	716	2014	12	684
2015	9	629	2016	13	653
2017	12	587	2018	10	447
2019	9	406	2021	7	133
2022	5	185	2023	9	301
합계			11,482		

출처 : 한국대학사회봉사협의회(2024).

해외봉사 프로그램을 운영하고 있는 대학은 2011년 85개 대학(25.4%), 2013년 98개 대학(29.5%), 2014년 116개 대학(36.1%)이 운영하고 있다.

대학별 해외봉사 비율은 4년제 대학은 45.9%, 전문대학은 22.8%로 4년제 대학이 다소 높음을 알 수 있다.

〈표 9-20〉 단기 해외봉사 파견현황

단위 : 개소

구 분		2011	2013	2014
대학 수		85(25.4)	98(29.5)	116(36.1)
대학 비율	4년제 대학	45.9		
	전문대학	22.8		
합계		334(100)	332(100)	321(100)

출처 : 한국대학사회봉사협의회(2015).

(2) 중기 해외봉사단 파견 사업

중기 해외봉사단 파견 사업은 2008년 처음으로 시작하였는데 대학생들을 해외에 4~5개월 장기간 파견하여 봉사효과의 극대화를 위해 시작하였다. 활동내용은 초·중·고등학교 IT·한글 등 교육 봉사, 의료봉사, 기술봉사, 지역 내 공공기관 근무 등 전문 봉사와 문화교류 중심으로 실시하고 있다. 2008년 네팔 3명, 필리핀 2명을 파견을 시작으로 2009년 1기 49명, 2기 52명을 태국, 필리핀, 네팔, 중국, 인도네시아, 인도, 러시아, 캄보디아, 파라과이 등에 파견하였으며, 중기 해외봉사 파견 사업은 점차 확대해 나가고 있다.

5. 국제 자원봉사활동 프로그램

국제 자원봉사활동 프로그램은 국가의 특성, 기간, 장소에 따라 다양한 영역의 프로그램의 사례를 볼 수 있는데 교육, 빈곤문제 해결을 위한 기부, 영농 기술 지원, 주거 교육시설 건설을 위한 활동 지원, 각종 질병의 예방치료를 위한 의료활동 등 다양하다. 또한 국제적 구호를 통한 난민과 이재민 및 빈민의 생활보조, 개발도상국 낙후지역 주민들의 생활 개선, 국내외 외국근로자의 후원 및 보호, 국제적 친선 도모 등의 영역으로 나눌 수 있다.

〈표 9-21〉 국제 자원봉사활동 프로그램

목 표	체 계	서비스	프로그램
난민/빈민 국제 구호	현장활동	기술지원	• 난민 정착지원 • 기아봉사단 파견
		행정지원	• 난민·아동 의료지원
	국내후원	모금활동	• 사랑의 달리기 모금 • 사랑의 빵 운동 • 북한 어린이 급식 후원 • 사랑의 쌀 한 줌 모으기 • 제3세계 빈민촌 펌프 파주기 • 우정의 선물상자 만들기
		업무지원	• 사랑의 맨발 걷기 • 동전분류 업무지원
제3세계 개발 지원	지역 사회 개발	기술지원 및 행정자문	• 직업훈련원 사업 • 상수원 건설지원 • 교육지원 • 양돈 사업 • 새마을 운동 지원 • 양어장 사업 • 농업기술지원(양잠, 옥수수, 벼 재배 등)

		교육지원	• 교육지원(한글, 태권도) • 초등학교 교육 • 문화교류
	주민 서비스	의료지원	• 병원 및 학교 건립 • 진료소 건립 • 가족계획 업무지원 • 적십자사 혈액원 지원
외국인 보호/ 후원	보호활동	권익옹호	• 외국인 노동자 법률상담소 운영 • 외국인 상담소 상담
		생활안정	• 외국인 상담소 의료지원
	후원활동	교육지원	• 외국인 상담소 및 상담 및 통역
		위문활동	• 해외입양동포 모국어 연수 • 외국인 노동자 문화축제
국제 친선 교류	행사지원	현장활동	• 국제청소년 교류 • 청소년 국제교류 파견사업
	편의제공	후원활동	• 외국 청소년 민박 • 한국 · 에티오피아 친선교류 • 한국 · 일본 청소년 적십자 교류

출처 : 오효근(2006).

사례

단기 해외봉사단 프로그램 개발사례 : 2005년 선문대학교 스리랑카 해외봉사단 사례

1. 의의

해외자원봉사활동은 단기 프로그램과 장기 프로그램으로 나눌 수 있는데 대학생과 일반인들이 2~3주 해외자원봉사활동을 다녀오는 해외봉사 프로그램이 많다. 특히 대학생들은 방학을 이용해 해외자원봉사활동을 다녀올 수 있어 매년 많은 학생들의 참여가 증가하고 있어 단기 국제자원봉사 프로그램 예를 소개한다.

2. 프로그램 구성

해외자원봉사활동 프로그램을 개발할 때 교육봉사, 노력봉사, 문화교류 프로그램으로 구성하는 것이 바람직하다.

- 교육봉사 : 한글교육, 태권도교육, 전통놀이 등을 통해 한국의 정신을 교육한다.
- 노력봉사 : 집짓기봉사, 개보수 및 청소 등을 통해 해외봉사 국가의 국민과 자원봉사자가 하나 되는 의미가 있다.
- 문화교류 : 우리나라 문화와 해외봉사국가의 문화를 교류하는 효과가 있다.

> *tip*
> -프로그램이 교육봉사와 노력봉사로 구성되면 자원봉사자가 정신적, 육체적으로 만족도가 높다.
> -교육봉사와 공연 프로그램은 사전준비가 필요하며, 준비물품 등을 사전에 준비해야 한다.
> -2~3인이 한 조가 되어 홈스테이를 체험하는 것도 그 나라의 문화와 정서를 이해하고 보람을 느끼는 효과가 크다.

3. 봉사단 조직

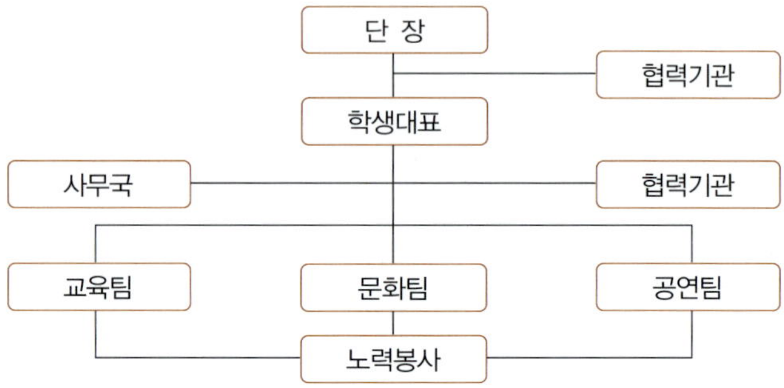

4. 프로그램 예

1) 태권도

<table>
<tr><td colspan="2">팀 장</td><td colspan="3">김○○</td></tr>
<tr><td colspan="2">팀 원</td><td colspan="3">이○○, 최○○</td></tr>
<tr><td colspan="2">교육목적</td><td colspan="3">한국전통무예 전파와 한국인의 기상과 패기를 전한다.</td></tr>
<tr><td colspan="2">교육목표</td><td colspan="3">태권도를 통하여 예절을 알리고 더불어 육체와 정신을 수양한다.
태권도의 기본부터 철저히 한다.</td></tr>
<tr><td colspan="2">프로그램</td><td colspan="3">주춤서기, 주먹지르기, 막기, 발차기, 겨루기, 호신술, 레크리에이션</td></tr>
<tr><td colspan="2">준비물</td><td colspan="3">도복, 송판 50장, 미트 2개</td></tr>
<tr><td colspan="2">진행방법</td><td colspan="3">스트레칭, 기본자세, 발차기</td></tr>
<tr><td rowspan="3">일정별
프로그램</td><td>8일</td><td colspan="3">태권도 소개, 스트레칭, 인사법, 주춤서기, 레크리에이션</td></tr>
<tr><td>9일</td><td colspan="3">스트레칭, 주먹지르기, 막기, 레크리에이션</td></tr>
<tr><td>10일</td><td colspan="3">스트레칭, 발차기, 겨루기, 레크리에이션</td></tr>
<tr><td colspan="5">예산계획</td></tr>
<tr><td colspan="2">품 목</td><td>수 량</td><td>단 가</td><td>합 계</td></tr>
<tr><td colspan="2">도 복</td><td>1</td><td>20,000원</td><td>20,000원</td></tr>
<tr><td colspan="2">송 판</td><td>50</td><td>400원</td><td>20,000원</td></tr>
<tr><td colspan="2">미 트</td><td>2</td><td>15,000원</td><td>30,000원</td></tr>
<tr><td colspan="2"></td><td></td><td>합 계</td><td>70,000원</td></tr>
</table>

- 주의사항
  - 스트레칭으로 아이들의 부상을 대비

- 태권도의 소개로 한국의 이미지를 먼저 전달
- 서로에게 장난치지 않도록 주의
- 미트를 찰 때 정확한 타격부위 설명
- 의약품(파스, 붕대, 에어파스, 바르는 파스)

• 기대효과
  - 아이들이 무에타이와 가라대로 혼동하는 부분이 많다. 이를 바로 잡아주고 한국의 태권도가 다르다는 것을 보여주고 종주국의 위상을 알린다. 차후 태권도 교육이나 올림픽 경기에서 태권도를 보게 되었을 때 자신이 배운 자세를 알았으면 하는 바람이다.

• 앞으로의 추가 프로그램
  - 장시간을 두고 하였으면 좋겠다.
  - 인원은 아이들은 20명, 고등학생 이상은 10~15명이 적당하다.
  - 서로 다가갈 수 있는 레크리에이션을 준비한다.
  - 태권도 책자나 사진, 비디오를 선물해서 태권도를 남기고 왔으면 한다.

2) 전통놀이

팀 장		최ㅇㅇ	
팀 원		한ㅇㅇ, 이ㅇㅇ	
교육목적		놀이문화 비교체험	
교육목표		한국 아이들의 전통적인 놀이와 스리랑카 아이들의 놀이를 비교하고 체험한다.	
프로그램		팽이치기, 제기차기, 공기놀이, 고무줄 놀이, 현지 아이들이 하는 놀이	
준비물		팽이, 제기, 고무줄, 공기	
진행방법		• 한국의 놀이를 소개하고 비슷한 것이 있으면 비교해 보면서 놀이를 즐기고, 비슷한 것이 없다면 한국의 놀이를 가르쳐주며 즐긴다. • 우리나라엔 없는 스리랑카의 놀이가 있다면 우리가 배워 함께 즐긴다.	
일정별 프로그램	8일	팽이치기, 제기차기	
	9일	고무줄 놀이, 스리랑카 아이들의 놀이 같이 즐기기	
	10일	비석치기, 공기놀이	
예산계획			
품 목	수 량	단 가	합 계
팽 이	10	1,000원	10,000원
제 기	10	500원	5,000원
공 기	5set	500원	2,500원
고무줄	2	300원	600원
		총 합계	18,100원

- 사전준비
  - 한국 : 한국의 놀이를 완벽히 습득해 놓고 영어로 설명할 수 있게 준비한다.
  - 현지 : 아이들 인원수를 예상하고 그에 따른 놀이방식 변화의 적절한 대처, 비석치기에 쓸 비석들을 미리 물색해 둔다.

3) 한글교육

팀 장		고○○
팀 원		박○○, 이○○
교육목적		스리랑카 사람들에게 한국어를 가르쳐준다.
교육목표		간단한 한국 인사를 할 수 있다.
프로그램		한글교육(가~하, 간단한 인사, 곰 세 마리 동요)을 알려주는 프로그램
준비물		• '가~하'까지 쓰기연습을 위한 점선 인쇄물 • 간단한 인사를 위한 낱말카드(안녕하세요, 저는 ~입니다, 감사합니다, 사랑해) 스케치북에 오려서 붙이기 • 곰 세 마리 노래를 위한 그림, 설명 스케치북에 오려서 붙이기(아빠곰, 엄마곰, 아기곰, 집)
일정별 프로그램	8일	간단한 인사와 대화를 할 수 있다.
	9일	'가~하'까지 쓰기연습을 하고 읽을 수 있다.
	10일	곰 세 마리 동요를 부르면서 율동을 할 수 있다.

예산계획			
품 목	수 량	단 가	합 계
		총합계	0원

- 사전준비
  - 한국 : 세 가지 준비물을 사전에 준비한다.
  - 현지 : 현지에서 리허설을 통해 연습을 한다.

10 주체별 자원봉사활동

CHAPTER

제1절 노인에 의한 자원봉사활동

제2절 장애인에 의한 자원봉사활동

제3절 아동에 의한 자원봉사활동

제4절 청소년에 의한 자원봉사활동

제5절 여성에 의한 자원봉사활동

제6절 가족에 의한 자원봉사활동

CHAPTER 10 주체별 자원봉사활동

교육목표

- 주체별 자원봉사활동의 필요성 이해
- 주체별로 전개할 수 있는 자원봉사활동 프로그램의 이해

제1절 노인에 의한 자원봉사활동

1. 노인 자원봉사활동의 필요성

고령화사회가 되면서 노인의 삶에 대한 관심은 사회적인 이슈로 대두되고 있다. 노년기는 신체적 · 정신적 · 사회적 기능이 약화되는 시기이지만 연령이 높아질수록 인간관계 수립에 관련된 사회적 기술이나 인생을 살아가면서 얻게 된 경험과 지식이 반영된 결정적 지능은 증가되는 시기이다. 노화로 인하여 젊음과 아름다움, 정력은 감소되었지만 상실의 이면에는 중후함과 편안함, 오랜 경험을 통해 얻어진 넓은 시각과 지혜가 자리하고 있다. 따라서 노인은 활동성이 없는 정체된 대상이 아니며, 노년기는 제2의 새로운 인생을 창조하는 시기라 하겠다.

많은 학자들(고양곤 외, 2003; 권중돈, 2009; 이금용 외, 2009)은 생산적 노화를 증진시키는 데 가장 바람직한 방법은 노년기에 자원봉사활동에 참여하는 것이라고 강조하고 있다. 노년기의 자원봉사활동은 노인이 사회적으로 필요한 사람이라는 인식을 주고 자긍심을 줌으로써 정신적으로 건강한 삶을 누리게 한다. 사

회적인 역할을 통해 성취감과 만족감을 가질 수 있고, 사람들과의 인간관계 속에서 소속감과 존재의 가치를 느끼게 된다. 봉사하는 소중한 시간을 통해 기쁨을 새롭게 맛보고, 노후를 준비하는 여유를 가지게 될 것이다. 이러한 사회적 역할을 통해 새로운 성취감과 만족감을 가지게 되고 적극적인 사회참여로 노년기의 건강이 증진될 것이다.

이와 같이 노인이 지역사회의 일에 참여함으로써 세대 간 통합에 도움이 되며 노인에 대한 사회적 편견을 긍정적으로 변화시킬 수 있을 것이다. 특히 노년기에는 빈곤, 질병, 고독, 역할상실 등 4고(苦)를 겪게 되는데 자원봉사활동은 이 중 고독과 역할상실을 해결할 수 있는 방안이 될 수 있다. 또한 노년기 자원봉사활동은 퇴직 이후 노후생활에 대한 적응력을 높이고 사회적 지위와 역할을 보충해 주는 중요한 대체역할이라 할 수 있다. 인생을 통한 경험과 지식을 자원봉사활동에 활용함으로써 노인 스스로 삶의 보람과 만족을 얻어 노년기 생활을 더욱 풍요롭게 하며 사회에 공헌할 수 있는 것이다.

실제로 노인들이 자원봉사를 함으로써 얻는 이익은 다양하다. ① 자원봉사자로서 맡겨진 일들을 긍지를 가지고 할 수 있게 되고, ② 자신이 아직도 사회에 중요한 공헌을 하고 있음을 인정하게 되며, ③ 노년기에 긍정적인 자아상을 가지게 되며, ④ 가정에서의 소외감을 극복하고 새로운 친구관계를 형성하는 것 등으로 나타났다(한국 노인의 전화, 1996). 또한 노인의 지속적인 자원봉사활동은 동료 자원봉사자들과의 교류를 통하여 고독감을 감소시키며 사회참여의 기회를 통하여 삶의 활력을 불러일으켜 매슬로우가 제시하는 자아실현 욕구를 충족시킬 수 있는 기회이며, 인간의 기본적 욕구를 충족시키는 기초 과정이라 볼 수 있다(김영호, 1997).

이처럼 노인 자원봉사활동은 그가 속한 사회에 적극적으로 참여할 수 있는 계기를 주기 때문에 노인의 사회통합에 긴요하며(Kelly, 1992), 루손(Lawson, 1998)은 노인 자원봉사자는 지역사회 속에서 새로운 인간관계와 사회관계를 형성하게 되며, 건전한 생활과 정신건강을 유지하고, 고독감과 소외감을 극복하게 한다고 주장하였다(김동배, 2004 재인용).

위와 같은 연구결과에서 나타나듯이 노인 자원봉사활동은 노인 자신뿐만 아니라 국가나 지역사회에 이익을 가져다주는 활동이다. 노인들이 현대사회에서 잘 살아가기 위해 동참해야 할 소명이라 할 수 있다.

2. 노인 자원봉사활동 관련이론

노인 자원봉사에 대한 이론과 연구가 아직 미흡하여 노인 자원봉사활동에 관한 설명에는 한계가 있다. 그러나 여기에서는 사회학적 측면과 노년학에서 다루는 이론 중 교환이론(exchange theory), 활동이론(activity theory), 계속이론(continuity theory) 등 세 이론으로 설명하고자 한다. 또한 노인 자원봉사활동의 참여동기에 관하여서는 헤르츠버그(Herzberg, 1966)의 동기위생이론, 지속성에는 노년기 특성과 관련하여 매슬로우의 욕구이론을 중심으로 설명할 수 있다(류기영 외, 2004, 이병순, 2005 재인용).

1) 교환이론(Exchange Theory)

교환이론에 의하면 노인문제는 노인이 가지고 있는 교환자원의 평가가 저하됨으로써 교환관계에서의 불균형이 초래되고, 이러한 불균형은 노인으로 하여금 개인, 집단, 사회에 의존하게 만들어 노인의 힘이 상대적으로 약화되어 발생한다. 이를 노인 자원봉사활동과 관련시켜 보면 노인이 자원봉사활동에 참여함으로써 스스로의 교환가치가 높아질 수 있고, 이는 노인 자원봉사자들에게 참여동기를 부여할 수 있다. 이 이론에서는 노인이 가진 교환자원의 가치를 높이거나 노인의 권력 또는 힘을 증가시켜 균형적이고 상호 의존적인 교환관계를 만들 수 있는 방안으로 노인 자원봉사활동을 제시하고 있다.

교환이론은 관리과정에서 이루어지는 인정 및 보상과 관련하여 설득력 있는 이론으로 평가받고 있다(김범수 외, 2004).

2) 활동이론(Activity Theory)

활동이론은 노인은 노화로 인하여 생리적 변화를 경험하지만 심리적 · 사회적 욕구는 젊었을 때와 마찬가지로 안정되게 유지되므로 노인들은 자신들의 전성기였던 중년기의 활동이나 태도를 계속 유지하기 바라며, 그것이 오래 유지될 때 생활에 만족을 느끼게 된다는 것이다. 이 이론에 의하면 노인의 사회활동 참여가 높을수록 노인의 심리적 만족감 또는 생활만족도가 높아져 노인의 사회활동 참여 정도와 노인의 생활만족도는 상관관계가 있다는 것이다(류기형 외, 2004).

반면에 강제퇴직이나 건강의 약화로 활동에 제약을 받게 되면 자아정체감이 약해지고 부정적인 자아상을 형성하게 된다. 따라서 활동이론은 노년기에도 많은 관계와 활동의 필요성을 강조하고 있다. 즉, 노인 자원봉사활동은 가정과 사회에서 겪는 노인들의 변화를 여러 측면에서 보완하고 대체할 수 있는 활동임을 시사하고 있다.

3) 계속이론(Continuity Theory)

계속이론은 자원봉사활동이 인생의 초기에서부터 관련되어 온 연속적인 활동이라고 보고 노년기에도 계속적으로 이루어져야 하는 활동이라고 설명하고 있다(Atchley, 1997, 류기형 외, 2004 재인용). 노인자원봉사는 노년을 가장 의미 있고 활기차게 성장시킬 수 있는 기회인 동시에 우리 사회와 모든 세대를 화합하게 하는 전 생애에 걸쳐 계속적으로 이루어져야 하는 활동이라고 강조한다.

4) 헤르츠버그(Herzberg, 1966)의 동기위생이론

동기위생이론에서 동기요인은 일에 관계된 성취 · 인정 · 책임의 증대가 일의 만족을 증대시킨다고 주장하였고, 위생요인은 나쁜 인간관계 및 지나친 감독과 만족하지 못한 업무환경이 일의 불만을 증대시킨다고 주장하였다. 이 이론은 만족을 주는 일 자체에 관계된 것과 업무 수행 시 불만의 소지가 되는 배경적인 면을 구분함으로써 자원봉사 동기에 영향을 주는 다양한 요인 중 불만의 요인과 만족의 요인을 파악하는 데 참고할 수 있다. 노인 자원봉사활동에서 노년의 특성을 고려한 적합한 물리적 환경을 제공하고 관리과정에서의 불만사항을 해결한다면 노인 자원봉사활동의 지속성을 유지할 수 있을 것이다.

5) 매슬로우(A. H. Maslow)의 욕구이론

매슬로우(Maslow)의 욕구이론은 단계별 인간의 기본 욕구와 충족에 대한 이해를 통해 자원봉사활동의 참여와 지속성에 영향을 주는 요인을 파악하는 데 중요한 이론이다. 매슬로우가 주장하는 인간의 기본 욕구란 신체생리적 욕구(physiological needs), 안전의 욕구(security needs), 사회적 욕구(social needs), 자존의 욕구(self-esteem needs) 자아실현의 욕구(self-actualization needs)의 다섯 가지이다(A. H. Maslow, 1954, 김범수 외, 2004 재인용). 매슬로우는 인간이 이러한 다섯 가지 욕구를 가지고 있으며 이들 욕구의 충족이 동기를 유발한다고 보았다.

이 이론을 통해 사람들이 자원봉사활동에 관심을 가지는 이유와 개인이 충족하기를 원하는 사회적 욕구, 자존의 욕구, 자아실현의 욕구 등이 자원봉사활동의 참여와 지속성에 영향을 주는 요인으로 작용한다는 것을 이해할 수 있다(김범수 외, 2004 : 85).

이러한 매슬로우의 욕구이론을 노년기의 욕구와 노인 자원봉사활동과 관련하여 살펴보면, 노년기는 노화로 인해 신체적 · 정신적 기능이 약화되므로 생리적 욕구에 의해 노인들은 건강을 유지하고자 한다. 이러한 욕구가 충족되면 사회 속에서 자신을 긍정적으로 유지시키기 위해 자신의 안전과 보호욕구에 필요한 경제적 보장을 요구하게 된다. 또한 노인들은 노화에 따른 능력과 지식의 감퇴로 일상생활에 어려움을 느끼게 되며 퇴직으로 사회적 역할이 상실되어 사회적 조직망에서 소외되는 일이 많아지므로 이를 만회하고 정상적인 기능을 유지하고자 한다. 이러한 사회적 욕구를 충족하기 위한 사회활동으로서 자원봉사활동을 하게 되는 것이다. 사회단체에서 자원봉사활동을 통해 새로운 경험을 얻고 다른 동료들과의 관계를 형성하는 가운데 사회적 욕구가 충족된다. 그리고 기관에서의 인정과 존경을 통하여 생의 의미를 찾는 자존의 욕구를 이루게 된다.

이러한 자존의 욕구가 이루어지면 자신과 사회 구성원의 삶의 질을 높이는 마지막 단계인 자아실현의 욕구를 충족하기 위하여 자원봉사활동에 지속적으로 참여하게 되는 것이라 하겠다.

3. 노인에 의한 자원봉사 프로그램

노인에 의한 자원봉사활동은 노화현상을 고려하여 선택하도록 하며 자신의 건강과 연령에 따라 자신에게 적합한 프로그램을 선택하도록 하는 것이 바람직하다. 노인 자원봉사활동 프로그램은 연령에 따른 자원봉사 프로그램, 개인과 집단활동 구분에 따른 자원봉사 프로그램으로 구분하기도 하며, 자원봉사활동 영역을 문화 영역, 교육 및 지식 영역, 지역사회봉사 영역, 청소년 관련 봉사 영역, 환경 영역, 행정보조 영역 등의 6개 영역으로 구분하여 프로그램이 제시되기도 한다(고양곤 외, 2003; 서혜경, 2002).

〈표 10-1〉 연령에 따른 자원봉사 프로그램

연 령	자원봉사 프로그램
60~69세	심신이 건강하고 활동여건에 부합된다면 모든 유형의 활동이 가능하다.
70~79세	생활체육활동 및 구호활동, 국제교류활동 중 각종 행정업무 보조, 선거 및 각종 지역행사 보조, 각종 모니터링 및 평가활동, 향토문화 조사연구, 자료정리 등이 가능하다.
80~89세	장학금 지급, 번역봉사, 전문적인 영역에서의 자문활동 등이 가능하다.

〈표 10-2〉 개인/ 집단활동 자원봉사 프로그램과 내용

	봉사 영역	봉사 내용
개인활동	보건/ 의료활동	병원 안내, 의료기관 업무 보조, 호스피스 간호 지원, 의료기관 모니터링, 바른 식생활 교육
	환경활동	쓰레기 분류 및 관리, 나무 심기, 환경교육, 상수원 보호구역 감시, 병원 폐기물 처리 감시, 산업폐기물 처리 감시, 일회용품 사용량 조사, 중고제품 재활용 운동, 지역사회 환경정화 계몽활동 등
	질서유지활동	건널목 지킴이, 무단방치 차량 감시, 지하철 안전 및 질서유지, 장애인 우선 승차 지원

	사회활동	선거 및 지역행사 보조, 영세민 결혼식 주례봉사, 지역사회문제 건의 및 개선활동 등
	문화예술활동	민화수집활동, 유형문화재보호 · 감시 · 계도, 유형문화재 안전점검, 박물관 자료정리, 향토문화 조사연구, 지역도서관 도서정리, 지역문화시설 안내
	국제교류활동	번역봉사, 통역가이드, 사랑의 동전 모의기, 외국 청소년 민박 등
	생활체육활동	유아 · 아동 신체활동 지도, 청소년 체육지도, 성인 체육지도, 생활체육시설 관리, 국제스포츠경기 시상식 지원 및 통역, 번역
	사회복지서비스	주차관리, 행사안내 및 보조, 식권배부, 프로그램 시간관리, 비품관리 및 정리정돈, 행정업무 보조, 모니터링, 사회교육 프로그램 강사, 손자녀 맺기, 각 대상별 상담센터 업무 보조 등
	전문영역활동	유치원 · 초 · 중 · 고등학교 보조교사, 법률상담 및 자문, 정책자문, 회계자문, 성폭력 상담, 청소년 상담, 정신건강 상담, 집단상담, 부부상담, 취업상담, 식이상담, 심리치료, 물리치료, 미술치료, 음악치료, 작업치료 등
	기타활동	불우한 이웃에게 성금 전달, 아동 · 청소년에게 장학금 지급, 유산기탁, 지정기탁 등
집단 활동	보건/ 의료활동	건강정보 전화서비스, 주민건강교실, 금연운동, 청소년 약물 남용 교육, 에이즈 예방 캠페인, 무료진료 봉사, 당뇨캠프, 건강사회실천 운동, 백혈병 어린이 후원, 의료기관 모니터링 등
	환경활동	환경캠페인, 재활용품 수집, 수질방지계도, 환경오염점검 및 신고, 자연보호활동, 육림활동, 환경보호 및 감시, 갯벌 생태계 조사, 자연휴양림 캠프, 지역사회 환경정화, 계몽활동 등
	질서유지활동	방범 및 경비 활동, 교통정리, 유해환경감시, 지역사회순찰, 교통단속 감시원, 각종 행사를 위한 교통질서 정리 등
	정치/ 사회활동	부정선거 감시, 선거사무소 사무보조, 투표 · 개표 참관인 활동, 선거인 등록사업 보조, 소비자 보호운동, 지역사회문제 건의 및 개선활동, 도시 · 농촌 교류(농번기 일손 돕기, 농장도우미, 주말농장)
	문화예술활동	음악교실, 판소리지도, 미술교육, 서예지도, 무형문화재 공연(전시) 및 강습, 문화재보호 캠페인, 문화재 지역 환경정화, 문화재 발굴 보조, 문화시설 이용 및 문화행사 정보지 발간, 문화시설에 관한 여론조사, 지역사회 음악회 공연, 노인복지시설 위문공연, 문화행사 진행보조, 전통문화 전승활동 등
	국제교류활동	난민원조, 북한 어린이 급식 후원, 난민 의료지원, 기아봉사단 파견, 적십자 교류, 친선교류, 해외입양동포 모국어 연수, 외국인 노동자 문화축제, 국내 관광 안내자료 제작
	구호활동	화재, 수해, 긴급사고, 이재민보호 및 지지, 모금활동
	사회복지서비스	허약한 노인대상 프로그램 보조, 성금 모으기 바자회 운영, 시설운영보조, 재가노인 서비스(말벗, 도시락 · 밑반찬 제공, 나들이 동행 등) 보조, 화초관리, 푸드뱅크 업무보조, 이 · 미용, 사회복지시설 우애방문봉사

출처 : 서혜경(2002), pp. 41–43 재구성.

한국노인종합복지관협회(2009)에서는 노인에 의한 노인 자원봉사활동사례를 다음과 같이 제시하였다.

〈표 10-3〉 노인에 의한 노인 자원봉사활동사례

대 상	활동사례
아동 (용산 노인종합복지관 "해피 방가友(우)봉사단")	• 특별활동지도 : NIE, 한지공예(포장공예 포함), 원예, 바둑, 서예 프로그램(월 2회 실시) • 친밀감향상 프로그램 : 체험학습(쿠키, 케이크 만들기) 3~4회, 데이캠프 1회 • 활동 전시회 : 파견기관 아동 및 자원봉사자 작품전시회 1회
노인 (서대문 노인종합복지관 "프렌즈 봉사단")	• 우애활동 : 사랑의 전화, 가정방문, 사례관리 등을 통해 우울한 어르신들 지지, 격려(월 6회 실시) • 인식개선 교육 : 경로당 등 지역에 파견되어 노인 우울에 대해 교육하고 인식개선(연 4~5회 실시) • 캠페인 및 거리 진행 : 패널 전시 및 거리진행, 홍보활동 등을 통해 노인 우울증에 대한 인식개선 및 홍보활동(연 4회 실시)
시민문화 및 교통환경 (강남구 노인복지관 "APPLE 봉사단")	• 본 의회/상임위원회 방청, 회의록 작성 및 온라인 오프라인 게재활동(월 2회 실시) • 구의회 방문, 구의장 만남(연 1회 실시) • 시민단체 현장탐방, 서울시 의회 모니터(연 1회 실시) • 1~3세대 교육 및 방청(연 1회 실시)
문화재 및 자연환경 (종로노인종합 복지관 "낙산지킴이 봉사단")	• 청소년과 함께 낙산공원 내 들꽃 산책길 조성(연 1회 실시) • 청소년과 함께 낙산 문화재 모니터 및 환경감시 체험(주 1회 실시) • 모니터링 결과보고 및 정책건의(주 1회 실시) • 어린이 초청 들꽃체험 학습(연 8회 실시) • 캠페인, 낙산성곽 따라 걷기대회(연 1회 실시)

4. 노인 자원봉사활동 활성화 방안

노화를 관리하는 학자들은 사람을 늙게 하는 제1의 요인은 마음이며 스스로 늙었다고 생각하는 만큼 늙는다고 하였다. 즉, 나이가 들었다는 이유 하나로 사회에서 소외되는 것도 문제이지만, 스스로 세상일에서 손을 떼고 물러나는 것이 더 심각하다고 하였다.

노인은 나이가 들어 도움을 받기만 하는 세대가 아니고 사회에 경험과 지식을 되돌려 줄 수 있는 세대가 되어야 한다. 이를 실현하기 위한 방안으로 나 자신을 위한 신노인운동을 스스로 전개할 필요가 있다. 신노인이란 새로운 노년을 계획하고 실천하는 사람을 말한다. 한국노인종합복지관협회가 중심이 되어 추진하고 있는 '신노년 문화운동'은 당당하게 노년을 인정하면서 자신의 건강을 지키며 노년기 인생의 꿈과 목표에 눈높이를 맞추어 사회적 역할을 찾는 것이다. 노년기에 새로운 역할을 찾을 수 없다면 고독과 소외감을 가지게 되며 통합적인 생활에 어려움을 겪는다. 따라서 노년이 행복한 국가는 노인에게도 생산적이고 활력에 찬 일할 기회를 제공하는 국가일 것이다. 전통적인 가족과 친족 공동체의 의미가 퇴색되어 가고 있는 현대사회에서 자원봉사활동은 자아실현, 사회통합, 국가경쟁력 제고 등의 측면에서 더욱 중요한 의의를 가진다.

이와 같이 노인의 삶에 중요한 영향을 미치는 노인 자원봉사의 활성화를 위해서 방안을 다양하게 점검할 필요가 있다. 봉사자들을 효과적으로 모집하는 방법, 봉사 영역 및 교육 프로그램에 대한 개발 등이 활성화의 시급한 방안이 될 것이다. 이 외에도 전문관리자의 양성 및 활용, 인정 및 보상체계 등에 대한 확립이 이루어질 때 노인 자원봉사자들의 중도탈락을 방지하며 활성화에 기여할 수 있다(고양곤 외, 2003).

구체적인 노인 자원봉사활동의 활성화 방안을 다음과 같이 제시할 수 있다.

첫째, 다양한 자원봉사활동 프로그램의 개발이 필요하다. 노인들이 자원봉사에 참여하는 동기 중 가치추구가 가장 큰 요인으로 나타났다. 자신들의 활동이 사회발전에 기여함으로써 보람을 찾고, 자신의 기술을 활용하여 자기 개발과 자아실현을 이루고자 하는 것을 알 수 있다. 그동안 노인 자원봉사활동 영역에서 상당 부분이 노력봉사에 치우치거나 단순 업무 혹은 보조적인 업무에 국한되었다. 따라서 노인의 과거 경험과 기술을 사회에 환원할 수 있는 다양한 프로그램이 개발되어야 한다. 전문직 퇴직자를 중심으로 역사 및 전통적인 윤리 · 예절 · 놀이 · 예술 · 음식 만들기 등과 같은 봉사활동 프로그램을 운영하는 것이 가능하다고 본다. 그 예로서 ㅇㅇ대학교 사회교육원에서는 2005년 ㅇㅇ시니어대학 프로그램을 개설하여 지역사회 노인들의 평생교육을 실시하였는데 은퇴교사, 교수 등 전문직 퇴직자들이 자원봉사 강사로 활동하였다. 이와 같은 자원봉사 프로그램의 확산은 바람직하다.

둘째, 자원봉사교육 전문강사의 육성이 필요하다. 자원봉사의 활성화는 단순히 양적 확대만을 의미하는 것이 아니라 질적 향상을 수반하는 것이다. 현장에서 활동한 자원봉사자를 대상으로 전문강사 육성 프로그램을 개발하여 본인의 생생한 경험과 이론을 전달하도록 한다면 보다 질 높은 교육을 할 수 있을 것이다.

셋째, 노년기의 특성을 고려한 관리가 이루어져야 한다. 노년기는 심리적 · 사회적 · 신체적 · 경제적 자원이 고갈되기 쉬운 시기이므로 자원봉사 관리과정이 다른 연령층과 달리 노년기의 특성을 고려하여 이루어져야 한다. 교육 및 훈련 과정에서 자신을 돌아보는 교육이 실천되어 노화의 과정을 자연스럽게 수용하고 가치 있고 보람 있는 여생을 준비하기 위한 방안으로 자원봉사활동에 참여하게 하는 것이 필요하다.

넷째, 자원봉사자들의 관계 강화를 위한 지원이 필요하다. 동료 자원봉사자와의 관계는 자원봉사활동에 영향을 미치는 중요한 요인의 하나이다. 자원봉사자들 간의 좋은 유대관계를 형성하기 위하여 자원봉사자 휴게실, 간단한 회의실 등을 제공하는 배려가 필요하다.

다섯째, 자원봉사관리자들의 역량이 강화되어야 한다. 자원봉사관리자들의 자율성 향상 및 직무의 지속성은 능력향상을 통하여 이루어질 수 있으며 이는 관리자와 자원봉사자 간의 관계에 중요한 영향을 미치는 라포형성에 영향을 미쳐 인간관계 증진에 기여할 수 있을 것이다.

여섯째, 인정과 보상체계에 대한 확립이 필요하다. 자원봉사활동이 무보수의 자발적 행위이나 인정과 보상을 통하여 자신이 한 일에 대한 자긍심과 기관에 대한 소속감을 가지게 된다. 노인자원봉사자들이 경제적 제약 없이 봉사활동을 지속적으로 할 수 있도록 노인자원봉사자에게 최소한의 물질적 보상과 비물질적 보상이 효과적으로 이루어지도록 해야 한다. 자원봉사활동에 소요되는 식비, 교통비 등의 최소한의 경비를 지원하여야 할 필요성이 제기되며 이를 위해서는 국가의 재정적 지원이 우선되어야 한다.

끝으로 노년층의 중요한 사회참여 경로인 자원봉사활동이 노인복지 측면의 긍정적 효과를 가지기 위해서는 젊은 시절에 자원봉사활동을 경험하게 할 필요가 있으며, 은퇴준비 프로그램 등을 통하여 노년기 이전에 자원봉사활동의 가치를 인식하도록 하는 것도 활성화를 위한 방안이 될 것이다.

상실의 시기이면서 동시에 새로운 것에 대한 창조의 시기이기도 한 노년기 자원봉사의 긍정적 효과를 얻기 위해서는 젊은 시절(청소년기, 청 · 장년기)에 다양한 자원봉사활동을 경험할 필요가 있다. 이는 자원봉사 경험이 많을수록, 활동 횟수가 많을수록, 적극적으로 참여하는 사람일수록 자원봉사활동을 더 오래 지속하는 것으로 나타난 연구결과로도 알 수 있다. 그뿐만 아니라 노인 자원봉사활동은 퇴직으로 인해 상실되는 사회적 지위와 역할을 보충, 유지시켜 주고 자존감을 향상시켜 줌으로써 자기성장과 자아실현을 돕고 사회적 책임성을 발휘함으로써 새로운 노인상을 정립하여 지역사회의 어른으로서 존경을 받을 수 있게 될 것이다.

그러나 무엇보다도 노인 자원봉사활동의 활성화는 노인들을 통한 활성화가 이루어져야 한다. 서울시에서는 2010년 2월 초 관내 거주 60세 이상 전문지식과 능력을 갖춘 노년층을 대상으로 '시니어전문자원봉사단'을 모집하였다. 보건 · 의료, 문화 · 예술, 외국어 통역, 체육지도, 특수 · 한자교육 등 12개 분야, 총 1,000명의 전문자원봉사자를 모집하여 홀몸어르신을 비롯해 요양원, 복지관, 보육시설, 장애아동 시설 등을 방문해 다양한 서비스를 제공한다. 이는 전문능력을 보유한 고학력 은퇴자의 사회참여와 사회복지에 공헌하는 기회를 부여하는 바람직한 프로그램이라고 본다(노년신문 2010. 1. 1. 7면 기사).

또 하나로 2013년 대한노인회가 역점적으로 추진한 노노케어(老老-care) 사업은 노인이 노인을 돌보는 자원봉사 프로그램으로서 노인들이 가치 있는 인간으로서 존엄성을 지키며 함께 사는 바람직한 21세기 노인상을 구현하고 있다. 한 시대를 함께 늙어간 노년들이 인생의 황혼에서 서로 돕는 이 사업은 모든 노인을 부양해야 할 부담스러운 존재인 복지수혜자로서만 인식하는 것이 아니라 복지서비스 제공자로서 그동안 축적된 경험과 다양한 역량을 활용하여 건강한 노인이 도움이 필요한 노인을 돕는 제도이다.

앞으로 노인에 의한, 노인을 위한 노노케어(老老-care) 사업은 노인에 대한 부정적인 사회적 편견을 깨고 지역사회의 통합과 복지를 위해 역할을 다하는 새로운 노인상을 보여줄 것이다. 따라서 제도적으로 잘 뒷받침한다면 도움을 받는 노인과 도움을 주는 노인 모두 만족하고 보람을 느낄 수 있으며, 나아가 좋은 공동체 문화를 만들어 노인이 행복한 아름다운 사회를 만들 수 있을 것이다.

사례

노인자원봉사 사례 : 나누며 창조하는 노인문화 만들기

연화대학 학생회장 김ㅇㅇ(77세)

우리들이 달력상의 나이는 고령자이지만 정신적 나이는 18세라고 생각하며 즐겁게 살아가는 것은 나이 들어 시작한 자원봉사활동 덕분이다. 우리는 젊었을 때 어른들을 섬기고 자식들 농사가 최고의 소작이라고 생각하며 살아왔고 봉사가 무엇인지 모르고 세월을 보냈다. 아이들 다 키워 출가시키고 시간의 여유가 생겨 노인대학을 다니게 되어 처음으로 노래도 배우고 건강체조도 하고 교양강의도 듣고 즐거운 시간을 가지게 되었다. "멋진 노인이 되기 위해서는 자원봉사를 하여야 한다"고 수업시간에 들었어도 우리 나이에 무슨 자원봉사란 말인가, 그리고 무엇을 어떻게 하는 것인지 엄두가 나지 않아 망설였다. 그 후 여러 차례 자원봉사의 필요성에 대한 강의를 들었다. 2000년 10월 27일 '함께하는 세상'이란 주제의 강의시간에 "우리나라 노인들은 '서비스를 주는 자'보다는 '서비스를 받는 자'로 인식되고 있다. 우리는 '부담 주는 세대'가 아니라 '사회에 공헌하는 세대'가 되어야 한다"는 교육을 받았다. 그 후 우리는 2학기 제1회 야외학습 후 자원봉사활동을 할 것을 결의하였다. 이를 실천하기 위하여 용기를 내어 제7회 중앙일보와 송파구 자원봉사센터가 주최하는 전국자원봉사대축제에서 우리와 같은 노인이면서 외롭고 쓸쓸하게 사는 노인을 찾아 친구가 되어주고 마음을 나누기로 하였다. '나눔의 집'은 일본군 '위안부'였던 할머니들을 위한 복지시설이다. 민간모금과 대한불교조계종의 지원으로 1995년에 경기도 광주 퇴촌면에 정착하였으나 넉넉한 살림이 아님을 알게 되었다. 위안부 할머니들에게 친구로서 다가서 보고 싶었다. 노인의 아픔과 고민은 같은 시대를 살아온 노인이 가장 잘 알고 공감하기 때문이다. 우리가 나눔의 집에 도착하였을 때 처음에는 조금 서먹한 분위기였으나 함께 점심을 나누며 자연스러운 분위기가 되었다. 학장의 사회로 진행된 레크리에이션 시간에 "웃기대항"을 하면서 우리는 서로의 긴장된 마음이 확 풀리고 온 동네가 웃음바다가 되었다. 웃기대항의 효과는 그날의 분위기에 큰 역할을 하였다. 함께 게임도 하고 노래자랑도 하고 춤도 추며 마음과 마음이 어우러져 모두들 시간 가는 줄 몰랐다. 특히 노래자랑 시간에 장구치고 노래하는 나눔의 집 할머니들에게 팁을 주며 자연스럽게 용돈을 전할 수 있어서 참 좋았다. 헤어질 때 아쉬워하는 모습을 보며 우리는 영원한 친구가 되기로 했다. 봉사를 다녀온 후 나눔의 집에서 살다 별세하신 할머니의 장례식에 조의금을 전달하였다.

어렵게만 생각했던 봉사였으나 처음 시작이 어렵지 보람이 있는 일이라는 것을 느끼게 되었다. 그리고 축제에 참가하여 받은 상금은 고아원, 장애인복지관, 독거노인 돕기 등의 후원금으로 사용하였다. 우리는 본격적인 자원봉사활동을 위하여 봉사단원을 모집하여 33명이 송파구 자원봉사센터에서 교육을 받고 정식으로 '연꽃시니어 봉사단' 발대식을 가졌다. 그 후 정기적으로 '음식물 쓰레기 줄이기' 캠페인을 벌이고 있다. 그리고 노숙자들에게 점심을 나누어주는 봉사, 송파구 소년소녀가장 따뜻한 겨울나기, 수재민 돕기, 독거노인 돕기 등 작은 실천을 해가고 있다. 지나간 일들을 생각하면 저절로 행복한 미소가 입가에 번진다. "감사합니다. 이 나이에 남을 위해 봉사할 수 있는 건강을 주셔서 감사합니다." 수없이 머릿속으로 되뇌면서 어느새 눈물이 난다. 집에 돌아와 가족들에게도 건강한 것에 감사하고 행복하게 생각하자고 했다.

자원봉사를 열심히 하여 받은 표창장을 거실에 두었는데 어느 날 어린 손자가 다녀가면서 "할머니 봉사 많이 하셔서 상 받으신 것 축하해요"라는 글을 써서 탁자 위에 놓고 갔다. 얼마나 기분이 좋고 흐뭇했는지 모른다. 무엇을 어떻게 하는 것이 봉사인지 모르던 노인들이 이제는 우리 이웃을 위해 봉사할 일이 이렇게 많은 것을 알게 되었고, 남을 도울 수 있는 건강한 몸을 가진 것에 감사를 느낀다. 우리들은 건강이 허락하는 한 나누며 창조하는 노인문화 만들기에 동참하여 멋진 노인들로 생을 마감하고 싶다.

2009년 장애인들에게 노년자원봉사자들이 삼계탕의 뼈를 발라주고 있는 모습

사례 노노케어가 맺어준 평생 동무

충남 아산시 지회 ㅇㅇ아파트 경로당 회장 김ㅇㅇ (69세)

나는 젊었을 때부터 봉사활동에 관심이 많았고, 크고 작은 봉사활동을 많이 해왔다. 그래서인지 처음 노노케어 사업에 대해 이야기를 들었을 때 새로운 일을 한다는 생각이 들기보다는 익숙한 일이라는 생각이 더 강했다. 거동이 불편한 노인들을 돌본다는 점에서 사회에 보탬이 되는 또 다른 활동을 할 수 있다는 것에 기대가 컸다.

하지만 처음 수혜자를 선정하는 과정부터 어려움이 있었다. 어르신들은 노노케어 사업이 정부에서 자신들에게 무슨 특별한 금전적인 후원을 해주는 것이라고 이해하고 있었다. 노노케어 사업이 새로운 형태의 사회운동이라는 점을 이해시키는 것에 고심했다. 새마을 운동 당시 근면과 성실이 우리에게 가난을 물리치는 길이라는 희망을 제시해 줬듯이 노노케어 운동은 고령화 시대를 맞이하는 새 시대의 가치관인 셈이다. - 중략 -

특별히 생각나는 분이 있다. 92세의 거동 불편, 초기 치매를 가진 어르신이다. 경로당에서 30분 거리에 있는 산 밑 움막집에 살고 있는 어르신의 집은 변변한 화장실도 없다. 전기도 안 들어오고 물도 나오지 않으며 귀신이 산다고 해도 믿을 정도로 집이라고 할 수 없는 곳에서 외롭게 세상과 떨어져 지낸다. 하지만 노노케어 사업을 계기로 주변 사람들이 이 어르신에게 관심을 가지기 시작했다. 하지만 하루아침에 단절된 관계가 회복되기란 어려운 일이다. 우선 마음을 열어야 했다. 어르신과 사람들이 서로 왕래하는 게 중요했다. 나는 수시로 어르신의 움막을 방문하고 텃밭에서 같이 일을 했다. 특히 힘들어하는 날에는 함께 잠을 자기도 하면서 혈육의 정을 느낄 정도로 동무가 되어 갔다. 함께 동네 목욕탕에 가서 서로 등도 밀어주고 얼마 전 추석에는 집으로 초청하여 자녀들에게 이모님이라 소개하고 함께 음식을 만들어 먹으며 훈훈한 가족의 정을 느끼는 시간도 가졌다. 그분의 사는 형편상, 내가 제공하기 어려운 분야는 지회장과 협의하여 지원사항을 요청하기도 했다. 이에 아산시 지회장을 비롯한 많은 독지가들의 도움으로 전기와 식수가 공급되었고, 자원봉사자들이 집도 고쳐주는 등 많은 변화가 있었다. 여러 사람의 힘이 모이니 움막은 집으로 변화했다. 그리고 그 어르신은 사회의 일원으로 들어왔다.

노노케어 사업은 내 자신을 한번 뒤돌아보게 하는 계기를 주었다. 이제는 어르신들 모두 경로당에 하루도 빠짐없이 나오시고, 서로 안부를 묻고 어찌 보면 자식들보다 더 많이 왕래하고 서로 걱정하며 의지하고 있다. 평생 봉사하면서 나이 들고 싶은 내 소원도 이루어졌다. 내 삶의 마지막 봉사의 열정, 그것은 노노케어 사업을 통해 마무리될 것으로 믿는다.

제2절 장애인에 의한 자원봉사활동

1. 장애인 자원봉사활동의 의의와 필요성

장애인은 전통적으로 자원봉사의 주요 대상으로 여겨져 왔으며 사회복지서비스의 수혜자로만 인식되어 왔다. 그러나 자원봉사 참여율이 증가하고 참여계층과 연령이 다양해지면서 그동안 사회적 약자로만 여겨져 왔던 장애인도 최근에는 자원봉사 대상이 아닌 주체로 인식되고 있다. 이러한 인식의 변화는 자원봉사활동은 단순히 받는 자와 주는 자의 양분법적인 관계가 아닌 자원봉사 대상자와 참여자 간의 상호작용을 통한 협력자로서의 역할과 성장이 중요한 가치이기 때문이다. 또한 장애인이 일방적으로 보살핌의 대상이라는 인식은 장애인 스스로에게도 부정적인 영향을 줄 뿐만 아니라 사회적으로도 비생산적인 존재로 낙인찍히는 결과를 초래한다. 사회적 약자인 장애인이 사회적인 관계 속에서 일정한 역할을 담당해 낸다면 개인의 삶의 보람뿐만 아니라 사회적 인식 변화에도 도움을 줄 수 있으며 사회재활에도 효과를 거둘 수 있을 것이다(최명민, 2004).

실제로 김기태 · 이경희(1998 : 20)가 장애인 132명을 대상으로 조사한 결과에 따르면, 조사대상 장애인 중 75.7%가 자원봉사 참여의사를 밝힌 것으로 나타났다. 그럼에도 불구하고 참여실태를 보면 지체장애인 중심의 이동봉사나 시각장애인 중심의 생활훈련 및 점자교육 등과 같이 일부 신체적 장애에 국한되어 있거나 자원봉사활동 종류가 극히 제한적이다. 이처럼 장애인의 자원봉사활동에 대한 사회적 필요성과 개인의 욕구가 존재함에도 불구하고 이것이 현실에서 활성화되지 못하는 이유는 장애로 인한 기능상의 제한뿐 아니라 장애인은 자원봉사를 할 수 없을 것이라는 자타의 인식에서 기인된다(최명민, 2004).

아직까지 장애인에 대한 사회적인 편견으로 인해 사회적으로나 장애인 스스로도 장애인 자원봉사활동의 가능성과 중요성을 인식하지 못하고 있다. 하지만 자원봉사활동을 통해 동등한 사회 구성원으로서 삶의 보람과 정신적 · 신체적 건강을 되찾는 사례를 볼 수 있으며, 장애인도 동등한 사회 구성원으로서 좀 더 적극적으로 연구되고 현장에서 적용되어야 한다. 장애인이 자원봉사활동에 참여함으로써 얻는 효과는 다음과 같다. 첫째, 개인적인 측면으로 ① 자아실현의 욕구를 충복시킬 수 있으며, ② 인간관계를 확장시킴으로써 삶의 보람을 느낄 수 있으며, ③ 일정한 역할을 획득함으로써 자기 가치감이 증대되며, ④ 장애인들이 빠지기 쉬운 사회적 소외감을 극복할 수 있다. 둘째, 사회적인 측면으로 ① 모두가 더불어 살 수 있는 사회통합을 이룰 수 있으며, ② 자원봉사 참여계층과 인력을 넓힐 수 있으며, ③ 장애인 인식개선에 기여할 수 있으며, ④ 잠재력을 개발하고 사회 구성원으로 사회에 참여할 수 있고, ⑤ 사회적 역할이 강화되며 개인의 역량이 향상된다.

2. 자립과 의존의 이분법을 넘어 공생의 관계로

자립과 의존은 정상과 비정상의 이분법과 동일한 논리 구조를 지니고 있다. 비정상인(장애인)을 상정해야만 정상인(비장애인)이 성립될 수 있듯이 자립적인 존재자 역시 의존적인 존재자를 상정해야만 논의될 수 있다. 이는 자립과 정상은 바람직한 것, 의존과 비정상은 바람직하지 못한 것이라는 구분틀을 전제한다. "자립은 의존하지 않는 것이 아니라 의존할 것을 선택할 수 있는 상태이다(구마가야 신이치로)". 세상이 장애인용으로 만들어져 있지 않기 때문에 장애인은 의존할 수 있는 것이 무척 적으며, 장애인이 너무 의존하는 것이 아니라 의존할 것이 부족하기 때문에 자립이 어려운 것이다.

우리 사회가 장애인을 비정상적인 존재로 낙인찍고 업악할 때, 장애인운동의 주체들은 장애인이 비정상적인 존재가 아니라고 주장하며 정상적인 존재가 되기를 지향하지 않았다. 정상과 비정상이라는 이분법적 틀 자체가 기만적임을 인식하고 이를 해체하고자 하였다. 의존적인 존재라는 낙인과 억압에 대해서도 장애인은 자립적인 존재라고 맞서는 것이 아니라 오히려 자립과 의존의 이분법 자체를 해체하는 것이 운동의 목표가 되어가고 있다. 이렇게 자립과 의존이라는 이분법을 넘어설 때 드러나는 새로운 가치가 바로 함께 어울려 사는 지역사회 공동체일 것이다.

"모든 생물은 자기 완결적이고 자율적인 개체라기보다는 오히려 다른 생물과 물질과 에너지, 그리고 정보를 교환하는 공동체이다. 남이 없다면 우리는 살아갈 수 없다(린 마굴리스)". 장애인 자원봉사활동에서도 주체와 대상이라는 이분법을 뛰어 넘어 공생의 관계로 장애인들도 동등한 인간으로 함께 더불어 행복한 사회의 일원이 될 수 있도록 충분한 정보를 통해 자기결정권에 따른 자원봉사활동에 참여할 수 있는 사회가 되어야 한다.

3. 장애인 자원봉사활동의 특성

장애인이 자원봉사활동에 참여하는 것은 사회 구성원의 일원으로 더불어 사는 공동체를 위한 권리이자 의무를 이행하는 것일 뿐 아니라, 한 개인으로서 자기실현을 해나가는 활동이라고 할 수 있다. 장애에 대한 특성을 이해하고 동등한 사회 구성원이라는 인식과 사회참여의 기회를 제공하기 위해서는 기존 사회가 가지고 있는 이분법적인 시각으로부터의 인식 전환이 필요하다. 또한 많은 장애인들이 자원봉사를 희망하지만 능력과 지식이 부족하거나 장애 자체가 실제 자원봉사활동으로 이루어지지 못하는 실질적인 이유가 되기도 한다. 장애인 자원봉사활동은 특히 다음과 같은 특성을 가지고 있다.

1) 자기결정권에 기반한 자원봉사활동

자기결정권이라는 말을 가장 자주 사용하는 곳은 아마도 장애계일 것이다. 자립생활운동의 확산과 더불어 장애계에서 자기결정권은 하나의 일상 용어가 되었다. 그렇다고 그것이 장애인에게만 특수하게 적용되는 권리는 아니다. 자기결정권은 우리나라 헌법 제10조에 "모든 국민은 인간으로서의 존엄과 가치를 가지며, 행복을 추구할 권리를 가진다"는 인격권과 행복추구권, 그리고 행복추구권이 전제하는 자기운명결정권에서 유래하는 헌법상의 권리이다.

인간이 수행하는 일정한 신체적·정신적 활동은 권리의 차원에서 보장된다 하더라도 언제나 능력의 차원을 함께 가진다. 능력과 권리는 전혀 다른 차원의 문제이며, 권리는 능력의 여부와 상관없이 보장될 때에만 온전히 권리일 수 있다. 인간은 모두 다르며 어떤 활동 영역에서 발휘할 수 있는 능력 또한 모두 다르다. 그러므로 누군가가 해당 활동과 관련된 능력이 부족할 경우 그로 인해 권리의 실현을 제한받지 않도록 시스템이 구축되고 사회적 지원이 이루어지게 된다. 그것이 권리의 논리이다. 자기결정권을 보장한다는 것은 모든 상황에서 어떤 주체가 혼자서 결정한 대로, 원하는 대로 할 수 있도록 보장한다는 것을 의미하지는 않는다. 즉, 자기결정권이란 자기결정을 내리는 여러 주체들이 상호의 존적 관계 속에서 서로의 의견과 판단을 소통하고 조율해 가며 실현할 수밖에 없는 권리이다. 인간은 다른 어떤 활동보다 사회적 활동을 할 때 가장 인지력이 왕성해지고, 면역력도 증가하며, 신체적 능력도 최고로 향상된다는 것을 연구에서 발표하고 있다. 따라서 장애인들도 자기결정권에 기반한 사회적 활동인 자원봉사활동이 활성화되어야 한다.

2) 장애인 개인별 특성에 따른 적합한 자원봉사활동 파악

장애인들의 자원봉사활동 참여를 적극적으로 하기 위해서는 충분한 정보 제공을 통해 장애인들이 적절한 활동을 선택하고 필요한 능력을 갖추도록 하며, 활동여건을 조성하는 준비과정이 매우 중요하다. 개인별 특성에 따라 자원봉사활동 영역이 좁아질 수 있으므로 적합한 활동을 세심하게 파악하여야 하며, 활동에 참여하기 위한 교육과 훈련의 과정이 반드시 필요하다. 준비단계에서 장애인은 자원봉사자로서의 보유능력과 욕구에 초점이 맞추어져 사정을 하게 된다. 그리고 이에 기초하여 이들 자원봉사자에게 가장 적절한 지역사회 봉사기관과 봉사내용을 찾는 작업이 진행된다.

3) 교육과 훈련을 통한 자원봉사활동

자원봉사활동 기관과 자원봉사활동 내용이 정해지면 구체적인 훈련에 들어간다. 교육과 훈련의 내용은 자원봉사활동 종류와 장애인 본인의 개별적 특성에 따라 달라지겠지만, 이러한 자원봉사활동의 준비과정에서부터 장애인의 사회참여와 동등한 사회 구성원으로서의 역할이 함께 이루어진다.

4) 협력자와 함께 자원봉사활동

자원봉사활동에 개별적으로 참여하는 데 아무런 불편이 없는 장애인도 있지만 많은 장애인들은 신체적 · 정신적 장애로 인해 쉽게 자원봉사활동에 참여하기를 꺼려하는 경우가 많다. 자원봉사활동의 참여는 새로운 환경과 새로운 사람과의 만남이다. 이러한 상황은 장애인뿐만 아니라 누구나 긴장과 스트레스 상황이 될 수 있다. 자원봉사활동을 하면서 나도 누군가에게 도움을 줄 수 있다는 자신감과 장애가 없는 사람과의 긍정적인 상호작용의 기회를 가지게 하기 위해서는 협력자의 도움이 매우 유용하다. 협력자는 비장애인이 될 수도 있고 같은 장애인으로서 동료가 될 수도 있는데 비장애인이 협력자일 경우에 긍정적인 효과를 더욱 기대할 수 있다. 이는 혼자 하는 활동이 아니라 팀을 이루어 자원봉사활동에 참여함으로써 장애인의 자원봉사활동 경험이 성공적으로 될 가능성이 높아진다.

장애인과 비장애인이 한 팀이 되어 함께 어울려서 자원봉사활동을 하는 과정에서 서로를 좀 더 이해하고 친밀감을 경험할 수 있는 계기를 제공할 수 있으며, 비장애인은 장애인을 동료로서 인식하게 되는 긍정적인 경험을 할 수 있게 된다. 장애인과 비장애인이 팀을 이루어 자원봉사활동을 하게 되면 지역사회에서 받아들일 때도 좀 더 개방적인 태도가 될 수 있다.

사례 **가족이 함께하는 장애인 자원봉사활동**

고모가 대학생인 정신장애인 조카에게 자원봉사활동을 시켜달라고 자원봉사센터에 신청하였다. 사람을 만나는 것에 두려움을 가지고 있는 조카에게 사람들을 만날 수 있는 기회를 주고 싶다는 것이었다. 그러나 이러한 상황을 알고 선뜻 조카를 자원봉사활동에 참여시키겠다는 기관이 나타나지 않았으며, 결국 고모와 함께 참여한다는 조건으로 한 기관 식당에서 배식봉사에 참여할 수 있게 되었다. 때로는 가족이 함께 자원봉사활동을 하는 것도 장애인에게 도움이 된다.

5) 지역사회 여건 조성

장애인이 자원봉사활동에 참여하기 위해서는 이들이 자원봉사활동에 참여할 수 있는 사회적인 여건이 마련되어야 한다. 먼저 지역사회에서 장애인의 자원봉사활동을 받아들일 수 있는 태도와 인식의 변화가 필요하다. 아직도 장애인을 자원봉사자로 받아들이는 지역사회의 수용적인 태도가 미흡하며 사회적인 편견으로 인해 장애인의 인적자원을 적극적으로 활용하지 못하고 여러 가지 장벽으로 인해 어려움을 겪고 있는 현실이다. 사회적인 인식개선과 함께 장애 유무와 관련 없이 장애인들도 자기결정권에 기반한 사회적 활동인 자원봉사활동에 참여할 수 있는 프로그램을 개발하여야 한다. 또한 한 가지 기능만으로도 수행 가능하도록 업무를 세분화하고 여러 사람이 팀을 이루어 할 수 있는 프로그램을 통해 장애인의 자원봉사활동 참여기회를 넓혀야 한다.

4. 장애인 자원봉사활동 사례

1) 정신장애인의 자원봉사활동 사례

정신장애인의 자원봉사활동 시 단계별 준비내용과 고려사항은 〈표 10-4〉와 같다.

〈표 10-4〉 정신장애인의 자원봉사활동 사례

<table>
<tr><th colspan="2">단 계</th><th>구분</th><th>내 용</th><th colspan="2">고려사항</th></tr>
<tr><td rowspan="4">I. 준비</td><td>1</td><td>사정</td><td>자원봉사자로서 정신장애인에 대한 사정</td><td colspan="2">개별 및 집단의 역량, 욕구, 한계 사정</td></tr>
<tr><td>2</td><td>자원
개발</td><td>정신장애인이 자원봉사를 할 수 있는 지역사회 장소 및 자원 탐색, 발굴 및 계약</td><td colspan="2">지역사회와 접촉 시 정신장애인에 대한 편견해소를 위한 옹호자로서의 역할을 견지하고 사정을 통해 평가된 대상자 특성에 맞는 자원봉사활동 탐색</td></tr>
<tr><td>3</td><td>훈련</td><td>정신장애인이 지역사회에서 자원봉사활동을 하기 전에 미리 숙지하고 익혀야 할 기본적인 사항 및 기술에 대한 교육 및 훈련</td><td>실질적인 자원봉사활동에 필요한 구체적 기술을 습득할 수 있도록 접근</td><td rowspan="2">비
장애인
협력자
참가</td></tr>
<tr><td>4</td><td>실습</td><td>외부봉사 전 원내에서 자원봉사 실습</td><td>훈련과 실제 활동의 교각역할이 될 수 있는 기회 제공</td></tr>
<tr><td colspan="3">II. 자원봉사</td><td>자원봉사활동 기관별로 준비된 구체적 매뉴얼에 따른 자원봉사활동 진행
※ 일정(3~4시간 소요) : 사전모임 → 자원봉사활동 장소로 이동 → 인사 및 당일 세부활동 할당 → 자원봉사활동 → 정리 → 이동 → 평가</td><td>스케줄 및 실제 자원봉사활동 관리 보조자와의 적절한 역할 분담</td><td rowspan="2">비
장애인
협력자
참가</td></tr>
<tr><td colspan="3">III. 평가 및 종결</td><td>전체 과정 및 목표 달성 평가 및 마무리</td><td>다면적 평가 수행</td></tr>
</table>

출처 : 최명민(2004).

2) 지체 및 뇌병변장애 어르신 자원봉사활동 사례

○○장애인종합복지관에서 운영하고 있는 시니어리더대학은 주로 지체장애와 뇌병변장애 어르신으로 구성되어 2012년에 출범하여 현재까지 운영되고 있다. 시니어리더대학은 건강하고 능동적인 삶을 원하는 장애인들의 욕구를 반영하여 성인장애인들을 위해 역동적인 낮 활동을 지원하고, 단순히 배우고 즐기는 것이 아닌 그것을 활용하고 사회에 환원 및 자원봉사활동를 통하여 성인장애인의 리더로서 주체적인 삶을 지향하는 목적으로 운영하고 있다. 프로그램 내용은 노년기 활동을 통해 지식 함양과 정서적 안정을 도모하고, 도전과 나눔 활동을 통해 자기역량 및 주체성을 강화함에 있으며, 세부 프로그램 내용은 〈표 10-5〉와 같다.

〈표 10-5〉 ㅇㅇ장애인복지관 시니어리더대학 프로그램 내용

성과목표	세부사업	날 짜	내 용
성인기 활동을 통해 지식 함양과 정서적 안정을 높인다.	모집 및 홍보	1~12월	• 게시판 및 이용자 대상 SNS 홍보 • 정원 초과 시 우선순위에 의해 선정
	스트레칭	1~12월	• 동적, 정적 스트레칭 활동
	노래교실	1~12월	• 회원 간 자율 노래, 노래 강습
	교양 아카데미	2~11월	• 이용자 욕구에 따른 교양 교육
도전 및 나눔 활동을 통해 자기역량 및 주체성을 강화한다.	**리더 양성 "도전 프로젝트"**	**1~12월**	• **분기별 1회 운영회의 실시** • **연 4회 캠페인 실시** • **월 2회 나눔 봉사 실시** • **연 1회 운영진 워크숍 실시**
이용자의 의견을 반영한 서비스를 제공한다.	이용자 간담회	분기별 1회	• 성인기 활동 사업평가 및 점검 • 이용자의 건의사항 및 애로사항 수렴 • 사업 안내 및 이용자 의견을 반영한 사업 계획 수립
	만족도 조사	11월	• 시니어리더대학 프로그램별 만족도 조사 실시 • 프로그램 평가, 교육 및 강사 평가, 환경 평가, 욕구 분석 등
생활만족도 및 자아존중감을 향상한다.	사전 · 사후 검사	12월	• 자아존중감 및 생활만족도 척도 검사 • 사전, 사후검사 12월 실시 • 효과성 및 이용자 변화 분석

출처 : 강북장애인종합복지관(www.gangbukrc.co.kr).

ㅇㅇ장애인종합복지관 시니어리더대학 회원 선언문

나는 ㅇㅇ장애인종합복지관 시니어리더대학 회원으로서 다음과 같이 선언하고 실천한다.

하나, 항상 나를 사랑하며 끊임없는 자기관리를 통해 멋진 시니어리더대학 회원이 되겠다.
하나, 내가 선택한 시니어리더대학 프로그램에 참여하여 나눔과 베품을 실천하는 회원이 되겠다.
하나, 내가 배운 가르침을 이웃에게 전하고 실천하는 회원이 되겠다.
하나, ㅇㅇ장애인종합복지관에서 만난 모든 이들과 화합하여 조화로운 삶을 사는 멋진 시니어리더대학 회원이 되겠다.

년 월 일

시니어리더대학 회원 ㅇㅇㅇ

출처 : 강북장애인종합복지관(www.gangbukrc.or.kr).

3) 여성장애인 자조모임 자원봉사활동 사례

지체장애와 지적장애 여성으로 구성된 "빛이 되는 사람들"은 ㅇㅇ장애인종합복지관에서 1998년에 결성되어 현재까지 활발한 활동을 하고 있는 자조모임이다. 장애인이면서 여성이기 때문에 겪어야 했던 사회적 차별과 선입견을 극복하고자 결성이 되었고, 이제는 나아가 지역사회와 주민들을 위한 봉사와 나눔활동으로 확대하여 활동하고 있다.

빛이 되는 사람들의 활동은 매년 4월 장애인의 날 행사주간에 ㅇㅇ장애인종합복지관에서 진행하는 장애인식개선 캠페인과 바자회 판매 자원봉사활동에 참여하고 있다. 처음에는 중증장애로 비장애인과 소통을 하는 것도, 자원봉사활동을 하는 것도 마음처럼 쉽지는 않았지만 지금은 장애당사자가 참여하는 것이 지역사회와 주민들에게 자연스럽게 장애에 대한 편견을 낮출 수 있다는 사명감으로 참여하고 있다. 또한 장애인보호작업장 등 직업재활시설의 작업보조 자원봉사활동은 다른 장애유형에 대한 이해를 높이고 기여할 수 있어 자원봉사활동을 이어가고 있다.

4) 자원봉사활동에 참여한 장애인당사자 인터뷰 사례

사례 **"나보다 남을 먼저 챙기는 좋은 선배"의 OO님**

지체장애 1급 김ㅇㅇ님은 "나보다 남을 먼저 챙기는 ㅇㅇ장애인복지관의 좋은 선배"이다. 매일 이른 아침, 내가 이용하는 우리 ㅇㅇ장애인종합복지관에 직원들보다 더 빨리 출근해서 동료 이용자를 살갑게 맞이하는 선배이다. 전기기사 일을 하던 젊은 시절 갑작스러운 사고로 긴 고통의 시간을 겪어낸 아픈 경험을 타인에 대한 이해와 배려로 승화시키고 있다. 김ㅇㅇ님은 웃는 모습으로 ㅇㅇ장애인종합복지관에 오시는 분들께 먼저 인사하고, 손잡아 맞이하고, 안부를 물으며 하루를 시작하는 분이다. 본인의 몸도 힘드실 텐데 어떻게 저런 미소와 태도로 다른 사람을 대할 수 있는지 감탄하게 만드는 분이다.

출처 : 강북장애인종합복지관(www.gangbukrc.or.kr).

사례 "손가락 하트와 미소…" 김○○님

> 지체장애 6급인 김ㅇㅇ님은 오늘도 어김없이 ㅇㅇ장애인종합복지관의 장애인·노약자 무료셔틀버스 첫차를 타고 마을을 한 바퀴 돌아 ㅇㅇ장애인종합복지관에 오신다. 올해 여든의 고령에도 누군가 돕고 싶은 마음에 이곳저곳을 살피기도 하고, 그동안 ㅇㅇ장애인종합복지관이 있어서 행복했다며 본인이 도울 수 있는 다른 누군가를 찾는 분이시다. ㅇㅇ장애인종합복지관에서 재가장애인에게 제공하는 밑반찬 자원봉사활동을 주 1회 맡은 이후부터 신난다며 환한 미소를 머금고 머리 위로 하트를 날려 주실 때 주변인들의 표정도 어느 순간 김ㅇㅇ님처럼 환해지고 마음엔 하트가 가득 찬다. 본인이 장애인이면서 고령이셔서 다른 사람을 돕기 위해 애쓰시는 모습은 감사한 마음과 함께 이제 자원봉사활동보다는 건강관리를 좀 더 하셨으면 하는 바람을 가지게 하지만 그건 본인이 원하는 게 아니라며 거절하시는 분이시다.

출처 : 강북장애인종합복지관(www.gangbukrc.or.kr).

제3절 아동에 의한 자원봉사활동

1. 아동의 개념과 아동기 특성

자원봉사 현장에서는 일반적으로 초등학령기 전 및 초등학령기까지의 아동을 아동 자원봉사자로, 중고등학령기를 '청소년 자원봉사자'로 분류하는 경향이 있다. 본 절에서의 아동 자원봉사활동은 5세부터 13세경(만 3~12세)의 어린이에 해당하는 봉사활동자를 아동봉사자로 지칭하였다.

아동기는 아동 개인의 성장과 아동을 둘러싼 환경의 영향이 무엇보다 중요한 시기이다. 특히 자원봉사활동 역시 봉사실천 개념보다 봉사학습의 개념이 강하여, 아동의 인지발달과 봉사학습과의 관계, 아동을 둘러싼 환경과의 관계를 중심으로 아동기 특성을 살펴보고자 한다.

1) 피아제의 아동기 인지발달

피아제는 모든 아동은 개인차가 있지만 정해진 단계를 거치며 성장해 간다고 하였다. 그는 감각운동기, 전조작기, 구체적 조작기, 형식적 조작기로 나누어 연령별 특징을 제시하였다.

〈표 10-6〉 피아제의 인지발달 단계

단 계	시 기	특 징	
감각운동기	출생~2세	• 대상연속성 시작	• 목표지향적 행동 시작
전조작기	2~7세	• 상징적 사고의 시작 • 물활론적 사고 • 불완전한 분류능력	• 자아중심성 • 보존개념 결여
구체적 조작기	7~11세	• 보존개념의 이해 • 조망수용	• 유목화하고 서열화
형식적 조작기	11세 이후	• 추상적 사고	

전체 발달과정 가운데 아동자원봉사자에 해당하는 전조작기와 구체적 조작기에 대해 좀 더 자세히 알아보고자 한다.

(1) 전조작기(2세~7세)

유아의 사고가 신체적인 행동 도식을 이용하던 감각운동기에서 정신적인 능력의 추리가 가능한 조작기로 넘어가는 중간 시기로, 유아들은 언어와 같은 도식을 가지게 되면서 자신의 주변에서 일어나는 일들에 대해 사고할 수 있게 된다. 전조작기 유아의 사고 특징은 상징적 사고의 시작,[1] 자기중심적 사고,[2] 물활론적 사고,[3] 보존개념[4]의 결여, 불완전한 분류 능력[5]의 특징을 나타낸다.

1 유아 자신의 행동이나 감각에 의존하지 않고 행동 도식이 내적으로 표상됨에 따라 상징놀이와 같은 정신능력이 발달하게 됨. 이러한 능력은 유아들의 어휘확장, 상상력 등을 발달시킴. 예 전화기가 없어도 장난감을 이용하여 가상놀이가 가능해짐.

2 우주의 모든 현상을 자기중심적으로 생각하는 것으로 타인도 자신과 동일한 방식으로 지각한다고 생각함.

3 무생물이 살아있고 사람처럼 감정이나 의도를 가지고 있다고 생각함.

4 사물의 외형이 변해도 그것의 속성은 변하지 않는다는 것을 이해하는 능력. 예 같은 양의 우유를 각기 다른 모양의 컵에 담았을 경우 양이 같다는 것을 알지 못함.

5 상위유목과 하위유목과의 관계, 즉 전체와 부분의 관계를 이해하는 능력으로 피아제는 7세 이전의 유아들은 불완전하다고 검증함.

(2) 구체적 조작기(7~12세)

구체적 조작기의 아동들은 전조작기 아동들이 가지지 못하는 가역성이라는 특성을 가진다. 아동들은 논리적 조작을 사용하며 물리적 세계에 대한 요소들이 변화나 변형은 될 수 있지만, 초기 특성을 그대로 유지한다는 것을 이해한다. 이러한 사고의 체계는 여전히 물리적 현실과 연결되어 있으며, 구체적 상황에 기반을 두고 조직되고 분류되며 조작될 수 있다. 이 시기가 되면 아동은 보존개념 습득,[6] 조망수용능력[7] 습득, 분류,[8] 서열화[9]의 특징을 나타낸다.

2) 비고츠키의 아동기 사회문화적 이론

비고츠키의 주요 개념은 인지의 사회적 기원,[10] 내면화,[11] 자기조절,[12] 사고와 언어,[13] 근접발달 영역,[14] 비계[15] 등이다. 비고츠키는 문화적인 맥락 안에서 아동의 인지적인 과정 유형을 결정하게 된다고 하였다. 비고츠키는 아동 개별적인 발달보다는 한 문화권 내에서의 개인 차이뿐만 아니라, 각 문화권 간에서의 개인 차이에도 관심을 가지게 되었다. 또한 근접발달 영역을 통하여 아동의 능력에 대한 평가, 교수법, 발달과정에 대해 긍정적인 영향을 주었다. 비고츠키는 단순하게 아동의 현재 발달수준에 근거하여 아동을 평가하지 않고 근접발달 영역

6 물체의 외형상 변화에도 빼거나 더하지 않으면 여전히 그들의 초기 특성들을 보존한다는 보존개념이 형성됨.

7 자기중심적인 사고에서 벗어나 타인의 입장, 감정, 인지 등을 추론하고 이해할 수 있는 능력.

8 대상물이 지니고 있는 공통의 속성에 따라 분류하고 하나의 속성에 따라 분류하는 단순 유목화, 물체를 두 가지 이상의 속성으로 나누어 분류하는 다중 유목화가 가능해짐.

9 큰 것부터 작은 것으로, 또는 그 반대로 순서적인 배열을 하는 능력.

10 사회문화적 맥락 속에서 아동들은 자신의 이해를 구성해 나가면서 능동적으로 지식을 구성한다고 봄. 사회적 상황은 우리가 무엇을 하는지, 어떻게 생각하는지에 영향을 미치고, 이러한 문화에 의해 유아들은 직접적으로 혹은 간접적으로 영향을 받는다고 봄.

11 인간이 역사를 거듭하면서 진화하고 변화된 문화(사고의 패턴)는 사회적인 상호작용을 통해 외부에서 개인의 의식 세계로 내재하게 되는 과정.

12 타인과의 상호작용 속에서 사회적 지식을 내면화하는 과정에서 나타나는 하나의 정신과정으로, 낮은 형태의 사고가 사회적인 관계 속에서 교육적 상호작용을 통해 고등 형태의 사고로 변형해 가는 것을 의미.

13 언어와 사고는 초기에는 독립적인 것이었으며, 성장함에 따라 자신을 향한 언어가 연령의 증가에 따라 세부화되고 사고와 언어가 합체, 언어적 사고를 통해 언어개념을 획득해 나간다고 보았음.

14 학습과 발달 사이의 관계를 개념짓는 방법으로 실제적 발달수준과 잠재적 발달수준을 통해서 아동의 성숙한 이해력의 성장을 주장함.

15 아동이 스스로의 힘으로 문제를 해결할 수 있도록 성인이나 유능한 또래가 도움을 제공하는 것.

을 제공하여 또래나 교사들과의 상호작용을 통하여 아동의 잠재능력을 발휘하도록 도와주었다(권민균 외, 2005).

피아제 이론에서는 아동을 적극적인 사고의 존재로 스스로 지적갈등을 가지고 실험하며 지식을 쌓아가는 존재로 보았다. 아동의 능력만으로도 개념을 습득하고 주변 환경을 통해 발견학습이 가능함을 주장하였다. 비고츠키 이론에서는 아동의 현재 발달수준에 근거하여 아동을 평가하지 않고, 근접발달 영역을 제공하여 또래나 교사들과의 상호작용을 통해 아동의 잠재능력을 발휘하도록 도와주었다.

아동의 중요한 특성은 무한한 잠재력일 것이다. 한 아이의 무한한 잠재력을 성인이 조력자가 되어 무엇을 얼마만큼 어떻게 제시해 주는지가 매우 중요하다. 아이 스스로의 무한한 능력을 마음껏 펼칠 수 있도록 다양한 특성을 이해하고 조력하는 일이야말로 우리 성인이 해야 할 중요한 숙제로 생각된다.

2. 이타성 발달 중심으로 본 아동 자원봉사의 필요성

1) 아동 자원봉사활동과 이타성 발달

이타성은 타인을 이롭게 하는 행동으로써 친구에게 자기 소유물을 나누어 주거나, 곤경에 처한 사람을 돕거나, 자신보다는 남을 칭찬하고, 다른 사람의 복지 증진에 관심을 가지는 것을 의미한다. 아동기의 이타성 발달은 성장과정의 밑거름을 만드는 중요한 과정으로 발달이론별 특성을 파악해 보고자 한다.

(1) 이타성 발달이론

아동의 이타성 발달은 생물학이론, 정신분석이론, 사회학습이론, 인지발달이론 등을 통해 설명할 수 있다. 유전적 측면을 강조하는 생물학이론과 학습에 의해 성장해 간다고 강조하는 정신분석이론, 사회학습이론, 인지발달이론에 대해 각각 살펴보고자 한다.

① 생물학이론

생물학이론에서는 인간의 이타성을 종의 생존을 보장해 주는 인간 본질의 기본적 구성요소로 본다. 생물학 이론의 기본 전제는 인간이나 동물이 공동체 사회에서 함께 거주할 경우 적으로부터 보호받기를 원하며, 기본적 욕구를 충족시키고자 한다는 것이다. 이러한 가정이 받아들여진다면, 이타적 인간은 생존을 통해 자신의 이타적 유전인자를 후손에게 물려줄 가능성이 높다. 생물학이론에서 강조하는 이타성의 유전적 측면과 달리 다른 여러 이론들에서는 이타성에 미치는 환경의 영향을 강조하고 있다(권민균 외, 2005).

② 정신분석이론

정신분석이론은 성격 구조의 하나인 초자아가 발달함에 따라 이타적 행동이 발달한다고 보았다. 프로이드의 정신분석학 이론에 의하면 나이 어린 아동은 원초아에 의해 지배받으며 쾌락적 충동에 의해 지속적인 영향을 받는 존재이다. 이러한 쾌락적 존재로서의 아동이 부모의 훈육과정을 통해 초자아가 발달하게 되면서 친사회적 규칙이나 원리를 내면화하게 된다는 것이 정신분석적 이론에서 설명하는 이타성 발달이다(권민균 외, 2005).

③ 사회학습이론

사회학습의 이론은 인간의 다른 모든 행동과 마찬가지로 이타적 행동발달에서도 강화와 처벌의 중요성을 강조하였다. 사회학습이론에서는 공감적 반응의 조건화, 직접적 지시, 관찰학습의 측면에서 이타성 발달을 설명하고 있다. 먼저 아동의 공감 능력은 돕기 행동을 유발하는 명백한 보상이 주어지지 않더라도 다른 사람을 도울 수 있음을 확인시켜 준다. 또한 아동이 친사회적 행동을 보였을 때 부모가 이를 칭찬하거나 보상해 줄 경우에도 이타성이 지속될 수 있다. 마지막으로 타인의 이타적 행동을 관찰하고 이를 모방하여 행동할 경우 아동의 이타성이 증진될 수 있다(권민균 외, 2005).

④ 인지발달이론

인지발달이론에서는 이타적 행동이 단계적으로 발달하며 역할 조망과 같은 사회인지 기술이 결정적 요인으로 작용한다고 보았다. 인지발달이론가들이 주장하는 친사회성 발달의 단계는 크게 네 단계로 구분된다. 첫 번째는 생후 2년 정도의 시기에 시작되는데, 자신과 타인을 구별하고 스스로를 지각하는 능력의 발달과 밀접한 관련을 보인다. 두 번째 단계는 피아제의 전조작기과 시기적으로 유사한데, 타인에게 이로운 행동이 자신에게도 이로울 경우 이타적 행동을 하게 된다. 세 번째 단계는 피아제의 구체적 조작기에 해당하며 친사회적 행동이 정당성을 인정하게 된다. 마지막 단계에서는 형식적 조작기에 도달한 청소년이 보편적 원리로서의 친사회적 규칙을 이해하게 된다. 인지발달이론가들은 이러한 단계를 거쳐 이타적 행동이 발달하게 된다고 주장한다(권민균 외, 2005).

일반적으로 이타성은 아동이 성장해 가면서 증가하는 양상을 보인다. 만 2~3세에 타인에 대해 공감을 보이기는 하지만 진정한 자기 희생적 반응은 아니며, 자발적인 자기 희생은 걸음마기를 지나 유아기 초기에 나타나며, 만 4~6세가 되면 아동은 진정한 돕기 행동을 보인다. 2세 6개월에서 3세 6개월 시기에 유아는 때때로 가상놀이를 통해 타인에게 친절을 베푸는 데 관심을 보이기도 하지만 만 4~6세경 실제적인 돕기 행동을 나타낸다(Eisenberg & Fabers, 1998, 권민균 외, 2005 재인용).

돕기 행동과 같은 이타적 행동은 초등학교 저학년부터 지속적으로 증가한다. 이옥경 외(1996)의 연구에 의하면 초등학교 3학년보다 6학년의 친사회적 행동 출현 빈도가 더 높은 것으로 나타났다.

따라서 아동기 자원봉사 실천에 중요한 이타성 발달은 유아기에 자원봉사실천과 관련한 간접적, 직접적 체험을 제공하고, 초등학령기 이후 직접적인 실천 경험을 부여함으로써 지속적인 성장, 발달을 유도하는 것이 중요하다.

3. 발달연령별 아동자원봉사자를 대하는 자세와 활동 유형

우리나라 아동 자원봉사활동은 1995년 5월 31일 대통령 자문 교육위원회가 지금까지의 교육과는 달리 학생 자원봉사활동, 단체 수련활동 등 실천적 교육방안을 제시하면서 활성화되기 시작하였다.

아동이 자원봉사자로 참여하는 봉사활동 진행 시 아동이라는 대상에 대한 특성을 반영하여 프로그램을 진행하는 것이 중요하다. 아동은 성장과정에 자원봉사활동을 통하여 민주화의 역할을 강화할 수 있다. 자원봉사자의 민주적 가치나 그 실천을 향한 지도력을 통해 아동이 민주시민으로 성장하는 것을 도울 수 있다. 아동이 타인의 인격을 존중하고 의사도 자유롭게 표현하며 결정된 일에 대해서는 책임감을 가지고 폭넓게 참여하며 협력하는 생활방식을 가지도록 지도한다. 아동에 대한 자원봉사활동은 가정, 보육시설, 유치원, 초등학교, 도서관, 소아과 병동, 사회복지시설 및 기관 등에서 전문 직원들과 함께 일하거나 전문 직원의 지도하에 아동을 돌봐주는 활동이 주를 이룬다(한국여성개발원, 1990).

아동의 자원봉사활동은 자원봉사활동정신에 입각한 활동보다는 봉사학습의 개념이 강하다. 따라서 아동의 자원봉사활동은 봉사학습이라는 목적을 두고 프로그램을 계획하여 자발적으로든 비자발적으로든 봉사활동을 체험하게 하는 차이점을 가진다.

아동 자원봉사활동 유형은 초등학령기 전과 초등학령기에 따라 차이점을 나타낸다. 초등학령기 전인 유아기(만 3~5세) 자원봉사활동과 초등학령기(만 6~11세)에 따라 활동이 가능한 범주를 구체화하여 프로그램을 계획하는 것이 중요하다.

1) 초등학령기 전(만 3~5세) 아동자원봉사자를 대하는 자세와 프로그램 소개

유아기 봉사활동은 봉사학습의 초기과정으로 다양한 시청각교육자료를 제시해 줌으로써 나와 지역사회, 이타심 실현의 기쁨, 긍정적 경험 등을 감각으로 느낄 수 있게 하는 데 주안점을 둔다. 자원봉사활동과 관련하여 아동들이 직접 참여하는 활동으로 그림그리기 및 시청각 활동자료, 이야기나누기 등과 같이 계획된 자료를 준비하는 것이 중요하다. 또한 아동이 직접 보고 느낄 수 있는 기회를 제공하고 상호작용과정에서 칭찬과 격려를 적극적으로 부여하는 것이 좋다.

유아가 가정 내에서 가족들과 함께 실천할 수 있는 방법을 가정에 연계 자료로 전달함으로써, 교육시간 외에 가정 내에서도 기본생활습관으로 자리 잡을 수 있도록 병행하는 것이 중요하다.

서울시 송파구 삼전어린이집 아동자원봉사 프로그램 소개

어르신 잔치에 노래로 사랑을 나눠요~

1. 목 표

- 지역사회 어르신을 위한 "효잔치"에 노래선물을 드림으로써 아동들에게는 "효"의 의미를 배우고 노래선물을 드림으로써 이타심 실현의 기회를 가진다.

2. 프로그램 개요

- 운영 : 매해 어버이날, 명절 행사
- 대상 : 만 4~5세반 전체
- 장소 : 지역사회 복지관
- 내용 : 지역사회 노인복지관, 요양원, 종합사회복지관, 주민센터 내 경로잔치 등의 효잔치 행사, 명절행사들에 참여하여 노래선물을 전달한다.

3. 기대효과

- 아동에게 나눔의 아름다움을 인식
- 성장기 아동에게 이타심을 알고 실천하는 기쁨을 전달
- 아동기의 긍정적 경험을 통하여 자원봉사활동의 지속성 강화

2) 초등학령기(만 6~11세) 아동자원봉사자를 대하는 자세와 프로그램 소개

초등학생 자원봉사활동은 봉사학습이 가능하도록 다양한 활동정보를 알려주고, 개별활동보다는 또래집단별 활동을 제시함으로써 봉사활동의 성공적이고 긍정적인 경험을 알려주는 것이 중요하다.

아동 개인의 독립적 수행보다는 반별 활동을 모둠활동인원으로 구성하여 역할 수행에 대한 정보전달과 긍정적 강화를 제공하는 것이 중요하며, 초등교육과정에 부합되는 봉사활동으로 엮어서 봉사학습으로 진행되는 것이 좋다.

제7차 교육과정에서는 초등학교 특별활동을 자치, 적응, 행사, 계발, 봉사활동의 5개 영역으로 구분하고, 5개 영역의 이수시간을 학교재량에 따라 비율을 정하게 하고 있으며, 1학년 30시간, 2~3학년 34시간, 4~6학년 68시간으로 지도하고 있다.

〈표 10-7〉 제7차 교육과정 초등학생 자원봉사활동 유형별 내용

영 역	활동내용
일손돕기 활동	학교 내 일손돕기, 복지시설 일손돕기, 공공시설 일손돕기, 병원 일손돕기, 농어촌 일손돕기 등
위문 활동	고아원 위문, 양로원 위문, 장애인, 병약자 위문, 자매부대 위문 등
캠페인 활동	공공질서 확립 캠페인, 교통안전 캠페인, 학교 주변 정화 캠페인, 환경보전 캠페인 등
자선구호 활동	재해구호활동, 불우이웃돕기, 국제협력과 난민구호 등
환경 · 시설보전 활동	깨끗한 환경 만들기, 자연보호, 문화재 보호 등
지역사회 개발 활동	지역사회 문화재 보호활동, 지역사회 문화 예술제 참여 등

서울시 초등학생 자원봉사 프로그램 소개

실천하는 자원봉사활동 – 계성초등학교

서울 계성초등학교(교장 남궁순옥)에서는 샛별어린이들의 인성교육과 봉사정신을 기르기 위해 매월 셋째 주에는 자원봉사활동을 실시합니다. 4월과 9월에는 3학년과 6학년, 5월과 10월에는 2학년과 5학년, 그리고 6월과 11월에는 1학년과 4학년을 대상으로 실시합니다.

작은 안나의 집을 찾은 샛별어린이들

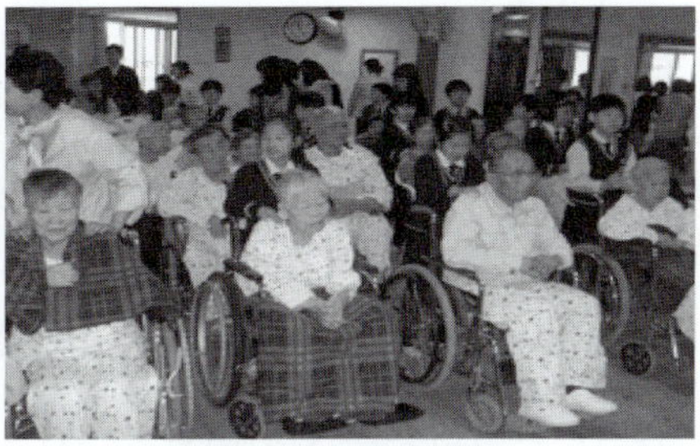

어른신들에게 봉사하는 모습

사진의 왼쪽은 작은 안나의 집에서 찍은 단체사진이고 사진의 오른쪽의 모습은 샛별어린이들이 어르신들께 안마를 해드리고 있는 모습입니다. 경기도 광주에 위치한 작은 안나의 집은 노인수용시설로 건강보험공단으로부터 요양등급 1등급 혹은 2등급을 판정받은 노인성 질환을 앓고 계신 분들이 수용되어 있는 곳입니다. 3학년 학생들은 장기자랑도 하고 악기연주도 하면서 할아버지, 할머니를 기쁘게 해드렸습니다. 다음은 6학년의 자원봉사활동 모습입니다.

라파엘의 집 장애인들의 음악선물

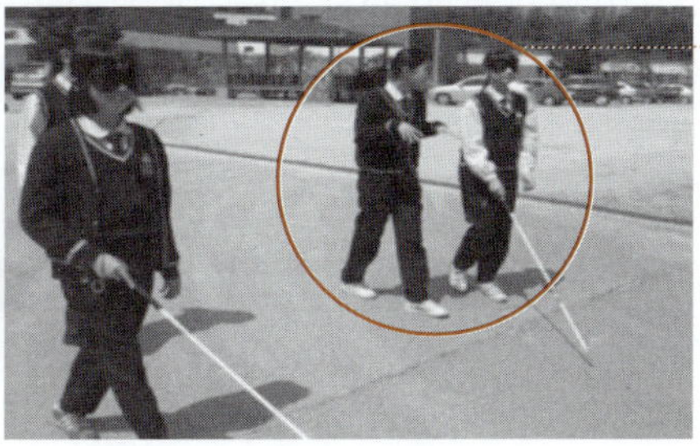

시각장애인 체험

advise

시각장애인을 위한 자원봉사활동 시에는 시각장애인이 흰 지팡이를 들고 있는 손의 반대편에서 안내를 해야 합니다. 시각장애인의 흰 지팡이 회전반경에 방해가 되지 않기 위해서입니다.

사진의 왼쪽은 여주 라파엘의 집의 중증, 중복 장애인들이 봉사활동을 하러 간 샛별어린이를 위해서 음악선물을 주고 있는 모습입니다. 사진의 오른쪽은 샛별어린이들에게 동정과 연민보다는 우리들과 똑같은 가까운 사람으로 받아들이고 친숙하게 살아가는 열린 마음이 더 필요하다며 시각장애인 체험을 제공해 주셨습니다. …생략… 봉사를 하러 간 6학년 샛별어린이들에게 오히려 음악을 들려주고 불편한 몸으로 들려주는 유머 역시 아주 재미있었습니다. …생략… 6학년 자원봉사활동을 다녀왔던 한 선배는 "나누러 갔지만 배우고 얻은 것이 더 많아서 그분들께 미안했다"고 말했습니다. 또 "이번에는 마음으로 배웠으니 다음에는 몸으로 더 많은 자원봉사활동을 하고 싶다" 했습니다. 많은 액수는 아니지만 조금씩 모은 우리들의 성금과 함께 가주신 학부모님들의 성금을 전하고 다음을 약속하며 발길을 돌렸습니다.

–김서경 기자(계성초등학교 5학년)–

출처 : 청와대 어린이 신문 – 푸른누리(kidnews.president.go.kr) 중에서 발췌.

4. 지역사회 아동 자원봉사 프로그램 사례

아동기는 독립적으로 수행하는 활동보다 보호자나 교사 등 조력자를 통해 학습해 가는 과정상의 특징이 있다. 또한 청소년기에 비하여 학업에 대한 부담이 적기 때문에 가족과 함께 수행 과제물을 정하여 실행할 수 있는 시간적 여유가 있는 시기이다.

따라서 아동기 봉사활동은 크게 아동이 독립적으로 수행하는 자원봉사와 가족과 함께 참여하는 봉사활동으로 구분할 수 있다.

1) 아동이 독립적으로 활동하는 자원봉사

아동이 독립적으로 봉사활동을 하는 경우는 자원봉사관리자, 학교교사 등의 조력자를 통하여 아동이 모둠을 형성, 진행되는 경우이다. 아동에게 자원봉사활동의 성공적 경험을 제공하기 위해서 조력자는 프로그램 기획과정 전반에 관여하게 되지만 실제 활동은 아동 주도로 이뤄지게 된다. 주로 지역사회 자원봉사센터, 종합사회복지관, 학교 내 반별 프로그램 등에서 방학특별 프로그램, 학기 중 일정 기간 동안 계획된 회기 내에서 진행되는 경우가 많다.

서울시 서초구자원봉사센터 어린이 자원봉사 프로그램 소개

테마가 있는 2009 어린이 벼룩시장

1. 목 표
   - 경제교육을 통하여 합리적인 소비의 장을 체험하며 재활용 벼룩시장을 통하여 자원의 재활용의 필요성을 깨닫고 매월 테마로 진행되는 벼룩시장을 통해 언어, 문화 등을 교류하여 다양한 자원봉사활동을 할 수 있도록 한다.

2. 사업개요
   - 운영 : 2009년 3월부터
   - 일시 : 월 1회(두 번째 학교 안 가는 토요일)
   - 대상 : 초등학교 3~6학년 30명
   - 장소 : 매월

• 내용 : 테마별 다른 장소 예정

일 정	진행내용
경제교육 9 : 00~10 : 00	올바른 소비습관, 용돈관리 등
벼룩시장판매활동 10 : 00~11 : 30	어린이 벼룩시장
	청소년 벼룩시장
나눔교육, 기부활동 11 : 30~13 : 00	경제골든벨 진행 나눔교육 후 자신이 원하는 기부처를 선택하여 기부

3. 기대효과
- 경제개념 및 합리적 소비의식 향상
- 자원의 재활용 경험으로 인해 자원 절약학습
- 다양한 문화 체험 및 교류

2) 가족과 함께하는 아동 자원봉사

초등학령기를 포함한 영유아 아동의 봉사참여 경험은 봉사에 대한 학습의 의미가 크기 때문에 부모와 자녀 간의 봉사활동, 학교교사와 학생 간의 봉사활동, 지역사회지도자와 아동 간의 봉사활동 등은 아동에게 봉사의 경험뿐만 아니라, 현장에 대한 학습경험을 더불어 제공하는 장점이 있다.

최근에는 기업봉사가 활성화되어 성인남성의 자원봉사 참여도가 높아지면서 엄마와 자녀의 봉사활동만큼 아빠와 자녀의 봉사활동이 증가하고 있다. 6개월 이상의 가족자원봉사 경험이 가족건강성의 모든 영역에서 유의미한 영향을 미쳤다는 연구결과(이경은, 2003, 이연숙 외, 2008 재인용)는 가족 자원봉사활동을 통한 부모 – 자녀의 긍정적인 상호작용이 부모 – 자녀의 의사소통의 개방성과 명료성을 높이고, 가족 간의 정서적 친밀감에 영향을 주며, 더 나아가 이웃에 관심과 필요한 도움을 주고, 부모가 자녀에게 공동체 규범을 잘 전달하고 있음을 시사하고 있다(이연숙 외, 2008).

구마다 자원봉사센터서 연결 … 자녀 나이에 맞춰 활동 선택을

[…생략…] 가족회의를 거쳐 자원봉사에 나서기로 결정했다면 자원봉사센터로 전화를 해서 상담을 하는 것이 좋다.

자원봉사센터는 자체적인 가족봉사 프로그램을 운영하기도 하고, 없는 곳은 지역의 다른 봉사 프로그램과 연결해 준다. 복지관도 가족 자원봉사 프로그램을 운영하기도 한다. 요즘은 인기가 많아 대기자 명단이 있을 정도다. 가족 자원봉사의 종류가 다양한 만큼 아이들의 연령에 따라 적당하게 선택하는 것이 좋다. 초등학생이 있는 가족은 연말카드 만들기, 독거노인 도시락 배달, 가족 요리봉사 등 단순하면서도 즐겁게 할 수 있는 프로그램을 선택한다. 서울 강남구 자원봉사센터에서는 스쿨존 불법주차 차량에 가족이 함께 만든 불법주차 경고문과 풍선을 매다는 자원봉사가 아이들 사이에 인기를 모았다. […생략…]

–2007년 12월 5일 동아일보 기사–

제4절 청소년에 의한 자원봉사활동

1. 청소년 자원봉사활동의 개념 및 특성

인간의 발달단계에서 청소년기를 고유한 발달시기로 인식하여 청소년이란 용어를 사용하기 시작한 것은 그리 오래되지 않았다. 따라서 청소년기의 구분은 시대적 상황이나 구분방법에 따라 다를 수 있다. 우리나라의 경우 법률의 성격에 따라 청소년의 연령이나 용어가 다소 상이하게 규정되고 있다. 청소년의 권리 및 책임과 가정 · 사회 · 국가 · 지방자치단체의 청소년에 대한 책임을 정하고, 청소년정책에 관한 기본적인 사항을 규정하기 위해 제정된 청소년기본법에는 '9세 이상 24세 이하인 자'를 청소년으로 규정하고 있다. 본 교재에서는 중 · 고등학생 연령층에 속한 집단을 초점으로 하여 청소년 자원봉사활동에 대해 살펴보고자 한다.

청소년기는 의존적인 아동기와 독립적인 성인기의 특성을 동시에 지니고 있는 시기로서 자아를 발견하고 삶의 의미와 보람을 스스로 찾고자 하는 강한 내

면적 욕구를 가지고 있다. 이러한 청소년들의 내면적 욕구를 실현시키면서 상부상조의 정신과 공동체의식, 합리적 사고를 키울 수 있는 기회들을 제공할 수 있는 대표적인 방법이 바로 자원봉사활동을 통한 접근이다. 최근 자원봉사활동에 대한 사회적인 관심과 욕구가 늘어나면서 우리나라에서도 청소년 자원봉사활동을 활성화하기 위한 국가 차원의 노력들이 이루어지고 있다.

1) 청소년 자원봉사활동의 개념

청소년 자원봉사활동은 자원봉사활동의 한 분야로서, 상위 개념인 자원봉사의 기본정신이나 철학, 이념 등을 바탕으로 하면서도 활동자인 청소년의 특성이 충분히 반영되어 이루어져야 한다.

즉, 자원봉사활동이 일반적으로 가지는 자발성, 이타성, 무보수성, 지속성, 공익성의 특성 이외에 학생 봉사활동이 가지는 특성인 학습성이 포함되어야 한다. 학습성이란 봉사자가 봉사활동을 통해 문제해결력을 기르고 이웃에 대한 관심과 사랑을 키우며, 시민으로서 참여적 태도와 책임성을 형성하는 등 내적 정신세계와 외적 행동을 변화시키는 학습경험을 하게 되는 것을 의미하며, 이는 청소년들에게 봉사활동을 장려하는 이유에 해당한다.

청소년 봉사활동에 대한 관점은 크게 학습으로서의 자원봉사, 활동 방법으로서의 자원봉사, 생활구조로서의 자원봉사의 세 가지로 구분하여 살펴볼 수 있다 (류기형 외, 2009 : 255-257).

첫 번째 관점은 학습으로서 자원봉사를 바라보는 관점이다. 이 관점은 청소년이 봉사활동을 통하여 문제해결의 방법을 스스로 구현해 보도록 하며, 지역사회의 다양한 문제에 대하여 학교에서 배운 이론의 적용과 사회 현실의 경험, 그리고 도덕적 가치의 체험까지 동시에 통합적으로 습득할 수 있는 과정을 배우는 것이다.

두 번째 관점은 자원봉사 실천과정에서 나타나는 활동 방법으로서 자원봉사를 바라보는 관점이다. 이는 자원봉사가 시간과 장소를 불문하고 교육이 아닌 활동으로 이루어지기 때문에 참가 청소년들의 주체성 · 자발성이 중요시된다.

또한 자신의 봉사활동 경험을 기초로 스스로 봉사활동 경험을 평가하며, 나아가 집단토의나 사례발표 등을 통하여 지식과 경험을 상호 교환하는 활동이다.

세 번째 관점은 더불어 살아가는 생활의 한 요소로서 자원봉사활동을 바라보는 관점이다. 더불어 살아가는 생활은 다른 사람들과의 사이에서 상호 도움과 협동을 필요로 하며, 구성원들이 상호 부조와 연대감을 가지고 개인 생활을 전개해 나갈 때 가능한 것이다. 이러한 점에서 청소년 자원봉사활동은 청소년 생활의 한 부분이며 동시에 복지공동체 성립에 중요한 기초가 된다는 것을 알 수 있다.

이와 같은 청소년 봉사활동에 대한 세 가지 관점 중에서 현재는 청소년의 자원봉사활동을 학습과 연결해서 보는 시각, 즉 청소년 자원봉사활동의 개념은 자발성이 강조되는 봉사보다는 교육이 강조되어야 한다는 시각이 지배적이다. 그 이유는 청소년 자원봉사활동은 청소년들의 전인적 발달과 성장에 직접 연결되어 있을 뿐 아니라 민주 시민사회의 덕목으로 인식해야 한다는 것이다. 한승희(1995)는 청소년 자원봉사활동은 해도 되고 안 해도 되는 것이 아니라 반드시 해야 하는 어느 정도의 강제성을 부여하는 것이 더 타당하다고 주장한다. 여러 선진국에서는 초 · 중 · 고등학교, 그리고 대학교가 학교 자체의 자원봉사 프로그램을 수립하여 주위의 관련 기관들과 긴밀한 협조하에 학교교육의 일환으로 자원봉사활동을 전개하고 있다(조휘일, 1995). 미국의 메릴랜드 주 교육위원회의 경우에도 자원봉사를 봉사활동학습(service learning)이란 용어로 대치하여 사용하고 있다(한승희, 1995).

봉사학습으로서의 청소년 자원봉사활동은 일반적인 자원봉사활동과 구별되는 다음과 같은 특성을 가진다.

첫째, 봉사학습은 실천적 교육으로서 학생들의 발전을 향상시키기 위해 의도적으로 구조화하고 봉사를 통해서 인간과 지역사회의 욕구를 함께 해결하고자 하는 활동에 학생들을 참여시키는 교육을 의미한다(Jacoby, 1996).

둘째, 봉사학습은 수혜자뿐 아니라 봉사에 참여하는 학생의 삶까지 개선하는 상호호혜성의 성격을 지닌다. 즉, 청소년들이 타인에게 도움을 주는 일을 행함으로써 동정, 이타심, 헌신 등의 만족감을 느끼는 협소한 봉사로 끝나는 것이 아니라 인간의 존엄성을 깨닫게 하고 지역사회에 대한 이해를 넓혀주는 활동이다.

셋째, 봉사학습은 복지제도 및 대상에 대한 비판적 인식을 길러주며 사회적 책임감과 애국심을 길러주고, 민주시민의식을 함양하는 데까지 나아가도록 한다. 이와 같은 봉사활동이 지닌 교육적 성격으로 인해 청소년 자원봉사활동은 학교 교육과정의 일부로 지정하여 청소년들에게 자원봉사활동을 장려하고 있으며, 그 활동결과를 학생생활기록부에 반영함으로써 더욱 활성화하고 있다(오윤선 · 황인숙, 2018).

2. 청소년 자원봉사활동의 필요성 및 효과

1) 청소년 자원봉사활동의 필요성

일반적으로 청소년기를 제2의 탄생기, 제2의 반항기, 질풍노도의 시기 등과 같은 용어로 표현하며 심리 · 사회적인 독립과 사회적 제약으로 인해 혼란을 경험하는 시기라고 일컫고 있다. 또한 청소년기는 무한한 신체적 · 정신적 에너지가 내재되어 있는 시기로서 청소년들이 그 에너지를 비행, 폭력 등 비사회적 · 반사회적 형태로 표출하는지, 아니면 자원봉사활동이나 집단 활동 등 적극적이며 긍정적인 활동으로 발산하는지는 청소년의 발달에서 매우 중요한 문제이다.

청소년 자원봉사활동은 체험활동을 통해서 개인적 만족감을 증진시킬 뿐만 아니라, 사회참여 기회와 사회적 책임을 실천하는 기회가 된다는 이중적 의의를 가진다. 또한 자아정체감과 도덕성을 형성하고 통합시키는 시기인 청소년기에 사회참여의 기회로서 자원봉사활동 참여 경험은 청소년의 건전한 성장을 돕기 위해 꼭 필요한 활동이다(김동배 · 조학래, 1997).

청소년 자원봉사활동은 자원봉사를 교과과정의 일부로 생각하는 경우 일반 자원봉사활동과는 다른 특성들을 가진다. 즉, 바람직한 청소년 자원봉사활동은 구조화된 학습경험으로 결과보다는 건전한 참여동기의 확립과 참여 방법 및 과정에 중점을 두어야 하며 자원봉사활동을 통해 얻어질 수 있는 리더십과 인간관계 기능의 훈련을 더 중요시해야 한다.

2) 청소년 자원봉사활동의 효과

일반 자원봉사활동과는 다른 특성을 가진 청소년 자원봉사활동의 효과는 다음과 같이 세 가지로 정리할 수 있다.

첫째, 청소년 자원봉사활동은 청소년의 인성개발에 유익하다. 봉사활동을 통해 어려운 과업을 완수하고 새로운 경험에 도전하면서 자신의 잠재력을 발견할 수 있으며 일에 대한 성취감을 통해 자신감, 긍정적인 자아상을 확립할 수 있다. 또한 집단 경험을 통해 다양한 사회문화적 배경이나 가치를 가진 사람들과 상호작용하면서 타인의 의견을 이해하고 수용하는 힘을 키우고 인간에 대한 존엄성과 사회적 연대감, 공동체의식을 키워나갈 수 있다.

둘째, 청소년 자원봉사활동은 민주시민으로서의 자질을 배양한다. 청소년들은 자원봉사활동을 통해 자신의 행동에 책임을 지고 전체 집단의 이익을 위해 자신을 양보하고 집단성원들과의 의견을 조정하고 타협하는 과정을 통해 문제해결능력을 고양하게 된다. 또한 지역사회에 산재해 있는 유용한 자원을 발견 및 이용할 수 있는 능력을 개발하게 된다. 자원봉사활동을 통해 나 혼자만 잘살아야 한다는 이기적인 생각에서 벗어나 더불어 함께하는 삶이 건강한 시민의식의 발로이며 책임이라는 것을 인식하게 된다.

셋째, 청소년 자원봉사활동은 현장교육을 통해 지적인 발달을 돕는다. 지역사회가 당면한 문제를 발견하고 그 문제에 영향을 미치는 사회적 · 경제적 · 환경적 요인을 분석하며 문제의 파급효과 및 대처방안 탐색 등 일련의 과정을 통해 기본적인 학습기술들을 실제로 실행, 응용할 수 있을 뿐 아니라 종합적이고 체계적인 사고력을 기를 수 있다(홍봉선 · 남미애, 2013).

3. 청소년 자원봉사활동의 유형

청소년들은 개인, 가족, 동아리 · 단체 등의 집단 형태로 활동에 참여하고 있다. 청소년 자원봉사활동은 일손돕기 · 환경미화 · 취약계층 활동 보조 등의 노력봉사, 학습 지도 · 멘토링 · 공부방 운영 지원 등의 교육봉사, 지역행사 운영 · 보조, 캠페인 활동 등의 문화봉사, 청소년들의 다양한 재능을 활용한 재능봉사 활동 등 다양하게 이루어지고 있다.

청소년 자원봉사활동 유형은 활동 분야와 장소, 참여 경로 및 방식에 따라 다음과 같이 분류할 수 있다.

1) 활동 분야별 봉사활동

활동 분야별 봉사활동 유형은 일손돕기 활동, 위문 활동, 지도 활동, 캠페인 활동, 자선구호 활동, 환경시설보호 활동, 지역사회개발 활동, 기타 봉사활동으로 분류된다. 일손돕기는 일손이 모자라는 공공기관, 복지시설, 보건소, 학교, 농 · 어촌 등을 찾아 도움을 주는 봉사활동이다. 위문 활동은 우리 사회에서 소외되어 외롭고 힘들게 살아가는 사람들을 방문하여 위로하는 봉사활동이다. 지도 활동은 아동이나 어르신들께 학업, 운동, 문화, 레크리에이션 등을 지도하는 봉사활동이다. 캠페인 활동은 특정 사안이나 사회적 이슈에 대해 사람들에게 정보를 주고 계몽하기 위한 활동이다. 자선구호 활동은 재난, 재해, 질병, 빈곤 등으로 어려움에 처한 난민, 병자, 노약자, 빈민, 고아 등을 돕고 구제하기 위한 활동이다. 환경시설 보존 활동은 환경오염과 파괴로부터 자연환경과 동식물을 보호하고, 주변 환경이나 시설들을 깨끗하게 유지 및 보호하기 위한 활동이다. 지역사회개발 활동은 지역사회 주민의 요구를 파악하고 반영하여 지역사회의 환경을 개선하고 발전시키기 위한 활동이다. 이상의 일곱 가지 활동에 포함되지 않은 활동을 기타 봉사활동이라고 한다.

〈표 10-8〉 청소년 자원봉사활동 영역

영 역	활동 내용	활동 프로그램
일손 돕기 활동	복지시설 일손돕기	어린이 돌보기, 시설물 관리, 학습교재 제작, 배식, 설거지, 세탁, 청소, 잡초 제거, 시각장애인에게 책 읽어 주기, 편지 대필하기 등
	공공기관 일손돕기	안내하기, 주소 대필하기, 문서 신청 대신하기, 우편물 분류 돕기, 청소, 간단한 업무 돕기, 도서정리, 자료 정리, 심부름하기 등
	보건소 일손돕기	안내하기, 청소, 잡초제거, 간단한 업무 돕기, 심부름하기 등
	농어촌 일손돕기	모내기나 추수 돕기, 어린이 돌보기, 주변 청소하기, 심부름하기, 어장이나 과수원 일손돕기 등
	학교 내 일손돕기	운동장 정리, 학교 행사 안내, 환경미화, 나무 심기, 졸업생이 출신학교를 방문하여 청소 도와주기 등
위문 활동	육아시설 방문	육아시설 아동과 친선게임, 자매결연, 위문품 전달 등
	양로원 방문	노래, 춤, 연주, 연극 등을 통해 위로하고 위문품 전달 등
	장애인시설 방문	함께 놀기, 장애인 돕기, 위문품 전달 등
	자매부대 위문	일일 병영생활, 위문편지, 위문품 전달 등
지도 활동	동급생 지도	교과별 학습부진학생 지도, 운동 지도, 게임 지도 등
	하급생 지도	유아원생 돌보기, 유치원생 지도, 초등학생 지도, 중학생 지도 등
	사회교육 지도	어린이 축구 · 농구교실, 어린이 컴퓨터교실, 에어로빅 교실, 각종 문화 및 레크리에이션 지도 등
	교통안전 지도	교통신호 지키기, 건널목 교통안전지도, 등 · 하굣길 안전지도 등
캠페인 활동	공공질서 확립	차례 지키기 캠페인, 부정부패 추방 캠페인 등
	교통안전 캠페인	교통안전 캠페인, 안전사고 예방 캠페인 등
	학교주변 확립 캠페인	유해업소 방문 계도, 전단 나누어 주기 등
	환경보전 캠페인	자연보호 캠페인, 동물보호 캠페인 등
자선 구호 활동	재해구호 활동	재해구호를 위한 노동봉사 및 모금활동, 독거노인 돕기
	불우 이웃 돕기	장애인 돕기, 의료비 모금활동, 노약자 위로금 모금, 바자회 개최, 말벗되어 드리기, 신문 읽어 드리기 등
	헌혈 및 일손돕기	안내하기, 심부름하기, 간단한 업무 돕기 등
	국제협력 및 난민구호	헌혈, 골수기증, 장기자랑 등

환경시설 보존 활동	자연보호	하천, 바다, 산 등의 오염방지 활동 등
	문화재 보호	문화유적지 주변 청소하기 등
지역사회 개발 활동	지역실태조사	지역사회현황 파악 활동, 지역사회복지 지도 만들기 등
	지역사회 가꾸기	마을 꽃길 만들기, 놀이터 만들기, 도로 정비 등
	지역홍보	지역신문 만들기, 지역 안내지 만들기 등
	지역 행사 지원	지역 내 체육대회 및 지역행사 일손돕기, 지역문화 행사장 청소 등

출처 : 오윤선 · 황인숙(2018), pp. 301–302.

2) 활동 장소별 봉사활동

활동 장소에 따라 공공기관 및 시설 봉사활동, 사회복지시설 봉사활동, 행사장 봉사활동, 어촌 봉사활동, 하천, 산, 바다 봉사활동 등으로 구분할 수 있다.

3) 참여 경로별 봉사활동

참여 경로에 따른 봉사활동 유형은 학교를 통한 봉사활동, 청소년 단체 및 시민단체 등을 통한 봉사활동, 종교기관을 통한 봉사활동, 개인적 경로를 통한 봉사활동으로 구분할 수 있다. 대다수 청소년의 경우 학교를 통한 봉사활동이 이루어지고 있으며, 개인적으로는 인터넷(1365 자원봉사센터) 등을 통해 이루어지고 있다.

4) 참여 방식별 봉사활동

참여 방식에 따라서는 직접 봉사활동과 간접 봉사활동, 지지활동으로 구분할 수 있다. 직접 봉사활동은 환자의 보조, 자연보호활동(청소) 등 직접적인 활동이 매개가 되는 반면 간접 봉사활동은 음식이나 의료, 기금 등의 모집 및 전달활동으로 이루어진다. 지지활동은 캠페인 조직 및 활동, 사회의식 개선 등의 활동이 이루어진다.

4. 청소년 봉사활동 현황

1) 청소년 자원봉사활동의 도입

우리나라에 청소년 자원봉사활동이 도입된 것은 입시위주의 학교교육에 매몰된 청소년들의 인성을 함양하고 공동체의식을 제고하며 민주시민으로서의 자질 향상과 사회생활에 필요한 직업 탐색 및 준비 등을 할 수 있도록 도와줄 수 있는 방안이 논의되면서부터이다. 그 결과 1995년 대통령 자문기구인 교육개혁위원회에서 「5.31 교육개혁방안」을 제안함으로써 다양한 체험활동 및 자원봉사활동을 할 수 있는 제도적 틀을 마련하였다.

2) 청소년 자원봉사 포털사이트 개발 및 운영

제7차 교육과정에서는 봉사활동을 학교 교육과정에 통합시켜 운영하며 조직적이고 체계적으로 개입하는 특별활동의 한 영역인 학생봉사활동으로 지도되고 있다. 이에 청소년 자원봉사활동 관리를 위해 2005년 청소년 봉사활동관리시스템(CS버전)을 구축하여 청소년들이 인터넷 환경에서 실시간으로 봉사활동 신청 및 경력관리, 봉사활동확인서 출력 등을 가능하도록 하여 편리성을 갖추게 되었다. 이후 2008년 통합 시스템(web버전)으로 개편하여 기존 청소년 봉사활동 관리 시스템에서 청소년 자원봉사 포털사이트로 발전시켜 청소년 봉사활동관리의 안정성, 편리성, 정보 제공 확대 등을 도모하였다. 2012년에는 여성가족부 청소년 통합정보시스템과 통합 작업을 추진하여 기존 청소년 자원봉사 포털사이트(Dovol)와 행정안전부 자원봉사 통합관리시스템(1365 나눔포털)의 연계 서비스를 제공하고 있다. 이를 통해 Dovol-1365 나눔포털 간의 자원봉사 실적 연계는 물론 교육부의 교육행정정보시스템 '나이스(NEIS)'를 통하여 학생생활기록부에 봉사활동 실적을 온라인으로 전송할 수 있도록 하고 있다.

2017년에는 청소년활동정보서비스(youth.go.kr)와 통합하여 청소년 자원봉사활동뿐만 아니라 청소년 국제교류, 자유학기제 연계 체험활동 등 타 청소년활동 정보와의 연계도 강화하였다. 또한 코로나19가 지속됨에 따라 2021년 2월부터 청소년이 비대면 봉사활동[16]에 수월하게 참여할 수 있도록 비대면 및 혼합형 봉사활동[17]정보 제공, 신청 서비스를 제공 중에 있다. 2022년에는 봉사활동 참여 편의성 강화 및 참여문화 확산을 위해 국민비서 알림 서비스[18]와 연계하여 청소년 봉사활동(Dovol)과 관련된 정보를 통합적으로 안내하고 있으며, 제공 서비스는 총 11종으로 봉사활동 참여 시 필요한 봉사활동 신청 및 확인서 발급 안내, 1365 연계 동의 완료 안내 등이 있다(2023 청소년백서).

Dovol(두볼)–나눔포털 봉사활동 실적 연계

여성가족부		행정자치부		교육부
두볼(Dovol)	⇔	1365 나눔포털	⇒	나이스(NEIS)
청소년 자원봉사 시스템		자원봉사 시스템		학생생활기록부 전산 시스템

- 2014. 7. 27.부터 "두볼–나눔 포털–나이스" 간 봉사활동 실적 연계 서비스를 실시
- 두볼에서 2014. 3. 1.부터 참여한 봉사활동만 나이스로 전송 가능

1. [학생] 두볼(Dovol)에서 봉사활동 검색 후 신청 ➡
2. 봉사활동 실행 후 두볼–나눔포털 간 봉사활동 확인서 자동 공유 ➡
3. [학생] 나눔포털에서 확인서를 나이스로 전송 ➡
4. [학교] 나이스에서 나눔포털에서 전송된 실적 자료 확인 후 승인 ➡
5. [학교] 학교생활 기록부 기재

출처 : 경상남도교육청(2018).

16 봉사자와 수혜자가 대면하지 않고 참여하는 봉사활동
17 봉사자와 수혜자가 대면하지 않고 참여하는 봉사활동
18 행정안전부가 제공하는 대국민 알림 서비스로 카카오톡, 네이버, 토스앱 등 민간앱으로 신청한 경우 각종 생활 정보를 제공받을 수 있음

3) 청소년 자원봉사활동 현황

청소년 봉사활동은 봉사활동 인증터전을 통해 이루어지고 있는데, 인증터전이란 청소년 활동정보서비스 포털(youth.go.kr)에 봉사활동 실적을 등록 · 운영 · 관리할 수 있도록 17개 시 · 도 청소년활동진흥센터에서 인증한 기관을 의미한다. 현재 활동 인증터전으로는 청소년기관 및 단체, 사회복지기관 및 시설, 문화 · 예술시설 및 단체, 체육 · 관광시설 및 단체, 의료보호시설 및 단체, 기업체(사회공헌재단 등) 등의 다양한 기관이 참여하고 있다.

2016년부터는 청소년자원봉사의 안전한 봉사활동 환경 보장과 자발적 봉사참여 촉진을 위해 자원봉사 상해보험 지원을 시작하였다. 2017년에는 자원봉사 포털(1365 나눔포털, VMS) 간 종합보험 통합 제공 추진을 통해 자원봉사 상해보험 수혜 대상자를 크게 확대하였다.

2017년부터 청소년 자기주도형 봉사활동의 시범사업이 추진되고 있다. 기존 봉사활동이 봉사시설 및 기관의 담당자(성인)가 계획한 봉사활동에 참여하는 형식으로만 진행되어 온 반면 자기주도형 봉사활동은 청소년이 지역사회의 문제나 변화가 필요한 주제를 스스로 조사 · 분석하고, 참여한다는 점에서 큰 차이가 있다. 2017년에 4개 시 · 도(대전, 경기, 광주, 전남)에서 27개 팀이 참여하였으며, 2018년 전국의 17개 시 · 도로 확대 · 운영하면서 2019년 1,393명, 2020년 2,064명, 2021년 2,109명, 2022년 2,289명, 2023년 2,535명의 청소년들이 지역사회의 문제 등에 대해 스스로 생각해 보고 주도적으로 실행하는 자기주도형 봉사활동에 참여하였다. 또한 학교 교육과정 내에서 실시되는 봉사활동을 내실화하기 위하여 학교와 연계한 융합형 봉사활동 프로그램을 2021년 시범사업으로 도입하였고, 2022년에는 봉사활동과 진로탐색활동, 환경교육을 융합하여 7회기로 구성된 봉사활동 콘텐츠를 개발하여 13개 지역 67개 학교 6,970명의 청소년들이 참여하였다. 2023년에는 7회기로 구성된 콘텐츠를 자유학기제 또는 진로연계 학기와 연계하기 위하여 17회기 콘텐츠로 개발하였고 17개 지역 164개 학교 11,859명의 청소년들이 참여하였다(2023 청소년백서).

청소년 자원봉사활동은 제7차 교육과정에 특별활동 시수에 반영되어 있어 중·고등학생들은 의무적으로 봉사활동에 참여해 왔다. 각 시·도 교육청별로 중·고등학교에 공통적으로 3년간 학교 교육과정에서 실시하는 자원봉사활동 20~30시간을 포함하여 한 학생이 3년 동안 60시간 이상의 자원봉사활동을 하도록 장려하였다. 중학생의 경우 3년간 60시간의 자원봉사활동을 할 경우 고등학교 입시에서 내신 성적상의 봉사활동 점수는 20점 만점을 얻게 되고, 고등학생의 경우 봉사점수가 내신 성적에 반영되지는 않지만 기본 봉사시간을 채우지 않을 경우 불이익을 받을 수 있다. 그러나 2020년부터 코로나19로 인한 학생 안전을 위해 대외 자원봉사활동보다는 교내 자원봉사활동 위주로 운영하는 한편, 연간 권장 시수도 축소 운영하고, 상급학교 진학 시에도 반영하지 않는 등 각 교육청별로 변화가 있었다.

우리나라는 이러한 청소년 자원봉사활동을 제도적으로 뒷받침하기 위해 전국 16개 시·도에 청소년 자원봉사센터를 개설하여 청소년 봉사활동 업무를 관장하도록 하고 있다. 청소년 자원봉사 포털 가입 터전 수는 2010년 이후 8~9천 개소에 이르고 있으며, 2016년부터 2023년까지 청소년 자원봉사 포털사이트의 연간 프로그램 제공 수와 청소년 봉사활동 현황은 각각 〈표 10-10〉, 〈표 10-11〉과 같다.

〈표 10-9〉 청소년 자원봉사 포털사이트 등록(가입) 터전 수(누적) 단위 : 개소

연 도	2016	2017	2018	2019	2020	2021	2022	2023
가입 터전 수	8,464	8,509	8,544	8,661	8,391	8,718	8,580	8,584

출처 : 여성가족부(2023).

〈표 10-10〉 청소년 자원봉사 포털사이트 연간 프로그램 제공 수 단위 : 개

연 도	2016	2017	2018	2019	2020	2021	2022	2023
프로그램 수	447,905	506,822	419,119	362,144	171,476	187,166	189,731	201,233

출처 : 여성가족부(2023).

〈표 10-11〉 청소년 자원봉사활동 실인원 및 지속 참여인원

단위 : 명, %

연 도	2016	2017	2018	2019	2020	2021	2022	2023
실인원	275,163	260,770	271,727	279,743	132,111	104,565	82,991	71,025
10시간	99,289	97,907	99,425	105,347	37,767	38,174	30,645	27,105
비율	36.08	37.55	36.59	37.65	28.58	36.50	36.92	38.16

출처 : 여성가족부(2023).

5. 청소년 자원봉사활동 단계 및 과정

1) 청소년 자원봉사활동 학습계획

오윤선 · 황인숙(2018)은 청소년봉사활동을 계획할 때 고려할 사항으로 다음과 같이 여섯 가지를 제시하였다.

첫째, 청소년 봉사활동의 의도에 부합하고 설정한 목표에 도달할 수 있도록 충실한 활동계획을 세워야 한다. 현재 학교체제에서 봉사활동에 점수가 도입된 지 20여 년이 흐르다 보니 봉사활동의 원래 취지와는 다르게 점수를 획득하기 위한 방안이 될 때가 많다. 따라서 학생들의 자원봉사에 대한 요구나 관심을 조사하고 활동에 대한 배경지식의 습득 및 봉사 대상이나 기관에 대한 사전 파악을 통해 적절한 활동 방법을 계획하고 봉사 후 마무리 활동까지 상세하게 계획하는 것이 필요하다.

둘째, 지역사회의 여건이나 특수성과 관련지어 이루어질 수 있도록 한다. 청소년들의 지역사회에 대한 관심과 애정을 키우고 지속적인 봉사활동의 계기를 마련할 수 있도록 봉사활동을 계획할 때 기관에 대한 충분한 이해를 바탕으로 봉사활동의 적절성에 대해 파악하고 설명하는 것이 필요하다.

셋째, 봉사활동의 계획과 실행과정에서 청소년들이 주도적이고 자발적으로 참여하여 계획할 수 있도록 하여 청소년 스스로 자발적으로 원하여 이루어지는 활동이 될 수 있도록 하는 것이 바람직하다.

넷째, 참가 학생들의 발달수준을 고려하여 계획한다. 봉사자의 발달수준과 욕

구를 고려하여 할 수 있는 일을 선정하고 사전교육을 통해 활동에 대해 충분히 이해할 수 있도록 한다.

다섯째, 봉사학습 자체보다 봉사학습이 이루어지도록 계획해야 한다. 청소년들이 봉사활동에 대한 충분한 지식과 태도 및 기능을 숙지할 수 있도록 교육적으로 접근하며 마무리 단계에서 봉사활동에 대한 생각이나 느낌을 정리하고 반성할 수 있는 기회를 가지도록 해야 한다.

여섯째, 지속적인 봉사활동이 이루어질 수 있도록 사후지도가 필요하다. 체계적인 계획에 의해 봉사활동이 이루어지고, 봉사활동을 통해 봉사의식이 길러졌다면 의무와는 별개로 주말이나 방학 기간을 활용하여 자발적으로 봉사활동을 지속할 수 있도록 한다.

2) 청소년 자원봉사활동의 과정

청소년 봉사학습의 과정은 준비(계획), 실행(실천), 평가(반성), 칭찬(축하, 인정, 성취)의 단계로 이루어진다. 이와 같은 4단계에 들어가기에 앞서 사전교육이 필요하다. 봉사자에 대한 사전교육은 봉사활동의 취지와 가치, 중요성을 인식시키고 내재적인 동기를 유발하도록 하는 것으로써 봉사활동의 성공적인 운영을 위해 매우 중요한 부분이다.

(1) 준비단계(preparation)

모든 봉사학습은 준비로부터 시작된다. 준비단계는 다양한 활동들이 포함되어 있으며 참가자의 요구를 확인 · 조사 · 분석하고, 실행을 위한 계획을 수립하는 대표적인 활동이다. 활발한 학습과 비판적 사고의 과정에서 학생들은 관련 주제뿐만 아니라 근원적인 문제를 이해하게 되는데, 봉사활동 계획이 구체화됨에 따라서 학생들의 기술, 능력, 흥미 등을 이끌어내게 된다. 준비단계에서 고려되어야 할 사항은 다음과 같다.

- 스스로 원하는 자원봉사활동 분야가 무엇인가를 검토하고 생활 주변에 어떤 문제가 있는지 찾아본다.

- 활동 주제 선정 후 구체적인 봉사계획(장소, 날짜, 활동터전, 비용, 준비물, 담당자)을 수립한다.
- 활동에 필요한 사전교육과 훈련을 반드시 받는다.

(2) 실행단계(action)

실행단계는 준비단계에서 마련된 계획이 직접적으로 실천되는 단계이다. 청소년들이 실제 현장에서 봉사활동을 하면서 다양한 인간관계를 형성하고 경험 속에서 참된 의미를 발견할 수 있도록 충분한 시간이 주어져야 한다. 이때 봉사활동의 주체는 청소년이 되도록 하고 어려운 일이 발생하면 지도교사나 기관 담당자가 즉시 도울 수 있도록 해야 한다. 또한 청소년들이 사전에 계획한 대로 활동하고 있는지, 유의사항을 제대로 준수하고 있는지, 봉사 대상자들과 좋은 관계를 유지하고 있는지, 자발성을 가지고 즐거운 마음으로 참여하고 있는지 등에 대해 세심하게 살피며 봉사활동이 일회성으로 끝나지 않고 지속적인 활동이 될 수 있도록 하는 것이 필요하다. 실행단계에서 고려되어야 할 사항은 다음과 같다.

- 청소년 자원봉사활동은 실제적인 체험활동임을 알아야 한다.
- 성실하게 책임 있는 활동을 했는지에 따라 활동 후의 보람과 만족감이 달라진다.
- 자원봉사활동 경험자뿐만 아니라 대상자(수혜자) 및 관련기관이나 시설에도 충분한 도움이 되어야 한다.

(3) 평가단계(reflection)

평가단계는 봉사활동에서 경험하고 느낀 내용을 내면적인 성숙과 각성으로 이어지도록 하는 매우 중요한 단계이다. 이 단계에서 청소년들은 자신이 활동을 통해 경험한 지식, 기술이 자신의 삶과 지역사회에 어떻게 연관되는지를 생각하게 된다. 또한 반성의 과정에서 자신의 기술을 평가하고 다른 사람에 대한 공감과 행동이 서로에게 어떻게 영향을 미치는지 이해하게 된다. 이와 같이 봉사학습이 효과적이려면 학생들과 상호작용하는 성인들이 반성적 행동에 모델이 되어야 한다. 평가단계에서 고려되어야 할 사항은 다음과 같다.

- 준비단계에서 세운 목표가 완성되었는지 생각해 본다.
- 활동 중 문제점은 없었는지, 개선할 점은 무엇인지 논의해 본다.
- 앞으로의 계획과 고쳐야 할 점이 무엇인가 평가한다.
- 평가는 자기평가, 실무자 평가, 학교평가로 나눈다.

(4) 인정과 보상(celebration)

학생들이 지역사회 참여를 통해 무엇을 얻고, 성취했는지에 대한 증거를 제시하며 봉사활동을 통해 얻은 성과를 공중에게 알리고 공유함으로써 서로 인정하고 격려하는 마무리 단계이다. 활동결과를 스스로 확인하고 활동을 통해 배운 점에 대한 책임을 느끼게 하며 성취와 잘한 일에 대한 축하는 청소년들의 성취를 인정하는 것으로 지역사회 구성원이 그들의 노고를 이해하고 고맙게 생각하는 것을 보여주는 것이다. 발표는 차후 봉사활동을 어떻게 하겠다는 다짐이나 결의를 보여주며, 격려는 청소년들에게 자신감과 용기를 부여한다. 따라서 청소년들의 봉사활동 성과를 부각시켜 많은 사람들로부터 격려와 인정을 받을 수 있도록 해야 한다(김영민 · 김 민, 2016). 인정과 축하단계에서 고려되어야 할 사항은 다음과 같다.

- 시상식에서 인정서 혹은 상장수여
- 학교의 성적증명서 혹은 학교 보관용 파일에 특별란을 만들어 기록
- 졸업앨범 등의 봉사클럽, 봉사과목에 수업내용 삽입
- 교내 전시회에 자원봉사활동 관련사진 전시회 개최

6. 청소년 자원봉사활동의 방법

1) 청소년 자원봉사자의 자세

자원봉사활동 장소에서 청소년 자원봉사자는 다음 사항을 유의하여 자원봉사활동에 임해야 한다.

- 활동장소에 알맞은 간편하고 활동하기 편한 옷차림을 하고 자원봉사활동을 시작한다.
- 개인행동은 금물이며 기관의 지시를 받아 자신에게 적합하고 할 수 있는 범위 안에서 봉사를 시작한다.
- 자원봉사활동 시 기관이나 활동터전의 준수사항과 수칙을 잘 준수한다.
- 자원봉사활동 기관 담당자 혹은 지도자의 안내와 지도에 따른다.
- 자원봉사활동에 관한 약속은 꼭 지킨다.
- 자원봉사활동은 정성을 다하며 신속하고 책임감 있게 끝까지 완수한다.
- 겸손한 태도로 상대방의 처지를 이해한다.
- 자원봉사자 상호 간에 서로 존중하고 협력한다.
- 자원봉사활동 중에는 웃는 얼굴로 공손한 언어를 사용하고 몸가짐과 복장을 단정히 한다.
- 자원봉사활동 장소를 내 집 같이 깨끗이 사용하고 공공시설을 아낀다.
- 안전에 유의하며 사고예방에 힘쓴다.
- 활동 중 사고나 위험한 일이 발생했을 경우에는 선생님이나 자원봉사활동 담당자에게 즉시 알린다.

2) 효과적인 청소년 자원봉사활동 방법

청소년들이 보람 있고 유익하게 자원봉사활동을 하기 위한 보다 효과적인 방법은 다음과 같다.

(1) 특기와 적성을 살린 자원봉사활동

흥미롭고 재미있는 자원봉사활동은 꾸준한 봉사활동의 원천이며, 봉사를 생활화할 수 있는 지름길이기도 하다. 그러므로 청소년 개인의 소질과 적성을 기초로 하여 타인이나 지역사회의 변화를 위하여 자원봉사활동에 참여하면 더욱 효과적이다. 예를 들면, 종이접기를 배워 영아원에서 아이들과 함께 종이모형을 만들 수 있고, 사진기술을 배워 독거노인 영정사진 찍어드리기, 컴맹 해소를 위한 컴퓨터 교육, 미용 자원봉사활동 등을 통해 자신의 특기와 적성을 계발할 수도 있다.

(2) 스스로 계획하고 준비하는 자원봉사활동

무분별하고 무계획적인 자원봉사활동은 자원봉사활동기관이나 자원봉사 대상자, 그리고 청소년 본인에게 도움이 되기보다는 오히려 부담이 될 수 있다. 언제, 어디에서, 어떤 자원봉사활동을 할지 청소년 스스로 사전에 일정한 계획을 세우고 준비하여 참여해야 한다. 부모님이나 선생님이 계획하여 가르쳐주는 학습이 아니라 스스로 계획하여 실천하는 자원봉사활동을 통해 자원봉사를 익히고 배우는 과정이 중요하다.

(3) 친구와 함께하는 동아리 자원봉사활동

청소년 자원봉사활동은 개인적으로 참여했을 때보다 또래 청소년들과 동아리를 구성하여 참여하게 될 경우 집단 구성원들 간의 관계형성, 조직 활동 경험, 다양한 상호작용을 통한 학습과 꾸준하고 지속적인 참여 등의 효과가 더욱 커지게 된다. 동아리 봉사단을 운영하기 위해서는 동아리 활동의 목적을 뚜렷이 해야 하며, 지속적인 교육과 실천이 뒤따라야 동아리 자원봉사활동의 원래 취지를 살릴 수 있다. 따라서 자원봉사활동에 앞서 구성원 모두의 합의를 통해 활동의 내용, 시기, 장소 등을 계획하고 실천함으로써 알찬 봉사활동을 할 수 있다.

(4) 자원봉사활동을 통한 진로 계획

자아정체성이 형성되는 청소년 시기의 자원봉사활동 경험은 청소년의 진로탐색에 긍정적인 영향을 미친다. 이는 자신의 장래 희망을 고려한 자원봉사활동 참여를 통해 진로를 탐색할 수 있는 기회를 가지기 때문이다. 간호사가 되고 싶은 사람은 병원에서, 사회복지사의 꿈을 가진 사람은 사회복지시설에서 봉사활동을 함으로써 자신의 적성에 맞는 진로를 탐색할 수 있다.

7. 청소년 자원봉사활동 프로그램 사례

사례

소.소.즐 프로젝트(구리시자원봉사센터)

- 프로그램명 : 소.소.즐 프로젝트
  (작지만, 소중한 일상의 변화를 꿈꾸는, 즐거운 프로젝트)
- 기간 : 2015년 10월~현재
- 목적 : 다양한 사회문제를 자연스럽게 접하고 의식하며 긍정적으로 변화할 수 있도록 하여 참신한 공공 영역의 자원봉사 확장 및 즐거운 자원봉사로의 인식 변화를 이끌어 냄은 물론 마음과 마음을 잇는 생명사랑 문화 확산으로 사회 갈등 해소 및 건강한 시민사회 도모
- 대상 : 청소년 및 구리시민
- 주요 내용
  - 행복한 이웃, 마음과 마음 : 이웃 간 갈등 해소와 소통을 위한 아파트 엘리베이터 인사나눔 스티커 부착 및 세대별 배려주머니 배포
  - 배려 운전 및 주차문화 확산을 위한 배려안내판 배포
  - 즐거운 학교, 마음과 마음 : 학교 내 활기찬 인사 나눔 문화 확산을 위한 교실 문(앞, 뒤) 띠벽지 형태의 인사 나눔 스티커 부착 및 인사 캠페인
  - 건강한 시민, 마음과 마음 : 학교, 공공기관 등 많은 사람들이 이용하는 공공화장실에 거북목스티커 부착
  - 안전한 거리, 마음과 마음 : 학교 앞 어린이보호구역(스쿨존) 횡단보도에 '양 옆을 살펴요' 메시지 스티커 부착
- 평가 및 참가소감
  - 참신한 공공 영역 자원봉사 확산을 선도하는 계기가 되었으며, 참여도의 파급력이 매우 높았음.
  - 자원봉사활동에 대한 선호도가 높게 나왔으며 지속적으로 활동하고 싶은 욕구가 증가
- 참가자 소감
  - 참신한 자원봉사활동 영역에 흥미를 느끼며 자원봉사활동에 대한 편견을 깰 수 있었으며 이웃 간 소통하고 배려할 수 있는 계기가 되어 뿌듯하였음.

출처 : 경기도자원봉사센터(2019).

사례 자원봉사의 나비효과(경기도의회의장상 수상작)

뜻있는 봉사활동을 고민하던 중 러시아 미리내학교에 대해 알게 되었고 우리가 보내주는 작은 정성이 우리와 같은 친구들에게 한 민족 한 핏줄을 일깨워줄 수 있는 소중한 밑거름이 된다는 사실을 알게 되어 활동을 진행하게 되었습니다. 이와 연계하여 캄보디아 수원학교에 통학용 자전거 지원을 위해서도 모금활동을 현재 진행 중에 있습니다.

국내 봉사활동과 더불어 우리나라보다 낙후되어 있는 나라의 친구들을 위해 작게는 우리가 생활하는 학교 내에서 크게는 수원시내 거리에서 캠페인 활동 및 모금활동을 진행하였고, 학교 내 재학생과 지역민에게 직접적으로나 간접적으로 봉사에 대한 나눔과 기쁨을 함께하고 전달하고자 하였습니다. 어느 누구나 마음만 있다면 봉사를 할 수 있다는 것을 알려주고 한 사람 한 사람이 봉사에 참여할 수 있는 계기가 될 수 있도록 하는 것이 우리 활동에 목적과 목표입니다.

저희 팀에서는 봉사에 대한 나비효과를 기대하였습니다.

러시아 미리내학교와 캄보디아 수원학교에 현재 상황을 수원 자원봉사센터 선생님과 수혜국 담당자님들을 통해 사전조사와 브리핑을 받았고 러시아 미리내학교에는 우리나라 한글도서 지원 및 전통 문화 배움을 위한 악기지원, 캄보디아 수원학교에는 원거리 통학의 어려움을 겪고 있는 학생들의 통학용 자전거가 필요하다는 것을 알게 되었습니다. 이 정보를 토대로 1년간 우리가 해야 할 활동들을 계획하게 되었고 캠페인에 필요한 피켓과 모금활동에 필요한 물품들을 준비하게 되었습니다.

우리가 실제로 남을 돕는 활동을 해봄으로써 더불어 사는 사회에 대해 이해할 수 있게 되었고 봉사활동의 보람과 즐거움을 알게 되었습니다. 이 봉사는 다양한 활동들을 직접 모색하고 실행하여야 하기에 더 많은 고민과 활동을 하면서도 강도 있는 봉사활동으로 힘들지만 활동 후에 뿌듯함이 많이 남는 활동입니다.

출처 : 경기도자원봉사센터(2018).

Q&A 자주하는 학생 자원봉사활동 Q & A

문1 인증기관에 등록되지 않은 사설기관에서의 봉사활동도 인정 가능한가?

답 : 민간 기관이나 시설도 봉사활동이 가능하나, 활동이 교육적이고 무대가성, 자발성, 공익성의 봉사활동 원칙에 부합되는 비영리 기관(단체)이어야 하며 학생은 사전에 학교로 봉사활동계획서를 제출하고 학교는 위의 사항을 확인하여 승인 후 봉사활동 진행

문2 물품 및 현금 기부는 봉사활동으로 인정할 수 있는가?

답 : 단순 기부활동은 시간으로 환산하여 인정할 수 없음. 다만, 기부활동의 일환으로 사전교육–캠페인–물품 및 현금 모금활동–기부–평가 등의 프로그램으로 진행될 경우는 인정 가능함

문3 학생봉사활동추진위원회의 심의를 거치면 1일 8시간 이상의 봉사활동을 인정할 수 있나?

답 : 학생봉사활동추진위원회는 예시나 기준이 없을 경우에 운영하는 것으로, 교육부 지침을 벗어나 인정할 수 없음

문4 교육기관에서 평일 행사에 체험학습(출석인정)으로 참여한 학생에게 봉사활동확인서를 발급한 경우 봉사활동 인정 가능한가?

답 : 수업시수로 반영된 시간을 제외한 나머지 시간에 대해서만 봉사활동 인정 가능하며, 행사에 따른 주변정리, 홍보 등 실질적인 봉사활동만 인정

문5 학생 봉사활동 내용별 시간 인정 기준 [붙임 1]을 반드시 준수해야 하는 것인지?

답 : 학생 봉사활동 활용 내용별 시간 인정 기준표(붙임 1)는 1일 권장 사항이므로, 봉사활동 인정 기준 시간 변경은 학생봉사활동추진위원회의 심의를 통하여 적의 시행 가능

문6 6교시 이후에 헌혈차가 학교에 방문하여 학생이 헌혈을 하였을 경우 인정 시간은?

답 : 학생 봉사활동은 1일 「8시간–수업간」 이내로 인정하는 것이 원칙이나, 헌혈에 한하여 수업시간에 관계없이 4시간 인정

문7 봉사활동 시간에서 분 단위의 기록은 어떻게 기록하는가?

답 : 봉사활동 실적은 시간 단위로 기록하는 것을 원칙으로 하고, 학교생활기록부에는 분 단위는 절사하여 기록함(단, 동일기관에서 같은 종류의 봉사활동을 지속적으로 실시한 경우 학기말에 합산 가능)

문8 부적절하게 인정된 봉사활동 사례는?

답 : ① 푸드마켓에 음식물 기부
② 장애인이 출연하는 공연 관람하기
③ 문예작품(그림, 글짓기) 공모전 응모
④ 태극기 달고 인증샷 찍기
⑤ 모바일 광고 열람 및 인터넷 신규가입자 추천
⑥ 정치적 목적의 집회 참여 봉사활동
⑦ 물품 및 현금 기부
⑧ 봉사활동을 수익사업으로 운영하는 활동에 참여한 사례
⑨ 해외에서 실시한 봉사활동
⑩ 봉사활동 관련 단순 영상물 시청

⑪ 결석생의 학교 교육과정에 의한 봉사활동
⑫ 학생회, 방송반, 선도부, 당번 활동
⑬ 각종 행사에 따른 안내(내빈이나 주차), 주변정리, 홍보 등 실질적 봉사활동이 아닌 단순 참여
⑭ 나눔포털, VMS, DOVOL을 이용하지 않은 개인계획에 의한 봉사활동을 사전 봉사활동계획서를 제출하여 학교장의 승인을 받지 않고 한 경우 등은 봉사활동 인정 불가

문9 해외봉사활동 실적을 학교생활기록부에 기록할 수 있는가?
답 : '행동특성 및 종합의견'란을 포함하여 학교생활기록부의 어떠한 항목에도 기재할 수 없음

문10 수학여행이나 현장 체험학습 후 실시하는 환경정화 활동을 봉사활동으로 인정할 수 있는가?
답 : 수학여행이나 현장 체험학습 프로그램 내에 「정규 교육과정에 의한 봉사활동」으로 계획되어 있는 봉사활동은 인정할 수 있으나, 수학여행이나 현장 체험학습 후 실시하는 단순 정화활동은 봉사활동으로 인정할 수 없음

문11 교외체험학습 기간 등 학교장 출석인정 결석 기간의 봉사활동 인정 시간은?
답 : 교외체험학습 기간 등 학교장 출석인정 결석 기간의 봉사활동은 당일 수업시수와 봉사활동 시간을 합하여 8시간 이내로 함
※ 교외체험학습일에 봉사활동 8시간을 한 경우 봉사활동 당일 학교 수업이 7시간이면 봉사활동은 1시간만 인정

문12 종업식 후 학년말 방학(봄방학) 중에 실시한 봉사활동은 다음 학년의 봉사활동으로 인정할 수 있는가?
답 : 학년도는 3월 1일부터 다음해 2월 말일까지이므로 학년말의 봉사활동 실적은 당해학년(봉사활동 실시당시 학년)의 학교생활기록부에 입력함(다음 학년 초에 취합하여 학급 담임(담당)교사가 반드시 정정대상자의 정정사유 증빙서류를 첨부하여 학교 학업성적관리위원회의 심의 절차를 거쳐 학교생활기록부 정정대장에 기록하고 학교장의 결재를 받은 후 '생활기록부 수정' 메뉴를 활용하여 입력)
※ 학교는 매 학년 초에 추가자의 봉사활동확인서를 확인하여 기록하여야 하며 누락되어 학부모 민원이 발생하지 않도록 유의

문13 3월 1일에 실시한 봉사활동은 신학년도 봉사활동으로 인정할 수 있는가?
답 : 3월 1일에 실시한 봉사활동 실적은 이전 학년에서 사전 봉사활동계획서를 제출하여 학교장의 승인을 받은 경우에 한하여, 새로운 학년의 학교생활기록부에 기재

문14 동아리활동 부서에서 동아리활동 시간에 실시한 활동을 봉사활동 실적으로 인정할 수 있는가?
답 : 모든 동아리활동은 동아리활동 시간으로 인정될 뿐 봉사활동 시간으로 인정할 수 없음. 다만, 동아리활동반이 별도의 봉사활동 계획을 세워 동아리활동과 별도의 봉사활동을 실시한 경우에는 봉사활동 실적으로 인정할 수 있음
☞ 방송반이 입학식 등 행사활동을 한 경우 : 행사활동으로 기록되고 봉사활동은 인정되지 않음
☞ 교육청주관 체험활동에 동아리나 개인이 참여한 경우 : 공결로 출석을 인정받고 체험활동으로 기록되므로 해당 시간에는 봉사활동으로 인정할 수 없음
☞ 학생회 및 학급 임원의 봉사활동 인정 : 해당 활동은 자치활동으로 기록되므로 중복 인정 안 됨. 단, 일과 전·후의 캠페인 활동이나 계획 속에 실시한 경우에는 인정 가능함

문15 정규 교육과정에 의한 봉사활동 시간에 여러 가지 사유로 불참하였을 경우, 해당 학생의 봉사활동 실적은 어떻게 처리하는가?

답 : 정규 교육과정에 의한 봉사활동 시간에 불참한 학생의 출결관리는 학업성적관리시행지침에 따라 처리하며, 봉사활동 실적을 기록하는 대상에서는 제외함. 체험학습이나, 공결 등의 사유로 불참하였을 경우라도 출결 관리는 출석으로 인정하나 실제 봉사활동은 하지 않았으므로 봉사활동 실적 기록 대상에서는 제외함

※ 전출, 전입생의 경우 입력에 특히 주의해야 함(일괄 입력 시 활동 이후에 전입한 학생이 입력되지 않도록 반드시 확인)

문16 봉사활동 실적이 의심되는데도 확인서만 보고 그대로 실적을 인정해도 되는가?

답 : 봉사활동 실적이 의심되는 경우에는 담임(담당)교사가 확인 후 인정(인정할 수 없는 경우 학생이 납득할 수 있도록 교육적인 지도를 해야 함)

문17 사이버 원격 사전교육을 봉사활동으로 인정할 수 있는가?

답 : 사이버 원격 사전교육 내용과 실제 봉사활동이 연계될 때만 인정할 수 있음

문18 학생들이 봉사활동확인서를 발급받을 수 없는 시설(장소, 대상)에서 봉사활동을 희망할 경우에는 어떻게 지도하는가?

답 : 학교교육계획에 의한 수업시간 외 봉사활동으로 계획하여 운영할 수 있음

학생들이 이러한 봉사활동을 희망할 경우 담임(담당)교사의 지도하에 프로젝트 봉사활동계획서를 제출하게 한 후, 담임(담당)교사가 학생들이 작성한 계획서의 내용을 첨부한 봉사활동 교육계획서를 작성, 학교장의 결재를 받아 봉사활동이 실시되도록 지도

문19 설문조사 참여를 봉사활동으로 인정할 수 있는가?

답 : 단순 설문조사 참여를 봉사활동 시간으로 인정할 수 없음(감사원 지적사항)

※ 일부 설문조사 기관(국가기관도 포함)에서 통계 산출을 위한 설문조사 등을 의뢰하고, 봉사활동확인서를 발급하는 사례가 있으나 이를 봉사활동으로 인정할 수 없음

문20 종교 단체에서의 활동도 봉사활동으로 인정할 수 있는가?

답 : 자신이 다니는 교회나 사찰 등 종교 단체에서 자신의 신앙생활의 일부로 하는 활동은 봉사활동으로 인정할 수 없음. 단, 종교 단체에서 계획하여 외부에서 실시한 봉사활동 프로그램에 참여한 경우에는 봉사활동으로 인정할 수 있음(이 경우에도 사전 봉사활동계획서를 제출하여 학교장의 승인을 받아야 함)

문21 정부기관의 자원봉사포털에 등록되어 있는 활동도 학교에서 봉사활동으로 인정받을 수 없는 것들이 있나?

답 : 정부기관의 자원봉사 포털[1365 자원봉사포털(www.1365.go.kr), DOVOL(dovol.youth.go.kr), VMS(www.vms.or.kr)]에 등록되어 있는 프로그램 및 활동 내용도 봉사활동 인정 기준에 부합하지 않는 활동이 있으므로 반드시 당해 연도 「서울특별시교육청 학생 봉사활동 운영 계획」에 따른 인정여부를 확인하여야 함

예 물품 · 재료구입 및 제작 · 기부활동, 활동비나 후원금을 내고 참여하는 활동, 단순 체험 · 관람 프로그램, 영리를 목적으로 활동 하는 기관에서 하는 봉사활동 등은 자원봉사 포털에 등록되어 있더라도 인정받을 수 없음.

출처 : 서울특별시교육청(2018).

제5절 여성에 의한 자원봉사활동

1. 여성과 자원봉사활동

자원봉사활동은 사회에 참여하는 이타적인 시민활동으로써 그 중요성이 크게 부각되고 있고 봉사활동을 통한 기술 습득과 자기개발, 사회와 소통하는 경험의 장으로 인식되고 있다. 여성의 자원봉사활동은 공적 서비스를 보완한다는 측면에서 국가적 차원의 인적자원 활용방안이 되어 왔고, 여성들에게는 자기발견, 자아실현의 기회 및 적합한 일자리를 제공해 주고 있다는 평가를 받고 있다.

현대사회의 가족주기의 변화, 교육수준의 향상 등으로 인해 시간적 여유와 의식 향상 등 여성들의 경제활동과 사회참여율이 높아지면서 지역사회문제 등 생활 각 분야에 대한 관심도 향상되었다. 이러한 변화는 자원봉사활동에서도 적극적인 자세와 태도로 나타나면서 최근 몇 년 사이에 새로운 직장으로 자원봉사 분야가 개척되었다고 볼 수 있다.

근대적 의미의 국내 여성 자원봉사활동은 1903년에 창립된 기독교 단체인 YWCA에서 교육과 아동의 보건사업 등이 여성 계몽운동의 일환으로 실시되었다. 이는 조직을 통한 최초의 여성 자원봉사활동으로 평가되고 있다. 그 이후 1947년에 적십자 부녀봉사대는 인도주의와 서비스 분야의 자원봉사활동을 광범위하게 담당하며 여성 자원봉사의 중요한 기틀을 갖추었다. 또한 1970년대의 새마을부녀회도 농촌을 중심으로 활동한 여성 자원봉사활동으로 평가되고 있다. 국내 여성 자원봉사활동은 1988년 서울올림픽대회 이후 급격히 확산되기 시작하면서 여성 자원봉사활동에 대한 사회적 관심이 증가하였다.

여성의 자원봉사활동을 활성화시키기 위해 전국 시 · 군 · 구에 조직된 단체가 여성자원활동센터이다. 여성자원활동센터는 자원봉사센터가 설치되기 이전에 전국 시 · 군 · 구에서 조직되었으며 여성 자원봉사자가 중심이 되어 지역사회에서 자원봉사 활성화에 많은 역할을 수행해 왔다. 일부 지역의 여성 단체가 맡아 운영하기도 하지만 대부분이 지방자치단체가 직접 운영하는 직영형태로, 업무의 대부분을 시 · 군 · 구의 여성복지 혹은 자원봉사 담당 공직자가 겸직하고 있다. 1975년에 최초로 개설되었고 1990년까지 전국에 10여 개 이상이 개설되어 운영되어 오다가 1991년부터 1993년까지 각각 25개, 19개, 16개가 신설되어 본격적인 전국 규모의 여성자원활동센터의 모습이 갖추어지고(이성철 · 김성경, 2002) 여성 자원봉사자의 수가 급증하였다. 그러나 지역에서 행정자치부 지원의 자원봉사센터로 전환되면서 1998년 263개소였던 센터가 2002년에는 159개소로 축소되었다(이성철 · 김성경, 2002). 또한 전문인력의 부족, 자원봉사자 관리의 미비, 프로그램의 부족, 전산화 미비 등의 문제로 인해 타 센터에 비해 발전 가능성이 부족한 실정이며 기존에 설치되어 있는 센터조차 답보상태에 있는 실정이다(이성철 · 김성경, 2002). 이와 같이 여성자원활동센터의 기능이 자원봉사센터와 중복된다는 지적이 나오고, 지역별로 하나로 통합되면서 위축되고 있으나 여전히 여성자원활동센터는 지역사회에서 자원봉사 정보에 취약한 여성들의 자원봉사활동을 돕는 구심점으로 기능하고 있다.

국내 여성 자원봉사활동의 중심적인 주체는 중년여성들로 40~50대의 중년여성들의 참여율이 높다. 학자들에 따라 중년기에 대한 분류가 다르지만 김애순(2002)은 35~60세 사이의 여성들을 중년여성으로 분류하고 있다. 이 시기는 신체적 · 사회적 · 심리적 변화를 겪는 인생의 전환기라 할 수 있다. 자녀양육에 대한 역할이 감소하면서 시간적 여유를 가질 수 있고, 과거에 비해 높아진 교육수준의 영향으로 시민의식도 향상되었다. 반면에 중년기에는 경제적 생활의 확립과 유지, 신체 · 생리적 변화에 대한 인정 및 적응의 단계에서 가지는 심리적 변화를 겪기도 한다. 에릭슨(Erikson)은 이러한 변화가 자신의 삶에 대한 평가에서 비롯되는 것으로 사회에 공헌하고 생산성에 대한 성찰 및 의무를 완수하는 등 자신의 삶에 대한 재평가를 통해 극복될 수 있다고 하였다(이인정 · 최해경, 2007). 이러한 자신의 삶에 대한 심리적 변화가 여성들이 자원봉사에 대하여 관심을 가지도록 하는 이유 가운데 하나라고 할 수 있다. 즉, 잠재된 능력의 실현에 대한 욕구와 지역사회 및 미래 세대에 대한 관심 등의 생산성이 증가하는 시기인 것이다. 자원봉사를 통해 이타적인 가치를 표현하고, 심리적 안정과 자긍심을 높일 수 있다는 점에서 중년여성의 심리적 변화와 자원봉사활동의 높은 참여율과의 관련성이 크다고 하겠다. 이러한 경제개발과 타인들과의 교류를 통한 사교적 사회참여활동 경험은 중년여성들의 갈등해소에도 도움이 되는 이점이 있다.

한국사회에 자원봉사가 대중운동으로 확산되기 시작하고, 학생, 노인, 직장인 등 다양한 집단을 위한 프로그램들이 개발되면서 여성의 자원봉사활동은 여성만의 활동이 아닌 시민참여활동의 하나로 자리잡아가고 있다. 이러한 변화와 함께 여성들의 자원봉사 내용도 사회복지서비스 분야뿐 아니라 환경보호운동, 소비자 운동, 교육환경개선 운동 등으로 확산되고 있다. 특히 자원봉사 분야는 여성의 사회참여가 가장 유망한 분야 중의 하나라고 할 수 있다. 많은 여성들에게 적합한 새로운 일자리를 제공해 줄 수 있다는 점에서 여성계가 관심을 가지고 여성의 자원봉사 참여를 진흥시킬 필요가 있다.

2. 여성 자원봉사활동에 대한 관점

여성 자원봉사활동을 바라보는 시각과 관점은 다양하다. 여성 자원봉사활동에 대한 관점을 여성주의적, 시민운동적, 생애주기적 관점에서 살펴보도록 하겠다.

1) 여성주의적 관점

여성주의에서는 여성의 자원봉사활동을 긍정적 측면과 부정적 측면 모두를 아우르는 양면적인 시각으로 바라보고 있다. 자원봉사활동은 여성의 의식수준이 제고되고 능력이 향상되어 전문성이 개발된다는 점에서 여성인력의 개발이라는 긍정적인 평가를 하고 있다. 이는 자원봉사활동을 통해 자아실현을 할 수 있는 기회를 가진다고 보기 때문이다. 사회복지 분야에서의 자원봉사는 국가

복지예산 절감에 일익을 담당하고 지역사회에 대하여 문제의식과 관심을 가지는다는 점에서 긍정적으로 평가한다. 즉, 여성의 자원봉사활동을 사회발전에 기여할 뿐만 아니라 자신과 다른 사람의 삶을 이롭게 하여 경제활동과도 보완이 가능한 사회참여활동이라고 보는 견해이다.

반면에 부정적인 관점에서는 여성의 자원봉사활동이 성불평등한 사회에서 무보수로 비춰지는 현상과 대부분의 활동이 사회복지 분야에 편중되는 노력봉사, 재가봉사 등으로 돌봄노동 역할의 연장선에 있다고 보는 것이다. 이는 여성의 노동이 구조적으로 제약을 받고 있음을 나타내는 것이며, 무보수라는 자원봉사활동의 특성이 여성의 일은 무보수, 저임금이라는 인식을 강화시켜 여성의 지위 개선과 평등한 사회 분위기 조성에 오히려 역행한다는 주장이다.

그러나 여성 자원봉사활동은 긍정적인 평가를 더 많이 받고 있다. 여성들이 자원봉사활동을 통해 일에 대해 가지는 인식이 직업을 가지게 되는 기회로 연결이 가능하다는 측면에서 비경제활동이지만 사회적 필요성과 함께 여성의 삶에 중요한 영향을 미친다는 평가를 받고 있다(이재경 외, 2008).

2) 시민운동적 관점

사회운동적 관점에서는 자원봉사활동을 시민의 의무이자 특권이라고 보았다. 18~19세기에는 자원봉사활동을 박애주의와 상호부조, 자조주의적 실천을 강조했다고 본다면 20세기 이후의 자원봉사활동은 시민의 자발적 참여로 이루어지는 시민의식이 강조되는 특성을 보여주고 있다. 현대사회에서 증가하는 사회문제에 대해 국가적 책임 및 해결을 요구하는 국민들의 기대가 높지만 국가의 노력만으로는 이러한 기대를 충족시키기에는 한계가 있으므로 자원봉사를 통한 시민의 참여가 대안으로 인식되고 있는 것이다. 이에 여성이 자원봉사활동에 참여함으로써 지역사회 구성원으로서의 역할을 수행하고, 자원봉사를 통한 사회참여가 지역문제 해결과 지역발전에 동참한다는 측면에서 시민운동으로서 긍정적인 평가를 받는다고 하겠다.

3) 생애주기적 관점

생애주기적 관점에서는 여성이 자원봉사활동을 통해 자기 정체성을 확립하며 중년기와 노년기에 긍정적으로 적응할 수 있는 예비적 사회화의 경험을 축적한다고 보았다. 인간의 발달은 전 단계에서 이룩한 긍정적인 경험이 다음 단계로 연계되며 이는 다음 세대에게도 학습으로 전달되며 지속성에 영향을 미친다고 보는 것이다(이인정 · 최해경, 2007).

3. 여성자원봉사활동 실태

2019년 VMS 사회복지 자원봉사 통계연보(보건복지부, 2019)에 따르면 연령대별 분포는 10~20대가 전체의 64.5%로 나타났으며, 30~40대에 15.2%로 가장 낮은 분포를 보이다가 50~60대(20.2%)에 다시 증가하는 것을 알 수 있다. 성별 분포에서는 여성이 남성보다 1.4배 높은 참여율을 보이며, 직업별 현황을 살펴보면 기타에 이어 고등학생, 중학생, 대학생 순으로 높은 참여율을 보이고 있고, 그 다음으로 주부들의 참여가 높았다. 이러한 결과는 봉사학습 등의 의무 활동 시수 충족을 위해 높은 참여율을 보이고 있는 학생 참여자를 제외하고는 주부가 가장 높은 참여율을 보이고 있다. 이는 여성들의 높은 자원봉사 참여율을 간접적으로 시사하는 결과로 볼 수 있다.

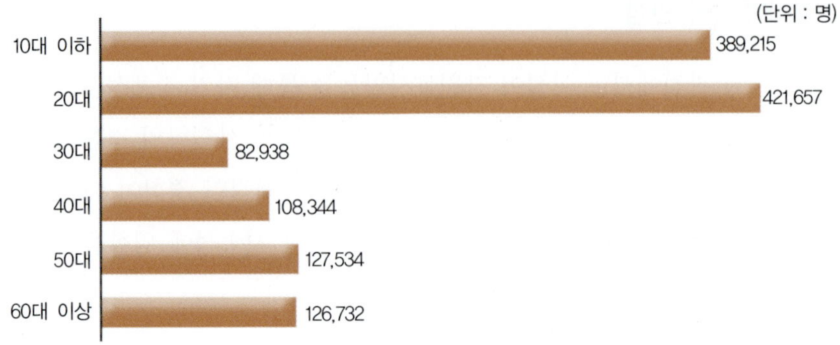

[그림 10-1] 연령대별 자원봉사 참여율

출처 : 보건복지부(2019).

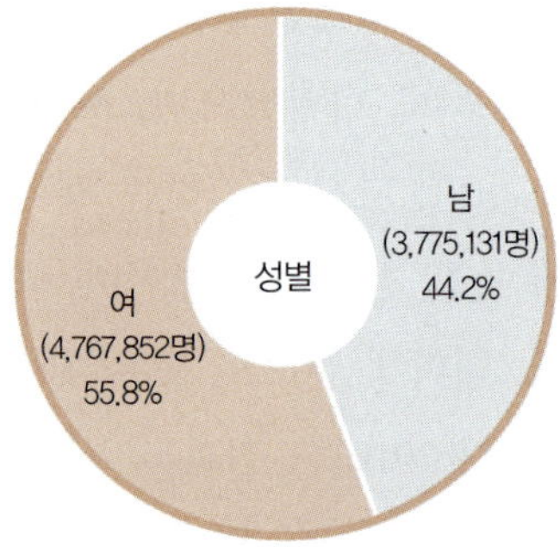

[그림 10-2] 성별 자원봉사 참여율

출처 : 보건복지부(2019).

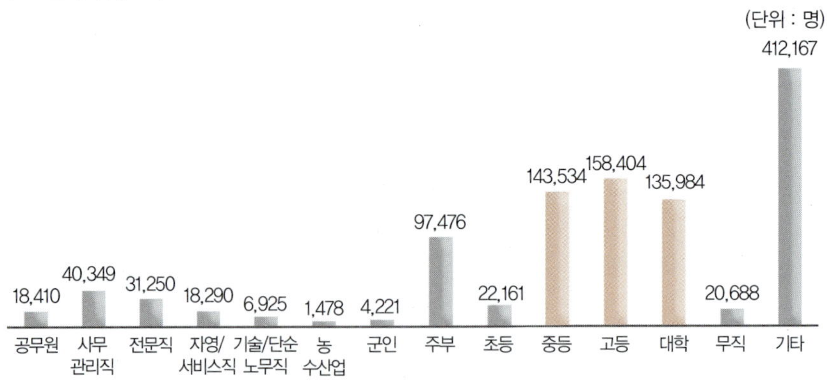

[그림 10-3] 직업별 자원봉사 참여율

출처 : 보건복지부(2019).

2017년 성–연령을 조합한 교차분석의 결과, 40~50대 여성이 가장 활동적인 것으로 나타나고 있고, 남성 30대와 50대 참여가 가장 낮게 나타난 결과는 새로운 변화라 할 수 있다.

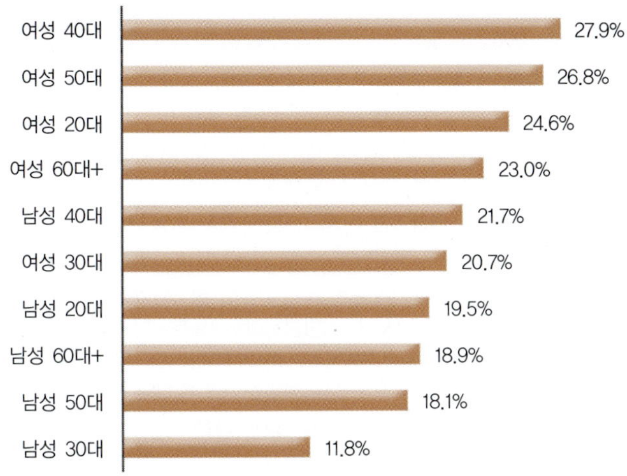

[그림 10–4] 성–연령별 자원봉사 참여율

출처 : 행정안전부(2017).

4. 여성 자원봉사활동 프로그램

1988년 서울올림픽을 위해 전국적으로 자원봉사활동이 확대되면서 여성들도 이에 적극적으로 참여하였으며, 이를 계기로 여성 자원봉사활동이 전환기를 맞게 되었다. 그동안 소규모 민간 활동으로 이루어지던 여성 자원봉사활동에 전문성이 더해지면서 발전적인 방향으로 나아가는 계기가 되었다.

그러나 활동 영역은 사회복지 분야, 보건의료 분야, 문화예술 분야 등으로 나타나고 있어 여성 자원봉사활동이 주로 사회복지 분야에 집중되어 있는 것을 알 수 있다. 젊은 자원봉사자들은 단순 서비스 제공 활동보다는 인권옹호, 소비자 보호운동, 서명운동, 환경보호 등 다양한 권익대변 활동에 참여하고자 하는 경향을 보이며 활동 영역이 다양화되고 있다(여성부, 2004). 이러한 자원봉사활동에 대한 사회 전반적인 변화 추세에 따라 자원봉사자들은 성취감과 함께 보람을 더 느끼게 되며 장기적으로 봉사하게 되는 지속성을 가지게 될 것이다. 여성 전문자원봉사활동 프로그램은 〈표 10-12〉와 같이 분류할 수 있다.

〈표 10-12〉 여성 전문자원봉사활동 프로그램의 분류

분류 기준	내 용
봉사 내용	• 일반 자원봉사활동에 비해 전문성을 띤 봉사 예 외국어 통역 및 번역, 권익주장 활동(소비자 보호, 환경보전, 인권옹호 등)
전문가에 의한 봉사	• 전문 직업인 및 자신의 특기, 전문지식, 기술 등을 발휘하는 봉사 예 의사, 약사, 변호사, 교육자, 이 · 미용사, 성교육, 교육보조활동 등
경력에 따른 봉사	• 자원봉사 경력 5년 이상의 자원봉사자의 봉사 예 호스피스 자원봉사자
전문 봉사단체	• 의료, 문화예술, 스포츠 등 전문분야 봉사단체의 자원봉사 예 호스피스 봉사단, 한방봉사단, 문화봉사단, 박물관봉사단, 수지침봉사단, 집수리봉사단, 컴퓨터봉사단, 음악봉사단, 외국어봉사단 등 (박물관 해설자원봉사, 향토문화원 중신의 봉사)
국제 및 지방자치장체 행사	• 국제행사 전문봉사 : 외국어 통역, 관광안내, 행정서비스 • 지방자치단체의 축제 전문봉사 : 도자기 축제, 꽃 축제의 전문가 봉사, 모금 및 특별행사 개최봉사 등

출처 : 여성부(2004), pp. 157-159.

전문적인 자원봉사가 이루어지기 위해서는 취미를 넘어 여성들이 자신의 특기를 개발하고 자아실현의 계기를 마련해 주는 관리가 매우 중요하다. 이는 자신의 특기를 발휘할 수 있는 자원봉사희망 분야와 연결시킴으로써 가능하게 된다. 또한 지역 여성기관에서 전문교육을 수료한 우수인력이 전문자원봉사자로 활동할 수 있도록 기관들 간의 연계 및 협력은 전문 프로그램 개발에 바람직한 방안이 될 수 있을 것이다.

5. 여성 자원봉사활동 활성화 방안

여성의 자원봉사활동 참여율은 높지만 활성화에 걸림돌이 되고 있는 주요 요인은 중도탈락 현상이다. 이로 인해 자원봉사서비스가 지속적으로 공급되지 못할 뿐 아니라 함께 활동하는 동료들의 사기 저하에도 영향을 미치며 인력자원과 행정비용의 손실 또한 초래한다. 따라서 활동의 중도탈락을 방지하기 위해

서는 자원봉사자들의 동기 및 의식변화에 관심을 기울여야 한다. 오늘날의 자원봉사자들은 자발적이고 이타적인 자세를 중요시하면서도 활동을 통해 자신의 삶에 대한 가치를 높일 수 있기를 기대하고 있다.

여성 자원봉사활동의 활성화를 위해서는 먼저 자원봉사자 개인의 동기와 욕구 등 개인적 특성을 고려한 프로그램을 통해 활동할 수 있도록 효율적인 관리가 이루어져야 한다. 이를 위해서는 특히 여성 자원봉사활동 프로그램이 다양하게 개발되어야 한다. 일상 생활보조나 단순 보조 프로그램은 활동의 지속성 측면에 한계가 있으므로 전문지식과 기술을 활용하는 전문화된 프로그램이 개발되어야 한다. 예를 들면, 가정폭력상담, 아동교육 및 보육관련 분야 등 여성들이 관심을 가지고 전문적으로 활동할 수 있는 영역으로의 확장이 요구된다.

둘째, 자원봉사활동에 대한 효율적인 관리체계가 구축되어야 한다. 기존의 자원활동 평가에서 여성의 자원봉사활동 동기는 도구적 동기가 높다는 것을 감안하여 사회적 공헌뿐 아니라 자기발전과 자기가치를 발굴하는 과정을 인정하는 관리체계가 필요하다. 자원봉사자의 만족도를 높이기 위해서는 특히 자원봉사 경력이 많은 중간지도자의 욕구를 제고시킬 수 있는 적절한 배치가 매우 중요하다. 자원봉사활동의 사회적 가치 및 공헌을 인정해 줌으로써 자원봉사자들의 만족과 지속성을 유지할 수 있다. 또한 여성자원활동센터의 인증체계가 미흡하다는 평가를 받고 있는 만큼 체계적인 관리체계 구축을 통한 인증으로 지속적인 동기부여를 구축해 나가야 한다(여성부, 2004).

셋째, 여성의 돌봄노동을 자원봉사활동과 연계시켜 인센티브를 주는 방안에 대한 모색이 필요하다. 오늘날 우리 사회에서는 아동, 가족, 장애인, 노인 등 돌봄을 필요로 하는 대상이 가족 및 세대별로 다양하게 나타나고 있다. 그러나 가족이 스스로 돌볼 수 없는 상황이 발생하기도 한다. 고령사회에서 돌봄노동과 관련되는 다양한 복지서비스 욕구를 자원봉사활동과 연계시키는 방안에 관심을 기울여야 한다. 전국적인 조직망을 통해 주변 사람들을 돌볼 때 마일리지를 적립하거나 자신이 위급할 때 돌봄 자원봉사활동으로 되돌려 받을 수 있도록 하는 시스템을 개발하는 것도 매우 의미 있는 방안이 될 수 있다. 자원봉사활동의 기본 정신은 무보수이지만 자신의 활동에 대한 인센티브가 결합된다면 자원봉사활동 영역이 확대되며 여성 자원봉사자의 증가와 함께 활성화에도 긍정적인 영향을 미칠 것이다.

넷째, 자원봉사자들의 전문성을 높여야 한다. 교육 기회를 제공하여 봉사자들의 전문능력과 기술이 꾸준히 개발될 수 있도록 해야 한다. 전문성은 경험과 함께 교육을 통해 축적될 수 있기 때문이다.

그러나 여성 자원봉사활동에서 무엇보다도 전제되어야 할 점은 여성이 유휴인력이어서 활용된다는 고정관념에서 탈피하는 것이다. 자원봉사활동의 중심적인 주체로서 여성 활동에 대한 인정과 가치부여가 여성 자원봉사활동의 활성화를 촉진시킬 수 있을 것이다.

6. 여성 자원봉사활동 사례

사례

'멘토링'은 선택받은 삶을 풍요롭게 만들어주는 '마중물'

지금부터 13여 년 전 어느 날, 내게 찾아온 '유방암'이라는 손님. 하늘에서 내려보낸 낚싯바늘을 닮은, 한 번 낚이면 꼼짝 못하게 하는 무서운 손님이었습니다. '유방암'이라는 손님은 어쩌면 몇 달 안에 내가 소중히 가꾸어온 가족으로부터 나를 멀리 밀쳐낼 수도 있는 그런 나쁜 손님이었습니다. 수술과 항암을 시작으로 방사선치료까지 모든 치료를 마쳤지만, 치료가 끝이 아니었습니다. 치료 이후 극심한 피로감과 무력감이 찾아왔습니다. 비가 엄청나게 쏟아지는 어느 여름날 밤, 자기 일도 버거울 텐데 아들은 반찬을 만들어와 온종일 누워만 있는 엄마 앞에서 "엄마는 꼭 해낼 수 있어, 반드시 일어나야 해……." 하면서 지친 엄마를 일으켜 세웠습니다. 아들이 엄마에겐 멘토 역할을 해준 셈이지요. 그날의 기억이 나를 바꾸어 놓았습니다. 처음에는 무척 힘들었으나 이왕 찾아온 손님이니 순순히 받아들여 지극정성으로 보살피며 대접했습니다. 병원에서 교육받은 대로 규칙적인 식사부터 운동까지 열심히 했습니다.

그러던 어느 날, 암을 겪었던 환자를 대상으로 국립암센터에서 '암 환자를 위한 건강파트너십' 교육생을 모집했습니다. 아픔을 겪으면서 나처럼 아픈 또 다른 환우를 위해 '마중물' 역할을 하고 싶어 얼른 신청했지요. 리더십코칭 교육 중 '자기사명서'를 쓰면서 내면의 강점을 발견하게 되었고, 인생에서 중요한 것이 무엇인지도 알게 되었습니다. 바로 그 '자기사명서'가 저를 멘토링 봉사로 이끌어주는 역할을 해주었고, 힘들 때 포기하기 않고 다시 일어나게 하는 힘을 주었습니다. 졸업장을 받으면서 이대로 끝낼 것이 아니라 봉사를 통하여 암으로 인해 괴로워하는 환우를 위한 멘토링 프로그램이 있다면 기꺼이 나서서 멘토 역할을 해주면 좋겠다는 생각이 강하게 들었습니다. 마침 집 근처에 있는 '분당 서울대병원 암정보교육센터'에서 멘토 봉사자를 모집한다고 하여 지원하고 연락을 기다리던 중, 병원에서 연락이 왔습니다.

"멘토님 상당을 원하는 환자분이 있는데 가능할까요?"
"네~ 당연히 가능합니다!"

망설임도, 주저함도 없이 기쁜 마음으로 대답했습니다. 그때 가슴으로 파고드는 뜨거운 불은 지금까지 경험하지 못한 무어라 형용하기 어려운 그런 뜨거움이었습니다. 한 명, 두 명, 멘토링을 하면서 무엇보다 기뻤던 것은 첫 만남에서 커튼 한 장 쳐 놓고 시작한 대화가 늘어갈수록, 마음을 활짝 열고 멘티가 다가오는 모습이었습니다. 암환우가 멘토링을 원하는 이유는 다양합니다. '갑자기 들이닥친 암으로 인해 강하게 파고드는 우울감', '항암 부작용으로 발생하는 탈모', '유방 제거 수술로 인한 상실감과 재발', '2차 암에 대한 두려움', '치료 후 음식이나 운동에 대한 궁금증', '막연한 불안감에서 해방되어 긍정적인 마음을 찾으려는 욕구', '치료비와 암 치료 중 발생하는 가족 간의 불화(남편과의 이혼 등)', '모임이나 사회로부터의 따돌림', '주변에서 알아보는 것에 대한 두려움' 등 환자 중 암 선고를 받고 치료도 받기 전에 탈모에 대한 두려움으로 자살한 경우도 있었습니다. 나에게는 상당한 충격이었고, 멘토링의 필요성을 강하게 느꼈습니다. 멘토링은 3개월 동안 진행되는데 '바른 건강습관 마음먹기'를 시작으로, '건강습관 익히기', '건강습관 강화하기'를 주제로 일주일에 한 번씩 합니다. 처음 만남은 내가 직접 겪었던 치료 과정을 이야기하고 오늘 마음 상태와 좋았던 일들로 자연스럽게 대화를 시작합니다. 깜깜한 세상에 갇혀있던 환우는 그동안에 겪었던 어려운 일에 대해 마음을 열고 얘기하면서 울기도 합니다. 그리고 그동안 대화하면서 이루어낸 '자기사명서'를 쓰면서 바른 건강습관에 대한 멘토링을 마무리합니다.

-중략-

암은 치료도 중요하지만, 치료로 인한 감정과 생각도 중요합니다. 멘토링을 통해서 스스로 스트레스에 대처하고, 자신만만하게 살아가는 모습을 볼 때 나의 삶은 보석처럼 빛납니다. 간혹 불안감으로 흔들릴 때 뚜렷한 내 삶의 목표를 생각합니다. 그래서 이젠 절대 흔들리지 않습니다. 뾰족한 낚싯바늘 닮은 나쁜 손님이 가져다준 '멘토링'이라는 좋은 선물을 받았기 때문입니다. 보석으로 탈바꿈한 '암'은 내 삶을 풍요롭게 만들어주었습니다. '멘토링'은 선택받은 삶을 풍요롭게 만들어주는 '마중물'입니다.

출처 : 보건복지부(2019).

제6절 가족에 의한 자원봉사활동

1. 가족 자원봉사활동에 대한 이해

가족 자원봉사(family volunteering)라는 용어는 국가, 사회, 학자, 봉사활동 등 각 분야마다 조금씩 다르게 정의되고 있다. 대체로 가족을 하나의 단위로 구성하여 공공의 복지를 향한 가치를 지향하는 동시에 민주적 장법에 의한 자주적, 협동적 실천노력으로 정의된다.

가족 자원봉사활동은 자유의사에 의해 자발적으로 실천하는 행동으로 그 자체가 복지사회를 만드는 데 적극 참여하는 의도적이며 계획적인 활동을 말한다. 이는 성숙한 시민의식을 기초로 자신이 속한 지역사회를 위해 보다 살기 좋고 밝은 세상을 만들기 위해 상호 간에 연대하면서 구축해 가는 지속적인 사회활동이다. 즉, 공공의 복지를 향한 가치관이나 이념을 민주적인 방법으로 자주적이면서 협동적으로 실천하는 노력으로 정의된다.

가족 자원봉사활동은 개별적 자원봉사활동과는 달리 최소 2명 이상이 함께 참여하여 지역의 자원봉사활동에 참여하는 것을 말한다. 보통의 구성원은 부모와 자녀, 부부, 조부모와 손자녀, 자매 등이지만, 혈족관계가 아닌 함께 거주하는 사람으로 이루지기도 한다(이경은, 2001). 외국에서는 가족이 함께 참여하지는 않지만 가족 구성원이 각자 다른 대상에게 실천하는 자원봉사도 가족 자원봉사에 포함시키고 있다. 미국에서는 1990년대에 가족의 변화와 사회문제 해결방안의 일환으로 촛불재단에 의해 가족을 자원봉사활동에 참여시켜 지역사회문제에 대응하게 한다는 목표로 시작되었다. 이후 가족 자원봉사가 잠재력을 지닌 자원으로 평가되었고 오늘날에는 미국 가정의 절반 이상이 가족 자원활동에 참여하고 있는 것으로 나타났다(Points of Light foundation, 2003).

우리나라의 가족 자원봉사는 2000년 이후 본격적으로 시작되었다. 가족 이기주의 등의 가족문제를 극복하기 위한 방안으로 지역사회복지관에서 캠페인 프로그램으로 시작되어 요즘은 각 지역의 자원봉사센터에서도 가족문제 예방과 지역사회 운동 차원에서 가족 자원봉사가 이루어지고 있다. 서울의 한 자원봉사센터에서는 2000년대 초반에만 해도 가족 자원봉사자 모집에 지원자가 거의 없었는데 최근에는 대기자 명단을 만들 정도로 관심이 높아졌다고 한다.

가족 자원봉사에 대한 관심이 국내 기업체에서도 높아지면서 가족 자원봉사 프로그램에 참여시켜 애사심을 제고시키며 가족의 소중함을 느낄 수 있도록 직원 가족들을 대상으로 하는 가족 자원봉사 프로그램을 운영하고 있다. 또한 일반 가족 자원봉사단을 모집하여 갯벌체험을 통한 갯벌사랑, 국립공원 등에서의 환경정화 운동, 사회복지시설 방문 프로그램 등 환경 분야와 사회복지 분야에서 가족 자원봉사 프로그램을 운영하며 자원봉사 정신을 확산시키고 기업의 이미지를 제고시키는 기업들이 증가하고 있다.

가족 자원봉사활동의 장점은 가족 구성원들이 가지고 있는 여러 자원을 기반으로 봉사활동에서 나타날 수 있는 신체조건이나 연령 등의 한계점을 보완하면서 봉사할 수 있다는 것이다. 또한 조직 구성원으로 각자의 역할이 다르기 때문에 자칫 소원해지기 쉬운 구성원이 봉사활동을 함께하는 과정을 통해 서로 간의 이해와 양보로 유대감을 강화할 수 있다. 이러한 유대감은 서로에 대한 무관심과 갈등을 해소하는 데 도움이 되며 건강한 가족을 만드는 원천이 된다. 특히 여성, 어머니의 자원봉사에 대한 인식은 청소년 시기에 자원봉사활동에 대한 바른 이해와 철학을 배우는 데 큰 영향을 미칠 수 있다. 자원봉사활동의 정신과 경험을 어린 시절부터 가정에서 배울 수 있다면 자원봉사활동의 생활화가 자연스럽게 이루어지는 바람직한 방향으로 유도될 수 있을 것이다. 가족 자원봉사는 단순 노력봉사와는 달리 교육 및 여가와 연계될 수 있어 가족이 함께하는 활동을 통해 가족에 대한 이해와 추억을 함께 만듦으로써 혼자서는 맛볼 수 없는 기쁨을 얻을 수 있다. 이러한 긍정적인 영향은 가족해체와 위기가정 등의 문제를 사전에 예방할 수 있는 대안으로서 현대사회에서 가족 자원봉사의 필요성이 강조되고 있다(권승숙, 2009).

2. 가족 자원봉사활동의 효과

가족 자원봉사활동은 개인을 포함하여 그 가족이나 자원봉사 수요처, 기업, 지역사회 등에 긍정적인 영향을 미친다. 자녀들에게는 다양한 사회적 활동을 통해 주변의 이웃과 환경, 구성요소를 경험하게 하는 긍정적인 기능을 하게 한다. 또한 새로운 기술을 배울 수 있는 기회가 되어 가족 구성원들의 잠재능력을 발견하는 계기가 된다. 부모는 자녀에게 사회 구성원으로서의 역할에 대한 모범을 보여줌으로써 상호 간의 이해와 배려를 통한 의사소통이 가능하게 된다. 이러한 긍정적인 경험은 미래의 지역사회 일원으로서, 민주시민으로 성장할 수 있는 계기가 된다. 특히 자원봉사 수요처는 가족 자원봉사활동을 통해 봉사자를 확보할 수 있으며, 자원봉사에 대한 의식을 확산할 수 있다. 기업은 가족 자원봉사활동으로 사회적 이미지를 향상시킬 수 있으며, 홍보와 지역사회와 관계를 개선하여 우호적으로 공동체의식을 향상시킬 수 있다(이지원, 2007).

또한 가족 자원봉사활동은 가족 구성원의 잠재력과 유대감 향상과 함께 지역사회를 돕는 효과가 있다. 자녀들은 가족 구성원의 한 사람으로 어릴 때부터 가족과 함께 자원봉사활동을 생활화함으로써 자원봉사에 자연스럽게 접근하게 되어 인성교육에 도움이 된다. 가족 구성원들과 의미 있는 추억을 만들면서 자긍심과 가족애가 증가되며, 가족을 둘러싸고 있는 외부환경과 지역사회에 대한 책임감, 시민의식 형성 등이 활동을 통해 습득될 것이다. 이는 자신들이 도움을 받는 자에서 도움을 주는 자로서의 위치를 인식하게 됨으로써 친절, 동정, 존경, 관용의 가치를 배우게 되며 문제해결능력과 리더십 향상에 도움이 된다.

가족 자원봉사활동이 활발하게 이루어지는 기업체에서도 조직 문화가 가족과 직장에 대한 이해향상으로 나타나게 된다. 또한 일반 가족 자원봉사단의 환경 및 사회복지 분야에서의 자원봉사활동은 기업의 이미지를 제고시키며 기업과 지역사회와의 관계향상에 긍정적인 영향을 미치게 된다.

가족 자원봉사활동은 가족 구성원이 함께 하는 활동으로 유대감을 강화시키고 활동과정에서 노출된 문제를 해결함으로써 상호 간에 대화시간을 늘려 공감의 경험을 나눌 수 있다(한상미, 2011). 참여 가족들은 봉사활동을 통해 지역사회에 관심을 가지게 되며, 더불어 살아간다는 공동체의식을 함양할 수 있다. 특히 자원봉사라는 공통된 주제는 가족관계를 화목하게 만들 수 있다. 혼자하기 어려운 분야로 자원봉사활동 영역을 넓힐 수 있으며, 자녀에게 새로운 지식과 기술습득을 가능하게 한다. 이를 통해 다양한 경험을 공유할 수 있으며, 부모는 자녀의 경험축적에 대한 길잡이가 된다. 그뿐만 아니라 봉사활동을 하면서 다른 자원봉사자들과 복지기관, 사회복지사 등 다양한 사람들과 소통하면서 상대방을 이해하고 배려할 수 있는 경험을 하게 된다(이영남, 2015). 이처럼 자원봉사활동에 참여하는 가족은 가족 기능이 향상되고 지역사회의 도움을 받음으로써 사회 전반적인 부분에서 삶의 질을 높이는 효과가 있다.

가족 자원봉사활동 효과는 가족 측면에서 사회적 역할을 하며, 가족 간 시간을 함께 공유하면서 자녀들의 다양한 경험과 새로운 기술을 배울 수 있다. 특히 새로운 기회를 경험하면서 획득하는 사회적 유대관계와 건강, 응집력 등을 향상시킬 수 있다. 기관이나 지역사회 측면에서 보면 이기주의 및 개인주의로 인한 이웃 간 소통부재를 해결하면서 화합과 나눔의 문화정착, 건전한 가족문화 확대 등 청소년과 지역사회 문제점을 예방할 수 있다. 이상과 같이 가족 자원봉사활동은 가족 구성원의 잠재력을 발굴할 수 있으며, 지역사회 일원으로 그 중요성이 제시된다. 나아가 정서적 안정과 긍정성, 가능성 등을 통해 사회적 결속력과 지역사회 변화를 주도할 수 있다(박영억, 2015).

3. 가족 자원봉사활동 프로그램

가족 자원봉사활동 프로그램은 아동에서 노인에 이르기까지 다양하다. 미국의 촛불재단에 의하면 미국 가족 자원봉사 프로그램의 경우 시작단계에서부터 노인 돕기 보조, 아동을 위한 프로그램, 종교 활동, 스포츠 프로그램, 환경 프로그램, 홈리스 원조 등 다양한 영역에서 이루어졌다(Points of Light foundation, 2003).

우리나라의 가족 자원봉사 프로그램은 사회복지 분야에서 노력봉사를 하는 자녀동반 프로그램, 장애인 및 소외계층과 자매결연하여 지속적으로 만나는 활동, 자원봉사센터에서 실시하는 특별 행사에 가족이 함께 참여하는 활동, 지역사회 가꾸기 등의 활동들이 이루어지고 있다. 2017년 관계부처 합동으로 이루어진 자원봉사활동 실태조사(관계부처합동, 2018) 결과에 의하면 자원봉사자 중 가족과 함께하는 자원봉사활동 경험자는 29%에 불과하여 부모 · 자녀 · 배우자 · 형제자매 등 가족 구성원별 역할과 수준에 적합한 맞춤형 가족 참여 자원봉사 프로그램을 발굴하여 보급하는 것이 필요하다. 가족 자원봉사활동의 내용은 〈표 10-13〉과 같다.

〈표 10-13〉 가족 자원봉사활동 프로그램 분류

분 류	대 상	활동 내용
사회 복지	장애아동, 노인	일손돕기, 시설방문, 청소하기, 말벗, 교통편리 제공, 식사 및 간식보조, 목욕, 산책하기, 책읽기 등
	해외입양아	홈스테이
	어려운 이웃	봉사기금마련사업
	장애인, 모자가정, 소년소녀가장,	이웃방문(대화 나누기), 연탄배달, 김장봉사, 요리봉사, 도시락 배달, 학습지도, 취미교육 등
지역 사회	지역사회문제	지역사회 지아원 발굴, 알뜰시장 열기, 좋은 이웃되기 운동
	환경운동	공원 가꾸기, 자연보호운동, 나무심기, 재활용품 수집
	캠페인	환경캠페인, 거리질서 캠페인
	문화예술	지역문화재 보존, 지역도서관 봉사, 지역놀이행사 지원 등

출처 : 여성부(2004), pp. 157–159, 장덕희(2001), pp. 99–100 재구성.

4. 가족 자원봉사 활성화 방안

가족 자원봉사활동은 가족 유대감 강화, 지역사회 문제해결, 공동체의식 함양 등의 효과가 크지만 국내의 자원봉사는 아직 시작단계라 할 수 있다. 가족 자원봉사 대상자 모집에 한계가 있고 중도탈락, 구성원의 시간 조정 어려움,

자원봉사 의식 부족, 수요처 개발 등에 어려움이 있는 것으로 나타난다(장덕희, 2001).

가족 자원봉사활동이 활성화되기 위해서는 첫째, 가족 자원봉사활동의 목적 및 실시 후의 효과와 문제점에 대한 철저한 검토와 관리가 이루어져야 한다. 이를 통해 가족 자원봉사자들의 가치를 인정하고 가족의 특성과 가족 구성원이 가지고 있는 기술과 능력을 극대화할 수 있도록 하는 것이 필요하다. 자원봉사자 관리는 가족 자원봉사활동의 성공 여부에 중요한 영향을 미치기 때문이다.

둘째, 가족 자원봉사활동 프로그램은 참여 가족에게 적합한 자원봉사 프로그램을 선정하여야 한다. 준비단계에서부터 구성원 전체가 관심을 가지는 일이 무엇인지 충분히 논의하여야 하며, 특히 가족 구성원의 연령에 따라 내용을 차별화하는 범위 선정이 중요하다. 봉사 초기의 경험에서 부정적인 느낌을 받지 않도록 작고 쉬운 일부터 시작하여 성취감을 맛볼 수 있도록 해야 한다. 성취감은 자원활동의 지속성에 영향을 미치기 때문이다. 또한 어린 자녀를 둔 젊은 기혼 여성들은 참여에 한계가 있으므로 동반 자녀의 육아교육과 사회적 공헌 두 가지를 동시에 할 수 있는 프로그램을 개발하는 것도 필요하다.

셋째, 지역사회 협력 관계망을 구축하고 홍보와 함께 가족 자원봉사에 대한 교육이 동시에 이루어져야 한다. 가족 자원봉사 대상자 모집 및 수요처 발굴은 가족 자원봉사 활성화에 근간이 되므로 지역사회 내의 관계망 형성과 홍보에 주력하여야 한다. 또한 자원봉사 의식 함양을 위해서는 가족 자원봉사 대상 관리 프로그램도 동시에 이루어져야 한다. 활동 후에 자신들의 봉사활동이 지역사회에 도움이 되었다는 성취감을 경험할 수 있도록 하는 것이 중요하다. 활동이 끝나면 가족 구성원들끼리 토론 시간을 가지고 봉사하면서 느낀 점과 봉사 후 달라진 점 등에 대하여 조언하는 시간을 가지는 관리 프로그램이 운영되어야 한다. 자녀들의 봉사학습 효과를 높이는 것은 가족 자원봉사에 대한 올바른 인식확립에 도움이 된다. 따라서 지속적인 지도와 관리가 가족 자원봉사활동의 활성화에 도움이 될 것이다.

넷째, 가족 자원봉사활동의 종결단계에서 인정, 보상, 평가가 잘 이루어져야 한다. 가족 자원봉사자들의 수행결과에 대한 평가와 이에 대한 다양한 보상방법이 적용될 때 가족 자원봉사가 활성화될 수 있을 것이다.

5. 가족 자원봉사 사례

사례 **나눔스토리 소잉(경기도지사상 수상작)**

'나눔스토리 소잉'은 처음 4가족 8명으로 시작하여 현재는 8가족 19명(중 · 고등학생 10명)이 신생아 용품을 만들어 미혼모쉼터, 탈북이주민가정 등 필요로 하는 곳에 탄생을 축하하며 부천시 자원봉사센터를 통해 선물하고 있습니다.

나눔스토리 소잉은 엄마와 학생이 함께하는 가족봉사단입니다.

현재 부천시 자원봉사센터를 통해 인천 자모원, 탈북이주민 가정에 선물하고 있습니다. 봉사자가 늘고 있어 더 다양한 용품들을 만들어 선물할 것입니다. 완성된 신생아 용품은 부천시 자원봉사센터를 통해 미혼모시설인 자모원과 탈북이주민들을 지원하는 하나센터에 지속적으로 기부하고 있습니다. 단순히 재능을 기부하기 위한 활동으로 시작하여 교육을 통해 청소년들의 사회문제에 대한 관심이 커지고 지역연계까지 확대되었습니다. 처음에는 8명으로 시작하였으나 활동의 의미에 공감하는 가족이 늘어나면서 함께할 수 있는 봉사자가 많아지고 있습니다.

나눔스토리 소잉은 '따로 또 함께' 할 수 있는 프로그램입니다.

각자의 바쁜 시간 속에서 잠깐씩 시간을 쪼개어 바느질, 재단, 다림질 등 봉사할수 있고, SNS를 통해 토론도 함께할 수 있어 일상생활 속에서 자유롭게 봉사가 가능합니다.

앞으로도 더욱더 열심히 지속적으로 지역사회에 대한 관심을 높여 봉사활동에 참여하겠습니다.

출처 : 보건복지부(2019).

사례 **안전up! 로드(안산시 자원봉사센터)**

- 프로그램명 : 안전up! 로드
- 기 간 : 2019년 4월~현재
- 목 적

  스쿨존에 불법 주차된 차량으로 증가 추세인 어린이 교통사고율 문제의 해결로 어린이의 생명을 지킴
- 대 상 : 관내 초등생, 녹색어머니회, 어머니폴리스회 등
- 주요 내용

  초등학생들이 교통안전교육을 받고 불법 주차 차량에 전하고 싶은 메시지 카드를 작성 · 스쿨존 교통안전 캠페인을 진행하는 성인봉사자들이 불법 주차 차량에 카드를 게재
- 평가 및 참가소감
  - 사회문제의 피해 대상으로 여기던 초등학생들이 직접 문제해결의 주체로 참여한 경험이라는 것에 의의가 큼.
  - 초등학생들의 순수하지만 묵직한 안전 메시지 전달로 불법 주차 차주들도 부정적으로 받아들이지 않았음.

출처 : 경기도자원봉사센터(2019).

[부록] 전국 자원봉사센터 245개소 현황

(2023년 12월 기준)

	지 역	센터명	운영형태	주 소	TEL / FAX
1	서 울 (26개)	서울시	법인	서울 마포구 마포대로 163, 서울신용보증재단 3층	1670-1365
2		종로구	직영	서울시 종로구 삼봉로 43, 구청 5층	02) 2148-2582
3		중구	위탁	서울시 중구 퇴계로 52길 12	02) 2274-1365
4		용산구	위탁	서울시 용산구 청파로 49길, 3층	02) 718-1365
5		성동구	법인	서울시 성동구 고산자로 270, 성동구청 3층	02) 2286-5070
6		광진구	직영	서울시 광진구 자양로 116, 월드타워 310호	02) 456-1994
7		동대문구	직영	서울시 동대문구 사가정로 30, 답십리1동주민센터 4층	02) 2171-6209
8		중랑구	직영	서울시 중랑구 봉화산로 190	02) 2094-1365
9		성북구	직영	서울시 성북구 보문로 168, 성북구청 7층	02) 2241-2360
10		강북구	직영	서울시 강북구 오현로 199-9	02) 901-6647
11		도봉구	직영	서울시 도봉구 마들로 656, 도봉구청 5층	02) 2091-3632
12		노원구	위탁	서울시 노원구 동일로 1229, 노원구청 3층	02) 974-3200
13		은평구	직영	서울시 은평구 은평로 195, 은평구의회 3층	02) 351-6492
14		서대문구	직영	서울시 서대문구 연희로 247	02) 330-1365
15		마포구	직영	서울시 마포구 월드컵로 212, 1층	02) 3153-8346
16		양천구	위탁	서울시 양천구 중앙로 250, 2층	02) 2643-1365

17		강서구	직영	서울시 강서구 공항대로 501, 강서구청	02) 2600-5331
18		구로구	직영	서울시 구로구 가마산로 245, 구로구청 신관 3층	02) 860-2532
19		금천구	직영	서울시 금천구 시흥대로 73길 70, 금천구청 7층	02) 2627-1066
20		영등포구	직영	서울시 영등포구 국회대로 596, 영등포아트홀 1층	02) 2170-4152
21		동작구	위탁	서울시 동작구 안양로 3길 14, 2층	02) 824-0019
22		관악구	직영	서울시 관악구 관악로 145, 관악구청 지하 1층	02) 879-5232
23		서초구	위탁	서울시 서초구 강남대로 201, 서초문화예술회관 2층	02) 573-9252
24		강남구	위탁	서울시 강남구 논현로 149길 64, 현우빌딩 302호	02) 3445-5152
25		송파구	직영	서울시 송파구 삼전동 백제고분로 242 송파구민회관 2층	02) 2202-1365
26		강동구	직영	서울시 강동구 천호대로 1089, 헤르셔타워 7층	02) 3425-5680
27	부산 (17개)	부산광역시	법인	부산시 부산진구 중앙대로 955, 부산광역시청 10층	051) 864-1365
28		부산중구	위탁	부산 중구 중구로 71, 카톨릭센터 8층	051) 441-1365
29		부산서구	위탁	부산시 서구 남부민로 38	051) 242-1365
30		부산동구	법인	부산시 동구 초량중로 113	051) 465-1365
31		영도구	위탁	부산시 영도구 함지로 79번길 6	051) 412-1365
32		부산진구	법인	부산시 부산진구 전포대로 255번길 15, 2층	051) 863-2493
33		동래구	위탁	부산시 동래구 명륜로 11번길 64, NH농협동래지점 2층	051) 526-1430
34		부산남구	위탁	부산시 남구 수영로 39번길 35, 3층	051) 636-1365

35		부산북구	법인	부산시 북구 낙동대로 1570번길 33	051) 309-4126
36		해운대구	법인	부산시 해운대구 센텀중앙로 170, 4층	051) 747-2886
37		사하구	법인	부산시 사하구 신하신중앙로 185, 3층	051) 294-1365
38		금정구	위탁	부산시 금정구 중앙대로 1992, 4층	051) 512-2461
39		강서구	위탁	부산시 강서구 대저로 63번길 31, 2층	051) 971-4173
40		연제구	법인	부산시 연제구 봉수로 17, 3층	051) 862-0529
41		수영구	위탁	부산시 수영구 구락로 150, 1층	051) 753-8766
42		사상구	위탁	부산시 사상구 백양대로 700번길 140 신화대학교미술관 235호	051) 999-6991
43		기장군	법인	부산시 기장군 차성동로 87번길 19 중앙빌딩 3층	051) 724-1365
44	대구 (9개)	대구광역시	위탁	대구시 달서구 성당로 291, 3층	053) 803-6070
45		중구	위탁	대구시 중구 남산로 45, 4층	053) 254-6367
46		동구	법인	대구시 동구 효신로 34, 1층	053) 744-1365
47		서구	직영	대구시 서구 국채보상로 399, 1층	053) 357-1365
48		남구	직영	대구시 남구 중앙대로 38길 13-2	053) 473-1199
49		북구	위탁	대구시 북구 3공단로 14길 31, 301호	053) 665-2288
50		수성구	위탁	대구시 수성구 노변공원로 49-1	053) 794-0707
51		달서구	위탁	대구시 달서구 진천로 9길 33, 4층	053) 636-1365

52		달성군	위탁	대구시 달성군 금강로 16길 11, 3층	053) 631-4092
53	인천 (11개)	인천광역시	법인	인천광역시 남동구 용천로 208, 410호	032) 863-1365
54		인천 중구	직영	인천광역시 중구 신포로 46번길 31, 6층	032) 777-1365
55		인천 동구	직영	인천광역시 동구 염전로 40번길 70, 2층	032) 772-1365
56		인천 미추홀구	직영	인천광역시 미추홀구 소성로 189, 2층	032) 880-4284
57		인천 연수구	직영	인천광역시 연수구 한나주로 143	032) 833-1365
58		인천 남동구	직영	인천광역시 남동구 소래로 645, 2층	032) 472-1365
59		인천 부평구	직영	인천광역시 부평구 장제로 부평어울림센터 3층	032) 509-7518
60		인천 계양구	직영	인천광역시 계양구 계산대로 88, 계양구청 2층	032) 430-7725
61		인천 서구	직영	인천광역시 서구 도요지로 202번길 6	032) 568-1365
62		인천 강화군	직영	인천광역시 강화군 강화읍 대월로 13-1, 1층	032) 934-8442
63		인천 옹진군	직영	인천광역시 남구 미추홀구 매소홀로 120, 옹진구청 B1층	032) 899-2072
64	광주 (6개)	광주광역시	법인	광주광역시 서구 상무대로 760	062) 613-5587
65		광주 동구	법인	광주시 동구 산미로 14, 506호	062) 228-1365
66		광주 서구	법인	광주 서구 경열로 45번길 25, 1층	062) 385-4311
67		광주 남구	법인	광주시 남구 돌립로 2, 4층	062) 369-1365
68		광주 북구	법인	광주시 북구 대천로 86, 북구청소년수련관별관 1층	062) 269-1365
69		광산구	법인	광주시 광산구 하남대로 54번길 15, 2층	062) 952-1365

70	대전 (6개)	대전광역시	법인	대전광역시 서구 둔산로 100, 대전시청 16층	042) 270-2292
71		대전 동구	법인	대전광역시 동구 동구청로 147, 동구청 11층	042) 274-4418
72		대전 중구	법인	대전광역시 중구 중앙로 100, 중구청 제2별관 2층	042) 252-5717
73		대전 서구	법인	대전광역시 서구 둔산서로 100, 서구청 6층	042) 489-7860
74		유성구	법인	대전광역시 유성구 대학로 211, 유성구청 별관 3층	042) 822-1561
75		대덕구	법인	대전광역시 대덕구 대전로 1033번길 10 대덕구청 1층	042) 636-0642
76	울산 (6개)	울산광역시	법인	울산광역시 중구 염포로 85	052) 286-1472
77		울산 중구	법인	울산광역시 중구 중앙길 199 중구청 생활복지지원과	052) 292-3567
78		울산 남구	법인	울산광역시 남구 중앙로 230번길	052) 267-0676
79		울산 동구	법인	울산광역시 동구 문현5길 27, 동구청 1층	052) 236-1365
80		울산 북구	법인	울산광역시 북구 산업로 1016, 보훈회관 1층	052) 282-1365
81		울주군	법인	울산광역시 남구 군청로 1, 울주군청 10층	052) 249-1365
82	경기 (32개)	경기도	법인	경기도 수원시 팔달구 인계로 178, 7층	031) 256-1365
83		수원시	법인	수원시 장안구 영화로 71번길 2	031) 253-1365
84		성남시	직영	경기도 성남시 성남대로 762번길 2, 2층	031) 757-6226
85		고양시	법인	고양시 일산서구 중앙로 1601	031) 906-1365
86		부천시	직영	부천시 원미구 중동로 262번길 102, 지하 1층	031) 625-6501
87		안양시	법인	안양시 동안구 시민대로 235, 3층	031) 8045-2487

88		안산시	법인	안산시 단원구 화랑로 260, 1층	031) 411-1365
89		용인시	법인	경기도 용인시 처인구 중부대로 1199 용인시청 지하1층	031) 1544-7115
90		의정부시	법인	경기도 의정부시 의정로 165, 4층	031) 850-5745
91		남양주시	법인	경기도 남양주시 경춘로 883-36, 2층	031) 595-1365
92		평택시	직영	경기도 평택시 중앙로 264, 용종빌딩 5층	031) 8024-2674
93		광명시	법인	경기도 광명시 철산로 56, 5층	031) 2687-1365
94		시흥시	법인	경기도 시흥시 호현로 72, 4층	031) 213-7792
95		군포시	직영	경기도 군포시 돌문로 15번길 20	031) 998-1365
96		화성시	법인	경기도 화성시 행정중앙로 30, 2층	031) 8059-5680
97		파주시	법인	경기도 파주시 금정로 8길 15-2	031) 941-8212
98		이천시	법인	경기도 이천시 남천로 31	031) 633-1365
99		구리시	법인	경기도 구리시 체육관로 74, 5층	031) 565-1365
100		김포시	직영	경기도 김포시 돌문로 15번길 20 공설운동장내 16호	031) 985-3335
101		포천시	법인	경기도 포천시 중앙로 96	031) 538-3377
102		안성시	직영	경기도 안성시 낙원길 108, 2층	031) 674-1365
103		하남시	법인	경기도 하남시 신장로 228번길 5, 2층	031) 796-4907
104		의왕시	법인	경기도 의왕시 사천로 11, 5층	031) 454-1365
105		양주시	법인	경기도 양주시 부흥로 1533, 양주시청 2층	031) 843-1365

106		오산시	법인	경기도 오산시 운암로 7	031) 372-1365
107		여주시	법인	경기도 여주군 강변북로 163, 3층	031) 885-1365
108		양평군	법인	경기도 양평군 중앙로 111번길 34-23, 4층	031) 775-1365
109		동두천시	법인	경기도 동두천시 중앙로 249, 2층	031) 865-1365
110		과천시	직영	경기도 과천시 별양상가1호 10, 3층	031) 323-2238
111		가평군	법인	경기도 가평군 보납로 31	031) 581-1365
112		연천군	법인	경기도 연천군 건영로 11, 3층	031) 834-1365
113		광주시	법인	경기도 광주시 중앙로 175번길 12	031) 798-1365
114	강원 (19개)	강원도	법인	강원도 춘천시 중앙로 134번길 8	033) 253-2500
115		춘천시	직영	강원도 춘천시 중앙로 42	033) 257-0202
116		원주시	법인	강원도 원주시 갈머리2길 31	033) 732-4500
117		강릉시	위탁	강원도 강릉시 동부시장길 5	033) 645-6100
118		동해시	직영	강원도 동해시 전천로 273-10, 3층	033) 573-1365
119		태백시	직영	강원도 태백시 태백로 1176, 2층	033) 553-1365
120		속초시	직영	강원도 속초시 청초호반로 296, 2층	033) 639-2227
121		삼척시	직영	강원도 삼척시 원당로2길 72-6, 종합사회복지관	033) 574-5441
122		홍천군	직영	강원도 홍천군 너브내길 123, 종합사회복지관	033) 473-1365
123		횡성군	직영	강원도 횡성군 횡성로 379, 종합복지타운	033) 345-1365

124		영월군	직영	강원도 영월군 단종로 16번길 18-5 여성회관	033) 372-2646
125		평창군	직영	강원도 평창군 평창중앙로 67	033) 334-1365
126		정선군	직영	강원도 정선군 봉양6길 1	033) 563-9904
127		철원군	직영	강원도 철원군 삼부연로 28번길 27 철원군청 2별관	033) 456-1365
128		화천군	직영	강원도 화천군 화천새싹길 40, 화천군청 별관	033) 442-8114
129		양구군	직영	강원도 양구군 비봉로 73번길 52	033) 482-9596
130		인제군	직영	강원도 인제군 비봉로 52, 목공예전시관	033) 463-5400
131		고성군	법인	강원도 고성군 간성로 67번길 12	033) 681-1365
132		양양군	직영	강원도 양양군 일출로 540, 1층	033) 672-1926
133	세종시 (1개)	세종시	법인	세종시 조치원읍 군청로 87-16, 조치원 청사	044-864-1365
134	충북 (12개)	충청북도	직영	청주시 상당구 대성로 103, 1층	043) 225-1365
135		청주시	직영	충북 청주시 상당구 중흥로 31번길 11-9	043) 298-1365
136		충주시	직영	충북 충주시 으뜸로 21, 충주시청 10층	043) 855-13665
137		제천시	직영	충북 제천시 내토로 35번길 17	043) 648-1365
138		보은군	직영	충북 보은군 삼산로 28-12	043) 544-3409
139		옥천군	직영	충북 옥천군 중앙로 126, 다목적회관	043) 731-0627
140		영동군	직영	충북 영동군 성안길 9-17	043) 740-3385
141		진천군	직영	충북 진천군 중앙북1길 11-10, 종합복지관	043) 533-1365

142		괴산군	직영	충북 괴산군 읍내로 6길 19-8, 2층	043) 834-1365
143		음성군	직영	충북 음성군 용광로 20	043) 873-1413
144		단양군	직영	충북 단양군 별골1로 27-6	043) 423-8581
145		증평군	직영	충북 증평군 문화로 53, 2층	043) 835-3975
146	충남 (16개)	충청남도	법인	충남 예산군 예학로 10-22, 충남전문건설회관 601호	041) 635-1365
147		천안시	직영	충남 천안시 동남구 신촌로 24, 1층	041) 570-8694
148		공주시	법인	충남 공주시 봉황로 10, 공주시청 1층	041) 852-1365
149		보령시	법인	충남 보령시 보령북로 75	041) 933-1365
150		아산시	직영	충남 아산시 시민로 329번길 101	041) 543-1365
151		서산시	법인	충남 서산시 서령로 136, 1층	041) 668-1365
152		논산시	위탁	충남 논산시 대학로 121, 의료공학관 202호	041) 736-1365
153		금산군	위탁	충남 금산군 비호산로 38-5	041) 751-3382
154		부여군	직영	충남 부여군 사비로 41, 가정복지회관 2층	041) 835-1365
155		서천군	위탁	충남 서천군 충절로 121번길 8	041) 952-0941
156		청양군	법인	충남 청양군 칠갑산로 9길 32	041) 940-2255
157		계룡시	직영	충남 계룡시 금암동 160-7 2층	041) 841-0625
158		예산군	위탁	충남 예산군 산성공원길 15, 1층	041) 334-1365
159		당진시	위탁	충남 당진군 시청1호 38, 5층	041) 350-3180

160		홍성군	법인	충남 홍성군 문화로 26, 2층	041) 633-1365
161		태안군	위탁	충남 태안군 후곡로 83, 2층	041) 675-1365
162	전북 (15개)	전라북도	법인	전북 전주시 산너머3길 61, 4층	063) 227-1365
163		전주시	법인	전북 전주시 전주천동로 455	063) 273-1365
164		군산시	법인	전북 군산시 삼화안길 9	063) 451-1365
165		익산시	법인	전북 익산시 동서로 355	063) 837-1365
166		정읍시	법인	전북 정읍시 벚꽃로 321	063) 538-1365
167		남원시	직영	전라북도 남원시 광한북로 57, 1층	063) 636-1365
168		김제시	법인	전북 김제시 화동길 105, 2층	063) 544-1365
169		완주군	법인	전북 완주군 봉동동서로 89, 2층	063) 290-2218
170		진안군	법인	전북 진안군 중앙로 66, 3층	063) 433-1365
171		무주군	법인	전북 무주군 주계로7길 10, 전북은행 3층	063) 322-2620
172		장수군	법인	전북 장수군 군청길 19, 2층	063) 351-5017
173		임실군	직영	전북 임실군 봉황로 129, 보훈회관 2층	063) 642-3650
174		순창군	직영	전북 순창군 순창로 127, 1층	063) 653-2660
175		고창군	법인	전북 고창군 월곡14길 19, 2층	063) 560-8098
176		부안군	직영	전북 부안군 당산1길 18	063) 580-4259
177	전남 (23개)	전라남도	법인	전라남도 무안군 오룡리 1, 전남도청	061) 287-1365

178		목포시	직영	전남 목포시 번화로 79번길 18-1, 목포시청	061) 270-8870
179		여수시	직영	전남 여수시 시청로 1, 여수시청	061) 659-3696
180		순천시	법인	전남 순천시 장명로 30, 순천시청	061) 749-3845
181		나주시	직영	전남 나주시 시청길 22, 나주시청	061) 339-8483
182		광양시	직영	전남 광양시 시청로 33, 광양시청	061) 797-2780
183		담양군	직영	전남 담양군 충성로 1371, 담양군청	061) 382-1365
184		곡성군	직영	전남 곡성군 군청로 50, 곡성군청	061) 360-8403
185		구례군	직영	전남 구례군 봉성로 1, 구례군청	061) 780-2560
186		고흥군	직영	전남 고흥군 고흥군청로 1, 여성문화회관 2층	061) 830-6703
187		보성군	직영	전남 보성군 송재로 165, 보성군청	061) 850-5661
188		화순군	직영	전남 화순군 대교로 11, 화성군청	061) 379-3558
189		장흥군	직영	전남 장흥군 장흥로 21, 장흥군청	061) 860-5852
190		해남군	위탁	전남 해남군 중앙1로 61	061) 530-5581
191		영암군	직영	전남 영암군 군청로 1, 영암군청	061) 470-2417
192		무안군	직영	전남 무안군 중앙로 203, 무안군청	061) 452-2350
193		영광군	직영	전남 영광군 경앙로 203, 영광군청	061) 350-5349
194		장성군	직영	전남 장성군 영천로 200, 장성군청	061) 350-5595
195		완도군	직영	전남 완도군 청해진남로 51, 완도군청	061) 550-5337

196		진도군	직영	전남 진도군 남동1길 41, 진도군청	061) 544-7945
197		신안군	직영	전남 목포시 천사로 1004, 신안군청	061) 240-8433
198		강진군	직영	전남 강진군 탐진로 111, 강진군청	061) 430-3168
199		함평군	직영	전남 함평군 중앙길 200, 함평군청	061) 324-1365
200	경북 (24개)	경상북도	법인	경북 안동시 도청대로 455, 경북도청	054) 855-1365
201		포항시	법인	경북 포항시 북구 삼호로 46번길 14	054) 248-8742
202		김천시	법인	경북 김천시 공단2길 30-22	054) 436-1365
203		안동시	위탁	경북 안동시 안기천로 74, 1층	054) 841-9897
204		구미시	위탁	경북 구미시 백산로 211, 3층	054) 458-9188
205		상주시	직영	경북 상주시 중앙로 146, 2층	054) 533-4032
206		문경시	직영	경북 문경시 시청길1길 16	054) 555-2800
207		경산시	법인	경상북도 경산시 원효로 54, 1층	054) 812-3300
208		성주군	직영	경북 성주군 성주읍4길 25	054) 931-1365
209		경주시	법인	경북 경주시 대안길 53	054) 771-1365
210		영주시	법인	경북 영주시 원당로 76, 2층	054) 636-1814
211		영천시	법인	경북 영천시 영천고2길 57	054) 336-1365
212		군위군	법인	경북 군위군 동서2길 35, 2층	054) 383-1366
213		의성군	법인	경북 의성군 북원2길 43, 2층	054) 834-8900

214		청송군	직영	경북 청송군 금월로 244-30, 1층	054) 870-6759
215		영양군	위탁	경북 영양군 시장3길 11	054) 683-1365
216		영덕군	직영	경북 영덕군 강변길 234, 1층	054) 734-1020
217		청도군	직영	경북 청도군 산성강변길 498	054) 373-1365
218		고령군	법인	경북 고령군 왕릉로 30, 3층	054) 956-1365
219		칠곡군	직영	경북 칠곡군 관문로1길 32	054) 971-3944
220		예천군	법인	경북 예천군 군청앞길 2, 2층	054) 655-0020
221		봉화군	법인	경북 봉화군 거촌로 14	054) 673-3965
222		울진군	법인	경북 울진군 울진북로 496-11, 2층	054) 789-5413
223		울릉군	법인	경북 울릉군 도동길 143, 군의회 1층	054) 791-1069
224	경남 (19개)	경상남도	법인	경남 창원시 의창구 중앙대로 225, 경상남도도우회관 4층	055) 281-1365
225		창원시	직영	경남 창원시 성산구 마디미서로 68, 새마을회관	055) 225-5792
226		진주시	직영	경남 진주시 동진로 155, 진주시청	055) 749-5792
227		통영시	직영	경남 통영시 통영해안로 525, 통영시청	055) 650-4290
228		사천시	직영	경남 사천시 동금5길 15, 사천시청	055) 831-5792
229		김해시	직영	경남 김해시 가야로 432, 김해시청	055) 332-7391
230		밀양시	직영	경남 밀양시 삼문송청길 13, 밀양시청	055) 353-5193
231		거제시	위탁	경남 거제시 고현로2길 42	055) 632-0400

232		양산시	직영	경남 양산시 옥곡2길 20	055) 385-8100
233		의령군	직영	경남 의령군 의병로8길 44, 종합복지관	055) 570-4977
234		함안군	직영	경남 함안군 함안대로 518, 함안군청	055) 580-2458
235		창녕군	직영	경남 창녕군 군청길 2, 창녕군청	055) 530-1148
236		고성군	직영	경남 고성군 동외로 156번길 36, 고성군청	055) 674-7295
237		남해군	직영	경남 남해군 망운로 32, 종합사회복지관	055) 860-3883
238		하동군	직영	경남 하동군 섬진강대로 2222, 종합사회복지관	055) 884-8253
239		산청군	직영	경남 산청군 산엔청로 1, 산청군청	055) 970-7352
240		함양군	직영	경남 함양군 고운로 34, 기관단체청사	055) 960-5757
241		거창군	직영	경남 거창군 아림로 66, 종합사회복지관	055) 940-3904
242		합천군	직영	경남 합천군 동서로 39, 종합사회복지관	055) 930-3881
243	제주 (3개)	제주특별자치도	위탁	제주도 제주시 문연로 30, 제주도 제2청사	064) 728-3949
244		제주시	위탁	제주도 제주시 사라봉동길 15, 제주시평생학습관	064) 728-3949
245		서귀포시	위탁	제주도 서귀포시 월드컵로 33, 제주월드컵경기장 2층	064) 738-0716

참/고/문/헌

강동구자원봉사센터(2009). 2009 강동구 자원봉사활동사례집 '아름다운 참여'.

________________(2009). 청소년자원봉사 매뉴얼.

강문희(2005). "목포지역 사회복지기관 · 시설의 자원봉사관리에 관한 연구". 목포대학교 대학원 석사학위논문.

강철희 외(2000). 사회봉사의 이해. 서울 : 이화여자대학교 출판부.

경기도자원봉사센터(2010). 자원봉사교육의 千가지, 萬가지 오만가지 TIP. 경기도 자원봉사 교육 매뉴얼.

________________(2018). 2018 청소년 자원봉사 경진대회 수상 사례집.

________________(2019). 경기도자원봉사센터 20년사.

경상남도교육청(2008). 학생자원봉사활동운영지침.

____________(2018). 2018학년도 학생 봉사활동 운영계획.

고양곤(1997). 노인복지와 자원봉사활동. 서울특별시 사회복지협의회.

고양곤 · 모선희 · 원영희 · 이금룡(2003). 노인과 자원봉사활동. 서울 : 학지사.

관계부처합동(2018). 자원봉사활동 실태조사.

교육과학기술부(2008). 고등교육법 법률 제8988호.

구혜영(2008). 자원봉사실천론. 서울 : 신정.

국가인권위원회(2008). 장애인차별금지 및 권리 등에 관한 법률 설명회 자료.

권민균 외(2005). 아동발달. 서울 : 창지사.

권순미(2000). 청소년 자원봉사활동의 지속성에 영향을 미치는 요인에 관한 탐색연구. 서울여자대학교 대학원 박사학위논문.

권승숙(2009). 가족 자원봉사활동과 가족건강성의 관계에 관한 연구. 한양대학교 행정 · 자치대학원 석사학위논문.

권중돈(2009). 노인복지론. 서울 : 학지사.

권중돈 · 조학래 · 김기수(2008). 자원봉사의 이해와 실천. 서울 : 학지사.

권치영 외(2006). 자원봉사 프로그램 매뉴얼. 서울특별시 자원봉사센터.

김경자(2019). 대한노인회 조화로운 갈등교육교재, pp. 26-30.

김기태 · 이경희(1998). 자원봉사활동에 있어서 장애인 인력활용에 관한 연구. 사회복지연구 8호.

김남선 · 김미령 · 박성복 · 이옥분 · 정일환 · 한상철(2003). 노인교육개론. 서울 : 형설출판사.

김덕준 외(1983). 사회복지와 볼런티어. 한국사회복지협의회.

김도현(2019). 장애학의 도전. 경기 : 오월의 봄.

김동배(2005). 시민사회와 자원봉사. 서울 : 학지사.

김동배 · 조학래(1997). 청소년자원봉사활동의 효과성에 관한 연구. 한국사회복지학, 31.

김범수 외(2003). 자원봉사의 이해. 서울 : 학지사.

김범수 외(2007). 자원봉사론. 서울 : 학지사.

김범수 외(2021). 자원봉사론. 서울 : 학지사.

김범수 · 권선진 · 손병돈 · 신승연 · 신은주 · 이종복 · 이혜경 · 정옥희 · 정용충 · 최현미(2004). 자원봉사의 이해. 서울 : 학지사.
김상해(2001). 자원봉사의 관리전략과 실제. 서울 : 대경.
김성경(1999). 여성자원활동의 현황과 육성방안. 한국여성개발원.
김성이 외(1997). 자원봉사 프로그램 백과(아동 · 청소년). 한국사회복지협의회.
김순선(1996). 한국 자원봉사활동의 활성화 방안에 관한 연구. 단국대학교 대학원 석사학위논문.
김승국 외(1997). 자원봉사 프로그램 백과(장애인). 한국사회복지협의회.
김애순(2002). 노인에 의한 자원봉사 프로그램. 따뜻한 세상을 여는 노후 자원봉사. 한국노년학회 · 노인자원봉사연구회 · 사회복지공동모금회.
______(2002). 성인발달과 생애설계. 서울 : 시그마프레스.
김영민 · 김 민(2016). 청소년지도방법론. 서울 : 한국방송통신대학교출판문화원.
김영호(1997). 노인여가활동과 노인자원복지(사회봉사) 프로그램. 한국노인문제연구소.
______(1997). 자원복지 활동의 활성화 방안. 서울 : 학문사.
김영호 · 오정옥 · 김상조 · 문혜숙 · 이은경(2006). 자원봉사의 이론과 실제. 서울 : 창지사.
김용득(2002). 장애개념의 변화와 사회복지실천현방 함의. 한국사회복지학 통권 51호, 157-182.
김용득 · 박광옥 · 배융호 · 윤상용 · 윤재영 · 이동석 · 이복실 · 이은기 · 허 곤(2016). 장애인복지. 서울 : EM커뮤니티.
김정옥 · 장덕희(2003). 가족건강성을 위한 가족 자원봉사 프로그램 개발에 관한 연구. 한국가족관계학회지, 8(3), 111-135.
김한양 외(2008). 자원봉사론. 경기 : 공동체.
김현옥 외(2008). 자원봉사활동 관리 표준매뉴얼 개발 연구. 행정안전부.
김현옥(2004). 자원봉사관리의 활성화와 전문가 연대. 자원봉사관리자포럼 자료집, 한국자원봉사관리협회(2007).
김형식 · 우주형 · 권오용 · 유경민 · 권순지 · 박규영(2019). 유엔장애인권리협약 해설–복지에서 인권으로. 경기 : 어가.
김혜선(2004). 자원봉사에 대한 인센티브제공이 자원봉사활동에 미치는 영향. 인천대학교 대학원 석사학위논문.
남기철(2000). 대학생 자원봉사활동의 관리조정 방안. 동덕여자대학교 학생생활연구소.
두산백과사전(2009).
류기형 외(1999). 자원봉사론. 경기 : 양서원.
류기형 · 남미애 · 박경일 · 홍봉선 · 강대선(2005). 자원봉사론. 경기 : 양서원.
류기형 · 남미애 · 박경일 · 홍봉선 · 강대선 · 배의식(2018). 자원봉사론. 경기 : 양서원.
류기형 · 남미애 · 박경일 · 홍봉선 · 이경희 · 장중탁(2004). 자원봉사론. 경기 : 양서원.
문창인(2005). 자원봉사관리론. 천안시 자원봉사관리 실무자 심화교육, 천안시사회복지협의회.
민경자(2000). 충남여성자원활동 활성화 방안연구. 충남여성정책개발원.
박미혜(2009). 자원봉사 질적 성장, 어떻게 이룰 것인가? 제3회 전국자원봉사 컨퍼런스 자료집.
박상철(2008). 노화의 새로운 개념. 건강의 벗. 유한양행.
박영익(2015). 가족자원봉사활동과 가족건강성의 관계에 관한 연구 : 동해시 가족봉사단을 중심으로. 한중대학교 대학원 석사학위논문.

박윤애(2007). 자원봉사관리자의 역량강화를 위한 비전 만들기. 제11차 자원봉사관리자포럼. 한국 자원봉사관리협회.
박태영 · 김숙경 · 오 주 · 이경은 · 장덕희 · 채현탁 · 최태자(2009). 자원봉사론. 경기 : 공동체.
반기정(2005). 지역사회복지기관의 자원봉사관리 실태 및 개선방안. 청주대학교 대학원 석사학위논문.
배기효 외(2008). 자원봉사론. 경기 : 공동체.
보건복지부(2019). VMS 사회복지 자원봉사 통계연보.
_________(2019). 사회복지 자원봉사 백서.
_________(2019). 2018 청소년 자원봉사 경진대회 수상 사례집.
_________(2023). 2023 장애인등록 심사관련 법령 및 규정집.
보건복지부 · 한국보건사회연구원(2023). 2023 장애인 실태조사.
볼런티어21(2001). 자원봉사센터 운영매뉴얼. 볼런티어21.
_________(2002). 노인자원봉사관리자 교육교재.
_________(2004). 자원봉사관리사 자격과정 개발 연구보고서.
_________(2005). 자원봉사관리자 교육.
_________. 자원봉사센터의 현황과 전망. 21세기와 자원봉사활동. 제4차 세미나.
사랑나누리(2007). 선문대학교 사회봉사센터 소식지 제17호.
사회복지법인 승가원(2008). 2008년 아동 자원봉사 프로그램.
서강훈(2013). 사회복지용어사전. 이담북스.
삼성사회봉사단(1996). 자원봉사의 이해와 활동방법.
삼전종합사회복지관(2009). 자원봉사 관리 프로그램 소개.
삼전종합사회복지관(2018). 자원봉사 관리 프로그램 소개.
서울시교육청(2006). 학생자원봉사활동운영지침.
서울시자원봉사센터(2008). 자원봉사센터 경영매뉴얼.
서울특별시교육청(2018). 2018학년도 학생 봉사활동 운영계획.
서울특별시자원봉사센터(2006). 바람직한 자원봉사센터의 운영모형. 서울특별시자원봉사센터.
서초구자원봉사센터(2009). 아동 자원봉사 프로그램.
________________(2009). 자원봉사 교육 프로그램 소개.
________________(2018). 자원봉사 교육 프로그램 소개.
서혜경(2002). 노인에 의한 자원봉사 프로그램. 따뜻한 세상을 여는 노후 자원봉사. 한국노년학회 · 노인자원봉사연구회 · 사회복지공동모금회.
______(2003). 16기 노인복지 상담원 전문교육. 한국 노인의 전화.
선문대학교 사회봉사센터(2007). 스리랑카 해외봉사단 사례집.
성은모 · 조성심 · 이성혜 · 유미나(2019). 2019 사회복지 자원봉사 교육 프로그램 개발 연구. 보건복지부 · 한국사회복지협의회.
안수향(1992). 한국대학생 자원봉사의 동기 및 관리방안에 관한 조사연구. 서울여자대학교 대학원 석사학위논문.
안은영(2002). 자원봉사관리과정이 자원봉사활동지속에 미치는 영향에 관한 연구. 연세대학교 대학원 석사학위논문.
엄미선 · 백은령 · 양숙미 · 한주빈(2008). 사회복지시설운영론. 서울 : 시그마프레스.

엄인성(2007). 자원봉사관리의 문제점과 그 개선방안에 관한 연구. 동아대학교 대학원 석사학위논문.
여성가족부(2016). 청소년백서.
________(2023). 청소년백서.
여성부(2004). 정부의 자원봉사 정책과 여성 자원봉사 발전방안 연구.
오윤선 · 황인숙(2018). 청소년지도방법론. 경기 : 양서원.
오효근(1999). 대학 사회봉사 활성화 방안. 선문대학교 학생생활연구소.
______(2006). 자원봉사의 이론과 실제. 서울 : 지혜의 샘.
______(2007). 대학 자원봉사의 현황과 과제. 한국대학교육협의회.
______(2008). 대학생 자원봉사활동의 지속성에 영향을 미치는 요인에 관한 연구. 경기대학교 대학원 박사학위논문.
윤병국(2004). 자원봉사활동에 대한 자원봉사센터 실무자의 인식연구. 가톨릭대학교 대학원 석사학위논문.
윤 진(1998). 성인 · 노인심리학. 서울 : 중앙적성출판사.
이강현(1995). 자원봉사프로그램의 기획과 관리를 위한 일백한가지의 아이디어. 한국자원봉사단체협의회.
______(2000). 제1기 송파구 자원봉사학교. 송파구 자원봉사센터.
이강현 · 김성경(2003). 우리나라 성인의 자원봉사 참여실태 및 영향 요인에 관한 연구. 한국자원봉사학회. 자원봉사 제2권 1호 : 1-26. 한국자원봉사포럼.
이금룡(1999). 노인자원봉사활성화에 관한 연구. 밝은 노후를 만들어 가는 사람들의 모임.
이금룡 · 김은경 · 박준기 · 구재관 · 조봉실 · 이기백 · 이권일 · 박상욱(2009). 노인자원봉사실천론. 서울 : 학지사.
이경은(2001). 가족자원봉사 경험과 가족건강성에 관한 연구. 한국사회복지학, 52, 63-87.
이병순(2004). 자원봉사를 위한 아름다운 시작. 성인기본 교육교재. 송파구자원봉사센터.
______(2005). 노년자원봉사활동의 지속성에 영향을 미치는 요인에 관한 연구. 경기대학교 정치전문대학원 박사학위논문.
______(2009). 노인일자리 참여자의 마음자세. 서울형 어린이집 은빛 돌보미 2차 교육. 서울시 가정분과위원회.
______(2009). 지역사회디자이너의 사명. 자치구여행포럼 커뮤니티플레너. 서울시 여성가족재단.
이봉철(1991). 인권, 청소년, 그리고 청소년권. 청소년연구, 7.
이성록(2003). 자원봉사매니지먼트. 서울 : 금영애드컴.
______(2003). 자원봉사센터의 역할과 비전. 전국자원봉사센터 워크숍자료집.
______(2005). 자원봉사활동관리 이론과 실제. 서울특별시.
______(2006). 자원봉사활동관리 이론과 실제. 서울특별시 자원봉사센터.
______(2007). 자원봉사활동관리 이론과 실제. 서울 : 미디어숲.
이성철(2003). 대학 해외봉사현황과 활성화 방안. 한국대학사회봉사협의회.
______(2007). 대학사회봉사 관리체계 분석. 한국대학사회봉사협의회.
이성철 · 김성경(2002). 여성자원봉사활동센터의 활성화방안 연구 : 네트워크 구축을 중심으로. 여성부.
이소래(2001). 학교중도탈락에 영향을 미치는 요인에 대한 분석 연구. 한국학교사회복지학회지, 4(4), 111-142.
이소희 외(2004). 사회복지개론. 경기 : 현학사.

이연숙 외(2008). 가족과 함께 하는 자원봉사. 서울 : 신정.
이영남(2015). 가족자원봉사활동이 가족관계에 미치는 영향, 아주대학교 공공정책대학원 석사학위논문.
이용교(2002). 디지털 사회복지. 서울 : 인간과 복지.
이용순(2007). 자원봉사활동의 지속성 요인에 관한 연구. 한양대학교 대학원 석사학위논문.
이용필 · 장남기 · 김일곤 · 문재구 · 노무지 · 강호감 · 문영은 · 오세진 · 최태호 · 김경웅(2003). 요점자원봉사론. 서울 : 예하미디어.
이은희(2009). 최신노인복지론. 서울 : 학지사.
이인정 · 최해경(2007). 인간행동과 사회환경. 서울 : 나남.
이재경 · 조영미 · 민가영 · 박홍주 · 이박혜경 · 이은아(2008). 여성학. 서울 : 미래인.
이지원(2007). 가족자원봉사활동이 가족건강성에 미치는 영향에 관한 연구. 대한가정학회지, 46(6).
이팔환 · 백남덕(2001). 자원봉사론. 서울 : 형설출판사.
이해숙 외(2008). 자원봉사와 생활. 서울 : 성인당.
장덕희(2001). 가족 자원봉사 프로그램 개발에 관한 연구. 한국가족복지학, 6(2), 95-114.
장애인복지법. 동법 시행령. 동법 시행규칙.
전남련 · 김재환 · 박혜경 · 전대성 · 김경희(2008). 아동복지론. 경기 : 학현사.
전주시 자원봉사센터(2000). 전주시 자원봉사활동 지속유인에 관한 조사연구 보고서.
정규석 · 김영미 · 김지연(2017). 청소년복지의 이해. 서울 : 학지사.
정무성 · 양희택 · 고선정 · 노승현 · 안홍철 · 송남영 · 현종철(2004). 현대장애인복지론. 경기 : 학현사.
조석영(2007). 우리나라 장애인복지관 진단 · 판정사업의 발전방안에 관한 연구. 서울시립대학교 도시과학대학원 사회복지학 석사학위논문.
______(2007). 장애인에 대한 이해 및 자원봉사. 제11기 자원봉사 기본교육. 대한불교조계종사회복지재단 · 대한불교조계종자원봉사센터.
조정래(2002). 서울 마을공동체 만들기 사업 추진방향 연구. 입법담당관 정책보고서 제3호.
조휘일(1990). 한국 사회복지 분야의 자원봉사 행동과 관련된 개인 및 조직 특성에 관한 연구. 숭실대학교 대학원 박사학위논문.
______(1998). 현대사회와 자원봉사. 서울 : 홍익재.
______(2002). 자원봉사 프로그램 관리이론과 실제. 서울 : 학지사.
조휘일 · 정재훈 · 원미순 · 박윤숙(2009). 자원봉사론. 경기 : 공동체.
천정웅 외(2020). 자원봉사론. 양성원.
천 희(2009). 자원봉사관리의 새로운 패러다임. 제2회 한국자원봉사관리자상 기념포럼집. 한국자원봉사관리협회.
최경덕 외(2008). 자원봉사론. 경기 : 공동체.
최동선 · 이상준(2009). 학교중단 청소년을 위한 진로개발 지원방안. 서울 : 한국직업능력개발원.
최명민(2004). 정신장애인 자원봉사 프로그램의 임파워먼트 효과. 한국사회복지학, 56(3).
최성문(2004). 종합사회복지관의 자원봉사 관리에 영향을 미치는 요인 및 개선방향 연구 : 관리자 요인을 중심으로. 서울여자대학교 대학원 석사학위논문.
최승호(2009). 지역마을공동체 만들기 운동의 발전 방안 모색 : 충남 홍성군 홍동 풀무마을을 중심으로. 한독사회과학논총, 19(1), 237-268.

최유미(2015). 자원봉사관리론. 경기 : 공동체.
최일섭 외(2007). 한국자원봉사활동 진흥을 위한 국가기본계획수립 연구용역. 한국자원봉사협의회.
통계청(2009~2024).
한국국제협력단(2020). 해외봉사단 현황.
한국노인의 전화(1996). 노인들을 위한 노인에 의한 자원봉사교육교재.
한국노인종합복지관협회(2009). 노인인식개선사업 사회복지사 전문교육교재. 한국노인종합복지관협회 · 사회복지공동모금회.
____________________(2009). 실버플레너 교재, pp. 309-311.
한국대학사회봉사협의회(2000). 일본의 교육개혁과 볼런티어 교육의 동향에 관한 연구시찰 보고서.
____________________(2002). 대학봉사 16호.
____________________(2015). 대학사회봉사 동향 및 전망(대학정보공시 '사회봉사영역' 자료분석).
____________________(2024). WFK 청년봉사단 활동 보고서.
한국보건사회연구원(2017). 2017년 장애인 실태조사 결과보고, p. 55.
한국여성개발원(1990). 자원봉사활동의 기능과 역할. 현대사회의 자원활동.
한국유아교육학회 편(1996). 유아교육사전.
한국중앙자원봉사센터(2012). 자원봉사센터 업무매뉴얼 모집 · 배치.
한국청소년개발원(2005). 청소년 자원봉사 및 동아리활동론. 경기 : 교육과학사.
______________(2005). 청소년복지론. 경기 : 교육과학사.
한상미(2011). 가족자원봉사활동에 참여한 청소년이 지각한 가족건강성과 자아정체감. 숙명여자대학교 석사학위논문.
한승희(1995). 청소년자원봉사활동의 의의와 방향. 오늘의 청소년. 10(6), 7-8. 한국청소년단체협의회.
한양대학교출판부(1995). 대학의 사회봉사. 서울 : 한양대학교 출판부.
행정안전부(2017). 자원봉사활동 실태조사 및 활성화방안 연구.
_________(2023). 자원봉사센터운영지침.
_________(2023). 전국자원봉사센터 현황.
행정안전부 · 한국중앙자원봉사센터(2020).
현외성(2006). 자원봉사론 강해. 서울 : 학지사.
현외성 외(1998). 대학사회봉사론. 서울 : 유풍출판사.
홍봉선 · 남미애(2013). 청소년복지론. 경기 : 공동체.
황혜정 외(2003). 아동과 환경. 서울 : 학지사.
2018 평창 동계올림픽대회 및 동계패럴림픽대회 조직위원회 자원봉사부(2017). 자원봉사자 기본교육 교재.

大阪ボランテイア協會編(1991). ボランテイアー参加する福祉. 京都 : ミネルヴァ書房.
東京ボランティアセンター(1992). 企業労働組合の社会貢献活動とボランティア活動に関する意識調査.
小笠原慶彰 監譯(1994). ボランテイア · ガイドブック. 東京 : 誠信書房.
田中尙輝(1995). 高齢化時代のボランテイア. 東京 : 岩派書店.
全国社会福祉協議会 · 全国ボランティア活動振興センター(1995). 平成6年度 ボランティア活動に対する社会的支援策のあり方に関する調査 · 研究.

中村寿美子(2005). 日米の大学ボランティア・センターとそこでのコーディネーションに関する一考察. 大阪大学 大学院.

興国寛(1994). ボランティアの歴史から考える. 窓20. 東京：窓社.

Caring Canadians, Involved Canadians(2000). Retrieved January 23, 2005 from the World Wide Web http://www.givingandvolunteering.ca

Chappell, N.(1999). Volunteering and Healthy Aging What We Know. Retrieved January 23, 2005 from the World Wide Web http://www.coag.univ.ca./research/pdfs/report10.pdf

Clark, D., & Shimoni, R.(2002). Recruiting, retaining, supporting volunteers for Long-term Social Change. Retrieved January 23, 2005 from the World Wide Web http://www.nonprofitscan.ca/pdf/FS/Clark_FS_E_Web.pdf

Connors Tracy Daniel(1995). *The Volunteer Management Handbook.* Jonh Wiley & Sons, Inc.

Dorsch, K., & Riemer, H., & Sluth, V., & Paskevich, D.(2002). What Affects A Volunteer's Commitment? Canadian Centre for Philantrophy. Retrieved January 23, 2005 from the World Wide Web http://www.nonprofitscan.ca/pdf/SR/Dorsch-SR1-English-Web.pdf

Dunn, P. C.(1995). Volunteer Management. *National Association of Social Workers. Encyclopedia of Social Work*(19th ed.). Washington D.C. : NASW Press.

Ellis, S. J.(1989). *Volunteer Centeer : Gearing Up for the 1990s.* Washington D.C. : United Way of America.

Gilbert, N., & H. Specht, & P. Terrell(1993). *Dimensions of Social Welfare Policy*(3rd ed.). Englewood Cliffs, NJ : Prentice-Hall.

Gugerty, C. R., & Erin D. Swezey(1996). Developing campus community relationships. In B. Jacoby et al.(Eds.), *Service-Learning in Higher Education.* San Francisco, CA : Jossey-Bass.

Independent Sector Giving and Volunteering in the United States(1998). Findings from a National Survey(1996 Edition). *The Edmonton Journal.*

Jacoby, B.(Eds.)(1996). *Building service-learning in higher education : concepts and practices.* San Francisco : Jossey-Bass.

Kenton, N.(2001). *A Model of Volunteer Progression : Supporting and Sustaining Volunteerism in a Primary Prevention Project.* Wilfrid Laurier University.

Kraft, R., & Kielsmeier, J.(1995). *Experiential Learning in Schools and Higher Education.* Dubuque : Kendall / Hunt Publishing Company.

Lasby, D.(2004). The Volunteer Spirit in Canada : Motivations and Barriers. Retrieved January 23, 2005 from the World Wide Web http://www.givingandvolunteering.ca/pdf/reports/Volunteer_Spirit.pdf

Lewis, J. A., & Lewis, M. D.(1989). *Community counseling.* California : Brooks/ Cole Publishing Co.

Murray, V., & Harrison, Y.(2002). Virtual Volunteering : Current Status and Future Prospects. Canadian Centre for Philantrophy.

National Survey of Giving, Volunteering and Participating(2000).

http://132.205.182.30/suggested_readings/National%20Survey%20of%20Giving%202000.pdf
Phillips, S., & Little, B., & Goodine, L.(2002). Recruiting, Retaining and rewarding Volunteers : What Volunteers Have to Say. Canadian Centre for Philantrophy. Retrieved January 23, 2005 from the World Wide Web
http://www.nonprofitscan.ca/pdf/SR/Phillips-SR1-English-Web.pdf
Points of Light foundation(2003). Family Volunteering. www.pointsoflight.org
Runeric, R.(1999). Dimensions of Benefits from Volunteering : Development and Testing of One Model. The University Akron.
Schanning, K. F.(1999). *Doing Good Deeds : A Multi-Dimensional of Volunteerism*. Virginia : Northland College. A Dissertation for the Degree of Doctor.
Swearer, H. R.(1994). Report of the Howard R. Swearer Center for Public Service.
Thoits, Peggy A., & Lyndi N. Hewitt(2001). Volunteer work and well-being. *Journal of Health and Social Behavior, 42*, 115-131.

노년신문. 2010년 1월 1일자 7면 기사.
동아일보. 2007년 12월 5일자 보도자료.
중앙일보 조인스닷컴. 2008년 12월 17일자 보도자료.
한국재경신문. 2009년 6월 18일 보도자료.
한국재경신문. 2009년 6월 18일자 보도자료.
MBC뉴스. 2007년 3월 15일 보도자료.

http://kosis.kr 통계청 자료 참조(2019)
joinkov.koica.go.kr/index.jsp
kidnews.president.go.kr 청와대 어린이 신문-푸른누리
nanumfamily. kbedu.or.kr 다솜이 가족자원봉사
www.1.or.kr
www.gangbukrc.or.kr
www.koica.go.kr
www.mohw.go.kr
www.moleg.go.kr
www.samjeon.or.kr
www.seochov.or.kr
www.vkorea.or.kr "재능을 나눕시다".
www.volunteerkorea.or.kr
http://volunteer.seoul.go.kr

찾/아/보/기

저/자/약/력

■ **이 병 순(3장, 9장 1절, 10장 1절 집필)**
경기대학교 정치전문대학원 사회복지학 박사
전) 경기대학교 사회과학대학 사회복지학과 부교수
대통령직속 저출산 · 고령사회 정책운영위원회 분과 위원
한국자원봉사학회 이사
대한노인회 중앙회 및 송파구 자원봉사센터 운영위원
서울시 자치구 자원봉사사업 인센티브 평가위원회 위원장
2018년 노인의날 국민훈장 동백장 서훈
현) 향기로운노년연구소 소장
(사) 대한노인회 중앙회 교육부회장 겸 우정연수원 원장
송파구 정책자문위원회 복지보건분과위원

■ **김 효 정(1장, 6장, 9장 5절 집필)**
이화여자대학교 대학원 사회복지학과 박사과정 수료
전) 나사렛대학교 겸임교수
SBS TV "긴급출동 SOS24" 고정출연
현) 한국노인의전화 연구원
명지대학교 강사
KBS Radio "출발멋진인생-노인전문상담코너" 고정출연
BTN불교TV "똑똑! 여기는 인생상담소" 진행
은평노인종합복지관, 광진노인종합복지관 운영위원

■ **민 승 화(5장, 9장 3절, 10장 3절 집필)**
서울여자대학교 사회사업학과 학사
서울여자대학교 일반대학원 임상사회사업 석사
전) 구립삼전어린이집 원장
송파구자원봉사센터 팀장
서울시사회서비스원 팀장

■ **배 미 희(9장 4절, 10장 4절, 5절, 6절 집필)**
경기대학교 행정대학원 사회복지학 석사
경기대학교 대학원 청소년학 박사
전) 경기대학교 청소년학과 초빙교수
명지대학교 산업대학원 상담복지학과 객원교수
경기도건강가정지원센터 기획총괄팀장
경기도가족여성정책연구원 일가정양립지원센터 전문가자문위원
현) 경기아동청소년상담교육센터 소장
경기대학교 청소년학과 강사
명지대학교 자연미래교육원 사회복지학과 객원교수

저/자/약/력

■ **서 찬 수(4장, 7장 집필)**
건국대학교 대학원 사회복지학 석사
전) 송파구청 복지교육국장
송파구자원봉사센터 소장

■ **오 효 근(2장, 8장, 9장 6절 집필)**
경기대학교 대학원 사회복지학 박사
전) 선문대학교 사회봉사센터 사무국장
(사) 자원봉사 애원 교육국장
서울시 자원봉사센터객원연구원
현) 선문대학교 교무부처장

■ **조 석 영(9장 2절, 10장 2절 집필)**
대구대학교 사회과학대학 사회복지학과 학사
서울시립대학교 도시과학대학원 사회복지학 석사
전) 서울시장애인복지관협회장
서울시사회복지단체연대회의 상임대표
서울시사회서비스원 이사
현) 강북장애인종합복지관장
한국장애인복지관협회장
한국사회복지연대 공동대표

[제4판]
자원봉사실천가가 풀어쓴

자원봉사론

|공저자| 이병순 · 김효정 · 민승화 · 배미희 · 서찬수 · 오효근 · 조석영

|1판 1쇄| 발행 2010년 2월 26일
|1판 2쇄| 발행 2011년 7월 25일
|2판 1쇄| 발행 2014년 3월 10일
|2판 5쇄| 발행 2019년 9월 5일
|3판 1쇄| 발행 2021년 2월 25일
|3판 2쇄| 발행 2023년 1월 30일
|3판 3쇄| 발행 2023년 8월 30일
|4판 1쇄| 발행 2025년 2월 28일
|4판 2쇄| 발행 2026년 1월 20일

|발행인| 김동훈
|발행처| 공동체

|주소| 경기도 고양시 일산동구 호수로 358-39, 동문타워 I 905호(백석동)
|전화| 031) 814-3000(대표)
|팩스| 031) 814-3100
|홈페이지| www.compub.co.kr
|전자우편| compub@naver.com
|출판등록| 2005년 10월 6일
|등록번호| 제396-2005-36호

|ISBN| 979-11-6725-836-6
정가 24,000원